Vorbemerkung

Als sich Nick Leeson drei Tage vor seinem 28. Geburtstag aus Singapur absetzte, ahnten seine Vorgesetzten nichts. Die Herren in der Chefetage der Barings-Bank grübelten über die Höhe der Tantieme für ihren Star-Broker in Fernost, da war das älteste und traditionsreichste Finanzhaus Englands längst pleite. Der smarte Yuppie hatte 1,8 Milliarden Mark verspekuliert. Das war im Februar 1995.

Fast zweieinhalb Jahre hatte Leeson praktisch unkontrolliert mit gigantischem Einsatz gezockt. Seine Vorgesetzten fielen, wie auch die Wirtschaftsprüfer, auf die skurrilsten Erklärungen herein. Seine Lebensgeschichte, die Nick Leeson im Gefängnis einem befreundeten Journalisten in den Block diktierte, liest sich wie ein Wirtschaftskrimi: Die Börse als Abenteuerspielplatz, bevölkert von jungen Männern, die in grellbunten Sakkos brüllend sechs,- sieben- oder achtstellige Wertpapierposten verschieben und den Bezug zur realen Welt, in der jede Mark und jeder Dollar mühsam erarbeitet werden muß, längst verloren haben.

Doch Leeson erzählt nicht bloß eine Geschichte aus dem schillernden Broker-Milieu, wo die Dollars in Bars verpraßt oder in teure Autos und Appartements gesteckt werden. Seine Schilderung ermöglicht erstmals einen authentischen Einblick in die Welt des Spiels mit dem großen Geld. Ein fauler Coup wie der von Leeson, so hatten Banker und Börsianer stets behauptet, könne aufgrund der internen Sicherheitsregeln nie passieren. Nach der Lektüre dieses Buchs darf man sich eher fragen, warum so etwas nicht früher passiert ist.

Als DER SPIEGEL vor einigen Monaten die Rohfassung des

Manuskripts auf dem Schreibtisch hatte, gab es Zweifel. Wie weit darf man der Autobiographie eines notorischen Zockers trauen? Schließlich hat dieser Mann eine Bank ruiniert, Anleger um ihr Geld und Kollegen um den Job gebracht.

Seit Leesons Verhaftung im März 1995 in Frankfurt gab es immer wieder Spekulationen über angebliche Geheimkonten, auf die der Brite Millionen geschafft haben soll. Der Ex-Broker bestreitet das entschieden – und nach den Recherchen der SPIEGEL-Korrespondenten in Asien, England und Frankfurt, nach Gesprächen mit Bankern, Fahndern und Anwälten gab es bei Drucklegung keinen Grund, Leeson nicht zu glauben. Deshalb haben wir uns entschlossen, dieses Buch zu drucken. Auch wenn wir als Journalisten natürlich wissen, daß der österreichische Schriftsteller Hermann Bahr so unrecht nicht hat: »Die Wahrheit ist eine scheue Geliebte; man besitzt sie niemals ganz.«

Hamburg, 13. 3. 1996   Stefan Aust

Inhalt

Vorwort   9

Prolog: Ein Wochenende in Kota Kinabalu   13

  1: Das Watford-Intermezzo – von Watford zu Barings .   31
  2: Die Barings-Bank   39
  3: Singapur   51
  4: 1993 bis zur Innenrevision 1994   77
  5: 1994: Wachsende Verluste 123
  6: November und Dezember 1994 159
  7: Januar bis zum 6. Februar 1995 195
  8: Montag, 6., bis Freitag, 17. Februar 231
  9: Montag, 20., bis Donnerstag, 23. Februar 261
10: Montag, 27. Februar, bis Donnerstag, 2. März 275
11: Auslieferungshaft 297

Postskriptum 325

Abkürzungsverzeichnis 327
Glossar 329

»Die auf die Reorganisation folgende Erholung der Gewinne übertraf alle Erwartungen. Bei Barings setzte sich die Ansicht durch, daß es eigentlich gar nicht so schrecklich schwer ist, im Wertpapierhandel Geld zu machen.«
Peter Baring, Vorstandsvorsitzender von Barings, gegenüber Brian Quinn, für die Bankenaufsicht zuständiger Direktor der Bank of England
13. September 1993

»Es ist lediglich eine Nicht-Transaktion, nur ein Fehler, eine Abrechnungspanne. Machen Sie sich deswegen keine Sorgen.«
James Bax, Regional Manager von Baring South Asia, am 3. Februar 1995 zu Ron Baker, Leiter der Financial Products Group

Ich beugte mich zu Din hinüber und sagte, daß ich zum Kurs von 19000 als Käufer auftrete. Ich brauchte nicht zu flüstern, denn ich konnte mich kaum selber schreien hören. Er sah mich an und fragte:
»In welchem Umfang, Nick?«
»In jedem Umfang, Fat Boy!«
Nick Leeson, General Manager von Baring Futures in Singapur
von Juni 1992 bis Februar 1995

Vorwort

Dies ist der Teil des Buches, in dem der Leser normalerweise eine kurze Widmung erwartet. Ich will auf eine Widmung verzichten, denn »Das Milliarden-Spiel« schildert eine Episode in meinem Leben, auf die ich nicht besonders stolz bin, und steht für einen Abschnitt meines Lebens, den ich verzweifelt hinter mir zu lassen versuche. Ich sehe daher keinen Sinn darin, das Buch einem Menschen oder einer Sache zu widmen.

Statt dessen will ich die Gelegenheit nutzen, einige Punkte klarzustellen. So beziehe ich mich im Buch zwar mehrmals auf den Bericht der Bank von England, doch soll dies den Leser keineswegs zu der Annahme verleiten, daß dieser Bericht meine Zustimmung findet. Das tut er nämlich nicht. Der Bericht der Bank von England ist das Papier nicht wert, auf dem er gedruckt ist, und seine Verfasser werden durch die Version Singapurs in eine peinliche Lage gebracht.

Überdies bin ich der Meinung, daß die Bank von England und das Serious Fraud Office (SFO) bestimmte Fragen, die die höchste Ebene betreffen, noch gar nicht gestellt haben. Bislang sind sie diesen Fragen ausgewichen. Wie konnte beispielsweise nach dem Zusammenbruch von Barings ein Währungsverlust von 55 Millionen Pfund entstehen? Waren die sogenannten Experten nicht in der Lage, wirksame Schutzmaßnahmen gegen das Währungsrisiko zu treffen, oder betrieben sie etwa ein Hasardspiel?

Es gibt Gründe dafür, warum ich nicht nach Großbritannien zurückkehrte und dort nicht vor Gericht gestellt wurde. Ich behaupte nicht, zu wissen oder zu verstehen, welche Machenschaften hinter dieser Entscheidung stecken. Ich möchte aber darauf aufmerksam machen, daß die singapurischen Behörden laut ihrem Bericht nur begrenzten Einblick in die Beweisunterlagen erhielten, die sich in Großbritannien befinden. Das steht im Widerspruch zu den Erklärungen, die das SFO während meiner Haft in Deutschland abgegeben hat.

Dieses Buch ist kein Enthüllungsbuch, und ich bezweifele, daß es einen Medienrummel auslösen wird, wie ihn der Leser vielleicht gewohnt ist. Doch im Gegensatz zu einigen Presseberichten entspricht meine Geschichte der Wahrheit. Ich habe mich in dem Buch an die Tatsachen gehalten. Möglicherweise werden einige Leute empört darüber sein, wie ich sie dargestellt habe, doch ich habe das Buch immer wieder gelesen und denke, es vermittelt einen durchaus zutreffenden Eindruck. In zwei Fällen habe ich Pseudonyme verwendet, um die Identität der Betreffenden zu schützen. Beide Personen spielen in diesem Buch weder eine zentrale Rolle, noch haben sie Kenntnis davon, daß über sie geschrieben wurde.

Mein Dank und meine besten Wünsche für die Zukunft gelten Edward Whitley, der mir geholfen hat, »Das Milliarden-Spiel« zu schreiben: Es war keine sehr leichte Aufgabe, doch die Strafvollzugsbehörden waren sehr hilfreich und erlaubten ihm, mich zu besuchen. Ferner möchte ich meinen Anwälten danken, insbesondere Stephen Pollard, Eberhard Kempf und Eva Dannenfeldt, die stets für mich da waren und mich durch das Verfahren geleitet haben.

Einer der ersten Sätze, die mir nach meiner Inhaftierung gesagt wurden, war: »Jetzt werden Sie feststellen, wer Ihre Freunde sind.« Nichts könnte wahrer sein, und ich war völlig überwältigt von dem Ausmaß an Hilfe und Zuspruch, das mir zuteil wurde. Ich kann nicht alle Briefe beantworten – es sind viel zu viele –, aber ich danke jedem einzelnen von Ihnen, die Sie sich die Mühe gemacht haben, mir zu schreiben. Ich habe keinerlei negative Post bekommen, allerdings ließen mich einige Leute fallen, die ich vorher noch als »Freunde« bezeichnet hätte. Insbesondere drei Leute haben sich für »ein paar Silberlinge« an die Presse verkauft, während andere weit größere Summen ausgeschlagen haben. Ich werde die Namen der Judasse nicht nennen, denn ich möchte mich nicht auf ihr Niveau herablassen – sie dürften in ihrem Umfeld auch so Schwierigkeiten genug bekommen.

Ich möchte allen meinen Angehörigen und engen Freunden danken, die mir Halt gegeben haben und noch geben. Ihre Liebe läßt mich weitermachen, und allein ihrer Liebe und Hilfe verdanke ich es, daß ich bisher durchgehalten habe. Es war nicht leicht. Tatsächlich war es ein langwieriger und mühsamer Prozeß, bis ich mich auf die Bedingungen, unter denen ich jetzt lebe, eingestellt hatte. Jeder von euch hat mir dabei geholfen, wieder auf die Beine zu kommen.

Schließlich möchte ich meiner Frau Lisa danken, die mir bei dieser Affäre immer ein Halt war. Sie hat mir Kraft gegeben, wenn ich auf einem Tiefpunkt angelangt war, und ich habe im Moment nur den einen Wunsch, meine Haftstrafe abzusitzen und so schnell wie möglich zu ihr zurückzukehren. Es gibt keinen stolzeren Ehemann als mich.

Prolog: Ein Wochenende in Kota Kinabalu

Samstag, 25. Februar 1995

Es war mein Geburtstag, aber aus der Wildwasserfahrt wurde nichts. Wir waren über zwei Stunden lang zu der Rafting-Station gefahren, aber der klapperige alte Zug, der uns den Fluß hätte hinaufbringen sollen, war kaputt, entgleist oder sonst was. Anscheinend wußte niemand, was los war oder wann er wieder fahren würde. Es war derselbe Zug, der im Zweiten Weltkrieg Soldaten durch Borneo transportiert hatte, zunächst an die Front gegen die Japaner, dann wieder zurück, als sie vor ihnen flohen. Diese Soldaten hatten wirklich erfahren, was es heißt, um sein Leben zu rennen.

Lisa und ich fuhren zurück zum Hotel und gingen hinaus an den Swimmingpool. Das Shangri-La in Kota Kinabalu ist noch ziemlich neu, und blaue und weiße Sonnenschirme aus Segeltuch säumen den extravaganten, sichelförmigen Pool. Über das glitzernde Wasser hinweg betrachtete ich die rosigen Leiber der westlichen Urlauber, die mir aus dem Schatten ihre Fußsohlen wie weiche, weiße Baumwolle entgegenstreckten. Es waren Broker, Banker, Anwälte, Ölleute und wohl auch Börsenhändler wie ich. Sie lebten und arbeiteten im Ausland, mochten ihr Bier am liebsten kalt, ihre Hähnchen gedünstet und umgaben sich mit hirnlosen Frauen, die sie anhimmelten. Und sie liebten ihr Geld. Ich schlug meinen Thriller von Tom Clancy auf und versuchte, mich zu konzentrieren. Ich hätte ihnen etwas über Geld erzählen können.

Ein Mobiltelefon summte hinter mir. »Scheiße!« sagte ich und sah mich um. »Sie haben mich gefunden.« Dann aber begriff ich, daß das Telefon einem anderen gehörte. Ich hatte meines abgestellt und in meiner Wohnung gelassen. Ich war für niemanden zu erreichen. Ich atmete tief durch, um meinen Puls zu beruhigen, und legte mich wieder hin. Meine Flucht war ein Kinderspiel gewesen: Ich hatte einfach meine Telefone abgestellt, zwei Koffer gepackt, zwei Tickets gekauft und bar bezahlt und mich mit Lisa aus Singapur abgesetzt. Ich hatte schon einmal eine Nacht in einem Singapurer Gefängnis verbracht, und ich verspürte keine Lust auf eine zweite.

Donnerstag, 23. Februar 1995

Um 14.15, als die Glocke zum Börsenschluß läutete, hörte das Geschrei endlich auf. Den ganzen Tag war das Getöse nicht abgeebbt. Ich hatte im Börsensaal gestanden, und jeder Händler hatte mich angeschrien, und ich hatte zurückgeschrien. Ich hatte heute alles gekauft, was der Markt hergab. Der Nikkei-Index war um 330 Punkte gefallen, aber ohne mich wäre er 1000 Punkte abgesackt. Ich hatte mit den Armen gefuchtelt, gebrüllt, gegrinst, Händlerzettel ausgefüllt und sie ins Back-Office geschickt. Ständig am Telefon, hatte ich meinem Freund George signalisiert, kaufe bei 18100, kaufe bei 18000, kaufe bei 17900, kaufe bei 17800, kaufe, kaufe, kaufe. Ein paarmal hatte ich die Kurse in die Höhe getrieben, aber ich hatte die Talfahrt nicht aufhalten können.

Ich wußte, daß ich Millionen von Pfund verloren hatte, nur nicht genau, wieviel. Vor lauter Angst wollte ich es gar nicht wissen – die Zahlen erschreckten mich zu Tode. Ich schaltete meine Reuters-Bildschirme ab, die flimmernden grünen Zahlen starben einen schnellen, lautlosen Tod. Es waren nur Zahlen auf einem Bildschirm, mit richtigem Geld hatten sie nichts zu tun.

Ich zog meine Tagesbilanz. Es war verheerend gelaufen: Trotz sinkender Kurse hatte ich ständig gekauft, und jedesmal, wenn ich verkaufen wollte, war mir ein anderer zuvorgekommen. Normalerweise wurde ein Großabschluß über 500 Kontrakte nur alle sechs Monate einmal getätigt – außer von mir –, doch heute hatten mir gleich zwei das Nachsehen gegeben, und sie hatten den Markt völlig versaut. Ich war überzeugt, daß unsere Telefone angezapft waren: Es war einfach unfaßbar, daß mir die anderen jedesmal um Sekundenbruchteile zuvorgekommen waren. Ich hatte noch mehr Geld verloren, weiß der Himmel, wieviel. Ich hatte versucht, meine Bestände abzubauen, und am Ende doch um 4000 Kontrakte erhöht. Ich versuchte, klaren Kopf zu behalten: Heute war Donnerstag, und in zwei Tagen hatte ich Geburtstag. Die Singapore International Monetary Exchange (SIMEX) würde morgen einen Nachschuß von mindestens vierzig Millionen Dollar auf meine Kontrakte erheben. Das war das Ende. Ich gab den Kampf auf.

Ich schlich mich aus dem Börsensaal und eilte nach draußen. Ein paar Leuten nickte ich zu und lächelte. Ich bemerkte, daß viele mich erstaunt und begeistert anstarrten. Sie hatten verschwitzte, rote Gesichter, als kämen sie gerade vom Tanzparkett. Händler, die von meinen unglaublichen Umsätzen an diesem Tag erfahren hatten, sahen mich an. Sie staunten über die schieren Summen, die ich bewegt hatte. Sie fragten sich, ob ich für eigene Rechnung oder für Kunden handelte und ob ich meine Position abgesichert hatte. Sie wußten – wie jeder Börsianer –, daß ich eine offene Position mit japanischen Papieren im Wert von über elf Milliarden Pfund aufgebaut hatte, also auf einen Kursanstieg spekulierte: So etwas läßt sich schwer verbergen, wenn man am Markt in Singapur über vierzig Prozent des gesamten Umsatzes bringt. Alle hatten gerochen, wovon Barings in London nicht die leiseste Ahnung hatte: Ich steckte so tief in der Tinte, daß es keinen Ausweg mehr gab.

Kaum war ich in meinem Büro, klingelten wieder die Telefone. Ein Reporter von der Zeitung *Nihon Keizei Shimbun*, die den Nikkei-225-Index beobachtet, wollte von mir wissen, was ich mit meiner Position zu tun gedachte.

»Wir nennen das den ›Barings-Überhang‹«, sagte er.

»Nennen Sie es, wie Sie wollen«, antwortete ich aufgeräumt. »Wir haben eine großartige Position, und wir haben kein Problem damit.«

»Wird alles am 10. März fällig?«

»Sie müssen abwarten«, sagte ich. »Ich weiß noch nicht genau, was die einzelnen Kunden tun werden.«

»Aber der Markt wird sich erst wieder erholen, wenn Sie die Lage entwirrt haben«, betonte der Reporter.

»Das ist alles«, unterbrach ich ihn. »Ich muß einen anderen Anruf entgegennehmen. Wir sprechen uns später.«

Ich knallte den Hörer auf und brüllte, daß es jeder hören konnte: »Ich nehme keine Anrufe mehr entgegen. Keinen einzigen.« Wieder klingelten zwei Telefone, ich winkte ab. Sollten sie doch ihre eigenen Schlüsse ziehen. Nisa, ein Mädchen aus dem Back-Office, brachte mir den neuesten Auszug des Fehlerkontos 88888. Ich machte mir nicht die Mühe, einen Blick darauf zu werfen. Ich bekam fast einen Herzinfarkt. Ich hatte es mir den ganzen Monat noch nicht angesehen. Ich wußte auch so, daß unsere Position sich zusehends verschlechtert hatte. Ich hatte versucht, aus dem Markt zu gehen, hatte ihn, um den Schaden zu begrenzen, schließlich gestützt und steckte nun weitere 4000 Kontrakte tiefer im Schlamassel – und die hatten mir, zusammen mit meiner Gesamtposition, heute noch mehr Verluste eingebracht.

Ich sah mich um, ob jemand kam, und schloß dann meine Schreibtischschublade auf. Unter Papierfetzen, Schere und Klebstoff und SIMEX-Briefen, die ich, wie mir inzwischen klar war, hätte wegwerfen sollen, zog ich den Ausdruck von Konto 88888 hervor. Ich trug die Abschlüsse des letzten Tages ein und zog einen Strich darunter: Bei der heutigen Schlußnotierung des Nikkei von 17885 war ich mit 61039 Nikkei-225-Kontrakten in einer Long-Position, mit 26000 Kontrakten auf Japanese Government Bonds (JGBs, japanische Staatsanleihen) in einer Short-Position, und ich hatte eine Mischposition aus Euro-Yen- und Nikkei-Optionen. Ich wagte gar nicht daran zu denken, wieviel Geld ich verloren hatte.

»Nick!«

Ich fuhr herum und raffte dabei meine Papiere zusammen. Es war Tony Railton, Buchhalter aus der Londoner Abrechnungsabteilung. Guter alter Tony. Er war ein großer, stämmiger Mann, etwas zu fett und stets darauf bedacht zu gefallen. Ich mußte ihn wieder mal mit einer sinnlosen Aufgabe abwimmeln.

»Wie läuft's, Tony? Guter Tag?«

»Großartiger Tag, Nick. Wie war der Markt?«

»Prima.« Ich schenkte ihm ein Lächeln, das unmißverständlich signalisierte, daß ich eine Menge Geld gemacht hatte.

»Ich habe den ganzen Tag versucht, Sie zu erreichen.«

»Tut mir leid. Da draußen ging's drunter und drüber.« Ich nickte und überließ es ihm, seine eigenen Schlüsse zu ziehen.

»So sah es auch aus.« Er lächelte bewundernd.

Er gehörte auch zu denen, die in London Nick Leesons Erfolgsstory gehört hatten, und ich durfte ihn nicht enttäuschen. Er war auf der Suche nach meinem Konto keinen Schritt weiter als eine Woche zuvor, und dabei schnüffelte er mittlerweile seit einem Monat im Büro herum. Es war mitleiderregend.

»Nick, ich habe mit Simon über das Loch in der Bilanz gesprochen – es tut mir leid, Sie damit zu langweilen –, aber wir haben uns gefragt, ob Sie heute nachmittag Zeit für eine kurze Besprechung hätten. Und dann will James am Samstag eine Besprechung, wie Sie ja wissen.«

»Mein Gott!« Ich lehnte mich in meinem Stuhl zurück. »Hören Sie, Samstag ist ausgeschlossen. Da habe ich Geburtstag, und Lisa und ich wollen uns einen schönen Tag machen. Sonntag würde mir passen«, bot ich ihm an, »aber nicht Samstag. Heute nachmittag können wir uns natürlich treffen. Lisa hat gerade angerufen und gesagt, daß sie krank ist. Ich fahre nach Hause und seh' nach ihr. Gegen halb fünf könnte ich zurück sein.«

»Danke, Nick.« Tony grinste zufrieden, zog den Kopf ein und blickte konzentriert in seine Papiere. Er hatte seine Besprechung bekommen.

Ich drehte mich wieder zum Schreibtisch und studierte die Zahlenkolonnen in meiner Hand. Hätte Tony Railton auf den Kopf gestellte Zahlen lesen können – oder wäre er in der Lage gewesen, eine simple Überprüfung durchzuführen, wie sie jeder Prüfer morgens nach dem Anschalten der Rechner vornehmen sollte –, hätte ihn vermutlich der Schlag getroffen. Ich konnte es einfach nicht fassen: Seit einem Monat saß er mir auf der Pelle, und doch hatte er die von mir gehaltenen Positionen noch nicht einmal miteinander abgestimmt. Dies hätte er zuallererst tun müssen, und dabei hätte er genau festgestellt, wie es um mich stand. Als ich von seinem Kommen erfuhr, wußte ich, daß alles aus war, aber dann machte ich Tag um Tag weiter, und er kapierte nichts. Er saß links neben mir, hörte alle meine Telefongespräche mit Brenda Granger, bei denen ich um mehr Geld aus London bat, sah die SIMEX-Briefe mit allen Einzelheiten über das Konto 88888, wußte, daß Geld fehlte – und zählte zwei und zwei immer noch nicht zusammen. Ich hatte schon fast geglaubt, wir könnten bis zum Besuch von Lisas Schwester im März bleiben. Aber morgen war Bonustag, ich mußte mich schleunigst absetzen.

Wieder klingelte das Telefon. Christina Lim hielt die Hand über die Sprechmuschel und fragte mich:

»AP-Dow Jones. Wollen Sie, Nick?«

Ich schüttelte den Kopf und hörte zu, wie sie erklärte, daß ich auf der anderen Leitung sei und umgehend zurückrufen würde. Sie notierte sich sogar die Nummer. Der Anruf wurde nie getätigt – wenigstens dieses Geld habe ich Barings gespart. Allen Kennern schwante allmählich, daß meine Position höchst wacklig war. Japanische Broker beschäftigen Leute, die herausfinden sollen, welches Risiko andere Häuser eingehen. Diese Schnüffler stehen im Börsensaal herum und beobachten, was bestimmte Leute treiben, und ein paar waren der Wahrheit sehr nahe gekommen. Ich hielt vierzig Prozent aller Risikopositionen in Singapur. Ich war der einzige Käufer am Markt. Alle wußten, daß das lächerlich war – alle bis auf die Barings-Spitze, die wußte rein gar nichts. Dabei wäre sie mir in einer halben Stunde auf die Schliche gekommen, wenn sie nur die Positionen, die ich an die SIMEX meldete (inklusive Konto 88888), mit den Positionen verglichen hätte, die ich nach London durchgab (ohne mein Fünfmal-acht-Konto).

Dann kam Simon Jones ins Büro. Das war selten. Jones, Regional Manager von Barings Südasien, kam sonst nie zu mir herunter – normalerweise rief der arrogante Schnösel nur an.

»Nick«, sagte er leichthin, »wir haben uns noch mal die Bilanz angesehen und sind etwas verwirrt. Der verfluchte Tony Hawes kommt am Wochenende, deshalb sollten wir die Sache bis Samstag auf die Reihe bringen.«

»Klar«, sagte ich mit einem breiten Lächeln, »kein Problem. Der andere Tony hat mich gerade um eine Besprechung um 16.30 Uhr gebeten. Da könnten wir doch alles zusammen durchgehen.«

»Sieh zu, daß es klappt«, sagte er, machte kehrt und sprach mit Tony Railton.

Ich wandte mich wieder meinem Schreibtisch zu. Jetzt ging es um Minuten. Ich mußte hier raus. Ich schaltete mein Mobiltelefon ab und steckte es in die Tasche. Dann raffte ich die 88888-Papiere zusammen und überlegte, ob ich sie in den Reißwolf stecken sollte – aber das wäre Simon und Tony, die neben mir standen, aufgefallen. Sollte ich sie mitnehmen? Wozu, dachte ich, ich kannte ja den Schaden. Und ich war auf dem Sprung in die Ferien – verflucht merkwürdige Ferien. Schließlich legte ich sie einfach in die Schublade zurück und schloß ab. Sie würden sie finden. Wenn sie das Konto 88888 bis zum späten Vormittag am nächsten Tag nicht gefunden hatten, würden sie die Schublade aufbrechen und die Papiere entdecken. Und sie mußten sie morgen entdecken, denn die SIMEX würde anrufen und einen weiteren Nachschuß von rund vierzig Millionen Dollar verlangen. Es war Zeit zu verschwinden. Ich schob meinen Stuhl zurück.

»Bis dann«, rief ich, ohne jemanden im Büro direkt anzusprechen. »Ich bin bald zurück.«

Im Aufzug zog ich mein Telefon hervor und rief Lisa an.

»Hallo! Alles in Ordnung?« fragte sie heiter und unbeschwert.

Ich zuckte zusammen. Mein Gott, sie war ahnungslos. Völlig ahnungslos. Sie wußte nicht einmal von dem ersten, winzigen Verlust von 20 000 Pfund, den Kim, die dumme Kuh, 1992 eingefahren hatte und mit dem alles angefangen hatte. Geschweige denn von den Millionen und Abermillionen, die sich heute in Luft aufgelöst hatten.

»Ich komme vorbei und hole dich ab.« Ich bemühte mich, locker zu klingen. »Ich habe etwas Wichtiges mit dir zu besprechen.«

»Ist mit dir alles in Ordnung?«

»Aber ja, mir geht es gut. Kann ich dich in fünf Minuten abholen? Wartest du unten?«

Ich hatte das Telefon gerade wieder in die Tasche gesteckt, da läutete es auch schon. Der Lift war noch nicht einmal in der Tiefgarage angelangt. Ich zog das Telefon hervor, sah es an und schaltete es ab.

Unten angekommen, ging ich zu meinem Wagen und öffnete die Tür. Kaum hatte ich den Motor angelassen, meldete sich das Autotelefon. Ich beugte mich rüber und schaltete es ebenfalls ab, fuhr zur Ausfahrt, schob meine Karte in die Schranke und bog schwungvoll in den Collyer Quai ein.

Es herrschte kaum Verkehr, in zehn Minuten war ich zu Hause. Lisa wartete schon und beobachtete die Straße. Ich ließ sie einsteigen.

»Ist das eine Entführung?« witzelte sie.

Ich fädelte in den Verkehr ein und fühlte mich gleich sicherer. Solange ich fuhr, konnte sich niemand von hinten an mich ranschleichen. Und das Konto 88888 harrte noch seiner Entdeckung. Armer alter Tony Railton.

»Hör zu, Lisa«, stammelte ich, »du wirst es nicht glauben, aber ich habe bei der Arbeit ein paar schwere Fehler gemacht. Ich muß hier weg.«

»Was meinst du damit?«

»Ich habe viel Geld verloren und muß verschwinden. Ich muß kündigen. Ich habe mich strafbar gemacht. Mein Gott, die Singapurer werden wahrscheinlich verrückt spielen und mich ins Gefängnis werfen. Ich kann dir gar nicht sagen, wie schlimm es ist.«

»Red schon, Nick.« Sie wandte sich mir zu, und ihre Augen verengten sich hinter der Sonnenbrille. »Was ist los? Nächsten Monat bekommen wir deinen Bonus, und du sagst, daß du verschwinden mußt? Weshalb die Eile?«

»Ich muß weg. Heute noch. Raus aus Singapur. Wenn sie sich erst mal Klarheit über meine Position verschafft haben, kann ich mit ihnen reden – ich kann nur nicht hierbleiben und so lange warten. Und du brauchst auch mal eine Pause. Na, komm

schon«, fügte ich kraftlos hinzu. »Du brauchst auch eine Pause.«
Meine Stimme klang gepreßt.

»So schlimm kann es doch nicht sein«, tröstete mich Lisa. »Du
hast in letzter Zeit viel Spaß gehabt. Warum redest du nicht mit
Danny darüber?«

Ich blickte auf die Straße und folgte routinemäßig dem Verkehr. Hier war ich ein erfolgreicher Mann geworden – oder gewesen. Ich hatte viel erreicht, meine Familie war stolz auf mich,
meine Frau liebte mich. Doch seit zwei Jahren bedrückte mich
dieses Problem Tag für Tag, und jetzt verstand meine Frau nicht,
warum ich es getan hatte. »Für dich«, hätte ich fast gesagt. »Ich
habe es getan, um dich glücklich zu machen, denn ich hätte
damit ein Vermögen verdienen können.« Dann aber begriff ich,
daß ich es auch für mich getan hatte. Hätte ich ein Vermögen
gemacht, hätte ich ein eigenes Team führen können. Ich wäre
mein eigener Herr gewesen, hätte über dem Börsensaal ge-
thront und mir meinen Bonus verdient. Ich wußte aber auch,
daß Lisa mich auch geliebt hätte, wenn ich in das Gipserge-
schäft meines Vaters eingestiegen wäre.

»Okay«, sagte ich. »Hör zu. Ich setz' dich zu Hause ab, und du
packst zwei Koffer. Aber geh auf keinen Fall ans Telefon. Ich fahre zu Danny.«

»Warte«, sagte Lisa, »da ist Blockbuster Video. Wir könnten
unsere Anzahlung zurückverlangen – das sind 200 Dollar.«

Ich fuhr an die Seite, und Lisa ging in den Laden und sprach
mit dem Geschäftsführer. Strahlend kam sie wieder heraus.

»200 Dollar wollten sie mir nicht geben, aber ich bin hart geblieben und habe 180 bekommen.«

»Gut gemacht.«

Ich setzte sie bei der Wohnung ab und stellte das Telefon an.
Danny, ein Freund bei First Continental, der mit JGBs handelte,
war nicht zu Hause, aber ich erreichte ihn über sein Mobiltelefon. »Danny? Hier ist Nick. Kann ich auf einen Sprung bei dir
vorbeikommen? Ich hab' ein Problem.«

»Klar, komm vorbei. Ich lasse mir gerade bei Takashimaya die
Haare schneiden, aber wir können uns in fünf Minuten an der
Far East Plaza treffen.«

Ich parkte an der Plaza. Danny war bereits da und rieb sich den Nacken.

»Ein Blitzhaarschnitt«, beglückwünschte ich ihn.

»Skalpiert«, sagte Danny. Wir gingen nach oben in seine Wohnung über der Plaza. »Also, worum geht's? Um die Arbeit oder um Frauen?« fragte er.

Er gab seiner Freundin Geld und schickte sie zum Einkaufen. Offensichtlich hatte er die Anspannung in meinem Gesicht bemerkt. Ich setzte mich auf den Balkon und beobachtete den Verkehr. Danny brachte ein Tablett mit einer Kanne Tee und Schokoladekeksen.

»Ich habe eine nichtautorisierte Position«, platzte ich heraus, »und sie ist ziemlich groß. Man kann jede Minute dahinterkommen.«

»Wie groß?«

»Jedenfalls so groß, daß es Ärger geben wird«, sagte ich, und wir beließen es dabei.

»Den Behörden wird das nicht gefallen.« Danny schüttelte den Kopf.

»Und Barings auch nicht.«

»Was kann Barings schon tun? Dich rausschmeißen? Na und? Nach Hause fährst du so oder so. Du verlierst deinen Bonus. Das ist bedauerlich, aber davon geht die Welt nicht unter. Du bist gesund, und du hast deine Freiheit wieder.«

»Ich muß hier weg.«

»Gut, mach einen Kurzurlaub und sieh aus der Entfernung zu, wie die Bombe platzt«, riet mir Danny. »Aber vielleicht ist es ja gar nicht so schlimm, wie du glaubst.«

»Ich muß hier weg«, wiederholte ich. »Ich will nicht, daß sie mich fassen. Die buchten mich sofort ein.«

»Das beste ist, alles zu gestehen«, sagte Danny, »aber mit voller Überzeugung kann ich das nicht sagen. Sieh mich an: Als ich mit Marks Ferrari einen Totalschaden gebaut habe, bin ich mit der ersten Maschine nach Athen und habe gewartet, bis er sich beruhigt hatte und mich nicht mehr verprügeln wollte.«

Wir erörterten noch eine Weile das Für und Wider, aber ich konnte mich nicht dazu durchringen, ihm das ganze Ausmaß der Katastrophe zu schildern. Millionen von Pfund, schrie es in mir, aber ich nahm mir einfach noch ein paar Kekse.

»Okay.« Ich hatte einen Entschluß gefaßt. »Ich muß weg. Sofort. Wir fahren zum Flughafen und fliegen nach Phuket. Dort treffen wir dich und Ches morgen und warten ab, was passiert. Ich werde gefeuert, und das können wir uns auch von dort ansehen.«

Wir gingen die Treppe hinunter und stiegen in den Wagen. Danny setzte sich ans Steuer. Wir fuhren zurück zur Wohnung und holten Lisa ab.

»Ich habe das Telefon ausgestöpselt«, sagte sie. »Bestimmt würden ein paar Leute gern mit dir sprechen.«

Auf der halbstündigen Fahrt zum Flughafen waren wir in einer merkwürdigen Hochstimmung. Keiner von uns konnte so recht begreifen, daß ich mich absetzte. Ich staunte kaum, als sie sich für nächste Woche zum Abendessen verabredeten. Danny bekam Besuch von Freunden, und so einigten wir uns auf Dienstag. Lisa und Danny überlegten, wo wir hingehen sollten, und entschieden sich schließlich für das Keyaki, ein japanisches Restaurant. Ich starrte aus dem Fenster und zählte die Autos, die wir überholten. Jedes Auto war eine weitere Hürde, die ich auf dem Weg aus der Gefahrenzone genommen hatte.

»Du machst es wie Reggie Perrin!« rief Lisa plötzlich.

»Wer ist das denn?« Ich hatte keine Ahnung.

Lisa und Danny lachten und erzählten mir, Reggie Perrin sei eine Figur aus dem Fernsehen, die einen Selbstmord vorgetäuscht habe. Ich stimmte in ihr Lachen ein. Gar keine so schlechte Idee.

Wir kauften Tickets für den nächsten Flug nach Kuala Lumpur. In der malaysischen Hauptstadt stiegen wir im Hotel Regent ab. Am nächsten Tag, Freitag, dem 24. Februar, setzte ich um die Mittagszeit ein Fax an James Bax und Simon Jones mit meiner Kündigung auf. Ich bat die Dame an der Rezeption, das Fax erst eine Stunde später abzuschicken. So konnten wir ungestört in die Maschine nach Kota Kinabalu steigen. Wir hatten versucht, auf die thailändische Insel Phuket zu kommen, aber alle Flüge waren ausgebucht gewesen. Kota Kinabalu liegt im

Osten Malaysias, gleich neben dem Ölsultanat Brunei im Norden Borneos. Dort war es wunderschön, aber wichtiger noch: Es war nicht Singapur, und wir wollten nicht das ganze Wochenende in Kuala Lumpur bleiben.

Der Flug dauerte zwei Stunden, Lisa und ich wurden vom Kleinbus des Hotels abgeholt. Bei unserer Ankunft ging gerade die Sonne unter. Wir gingen an den Pool unseres Hotels Shangri-La Tanjung Aru und blickten lange aufs Meer hinaus.

»Hallo, Süßer! Geburtstagskind! Aufwachen. Willst du eine Tasse Tee?«

Es war Lisa. Sie lächelte mich über den Rand ihrer Ray-Bans hinweg an, und ich verliebte mich wieder über beide Ohren in sie. Ich sah mich am Pool um. Irgend etwas stimmte nicht, doch es dämmerte mir erst allmählich, was es war: die Ruhe. Niemand schrie mich an, keine Telefone piepsten, weit und breit keine Barings-Bosse, kein Tony Railton und kein Simon Jones, keine Mary Walz und kein Tony Hawes. Kein Mensch wollte hier was von mir.

»Glaubst du, daß es hier Hamburger gibt?«

Mit meinem Hamburger-Tick machte ich mich langsam zum Gespött. Wohin man in Asien auch kommt, überall gibt es McDonald's. Und die Hamburger schmecken da sogar noch besser als die zu Hause. Das liegt am Salz, an den Gurken und an einer bestimmten Würze, die in der Luft liegen muß. Ich schätze, bei einem Big-Mac-Geschmackstest mit verbundenen Augen hätte ich überall auf der Welt die Nase vorn.

»Möglich. Aber wenn du einen bekommst, mußt du ihn dir wieder abtrainieren.«

»Du bist ja wie besessen! Gönn mir eine Pause.«

Lisa stand auf, beugte sich herunter und küßte mich.

»Ich werde dich schon wieder in Form bringen. Dein Bauch macht mich verrückt.«

»Abgemacht«, lachte ich. »Zimmerservice!«

Später machten wir Hand in Hand einen Spaziergang um das Hotel. Als wir am Zeitungskiosk vorbeikamen, überflog ich die Schlagzeilen. Gestern, Freitag, war der Nikkei um 300 Punkte gefallen.

»Sie haben einen günstigen Tag zum Aussteigen gewählt«, sagte ich. »Der Markt hat sich behauptet.«

»Glaubst du, daß jetzt alles in Ordnung ist?« fragte mich Lisa, als wir in unser Zimmer zurückkamen.

»Sieht so aus.« Ich nickte und zwang mich, es zu glauben. »Sie haben am Freitag mein Fax erhalten, die Situation geklärt und alles entwirrt. Der Markt hat sich gut gehalten.«

»Den Job bist du trotzdem los?« hakte sie nach.

»Den Job bin ich endgültig los, darauf kannst du Gift nehmen. Ich habe ihr Geld verspielt.«

»Aber doch nicht du allein.«

»Ich hatte die Verantwortung. Aber nerv mich jetzt nicht damit.«

»Was machen wir nach dem Wochenende?« fragte sie.

Ich sah an Lisa vorbei zum Fenster hinaus. Im Hotel Shangri-La mit dem himmelblauen Swimmingpool und den schicken Sonnenschirmen, dem flotten Zimmerservice, den gestärkten roten und grünen Tischdecken, der heißen Sonne, dem kühlen Bier schien alles unwichtig. Zum ersten Mal seit langer Zeit fühlte ich mich nicht gehetzt. Ich spürte, wie sich mein Rücken, der seit Monaten verspannt war, wieder lockerte.

»Es kommt alles in Ordnung«, hörte ich mich sagen. »Laß uns heute abend in das italienische Restaurant gehen, morgen eine Wildwasserfahrt machen und noch einen tollen Tag verleben, dann sehen wir weiter. Bei Barings bin ich raus, aber was soll's? Wir reisen nach Thailand, anschließend nach Australien, und nächsten Monat fliegen wir nach Hause und schauen uns dort nach etwas Passendem um. Und jetzt los: Wo sind meine Geburtstagsgeschenke? Was ist in der Tasche, die du vor mir versteckt hast?«

Lisa holte die Tasche aus dem Schrank und überreichte mir die Karten und Geschenke, die von zu Haus gekommen waren. Die handschriftlichen Glückwünsche bereiteten mir die größte Freude. Es war schön, daß man sich auch über Tausende von Meilen verbunden blieb – und daß die Karten aus Singapur herausgekommen und in Lisas Tasche den Weg bis hier ans Ende der Welt gefunden hatten. Ich sah den Kopf der Queen auf den

Briefmarken – sie zählte mittlerweile zu den Lieblingskunden von Barings. Alle Bosse bei Barings sprachen über ihr Konto. Angeblich hatte sie vierzig Millionen Pfund bei Barings angelegt. Vierzig Millionen? Kleine Fische! Hätte ich eine Risikoposition von nur vierzig Millionen Pfund gehabt, hätte ich gelacht und am Pool Saltos vom Sprungbrett gedreht.

»Hier, dein Geschenk«, sagte Lisa leicht spöttisch.

Ich packte es aus – ein alter Druck von Singapur, eine Zeichnung von Stamford Hill! Wir lachten beide.

»Die Stadt werde ich nie wiedersehen!« Es klopfte. Mist, verfluchter! Wer war das? Ich sah mich nach einem Versteck um, doch Lisa war bereits an der Tür und öffnete.

»Zimmerservice«, sagte ein Kellner in einem gestärkten weißen Jackett und schob einen Servierwagen herein.

»Und hier ist dein Hamburger«, lachte Lisa. »Sieh dir die Pommes an!«

Am Abend teilte uns die Hotelleitung mit, daß der altersschwache Zug wieder fuhr, und so machten wir uns am Sonntagmorgen auf den Weg zum Wildwasserkurs. Da der Nikkei nur um 300 Punkte gefallen war, sparte ich mir die CNN-Nachrichten. Auch Zeitungen gab es so früh in der Lobby noch nicht, aber wen kümmerte das? Wir waren im Urlaub. Ich machte mir keine Sorgen. Ich redete mir ein, alles sei vorbei. Ich hatte gekündigt und an Erfahrung gewonnen. Wir würden Ferien machen und nächsten Monat heimreisen.

Zusammen mit fünf oder sechs anderen Urlaubern, lächelnden Hongkong-Chinesen und zwei Koreanern, zuckelten wir mit dem Zug den Fluß hinauf. Wir trugen das Schlauchboot zum Ufer, legten Schwimmwesten an, setzten Helme auf und schlingerten hinaus auf den Fluß.

Er strömte zunächst ruhig und träge, und die Kronen der Bäume auf den steilen Uferböschungen waren mit Kletterpflanzen überwuchert. Ich saß mit einem Paddel vorn im Schlauchboot und hielt eine Hand ins Wasser. Es war klar und kühl, und am liebsten hätte ich mich hineingestürzt und flußabwärts treiben lassen.

Bald erreichten wir die erste Schlucht. Das Schlauchboot schoß dahin und hüpfte über das weiße schäumende Wasser. Ich hielt mich fest und sah zu Lisa hinüber. Sie lachte, als ihr die Gischt ins Gesicht spritzte. Das blonde Haar klebte ihr an der Stirn und hing in Strähnen herunter. Sie sah hinreißend aus. Sie schenkte mir ein strahlendes Lächeln und hob die wasserdichte Kamera. Wenn wir nur allein wären und ich zu ihr hinkriechen könnte, dachte ich, da ertönte der Ruf: »Festhalten!«

Es war zu spät. Das Boot gurgelte in eine Wasserwand, sackte unter mir weg, und ich ging über Bord. Ich schloß die Augen, hielt die Hände über den Kopf und spürte, wie mich der Gummiboden des Boots nach unten drückte. Ich hatte keine Zeit mehr gehabt, tief Luft zu holen, also hielt ich Augen und Mund geschlossen und ließ mich von der Strömung flußabwärts treiben. In diesen wenigen Sekunden ging mir durch den Kopf: Warum es nicht dabei bewenden lassen? Wozu mich an die Wasseroberfläche strampeln? Wäre doch ein großartiger Abgang. Befund: Tod durch Unfall. Ich würde nie erfahren, was mit Tony Railton geschah, was in seinem Kopf vorging, als er das Konto 88888 öffnete, ob ihn der Schlag getroffen hatte, was aus Barings wurde, wie der Nikkei reagierte. Ich wäre aus dem Schneider. Aber dann dachte ich an Lisa, und ich kämpfte mich nach oben. Gut, ich war weggelaufen, aber sie würde ich nicht verlassen. In dem Moment, als ich auftauchte, explodierten vor meinen Augen grüne und rote Sterne.

»Nick!«

Ich sah das Schlauchboot, und da war auch Lisa. Sie winkte mir.

»Ich habe alles fotografiert! Du warst großartig!«

Ich schwamm auf das Boot zu, das ruhig in Ufernähe lag. Ich sah, wie einer der Führer über Bord sprang, und dachte, er wolle mich retten, aber er schaute nicht einmal in meine Richtung – er war hinter dem Paddel her, das ich verloren hatte.

»Ich dachte schon, du wolltest für immer untertauchen«, rief Lisa. »Wie hoch ist deine Lebensversicherung?«

»Miststück!« Ich spuckte Wasser und hielt mich an der Bootswand fest. »Ich dachte auch, das war's!«

»Wir wollten schon ein Rettungsboot aussetzen«, lachte Lisa. »Du könntest jederzeit als Stuntman gehen.«

Ich hievte mich über den Rand des Bootes, und ein paar von den Chinesen streckten mir die Arme entgegen und halfen mir. Alle lachten, ich stimmte mit ein und wischte mir das Wasser aus dem Gesicht.

Ich sah an meinem Bein hinunter. Am Schienbein klaffte eine veilchenfarbene Wunde.

»Zum Glück gibt es hier keine Piranhas.«

»Festhalten!« warnte uns der Führer. »Da kommt die nächste. Ein Mordsding.«

Wir legten uns wieder ins Zeug, arbeiteten mit unseren Paddeln und blinzelten das Wasser aus den Augen, während das Boot unter uns hin- und hergeworfen wurde.

Total erschöpft erreichten wir den Ausgang der Schlucht, lehnten uns an die Gummiwände und betrachteten den grünen Wald, der nun wieder gemächlich vorüberzog. Dann kam die Anlegestelle in Sicht. Lisa und ich nickten uns zu und sprangen mit einem Rückwärtssalto ins Wasser. Getragen von den Schwimmwesten, ließen wir uns auf dem Rücken flußabwärts treiben, nur das leise Rauschen des Wassers umflüsterte uns. Zurück im Hotel, warfen wir uns aufs Bett.

»Habe ich mir jetzt einen Hamburger verdient?« fragte ich.

»Was macht dein Bein?« Lisa rollte sich herüber und nahm es näher in Augenschein.

»Es wird sofort heilen, wenn du es gesund küßt.«

Lisa beugte sich hinunter und küßte es zärtlich.

»Besser?«

»Viel besser«, sagte ich. »Den Ellbogen habe ich mir aber auch geprellt. Er tut unerträglich weh.«

»Soll ich ihn auch gesund küssen?«

»Außerdem habe ich mir den Hals verrenkt, als das Boot mich erwischt hat…«

»Und mir tut die Schulter weh«, sagte Lisa und entblößte den weißen Bikinistreifen.

»Also keine Hamburger?« flüsterte ich.

»Die heben wir uns für später auf.«

Als wir am Montagmorgen erwachten, fühlten wir uns ganz ruhig. Das Wochenende war vorbei, es war Zeit, nach Kuala Lumpur zurückzufliegen. Wir vereinbarten, daß Lisa nach Singapur gehen, ein paar Sachen zusammenpacken und den Heimtransport unserer Möbel arrangieren sollte. Anschließend wollten wir uns auf Phuket treffen und von dort nach Australien weiterreisen. Sobald wir meinem Vater und ihren Eltern beigebracht hatten, daß ich gekündigt hatte, sollte es nach Hause gehen. Ich wußte, daß Dad tief bestürzt sein würde, aber er würde verstehen, daß mir der Druck zu groß geworden war. Ich konnte ihm im Geschäft helfen und mir einen ruhigen Sommer gönnen. Lisa wollte nach London und in der Snackbar ihres Onkels aushelfen.

Es war ein strahlender Tag, und wir aalten uns am Pool und vertrödelten den Morgen, bis es Zeit zum Packen wurde.

»Laß uns ein paar Kekse für die Reise kaufen«, sagte Lisa. Wir pilgerten zum Hotelkiosk und strichen auf der Suche nach Keksen zwischen den Regalen umher.

Während ich noch suchte, ging jemand mit einer Ausgabe der *New Straits Times* an mir vorbei. Er hatte sie in der Mitte gefaltet, aber aus dem Augenwinkel sah ich die fette Schlagzeile: BRITISCHE MERCHANTBANK ZUSAMMENGEBROCHEN.

Plötzlich war es mir ziemlich schnuppe, welche Kekse wir mitnahmen. Ich blieb wie betäubt stehen.

»Lisa«, flüsterte ich, »kauf diese Zeitung. Barings ist pleite.«

Lisa griff sich die Zeitung und begann, den Artikel zu lesen, in dem von einem verschwundenen Börsenhändler die Rede war. Ich sah mich um. Wir waren in einer gottverlassenen Gegend, mitten an der Nordküste von Borneo. Wir saßen in der Falle. Wie, zum Teufel, sollten wir hier herauskommen?

Gerade wollte Lisa den Kauf von Keksen und Zeitung mit ihrer Unterschrift bestätigen.

»Bezahle bar«, sagte ich. »Unterschreib nichts.«

1: Das Watford-Intermezzo – von Watford zu Barings

Ich wandte mich von der Bar ab und zwängte mich, ein Zinntablett mit Bierflaschen in der Hand, durch das Gedränge. Ich hielt den Kopf gesenkt und achtete nur darauf, daß keine Flasche umfiel, während ich mich seitlich an Schultern und Ellbogen vorbeischob, und so kam es, daß ich erst im letzten Moment aufschaute. Die unvermittelte Stille und der Umstand, daß alle um mich herum plötzlich Platz machten, warnten mich. Ich schaute auf, die Hände am Tablett, und sah gerade noch, wie der Stuhl aus zweieinhalb Meter Höhe auf mich zu wirbelte. Es war ein massiver Holzstuhl mit Sprüngen im Lack. Ich stand wie gelähmt und reckte mein Kinn wohl genau im richtigen Winkel. Da ich keine Hand frei hatte, um mich zu schützen, traf mich der Stuhl direkt ins Gesicht. Meine Nase fuhr in den Schädel zurück und explodierte irgendwo hinter meinen Augen. Ich wollte schreien, aber mein Mund und mein Kiefer versagten den Dienst. Im Fallen spürte ich, wie das Tablett leichter wurde und zu Boden fiel, aber ich hörte nichts. Mit elf Flaschen Grolsch beladen, muß es ordentlich gescheppert haben.

Steve hatte noch Glück. Unverschämtes Glück, wenn man bedenkt, daß er angefangen hatte. Später, als ich im Krankenhaus lag, das Kinn mit einer Art Drahtgeflecht geflickt, erzählte er mir, was passiert war. Die Rausschmeißer waren hereingestürmt, hatten sich auf der Tanzfläche in einer Reihe aufgestellt und die Leute auseinandergetrieben. Ich geriet auf die falsche Seite, und ein paar von ihnen fielen über mich her – das war der Moment, in dem ich mit dem Stuhl Bekanntschaft machte und parterre ging. Steve war ebenfalls auf der falschen Seite, doch als er mit Fußtritten an die Wand befördert wurde, landete er zufällig auf dem roten Knopf für den Notausgang. Die Tür ging auf, und er stürzte zwischen einen Haufen Mülltonnen. Ein paar verfolgten ihn und verpaßten ihm noch ein paar Tritte, aber er entwischte ihnen und rannte um das Haus zum Vordereingang.

»Ich wollte dich herausholen«, beteuerte er.

Ich versuchte, keine Miene zu verziehen – es tat zu weh, wenn ich lächelte. Dann war er wieder in den Club gegangen, hatte mich ziemlich verbeult am Boden liegen sehen und einen der Rausschmeißer überredet, mich rauszutragen. Inzwischen war die Polizei eingetroffen, und wir wurden ins Krankenhaus gebracht.

Steve und Lawrence brachten mich um 11 Uhr morgens nach Hause. Meine Nase schmerzte mehr als mein Kiefer, der so dick angeschwollen und so taub war, als hätte ihn ein Zahnarzt mit einem Schlagbohrer bearbeitet. Ich konnte meine Nase mit beiden Augen sehen, als ob ich schielte – ehe ich aus den beiden zuschwellenden Veilchen fast nichts mehr sah. Ich ließ mir ein Bad ein. Irgendwann wachte ich auf, weil das Wasser kalt geworden war. Ich versuchte, mich zu rasieren. Genausogut hätte man einen faulen Apfel rasieren können. Die Klinge schnitt ständig in die weiche, aufgedunsene Haut, und die Schrammen begannen wieder zu bluten. Schließlich zog ich ein sauberes Hemd und einen Anzug an, schluckte ein paar Aspirin und machte mich auf den Weg zur Arbeit. Wenigstens konnte man wegen der Blutergüsse nicht sehen, daß ich vom Saufen Ringe unter den Augen hatte.

»Nick! Was ist denn mit Ihnen passiert?« Alle starrten mich an, als sei ich von einem anderen Planeten auf die Erde gefallen.

»Ich bin in Ordnung«, sagte ich. »Ich hatte letzte Nacht einen Autounfall. Ich habe hinten gesessen, bin mit dem Kopf gegen den Vordersitz geknallt und habe mir die Nase und den Kiefer gebrochen. Die Jungs vorn sind glimpflicher davongekommen. Sie waren angeschnallt.«

Ich arbeitete bei Morgan Stanley, einer der erfolgreichsten amerikanischen Banken, wo ich eine Ausbildung in der Abwicklungsabteilung für Futures- und Optionsgeschäfte erhielt. Mit meinen zwanzig Jahren verdiente ich 20000 Pfund und konnte mir bereits eine eigene Wohnung in Watford, meiner Heimatstadt im Nordwesten Londons, leisten. Meinen Freunden war das unbegreiflich: Sie arbeiteten als Stukkateure und Maler, Elektriker und Klempner, einige im Verkauf, aber die meisten draußen auf dem Bau.

Am Tag meines Einzugs gab ich in meiner Wohnung eine Party. Wir merkten bald, daß ich kein Eßbesteck hatte, und so zogen wir geschlossen in das indische Restaurant in der Nähe, aßen Unmengen von Vindaloo und stopften uns die Taschen mit Messern und Gabeln voll. Zum Glück war es kein chinesisches Restaurant, sonst hätte ich in meiner Küche nichts als Stäbchen gehabt. Dann fiel das Licht aus. Einer von uns fand draußen in einem Container ein paar alte Lampen und schloß sie direkt an die Hauptleitung an. Sie flackerten wie in der Disco.

Im Büro dagegen war ich ein Musterknabe – niemand wußte, woher ich kam oder was ich an den Wochenenden trieb. Ich trug Anzug und Krawatte und lernte schnell. Der Handel mit Futures und Optionen expandierte rasch, und nur wenig Leute verstanden wirklich, wie er funktionierte. Morgan Stanley gehörte zu den Hauptakteuren auf dem Markt und investierte viel Zeit in die Schulung von Mitarbeitern aus dem Back-Office wie mich und in die Anwerbung der besten Händler an der Londoner Terminbörse (LIFFE).

Ich war mit achtzehn von der Schule abgegangen und hatte 1985 bei Coutts and Company, einer Bank, die auch die Queen zu ihren Kunden zählte, meine erste Stelle in der City angetreten. Ich arbeitete dort zwei Jahre und rechnete alle Schecks ab, bekam aber nie einen in die Hand, den Charles Windsor ausgestellt hatte. Tatsächlich hatte Coutts, obwohl eine piekfeine Adresse, die üblichen Probleme einer Publikumsbank: geplatzte Schecks und Ehefrauen, die ohne Wissen ihrer Männer das Konto gewaltig überzogen. Ich konnte von Glück sagen: Wie ich erfuhr, hatten sich dreihundert Schulabgänger um den Job beworben. Nur zwei waren zu einem Gespräch eingeladen worden, und ich hatte ihn gekriegt. Doch bald schon langweilte

mich die Arbeit. Ich schob nur stapelweise Schecks im Groß-
raumbüro herum und bündelte sie, bevor sie in einem geräumi-
gen Lager verstaut wurden.

Ein Freund hatte mir von dem Job bei Morgan Stanley erzählt,
also sprach ich dort vor und bekam ihn sofort. Das war im Juni
1987. Man bot mir an, entweder in der Devisenabteilung zu arbeiten oder in der Abteilung für Futures und Optionen, die weit
komplizierte Geschäfte tätigte. Ich entschied mich für Futures
und Optionen und besiegelte damit mein Schicksal.

Jeden Morgen fuhr ich mit dem Zug nach Euston und dann
mit der U-Bahn weiter zum Oxford Circus. Ich ließ das häusli-
che Leben hinter mir, schlug mich den lieben langen Tag mit
Abrechnungsproblemen herum und machte gegen 18 Uhr Feierabend. Oft kam ich nicht vor 21 Uhr weg. Dann rief ich von
Euston aus zu Hause an, und mein Vater kam mit dem Wagen
zur U-Bahn-Station und holte mich ab. Dann telefonierte ich
herum, fragte, wer wohin ging, und machte mit den anderen
einen drauf. Nach einer Arbeitswoche in Schlips und Kragen
ging am Wochenende oft tierisch die Post ab.

Niemand bei Morgan Stanley hatte eine Ahnung, was ich in
meiner Clique trieb. Eines Abends – wir hatten uns ein Fußballspiel angesehen – gingen wir zu mehreren in eine Disco und
zogen alle Klamotten aus. Wir standen splitternackt herum und
taten so, als sei das die normalste Sache von der Welt. Mein
Freund Steve hatte die reizende Angewohnheit, sich an Mädchen, die ihm gefielen, heranzumachen, seinen Schwanz aus
der Hose zu holen und ihnen sanft in die Hand zu schieben.
Einmal machte er das mit einem Mädchen, das in einem Club
namens Paradise Lost in Watford fröhlich mit ihrem großen
schwarzen Freund plauderte. »Raus hier«, warnte ihn der
Freund. »Du hast hier nichts verloren.« Steve blieb unbeein-
druckt, und ich holte die nächste Runde Bier. Als Steve kam, um
mir zu helfen, krachte mir der Stuhl an den Kopf und machte uns klar, daß wir im Paradise Lost wirklich nichts verloren
hatten.

Meine Mutter starb als glückliche Frau – sie war glücklich,
weil sie von ihrem Arzt gerade erfahren hatte, daß sie mit ihrer

Krebsart noch mindestens zehn Jahre zu leben habe. Sie sprach mit uns darüber, als wir an jenem Abend an ihrem Bett saßen. Sie dürfe also, sagte sie, noch erleben, wie ihre Kinder heiraten, einen Hausstand und eine Familie gründen würden. Der Arzt habe ihr versichert, daß sie noch Großmutter werde. Victoria war dreizehn und Sarah erst zehn, und Mutter war entschlossen, am Leben zu bleiben, bis sie erwachsen waren. Wir verließen sie an jenem Abend in dem guten Gefühl, daß sie noch lange für uns dasein würde. Sie hielt die Familie zusammen. Sie hatte sich immer für uns eingesetzt. Selbst als ich mir so etwas Albernes wie einen Pringle-Pullover wünschte, weil alle meine Schulfreunde einen hatten, machte sie Überstunden und kaufte mir einen. Von ihr lernte ich, daß man hart arbeiten und trotzdem Spaß und Geselligkeit haben kann. In der Schule erlebte ich es anders: Da gab es entweder Streber, die fleißig büffelten, oder Draufgänger, die Fußball spielten. Ich brachte das Kunststück fertig, Streber und zugleich Draufgänger zu sein, was vor mir noch keinem gelungen war. Ich wurde sogar Vertrauensschüler, was mich den Draufgängern, die Vertrauensschüler haßten, eigentlich hätte entfremden müssen, doch ich wurde immer noch akzeptiert. Und das verdankte ich meiner Mutter. Sie hatte mir die Zuversicht gegeben, daß mit dem Fleiß der Erfolg sich von selbst einstellen würde.

Ich war am nächsten Morgen im Büro, als eine Schwester aus dem Krankenhaus anrief und mich bat, ins Krankenhaus zu kommen. Der Zustand meiner Mutter habe sich dramatisch verschlechtert.

»Hat das nicht Zeit bis heute nachmittag?«

»Nein«, sagte die Schwester.

Ich ließ alles stehen und liegen, fuhr mit der U-Bahn nach Euston und nahm dort den Zug nach Watford. Zu spät. Meine Mutter war gestorben. Ich wußte es sofort, als mir meine bleichen, verstörten Schwestern entgegenkamen. Meine Mutter war bereits ins Leichenschauhaus gebracht worden. Ich wollte hingehen und sie ein letztes Mal ansehen. Doch mir fehlte der Mut. Ich ging zwar noch zu ihrer Bestattung ins Krematorium, aber nie an ihr Grab. Ich hatte zu große Angst davor. Ich wollte ja gern Abschied nehmen, aber ich fürchtete, nicht die richtigen Worte zu finden. Ich schob es immer wieder auf. Damals schwor ich mir – und meiner Mutter –, daß ich mich um die Familie kümmern würde. Ich wollte alles tun, um den Mädchen zu helfen.

Und ich akzeptierte als Vermächtnis meiner Mutter, daß ich derjenige in der Familie war, der sich tüchtig ins Zeug legen und es im Leben zu etwas bringen sollte. Sie hatte mich durch die Prüfungen getrieben, mir geholfen, das Bewerbungsschreiben an Coutts aufzusetzen, und mich immer mit gebügelten Hemden und geputzten Schuhen losgeschickt. Als ich zu Morgan Stanley wechselte, wußte ich: Du mußt es alleine schaffen! Von meinem Vater durfte ich keine Hilfe erwarten. Er hat nie verstanden, was ich tat und warum ich, geschniegelt und gebügelt, jeden Tag eine Stunde Fahrt in die City auf mich nahm. Mein Bruder verließ die Schule im gleichen Jahr wie ich und begann bei meinem Vater zu arbeiten.

Mein Vater zog sich in seine eigene kleine Welt zurück. Er war Stukkateur, und wenn er viel zu tun hatte, half ich ihm gelegentlich am Wochenende. Ich vergaß nie, daß ich als Ältester Verantwortung trug und daß meine Schwestern noch zur Schule gingen. Meine Angehörigen und Freunde konnten nicht begreifen, mit welchen Summen ich im Büro umging. Als ich meinen Freunden erzählte, daß ich in einer Bank arbeitete, dachten sie, ich würde bei Barclays in der Watford High Street Sparbücher sortieren. Ich lernte, riesige Summen zu bewegen, Millionen und Abermillionen Pfund, tauschte sie gelegentlich in Dollar oder japanische Yen und entschied, bei welcher Bank sie als Tagesgeld deponiert wurden. Die Summen, für die ich die Verantwortung trug, waren beachtlich – wie mein Gehalt von 20000 Pfund plus 20000 Pfund Prämie. Mein Ansehen in Watford stieg rapide.

Während ich lernte, wie Futures- und Optionsgeschäfte abgewickelt werden, begriff ich allmählich, daß das ganz große Geld von den Händlern verdient wurde, die an der Börsenfront agierten. Ich saß im Back-Office, erledigte Papierkram, während die

Händler riesige Gehälter und Prämien einstrichen. Meine Freunde in Watford wären über ein Gehalt von 20 000 Pfund, wie ich es nach Hause trug, begeistert gewesen, aber ich wollte höher hinaus. Natürlich stand ich damit nicht allein: Jeder Angestellte in der Abwicklungsabteilung träumte davon, ein lächerlich buntes Händlerjackett anzuziehen und sich im Börsensaal die Lunge aus dem Hals zu schreien – die einzige Chance, ein Vermögen zu machen und sich einen Porsche leisten zu können. Ich persönlich war nicht besonders scharf auf einen Porsche, aber ich wollte vorwärtskommen, mehr verdienen und meine Familie unterstützen. Da hieß es planmäßig vorgehen.

Der »Golden Boy« an der Börse war seinerzeit James Henderson, den Morgan Stanley für ein Riesengehalt angeheuert hatte und der jede Menge Geschäfte abwickelte. Ich studierte seine Handelszettel, die über meinen Tisch liefen, und telefonierte ein paarmal mit ihm. Eines Tages trafen wir uns sogar zum Essen, und er erwähnte, daß er überlastet sei und einen Laufburschen brauche, der sich um den Kleinkram kümmerte, für den er sich zu schade war. Ich verdiente 20 000 Pfund, für diesen Job aber hätte ich eine Gehaltseinbuße gern in Kauf genommen, denn ich wußte: Wenn ich erst einmal im Börsensaal war, würde mich so bald niemand wieder rauskriegen. Ich fragte, ob ich den Job haben könnte, und James war einverstanden. Ich triumphierte. Der Job brachte »nur« 15 000 Pfund ein, aber er war die erste Sprosse auf der Leiter und eröffnete mir die Möglichkeit, die Händler bei der Arbeit zu beobachten. Doch mein Chef wollte mich unbedingt in der Abwicklungsabteilung halten. Ich informierte James, und der stellte klar, daß er sofort jemand brauche. Mein Boß blieb stur, und ein anderer bekam den Job.

Noch am selben Nachmittag, Freitag, den 16. Juni 1989, kündigte ich bei Morgan Stanley, rief einen Headhunter an und fragte, welche Stellen er anzubieten habe. Baring Securities, sagte er, suche jemanden für die Abwicklungsabteilung. Barings, so erzählte er, sei eine kleine Merchantbank, die älteste der Welt, hochangesehen und so weiter. Er besorgte mir noch am selben Abend einen Termin für ein Vorstellungsgespräch, und ich ging an der Bank von England vorbei zu den Barings-

Büros in der Portsoken Street und unterhielt mich mit einem charmanten, ruhigen Herrn namens John Guy. Ich bekam die Stelle.

Nach einem Wochenende mit Steve, an dem er sich selbst übertraf – er pirschte sich von hinten an ein Mädchen heran, das auf einem Hocker saß, und legte ihr seinen Schwanz auf den Kopf –, schrieb ich bei Morgan Stanley meinen Monatsbericht und trat am Montag, dem 10. Juli 1989, meine neue Stelle bei Barings an.

2: Die Barings-Bank

Die Barings-Bank wurde 1763 von Sir Francis Baring in London gegründet. Als erste Merchantbank der Welt beschränkte sie sich nicht auf Kredite und Kundenberatung, sondern nahm auch für eigene Rechnung am Börsenhandel teil und ging mit dem Kauf und Verkauf von Aktien, Wertpapieren und Waren Risiken ein wie jeder andere Händler. Flexibel, innovativ und ideenreich bei der Finanzierung von Geschäften, erzielte Barings bald internationale Erfolge. Die Bank prüfte jedes Angebot, einerlei ob es um Kupfergewinnung im Kongo, den Handel mit australischer Wolle oder die Finanzierung des Panamakanals ging. Da sie keine große Publikumsbank war, bei der Tausende ihr Geld anlegten, hatte sie nur eine schmale Kapitalbasis, so daß Überleben und Erfolg von ihrer Findigkeit abhingen.

Als ich bei Barings anfing, arbeitete die Bank noch immer genauso. Die Angestellten verfügten nun zwar über Sicherheitsausweise, und es standen ein paar flimmernde grüne Reuters-Bildschirme herum, die sofort über die Aktienkurse an jeder Börse auf der Welt informierten, doch die Geschäftsprinzipien waren offenbar dieselben geblieben.

Die Hauptverwaltung war mit alten Aktienzertifikaten früherer Unternehmungen geschmückt, die gerahmt an den Wänden hingen – große bedruckte Dokumente, kastanienbraun und grün, mit Darstellungen von Dampflokomotiven und Männern mit Zylindern. Wie ich erfuhr, war Barings als Finanzier aufgetreten, als die jungen Vereinigten Staaten von Amerika 1803 Frankreich den Südteil Louisianas abgekauft hatten. Alle Cashflow-Berechnungen stützten sich auf Baumwollpreise und auf die Wirkung, die von der Abschaffung der Sklaverei erwartet wurde. Neben den großen jüdischen Rivalen, den Rothschilds, war Barings für Regierungen, Großunternehmen und wohlhabende Privatkunden als Finanzberater und Bank die erste Adresse.

Im Jahr 1866 plazierte Barings Guinness an der Londoner Börse, eine Emission, die sich als so populär entpuppte, daß berittene Polizei aufgeboten werden mußte, weil die Menge Barings zu stürmen drohte. Dabei müssen sich ähnliche Szenen abgespielt haben wie beim Zeichnungsangebot der British Telecom in den achtziger Jahren. Auch damals standen die Leute stundenlang, kauften ein paar Aktien und verkauften sie am nächsten Tag zum doppelten Preis.

Um die Jahrhundertwende nahm die königliche Familie die Dienste von Barings in Anspruch, und fünf Mitglieder des Barings-Clans erhielten als Belohnung für ihre Verdienste um das Bankwesen die erbliche Peerswürde. Angeblich hat das sonst keine Familie geschafft. Meine jedenfalls nicht. Obwohl es mich nur mäßig interessierte, wer oder was Barings war – für mich war es nur mein nächster Job –, lernte ich einiges über die Geschichte der Bank. Das war fast unvermeidlich, weil es einem bei jedem Gang zur Toilette auf dem Flur eingetrichtert wurde.

Als ich zu Barings kam, war Lord Ahsburton der älteste Peer der Familie. Eng mit Margaret Thatcher befreundet, trat er gerade als Chairman von Barings zurück und wechselte in gleicher Eigenschaft zu BP, dem größten britischen Unternehmen und einem der zwanzig größten Unternehmen der Welt. Zu den anderen Peers der Barings, die kreuz und quer durch den britischen Adel geheiratet haben, gehören Lord Northbrook, dessen Vorfahr, der erste Earl of Northbrook, Gouverneur von Indien und Marineminister unter Gladstone war, und Lord Revelstoke, ferner Lord Cromer, dessen Großvater Konsul von Ägypten und dessen Vater Präsident der Bank von England und in der Ära Nixon britischer Botschafter in Washington war, und schließlich Lord Howick, dessen Vater der letzte Kolonialgouverneur von Kenia war und der die große Baring Charitable Foundation gründete, die riesige Summen für wohltätige Zwecke ausgab.

Im Treppenhaus hingen Porträts all dieser Ahnen, die mit heiterer Gelassenheit über die Köpfe der Besucher hinwegblickten. Sie hatten den versonnenen Ausdruck von Männern, die die Welt gesehen und sich ihre materiellen Wünsche erfüllt hatten und damit zufrieden waren, ihr ausgedehntes Imperium ruhig aus der Ferne zu regieren. Sie brauchten sich die Hände nicht mehr schmutzig zu machen. Dafür hatten sie Leute wie mich, den 22jährigen Nick Leeson aus Watford. Und das war mir recht – ich war bereit, mich reinzuknien und mir bei ihnen gutes Geld zu verdienen.

Ich begann in der gleichen Abteilung, in der ich bei der Morgan Stanley gearbeitet hatte, in der Abwicklungsabteilung für Futures- und Optionsgeschäfte. Doch schon nach neun Monaten begriff ich, daß meine Zukunftsperspektiven in London beschränkt waren. Ich versauerte in der Abteilung, unterstand einem Chef, der schon sehr lange hier arbeitete, und konnte mir ausrechnen, daß ich frühestens in zehn Jahren seinen Posten erben würde. Bald völlig gelangweilt, bat ich um Versetzung.

Einer der spektakulärsten Erfolge von Barings in den achtziger Jahren war der von Christopher Heath eingefädelte Handel mit Aktien und Wertpapieren in Japan. Barings hatte sich dort eine wunderbare Position geschaffen, als die japanische Börse zu boomen begann. In den achtziger Jahren galt Heath in Großbritannien als der höchstbezahlte Banker mit einem Einkommen von, vorsichtig geschätzt, drei Millionen Pfund. Niemand wußte genau, wieviel er verdiente, aber alle wußten, daß es eine Riesensumme war – und daß er sie im Fernen Osten verdiente. In Japan hatte der Boom begonnen, doch inzwischen blühte auch in Hongkong, Singapur, Indonesien und allen anderen asiatischen Ländern das Geschäft. Man nannte diese Länder die »Tiger«, und wir alle blickten gebannt auf diese exotische Welt, in der man flott leben und ein Vermögen machen konnte, eine Welt mit Bars, in denen es billiges kühles Bier und James-Bond-Frauen gab.

Als man mir einen Job in Jakarta anbot, packte ich die Chance beim Schopf. Vor Ort aber stellte ich fest, daß Realität und Schein weit auseinanderklafften. In den Hochglanzbroschüren der Bank hatte ich von ihren innovativen Geschäftsmethoden, ihrer beispiellosen Erfahrung und ihrem wertvollen Kundenbestand in Fernost gelesen. Statt dessen fand ich in der indonesischen Hauptstadt ein furchtbares Durcheinander vor. Die Bank hatte dort nicht einmal ein Büro: Wir arbeiteten in einem Zimmer im Hotel Borubudur. Barings saß in Jakarta auf Aktienzertifikaten im Wert von hundert Millionen Pfund, konnte sie aber nicht an die Kunden weitergeben und kassieren. Die Wertpapierbestände waren in einem so chaotischen Zustand, daß niemand sie zu sortieren vermochte. Sie waren wirr in den Schließfächern eines Tresorraums im Keller der Standard Chartered und der Hongkong- und Shanghai-Bank gestapelt. Ich warf einen ersten Blick auf diesen Berg von Inhaberschuldverschreibungen – die sofort zu Geld hätten gemacht werden können – und begriff, daß mir eine Heidenarbeit bevorstand.

Christopher Heath mochte drei Millionen Pfund verdienen, und Barings mochte noch soviel Lob dafür ernten, daß die Bank in den asiatischen Markt eingedrungen war, aber die Wirklichkeit hinter dieser eindrucksvollen Fassade war ernüchternd. Die Bank arbeitete unwirtschaftlich: Sie saß auf einem Hundert-Millionen-Loch in ihrer Bilanz. Strenggenommen hätten die Prüfer diesen Fehlbetrag als Verbindlichkeit einstufen müssen – und womöglich als eine, die als nicht eintreibbar abgeschrieben werden mußte. Für die Bilanz von Barings eine Katastrophe, die in letzter Konsequenz – schon damals – das Aus hätte bedeuten können.

Zehn Monate lang arbeitete ich in diesem stickigen, fensterlosen Verlies und brachte Ordnung in das Chaos. Es war die mühsamste Arbeit meines Lebens. Die Barings-Bank stand vor folgendem Problem: Sie hatte Aktien an Kunden verkauft und, um das Konto auszugleichen, in gleicher Anzahl gekauft, darunter aber viele »kranke« Papiere. Da die Kurse 1989 gefallen waren, drängelten sich die Kunden nicht gerade zum Bezahlen – und fanden immer neue Ausflüchte für ihre Zahlungsunwilligkeit.

Tag für Tag schlug ich kleine Schneisen in den riesigen Papierberg. Ich fand heraus, welche Geschäfte jeder einzelne Kunde mit Barings getätigt hatte, suchte die entsprechenden Zertifikate, klapperte dann die Kunden ab und kassierte. Ich trug die Aktienzertifikate in einer Reisetasche bei mir. Hätte mich jemand ausgeraubt, wären ihm Papiere im Wert von mehreren Millionen Pfund in die Hände gefallen, die sich leicht zu Geld machen ließen. Alle indonesischen Zertifikate sind Inhaberschuldverschreibungen – quasi Blankoschecks. Hätte ich die Lust dazu verspürt, hätte ich mich mit einem Packen nach Südamerika absetzen können und nie wieder zu arbeiten brauchen.

Auf dem Weg nach Jakarta hatte ich einen Monat in Hongkong verbracht, und obwohl mir jeder von der Stadt vorgeschwärmt hatte, erschien sie mir im Rückblick, verglichen mit Jakarta, eher abstoßend. In der Jockey Bar, in die »man« in Hongkong geht, sah ich zahllose Broker und Banker, die sich offenbar für gottbegnadet hielten. Sie standen herum und gaben zu allem und jedem ihre Meinung zum besten, als gehöre ihnen die Stadt. Sie waren unglaublich selbstbewußt, ohne daß dafür ein besonderer Grund vorlag. Jakarta dagegen war wunderbar: Dort traf ich nirgends aufgeblasene Ex-Kolonialisten, die sich dazu berufen fühlten, die Welt zu regieren. Hier lernte ich statt dessen lockere Indonesier kennen, die in einer Bar Poolbillard spielten, Bier tranken und etwas mit ihrem Leben anfingen.

Anfangs warnte man mich, allein das Hotel zu verlassen, und bestand darauf, daß der Fahrer mich mit seinem klimatisierten Wagen abholte, so daß ich kaum einen Fuß auf die Erde brachte. Doch dann begriff ich, daß ich nicht ermordet werden würde, wenn ich allein ausging, zog auf eigene Faust los und entdeckte alle möglichen Lokale, die mich an Watford erinnerten. Wir spielten »Winner Stays On« am Billardtisch, und ich blieb bis drei Uhr morgens und versuchte, gegen ein paar Einheimische zu gewinnen. Sie hatten offensichtlich mindestens soviel Pool gespielt wie ich und waren nicht gewillt, sich von einem hergelaufenen Bleichgesicht schlagen zu lassen.

Ich war ungefähr drei Monate in Jakarta, als Barings ein paar Leute zu meiner Unterstützung schickte. Ich kümmerte mich nicht groß darum, doch als ich das nächste Mal die Stahlkammer im Keller betrat, war da ein schönes blondes Mädchen, das aus großen erstaunten Augen auf die Stapel von Aktienzertifikaten starrte.

»Was, zum Teufel, sollen wir damit anstellen?« fragte sie. »Ein Freudenfeuer machen?«

»Ich bin schon halb durch«, sagte ich. »Sie hätten den Haufen sehen sollen, als ich hier ankam.«

Sie hieß Lisa Sims. Sie stammte aus der Grafschaft Kent und arbeitete erstmals im Ausland. Ich war immer stolz darauf gewesen, daß ich meine Gefühle verbergen konnte, aber Lisa überwältigte mich.

Weihnachten 1990 hatten wir den Wertpapier-Schlamassel in Jakarta auf zehn Millionen Pfund reduziert. Die Wirtschaftsprüfer waren sich einig, daß Barings wegen des nur noch geringen Verlustrisikos keine Rückstellungen in der Bilanz zu machen brauche. Das 100-Millionen-Loch in den Banktresoren konnte nun im Computer gelöscht werden. Bestimmt hat Christopher Heath dafür eine weitere Million kassiert, aber Lisa und mir war das egal. Wir hatten gute Arbeit geleistet, und wir waren verliebt.

Im März 1991 kehrte ich nach London zurück. Ich galt nun als Abwicklungsexperte für den Futures- und Optionshandel. Ich hatte Geduld und Ausdauer, ging gewissenhaft und logisch vor und wußte, daß ich letztlich jedes Problem lösen konnte. Ich kniete mich rein und scheute mich nicht, die dümmsten Fragen zu stellen. Das traute sich in dem »hohen Haus« sonst kaum einer, aus Angst, vor den anderen wie ein Idiot dazustehen. Ich dagegen war immer der Meinung, daß die scheinbar dümmsten Fragen oft die Schlüsselfragen waren und weiter halfen als hochtrabendes Gerede.

Das ganze Jahr 1991 hindurch reiste ich auf Barings-Kosten durch die Welt und sah mir die jungen Unternehmungen der Bank in Europa und Fernost an. Ich begleitete den Development Officer Tony Dickel, der nach neuen Betätigungsmöglichkeiten für Barings Ausschau hielt. Wir besuchten Frankfurt, wo die Bank unserer Meinung nach ihr Office erweitern sollte, um sich in das wachsende Europageschäft einzuklinken, flogen dann nach Hongkong und Manila und schließlich, am Ende des Jahres, nach Singapur.

Barings hatte einen Sitz an der Singapore International Monetary Exchange – SIMEX – erworben, ihn aber nie genutzt. Die rund siebzig Barings-Mitarbeiter in dem südostasiatischen Stadtstaat kauften und verkauften Aktien, analysierten die regionalen Märkte, verwalteten Fonds und vergaben Kredite, aber sie waren nicht in der Lage, mit Futures zu handeln. Jede Anfrage wegen Futures oder Optionen mußte an einen anderen Händler weitergeleitet werden, so daß Barings der Auftrag entging. Tony Dickel und ich rieten Barings, den Börsensitz in Singapur zu aktivieren und die Belegschaft aufzustocken, um von dem dort rasch expandierenden Handel mit Futures und Optionen zu profitieren. Nach meinem Erfolg in Jakarta hatte man mir versprochen, daß ich mich nach einem Posten meiner Wahl umsehen dürfe. Tony Dickel und ich diskutierten im Januar und Februar 1992 über das Singapur-Geschäft, und dabei erwähnte ich, daß ich dort gerne mitmischen würde. Er sprach mit James Bax, dem Regional Manager von Barings Südasien, der von meinen Taten in Jakarta gehört hatte. Die maßgeblichen Leute bei Barings waren mehr als einverstanden, ja sie hätten ohne mich wohl gar nichts unternommen. Ich sollte als General Manager das Geschäft aufbauen und leiten: Händler und Leute für das Back-Office einstellen und Geld machen. Lisa und ich waren begeistert. Die Nachricht von unserer Versetzung nach Singapur erreichte uns am 11. März 1992 – zehn Tage vor unserer Hochzeit.

Ich wußte nicht, was mich erwartete. Die Gemeinde saß hinter mir und schwatzte, bis das Stimmengewirr abrupt tiefer Stille wich, die die Braut ankündigte. Dann erhielt mein Cousin John ein Zeichen von jemandem an der Tür und ließ die Orgel aufbrausen. Ich hörte die Musik kaum. Ich stand einfach mit allen anderen auf und wartete. Ehe Lisa die halbe Strecke zurückgelegt hatte, hielt ich es nicht länger aus: Ich spähte über die Schulter und sah sie mit ihrem Vater Alec den Mittelgang heraufkommen. Sie schien kaum die Erde zu berühren. An Alecs Arm gelehnt, schwebte sie langsam auf mich zu, den Blick nach vorn gerichtet. Mir blieb die Luft weg – sie sah hinreißend aus. Ich sah nur, daß ihr Kleid leuchtete. Es war aus elfenbeinfarbener Seide, die sie umwehte und bei jedem Schritt atmete. Als sie herankam, war mir, als nähere sich mir ein Kraftfeld. Ich hielt den Atem an und mußte mich, als das Blut aus meinem Kopf wich, regelrecht dazu zwingen, tief Luft zu holen.

Dann stand Lisa neben mir, und ich blickte ihr durch den Schleier in die Augen. Sie war wohl ebenso ergriffen wie ich. Ich liebte sie so sehr, daß ich sie kaum anzulächeln wagte. Sie sah wunderbar aus, blaß und zerbrechlich wie eine Porzellanfigur. Dann schien die helle weiße Märzsonne durch die hohen Fenster hinter mir, und ein breiter Strahl fiel direkt auf ihr Gesicht und verklärte es. Sie lächelte, und ich sah das Blut in ihren Wangen. Ich sah in den Falten der elfenbeinfarbenen Seide ihren Blumenstrauß, leuchtend rote und gelbe Freesien, und Freesien schmückten auch ihr Haar. Typisch Lisa, dachte ich, daß sie die weiche Blässe ihres Hochzeitskleides mit kräftigem Bunt kombinierte. Hinter ihr kamen die Brautjungfern, ihre Schwester Nadene, meine Schwester Sarah und die beiden Kleinen, Rachel und Nina, in flaschengrünen Tops mit weißen Spitzenrüschen und buntkarierten Blusen.

Wir wandten uns dem Geistlichen zu. Ich spürte Lisas Gegenwart so intensiv, daß ich kaum hörte, wie er uns begrüßte und das erste Lied anstimmte. Da Fastenzeit war, hatten wir die Kirche nicht mit Blumen schmücken können, und das Chorgestühl war leer. Doch die Frühlingssonne schien in Lisas Gesicht, und der Duft ihres Straußes und der Blumen in ihrem Haar erfüllte die kleine, weiß getünchte Kirche.

Hinterher standen wir draußen, und der Wind zerrte an den Hüten der Damen und blies beinahe Alecs Zylinder davon. Alle lachten und hielten ihre Hüte oder ihre Röcke fest. Unser Cousin öffnete seinen Fotokoffer aus rostfreiem Stahl, in den acht Mulden für Objektive eingelassen waren, und hielt ihn uns hin: Statt der Objektive enthielt er kleine Portionen Orangenpudding mit Wodka.

Wolken von Konfetti flogen uns ins Gesicht, und ich sah, wie Lisas Mutter Patsy, gleichzeitig kichernd und weinend, das Konfetti mit den Händen aus ihrer Handtasche schaufelte und an die anderen verteilte. Schließlich gingen wir den Kiesweg vor der Kirche hinunter, vorbei am Friedhof und stiegen in den alten Rolls-Royce. Es war ein herrlicher Wagen mit weichen Ledersitzen, und Lisa und ich blickten aus dem Fenster zu den anderen. Sie winkten, ließen uns hochleben und hielten ihre Hüte fest, steckten sich Zigaretten an und pfiffen, stopften die Programmzettel der Trauungszeremonie in ihre Handtaschen, fotografierten und liefen ein paar Schritte nebenher, bis wir schließlich in die Straße einbogen und sie hinter uns ließen.

Der Chauffeur war ein Riese mit schneeweißem Bart und einsilbig wie eine Figur von Hemingway. »Glückwunsch« war alles, was er sagte.

Lisa und ich sahen uns an und dann unsere Hände, an denen die Eheringe glänzten.

»Hallo, Mrs. Leeson.«

»Hallo. Geht's dir gut?«

»Keine schlechte Art, den Tag zu verbringen, kleine Landpartie.«

Und dann lehnte ich mich hinüber, um sie zu küssen. Ich hatte Angst, ihr wundervoll frisiertes Haar zu berühren, doch ihre Lippen fanden meine, und ich roch die Freesien in ihrem Haar, und ich wußte, daß nichts dieses Gefühl jemals würde übertreffen können. Und daß uns nichts dieses Gefühl würde nehmen können.

»Das erste Glas trinken wir auf Alec!« tönte Onkel John, als wir für die Fotos posierten. Lisa lachte und fühlte sich in ihrem Kleid sichtlich wohl. Wie machen das die Frauen nur? Ein Cutaway, na gut, Männer tragen den ja bei jeder Hochzeit, aber Bräute tragen ihre Kleider nur einmal im Leben, große, prächtige Kleider wie für einen Ball, und sie bewegen sich darin, als trügen sie nie etwas anderes.

Wir schritten über den Rasen zum Hotel, einem roten Backsteinbau im georgianischen Stil bei Brands Hatch, und gingen in den Ballsaal. Eigentlich hatte ich erwartet, daß ich mich später vor allem an die Feier erinnern würde; tatsächlich aber habe ich vom Nachmittag und Abend heute nur noch einen nebelhaften Eindruck, während die kirchliche Trauung fest in meinem Gedächtnis haftengeblieben ist. Selbst als ich mit den Gästen plauderte, hatte ich stets das Bild vor Augen, wie Lisa und ich in der Kirche nebeneinander gestanden und den intensivsten Moment unseres Lebens erlebt hatten. Ich hatte alle Freunde und Verwandten gern, Lisa aber betete ich an. Durch eine Zeremonie vor aller Welt waren wir eine intime, tiefe Verbindung eingegangen, die kein Mensch jemals zerstören oder begreifen würde.

Alec und Patsy waren die besten Gastgeber der Welt, und bei unserer Hochzeit übertrafen sie sich selbst.

»Ich sehe dem Verlust meiner Tochter mit gemischten Gefühlen entgegen«, gab Alec in seiner Rede zu, »aber wenigstens hat sie ihren Prinzen gefunden.« Dann gab er bekannt, daß wir »für sechs Monate bis zwei Jahre« nach Singapur gehen würden, und einen Augenblick lang wurde es ganz still. Ich blickte in die Runde. Wir würden unsere Angehörigen und Freunde vermissen. Wir würden zwar wiederkommen, aber ich wußte, daß sich unsere Wege auf lange Zeit trennen sollten.

Als ich aufstand, um meine Rede zu halten, brauchte ich nur die einleitenden Worte zu sagen – »Meine Frau und ich« –, und schon klatschten und jubelten alle.

Nach den Reden setzte sich Alecs Freund John ans Keyboard und sang »I Just Called To Say I Love You«, und als Lisa und ich auf die Tanzfläche gingen, sangen alle: »We just called to say we love you!« Schon bei der zweiten Strophe war das Parkett überfüllt, und so blieb es bis weit nach Mitternacht.

Nur einer nahm an diesem Abend Schaden, der Ehemann einer unserer Freundinnen bei Barings.

»Amüsieren Sie sich?« fragte ihn Lisa.

»Mehr als bei meiner eigenen Hochzeit«, sagte er unvorsichtigerweise in Hörweite seiner Frau, einer gewichtigen Lady. In gespieltem Zorn schlug sie daraufhin nach ihm. Leider hatte sie sich in der Entfernung verschätzt und traf ihn voll ins Gesicht.

Er fiel um wie ein Baum, und zwei Männer mußten ihn auf sein Zimmer tragen, damit er sich erholen konnte.

Tags darauf bestiegen wir in der Victoria Station den Orient-Expreß nach Venedig, wo wir drei Tage im Cipriani wohnten. Wir streiften durch die Lagunenstadt und verliefen uns im Gewirr der Gäßchen, bis wir unverhofft auf imposante gepflasterte Plätze mit rosafarbenen Häusern und stolzragenden Kirchen gelangten. Dort mußten wir Münzen einwerfen, damit Lampen die dunklen Tintorettos und Bellinis anstrahlten und uns ihre phantastischen Rot- und Blautöne enthüllten. Wir tranken Cappuccino auf dem Markusplatz und kuschelten uns im kühlen Märzwind aneinander, als uns das Motorboot des Hotels über das Wasser zurückbrachte.

Eine Woche später flogen wir – Wintermantel ade! – nach Singapur.

3: Singapur

Als ich zum ersten Mal den Börsensaal betrat, konnte ich das Geld förmlich riechen und sehen. In meiner Zeit bei Barings war ich ihm Schritt für Schritt näher gekommen, und in Singapur war ich plötzlich ganz dicht dran. Fast sechs Jahre lang hatte ich in verschiedenen Back-Offices gearbeitet, Papiergeld bewegt und die Probleme anderer Leute gelöst. Jetzt, auf dem Börsenparkett, konnte ich mit richtig großem Geld arbeiten – es hing direkt vor mir in der Luft, unsichtbar, aber elektrisierend. Es wartete nur darauf, geerdet zu werden. Beim Anblick der brüllenden Händler in ihren bunten Jacketts drängte sich mir der Vergleich mit einem Gewitter auf. Blitze zuckten, und ich brauchte nur die richtigen Signale zu geben, und ich würde sie anziehen wie ein Blitzableiter.

»Irgendwas los?« fragte ich Fernando, den Wunderknaben aus Kalifornien, der in Tokio mit Nikkei-Futures handelte. Er sprach so schnell, daß aus meinem Team in Singapur keiner ein Wort verstanden hätte.

»Nichts.«

»Hier ist auch tote Hose. Niemand spekuliert.«

Wir warteten und beobachteten. Auf den Bildschirmen vor mir rührte sich nichts. Leuchtend grüne Zahlen, die schwach pulsierten, sich aber nicht veränderten. Der Markt konnte jederzeit und in jede Richtung einen Ruck machen. Ich lernte, höchstens drei Sekunden nach vorn zu sehen. George Seow, der erste Händler, den ich eingestellt hatte, signalisierte einen Kurs von 18590. Ich mußte aufmerksam seine Hände beobachten. Wir waren ein neues Team, und ich erlernte die verrückten Handzeichen, die Händler benutzen wie Buchmacher, wenn sie auf der Rennbahn Wettquoten anzeigen. Wir beobachteten die September-Futures-Kontrakte auf den Nikkei-225-Index. Dieser Aktienindex errechnet sich aus den Kursschwankungen der wichtigsten japanischen Aktien – ähnlich wie der Dow-Jones-Index an der Wallstreet.

Futures-Kontrakte auf einen Index räumen einem das Recht ein – gegen eine geringe Einschußzahlung –, den Korb der im Index enthaltenen Aktien zu einem festgelegten Preis in der Zukunft zu kaufen oder zu verkaufen. Dabei sind normalerweise vier Fälligkeitstermine festgelegt: Ende März, Juni, September und Dezember. Angesichts der Unsicherheit der künftigen Kursentwicklung kann der Wert wilden Schwankungen unterliegen, weil die Meinungen darüber auseinandergehen, wie der Nikkei-Aktienindex sich entwickeln wird. Futures-Kontrakte und Index tendieren grob in die gleiche Richtung, aber der Zeitunterschied und der Hebeleffekt auf dem Futures-Markt machen Futures weit unbeständiger als den Aktienindex selbst.

»Fünfneunzig und Handel flau«, sagte ich zu Fernando. Gemeint war 18590, aber wir hatten keine Zeit für Förmlichkeiten und sparten uns die Tausender.

»Sechshundert und ebenfalls flau.«

Wir hatten gerade unseren Stand in der SIMEX eröffnet, und ich selbst hatte noch keine Händlerlizenz – ich führte nur die Orders aus, die Kollege Fernando Gueler aus Tokio durchgab. Ich nahm die Orders telefonisch entgegen, signalisierte sie George und teilte Fernando mit, ob wir sie ausgeführt hatten. Die Transaktionen waren sehr simpel. Wir betrieben sogenannte Arbitrage-Geschäfte: Fernando beobachtete auf einem Schirm in Tokio die Futures-Kontrakte in Osaka, dem Zentrum für den Handel mit Nikkei-Futures, und ich gab ihm alle paar Sekunden durch, was in Singapur los war. Manchmal kaufte ein lokaler Händler in einem Markt, ohne daß er in dem anderen tätig werden konnte, und erteilte einen Auftrag, der den Kurs an der SIMEX in die Höhe trieb. Sekundenlang klaffte dann zwischen den Notierungen in Osaka und in Singapur eine Differenz, und in dem Moment traten wir in Aktion.

»Was ist mit Daiwa? Sind die nicht in einer Long-Position?«

»Daiwa ist in einer Long-Position, ganz sicher. Die haben den ganzen Tag versucht, den Kurs hochzutreiben und dann rauszugehen.« In einer Long-Position befindet man sich dann, wenn man in der Hoffnung auf einen Kursanstieg gekauft hat, um später mit Gewinn verkaufen zu können. Umgekehrt spricht man von einer Short-Position, wenn jemand in Erwartung eines sinkenden Kurses verkauft, um später zu einem niedrigeren Preis zurückzukaufen.

George signalisierte 18 580 vom Maklerstand, und dieser Kurs wich für Sekunden von der auf dem Schirm erscheinenden Notierung in Osaka ab, die bei 18 600 lag.

»Fünfachtzig hier«, teilte ich Fernando mit. »Da draußen ist ein Verkäufer, und er will groß verkaufen. Er kommt. Soll ich ihn low-ticken?«

Viele Händler setzen sich für den Gewinn oder Verlust, den sie an einem Tag machen können, ein Limit. Wenn der Markt sich bis zu einem bestimmten Punkt von ihrem Einstiegskurs entfernt – sie haben beispielweise zu 18 700 gekauft, und der Kurs fällt auf 18 600 –, wird dieses Limit möglicherweise erreicht, und sie sind zum Verkaufen gezwungen, um ihre Verluste zu begrenzen. Dies nennt man »stopp loss«. Beim »Low-Ticken« gab ich einen neuen Preis in den Markt und drückte den Kurs in eine andere Richtung – in diesem Fall nach unten. Ich versuchte, den Markt aufzurühren und festzustellen, ob da ein Stopp-loss-Verkäufer war, denn sobald mein Angebot am Maklerstand gemacht wurde und auf dem Bildschirm erschien, sah es der Markt, und dies konnte einen solchen Verkauf auslösen.

»Ja, laß ihm die Hosen runter«, sagte Fernando. »Zwing ihn zum Verkaufen, den Arsch. Mach dich bereit, die Scherben aufzulesen.«

»Wieviel?«

»Zweihundert. Und kaufe bestens. Kaufe sie ... *jetzt!*«

Ich signalisierte George den Preis von 18 580 und hielt seitlich an meinem Körper zwei Finger hoch, was 200 bedeutet, die Menge. Die Handfläche zeigte zu mir, und das bedeutete kaufen. Ich schlug leicht an mein Ohr und gab George damit zu verstehen, daß er beim Preis einen minimalen Ermessensspielraum hatte.

George wirbelte herum, breitete die Arme aus und brüllte in den Saal. Ich hörte ihn einmal brüllen, dann fielen die roten Jacketts über ihn her, schrien und rissen ihn förmlich in Stücke. Tatsächlich hatte er einen Verkäufer auf den Plan gerufen. Er tauchte wieder auf, drehte sich um und nickte mir zu, notierte sich den Abschluß auf seiner Karte und wartete wieder.

»Okay«, sagte ich zu Fernando, »200 für 580 gekauft.«

»Gut, Nick, ich habe für 590 verkauft.«

Wir hatten in Osaka verkauft, die gleichen Kontrakte in Singapur gekauft und 16000 Pfund Gewinn gemacht. Und das Risiko? Zweieinhalb Sekunden früher wäre unsere Absicht so aufgefallen wie ein großer roter Londoner Bus, und der Markt hätte angezogen. Als ich wieder zu George blickte, signalisierte er schon 590.

Die SIMEX war damals ein viel kleinerer Markt als Osaka. Manchmal konnte daher ein lokaler Händler, der nur eine Zulassung an der SIMEX hatte, durch eine größere Transaktion den Kurs für Nikkei-Futures in Singapur nach oben oder unten treiben, ohne daß der Kurs in Osaka sogleich reagierte. Zudem ist die SIMEX auch noch ein richtiger Markt, auf dem alles offen ausgerufen wird – es gibt nur konkrete Käufer und Verkäufer. In Osaka werden Orders und Offerten in den Computer eingegeben, und der Markt bewegt sich anders. Man kann alle möglichen Orders und Offerten eingeben und dadurch die Kurserwartung der Händler beeinflussen – eine Erwartung, die von der grundlegenden Tendenz, wie sie der »reale« Handel an der SIMEX repräsentiert, abweichen kann. Die Händler in der SIMEX konnten die letzten Kurse in Osaka sehen, nicht aber den Umfang der Orders. Ich jedoch konnte die Preise in Osaka hochtreiben, so daß der Eindruck entstand, als tendiere der Markt in eine klare Richtung, und dann das Gegenteil der SIMEX tun, wo ein echter Markt mit realen Käufern und Verkäufern existierte, die in Echtzeit operierten. Wenn der Markt in der SIMEX beispielsweise mit 560 handelte, und ich bot 500 Kontrakte zu 570, 500 zu 580 und 500 zu 590 an, kaufte sie niemand. Tatsächlich teilte ich dem Markt dadurch mit, daß es nicht nach oben ging, weil der Kurs in Anbetracht der vielen Verkaufsorders in Japan zu hoch sei. Also verkauften die Leute, und ich wartete eine Weile, bis der Kurs gesunken war, begann zu kaufen und löschte dann meine vorherigen Verkaufsorders vom Schirm. Jetzt, wo der Druck weg war, kaufte der Markt wieder teurer ein, und ich verkaufte zu einem höheren Kurs und machte Gewinn. Man ließ die Muskeln spielen, und wenn Barings sich in großem Umfang engagierte, konnten wir die Kurse beeinflussen. Wir konnten sozusagen auf dem Zaun sitzen, beide Märkte beobachten und nach Belieben ein- und aussteigen – solange wir schnell waren. Sehr schnell.

Das Risiko bei Arbitrage-Geschäften mit Futures und Optionen ist, technisch gesehen, nur gering. Für uns lag das einzige Risiko in den Sekundenbruchteilen, die Fernando brauchte, um mir zu sagen, was er vorhatte, die ich brauchte, um die Order an George weiterzuleiten, und die George brauchte, um sie auszuführen. Und dieses Risiko war durchaus real, denn ein anderer Händler konnte genau das gleiche vorhaben und uns zuvorkommen. Wenn das geschah, veränderte sich der Kurs zu unseren Ungunsten, und wir saßen in der Klemme: Wir mußten einen schlechteren Preis und einen kleineren Gewinn – oder gar einen Verlust – hinnehmen.

Es war eine hektische Arbeit, und die Gewinnspannen waren gering. Ein Vermögen ist nur zu machen, wenn man etwas langfristig verfolgt – einen Vormittag oder einen ganzen Tag lang. Im allgemeinen nicht über Nacht, denn nachts kann viel passieren: Präsidenten können ermordet werden, Hagel kann eine Ernte vernichten, die Erde kann beben. Nur wenige Händler haben die Vollmacht, eine Position über Nacht zu halten, denn die Gewinne können ebenso gewaltig sein wie die Verluste. Wenn die Kurse um 1000 Punkte am Tag fallen oder steigen, geht man womöglich bei einem Kurseinbruch zugrunde. Ein Großanleger wie Warren Buffett verdient sein Geld natürlich mit langfristigen Investitionen, und jeder Fondsmanager wird stets auf die Wertentwicklung der letzten zehn Jahre verweisen. Daneben gibt es aber auch eine Menge Großinvestoren wie George Soros, die einen Großteil ihres Geldes mit einer zwei- oder dreitägigen Spekulation machen – schnelles Geld, und es wandert alles – sofern man Händler ist – in den gemeinsamen Bonustopf.

Entscheidet man selbst, wann man kauft und verkauft, spricht man von »Eigenhandel«. Ich wollte unbedingt in den Eigenhandel einsteigen, doch im ersten Jahr begnügte ich mich damit, für Fernando in Tokio und unsere Kunden in Singapur Orders auszuführen. Auch so schon ein aufreibender Job, da man alle Geschäfte glattstellen und darauf achten muß, daß man nicht für eigene Rechnung zu hohes Risiko geht. Allerdings steht man nicht unter dem Druck, eine große Position halten und Kopf und Kragen riskieren zu müssen. Das kann einem schlaflose Nächte bereiten und einen kaputtmachen. Genau dafür wollte ich mich fit machen.

Ich stellte George Seow und Maslan Tuladi ein, die als Händler auf dem Börsenparkett operierten, außerdem Eric Chang, der mit mir die Telefone bediente, und Risselle Song und Norhaslinda (Linda) Hassan, die im Back-Office die Abrechnung übernahmen. Da ich die Prüfungen noch nicht abgelegt hatte, war ich nicht befugt, selbst als Händler zu agieren. Doch ich trug die Verantwortung für das ganze Team, und ich war entschlossen, mit ihm alle anderen auszustechen.

Im Verlauf des Jahres 1992 verzeichneten wir einen Kundenansturm. Bei meiner Ankunft in Singapur wurden dort nur rund 4000 Kontrakte täglich gehandelt. Das war sehr wenig. Die meisten Dealer handelten mit Nikkei-Futures in Osaka, weil sie dort in großem Umfang kaufen und verkaufen konnten. Dann, im Sommer 1992, als ich gerade anfing, zog das Geschäft in Singapur erstaunlich an. Osaka unterwarf die Futures- und Optionshändler strengeren Regeln: Sie mußten weit höhere Einschüsse zahlen, wenn sie handelten, und erhielten für diese Einschüsse keine Zinsen – die strichen die Behörden in Osaka ein. Außerdem wurde eine Mindestkommission festgesetzt.

Die Stellen in Osaka hatten sich verrechnet: In wenigen Wochen verlagerte sich der Handel nach Singapur, und bald klingelte mein Telefon ununterbrochen von 8 Uhr bis 14.15 Uhr, wenn die Glocke zum Börsenschluß läutete. Die Zahl der Kontraktabschlüsse schnellte auf über 20 000 am Tag empor, und ich nahm pausenlos einen Teil der Aufträge entgegen, gab sie blitzartig an George oder Maslan weiter und beantwortete den nächsten Anruf, noch bevor sie am Maklerstand waren. Nach 14.15 Uhr mußte Ordnung in das Chaos gebracht werden. Dann ging ich über den Platz zu den zweihundert Meter entfernten Barings-Büros und arbeitete mich durch sämtliche Handelszettel, um jedes Geschäft abzustimmen. Wenn die anderen in die umliegenden Bars zogen, saß ich oft bis weit nach Mitternacht da und prüfte die Kontrakte. Es herrschte ein ähnliches Chaos wie auf dem Markt von Jakarta, doch ich wußte, daß ich damit klarkommen konnte. Ich mußte nur dranbleiben und mich durchbeißen. Dank meiner Ausbildung bei Morgan Stanley gehörte ich zu den wenigen, die wußten, wie Termin- und Optionsgeschäfte abzurechnen waren und wieviel Geld an die Börse gezahlt werden mußte, je nachdem, ob die Positionen unserer Kunden sich mit dem oder gegen den Markt bewegten.

In jedem Handelssystem unterlaufen Fehler: Jemand mißversteht ein Handzeichen und kauft eine falsche Menge, oder er kauft zum falschen Preis, oder er handelt in März- statt September-Kontrakten, oder er kauft sogar, statt zu verkaufen. Wenn so etwas passiert, muß die Bank die etwaigen Verluste tragen. Der Kunde hat in gutem Glauben gekauft oder verkauft und hat womöglich auf der Basis dieses vermeintlichen Abschlusses weitere Dispositionen getroffen. Wir mußten dann sogleich versuchen, den Fehler auszubügeln. Und wenn das nicht möglich war, wurde der Fehler auf einem separaten Computerkonto, dem sogenannten Fehlerkonto, verbucht und der Verlust – oder manchmal auch Profit – in die Ergebnisrechnung des Unternehmens übernommen.

Anfangs hatten wir ein Fehlerkonto mit der Nummer 99 905, in das wir alle Fehler eingaben. Diese wurden dann nach London übermittelt. Eines Tages erhielt ich einen Anruf von Gordon Browser, der für die Abwicklung aller Futures- und Optionsgeschäfte von Barings verantwortlich war.

»Könnten Sie ein anderes Fehlerkonto einrichten und die

Fehler in Singapur verbuchen? Wir wollen uns nicht mit den vielen kleinen Fehlern herumschlagen, die euch unterlaufen. Es sind über fünfzig am Tag, und wir müssen zu ihrer Ausbuchung hundert Einträge machen. Die Prüfer werden bald Fragen stellen.«

Ich legte den Hörer weg und wandte mich an Risselle.

»Wir brauchen ein zweites Fehlerkonto.«

»Klar«, antwortete sie, machte ihren Bildschirm frei und tippte. »Welche Nummer soll es bekommen?«

»Was ist Ihre Glückszahl?«

»Die Acht«, sagte sie. »Die Acht ist eine chinesische Glückszahl.«

»Wie viele Stellen müssen es sein?«

»Fünf.«

»Da haben wir's doch«, sagte ich. »Packen wir soviel Glück rein wie möglich. Geben wir ihm die Nummer 88888.«

Und so wurde das Fehlerkonto 88888 geboren – das »Fünfmal-acht-Konto«.

Ein paar Wochen später rief London erneut an.

»Wir lassen alles beim alten«, sagte Gordon. »Geben Sie alle Fehler direkt an uns durch. Wir haben ein neues Computersystem, das damit fertig wird. Übrigens, warum macht ihr eigentlich so viele Fehler?«

»Sie müßten die Börse hier sehen, dann würden Sie es verstehen«, sagte ich. »Das absolute Chaos, aber die Geschäfte laufen prächtig.«

Damit war das Fehlerkonto 88888 stillgelegt, kaum daß es zum Leben erweckt worden war. Doch es steckte noch im Computer, und wenig später holte ich es wieder aus meinem Gedächtnis und der EDV-Anlage hervor.

Es war ein Freitag, der 17. Juli, und alle wollten Feierabend machen. Wir waren von der United Overseas Bank zum Essen ins Hard Rock Café eingeladen und lechzten nach einem kühlen Bier. Am Nachmittag war in der SIMEX die Klimaanlage ausgefallen, und die Krawatten hingen auf halbmast. Alle waren schweißnaß, und die Telefone klingelten ununterbrochen. Für mich war es besonders anstrengend, denn ich mußte Kim Wong überwachen, die neben Eric und mir die Orders entgegennahm. Ich hatte sie neu eingestellt. Ich war so damit beschäftigt, George oder Maslan Zeichen zu geben, daß ich sie kaum beobachten konnte. Doch ich hatte den Eindruck, daß sie gut zurechtkam.

Als um 14.15 Uhr die Glocke läutete, brach großer Jubel aus. Der Markt hatte um 400 Punkte angezogen, wir alle hatten gute Abschlüsse gemacht und gute Provisionen verdient. Und endlich konnten wir aus der Börse verschwinden. Zurück im Büro, sah ich mich Stapeln von Handelszetteln gegenüber. Bis 18 Uhr hatte ich die Hälfte durchgearbeitet, doch dann blieb ich hängen. Da war ein Zettel – eine Verkaufsnotiz über zwanzig Kontrakte –, und ich konnte den entsprechenden Kauf nicht finden. Wenn da ein Fehler passiert war, hatten wir uns gründlich verhauen. Ich sah nach den Initialen auf dem Zettel: Es waren die von Kim Wong.

Ich ging alle Scheine noch einmal durch. Gegen acht dämmerte mir, daß Kim ein böser Schnitzer unterlaufen war. In direktem Widerspruch zur Order eines Kunden hatte sie zwanzig Kontrakte *verkauft*, statt zu kaufen. Der Kunde ging davon aus, daß er diese Kontrakte gekauft hatte, und wir würden ihm den Schaden ersetzen müssen. Da die Kurse den ganzen Nachmittag angezogen hatten, hatte Barings weit unter Marktniveau verkauft. Wollten wir dem Kunden den Schaden ersetzen und den irrtümlichen Verkauf glattstellen, mußten wir nach meiner Berechnung vierzig Kontrakte zu den gestiegenen Kursen zurückkaufen – was einen Verlust von 20 000 Pfund bedeutete.

Eine Minute lang vergrub ich das Gesicht in den Händen. Scheiße! Ich verwünschte die dumme Kuh. Wie hatte sie so etwas tun können? Doch dann lehnte ich mich in meinem Stuhl zurück, sah mich in dem leeren Büro mit den leeren schwarzen Drehstühlen um und ließ den Tag Revue passieren: Es war zugegangen wie im Irrenhaus. Niemand hätte mitgekriegt, was die anderen trieben. Ich verfluchte meine Vorgesetzten in Singapur und Tokio, Simon Jones und Mike Killian. Diese knauserigen Bastarde waren an allem schuld: Ihretwegen konnte ich kaum jemanden einstellen. Sie wollten unsere Kosten möglichst gering halten. Simon Jones hatte das Mädchen für ein Jahresgehalt von 4000 Pfund angeheuert. Es war widerlich, und alles nur, damit er gut dastand. Alle anderen, die ich hatte einstellen wollen, waren abgelehnt worden, entweder weil sie zu teuer waren, oder weil die Verkäufer nicht glaubten, daß wir unseren Umsatz weiter steigern könnten.

Ich stand vom Schreibtisch auf und ging mit dem Verkaufszettel in Simon Jones' Büro. Er wollte gerade los.

»Simon«, sagte ich, an den Türrahmen gelehnt. »Wir haben ein Riesenproblem am Hals. Wegen der Neuen müssen wir vierzig Kontrakte zurückkaufen. Zum Herumtelefonieren ist es jetzt zu spät und die Sache zu groß.«

»Wie hoch ist der Schaden?« Simon stopfte Papiere in seine Aktenmappe und wandte sich zum Gehen.

»Zwanzigtausend bei Börsenschluß.«

»Schmeiß die Kuh raus.« Er knallte die Mappe zu. »Sie wird nie wieder an der SIMEX arbeiten.«

»Da draußen war die Hölle los«, sagte ich grimmig in der Hoffnung, mein Ton würde ihn veranlassen, Kim zu decken.

»Es ist hektisch, ich weiß«, sagte er versöhnlicher. »Hör zu, ich muß zum Flughafen. Schreib doch Bayliss von der Sache.« Andrew Bayliss war stellvertretender Geschäftsführer von Baring Securities Limited (BSL).

»Okay.« Ich machte auf dem Absatz kehrt und ging.

Ich kochte vor Wut, als ich im Hard Rock Café ankam. Ich war in einer unmöglichen Lage: Ich sollte mit einem winzigen, unerfahrenen Team alle Geschäfte abwickeln, weil Barings zu geizig war, die üblichen Gehälter für fähige Leute zu bezahlen. Nur weil man lieber 4000 statt 4500 oder 5000 Pfund zahlte, hatten wir 20000 Pfund Verlust gemacht. Und diese Summe konnte sich in Sekunden verdoppeln, wenn der Markt am Montagmorgen höher eröffnete. Ich hatte nicht mal die Vollmacht, eine Position über Nacht zu halten – und jetzt hielt ich eine übers Wochenende.

Ich betrat das Restaurant in dem festen Vorsatz, Kim anzuschnauzen und ihr zu sagen, sie solle verschwinden, damit ich mich betrinken könne. Doch als ich durch den Saal stürmte, wäre ich fast mit einem kleinen Mädchen zusammengestoßen, das weinend auf mich zurannte. Kim hielt den Kopf gesenkt und konnte vor lauter Tränen kaum sehen, wohin sie lief.

»Nick, die Sache tut mir so leid«, sagte sie. »Ich habe einfach den Kopf verloren, alles hat mich verwirrt.«

»Schon gut«, sagte ich zu ihr. Ich kam mir wie ein Schuft vor, weil ich daran gedacht hatte, sie anzubrüllen. »Wir haben alle schon Fehler gemacht, und schlimmere. Ich verbuche ihn einfach in einem Fehlerkonto, und niemand wird sich darum kümmern. Man wird ihn nicht einmal zu sehen kriegen.«

»Es tut mir so leid«, stieß sie wieder mit tränenerstickter Stimme hervor. »Ich habe nur auf Sie gewartet, während sich alle anderen amüsierten. Ich gehe jetzt nach Hause.«

Sie schoß zur Tür hinaus. Ich blickte hinüber ins Restaurant, wo sich die Barings-Belegschaft vergnügte. Fünf oder sechs tanzten auf den Tischen, und alle sangen zu »Get Off Of My Cloud«.

»I said hey, hey, you, you, get offa my cloud!«

Lisa saß bei George. Ich lockerte meine Krawatte und ging hinüber zum Tisch.

»Trink ein Bier, du Arschloch!« rief George liebevoll. Ich griff mir ein eiskaltes Tiger-Bier und schüttete es dankbar hinunter.

»Hast du Kim getroffen?« fragte George. »Sie hat dich gesucht.«

»Sie hat mich gefunden.«

»Hallo, Darling«, sagte Lisa, kam zu mir her und küßte mich. »Alles in Ordnung?«

»Bestens.« Ich nahm mir noch ein Bier. »Alles in bester Ordnung.«

Eine neue Platte wurde gespielt.

»Hi, ho, silver lining!« grölte die Menge an den Tischen. Ich hörte, wie ein Glas zu Bruch ging, dann brüllendes Gelächter.

Ich bestellte mir einen Hamburger und dachte an Kim Wong, die jetzt im Bus saß und nach Hause fuhr. Sie wohnte bei ihren Eltern am anderen Ende der Stadt. Sie würde nicht so leicht einen anderen Job an der SIMEX finden. Und wenn sie bei ihren Eltern lebte, war die Familie auf das Geld, das sie nach Hause brachte, sicherlich angewiesen – auch wenn es nur 4000 Pfund im Jahr waren. Jedenfalls würde Kim niemals fünfzig Pfund an einem Abend im Hard Rock Café auf den Kopf hauen.

Am Montag erschien Kim Wong nicht zur Arbeit. Die Telefone begannen zu klingeln, und ich hatte keine Sekunde Zeit, Andrew Bayliss zu schreiben. Barings fehlten immer noch vierzig Kontrakte. Der Nikkei bewegte sich nicht nennenswert in irgendeine Richtung. Der Verlust lag immer noch bei 20000 Pfund. Ich hatte die Kundenkarte in der Tasche, und am Ende des Tages ging ich zu Risselle.

»Ich muß diesen Fehler im Fünfmal-acht-Konto verbuchen. Kannst du das für mich tun?«

»Klar.« Sie holte das Konto auf den Bildschirm. »Um was für einen Abschluß handelt es sich?«

»Zwanzig März-Kontrakte auf den Nikkei.«

»Da haben wir's.« Risselle lächelte mich an. »Kein Problem.«

Ich ließ zunächst für den Kunden, die Fuji-Bank, einen fiktiven Kauf von zwanzig Kontrakten eintragen. Zugleich machte ich eine Notiz auf der Tagesumsatzkarte, damit der Fuji-Bank die zwanzig Nikkei-Kontrakte zu dem von ihr angegebenen Preis gutgeschrieben werden konnten. Von der Tagesumsatzkarte würde dieser Abschluß auf dem üblichen Weg in den Computer übertragen werden, so daß Risselles Eingabe mit der Umsatzkarte übereinstimmte. Doch dabei konnten wir es natürlich nicht belassen, denn wir hatten die fragliche Transaktion ja gar nicht durchgeführt, also mußte ich auch einen entgegengesetzten, das Konto ausgleichenden Abschluß verbuchen: Ich bat Risselle, auch den *Verkauf* von zwanzig Kontrakten zum selben Preis einzugeben.

Nach Kims Fehler sah die Lage so aus, daß Fuji zwanzig Nikkei-Kontrakte verkauft hatte. Mit meinen Eintragungen auf der Tagesumsatzkarte schrieb ich die Geschichte um: Fuji hatte nun einen fiktiven Kauf von zwanzig Kontrakten zu dem ursprünglich erwünschten Preis getätigt; um dies auszugleichen, waren laut Fehlerkonto 88888 dieselben zwanzig Kontrakte zum selben Preis verkauft worden, und der wirkliche Verkauf der Kontrakte durch Kim wurde ebenfalls auf dem Konto 88888 notiert. So hatte sich der Verkauf von zwanzig Kontrakten durch Fuji in einen Kauf von zwanzig Kontrakten für Fuji verwandelt. Die Diskrepanz von vierzig Kontrakten war nun im Fehlerkonto verborgen. Meine Manipulation war für die SIMEX nicht zu erkennen, denn der ursprüngliche Verkauf tauchte nun im Konto 88888 auf, und das deckte sich mit ihren Unterlagen. Außerdem bestand keine Preisdifferenz zwischen dem fiktiven Kauf und Verkauf, da sie zum selben Preis erfolgt waren und sich gegenseitig aufhoben. Ich hatte vierzig Kontrakte in das Konto 88888 eingeben müssen, um den Anfangsverlust auszuweisen.

Es war eine nette Lösung. Ich hatte Zeit gewonnen und mir eine Atempause verschafft, in der ich darüber nachdenken konnte, wie das Problem am besten zu beheben war. Ich stand unter enormem Zeitdruck, und der wurde noch größer, als Kim mir eröffnete, daß sie der Arbeit in der SIMEX nicht gewachsen sei und am Ende der Woche Barings verlasse.

»Na, großartig.« Ich verwünschte sie wieder. Ich hätte die vierzig Kontrakte nie zu verstecken brauchen. Wir hätten Kim feuern können, und das wär's dann gewesen.

»Du kannst deine Leute auch nicht länger halten als ich«, scherzte Simon Jones, als er von Kims Ausscheiden hörte. »Sie halten einfach das Tempo nicht aus.«

Die Angelegenheit war ihm völlig schnuppe. Er hatte im letzten Jahr rund ein halbes Dutzend Sekretärinnen verloren.

»Hast du dem Kunden den Verlust ersetzt?«

»Ja.« Dabei beließ ich es.

Jones wollte keine Einzelheiten wissen. Ich habe nie mit Aktien gehandelt, aber Freunde haben mich darauf hingewiesen, daß man einen Kunden nicht einfach dadurch entschädigen kann, daß man den Fehler zugibt, ihm die Aktie zu einem höheren Preis gibt und ihm den Differenzbetrag erstattet. Er gibt nämlich die Ausführungsanzeige direkt in den Computer ein und erstellt seine Steuerkalkulationen auf der Grundlage dieses Preises. Auch die Erfolgsbilanz seines Wertpapierbestands wird anhand dieses Preises ermittelt. Liefert man einen Kontrakt zu einem *anderen* Preis, wirft man alle diese Berechnungen über den Haufen und bringt zudem Unordnung in seine Kalkulationen der Gegengeschäfte, mit denen er seine Position absichern kann – Kalkulationen, denen der ursprünglich von ihm angegebene Preis zugrunde liegt. Und dann ist es natürlich höchst unprofessionell, mit dem Hut in der Hand zum Kunden zu gehen und einen schweren Fehler einzugestehen. Aus all diesen Gründen ist es eine weitverbreitete Praxis, fiktive Abschlüsse zu verbuchen, wenn ein Schnitzer passiert ist, und das Problem anschließend intern zu lösen. Das geschieht im Maklergeschäft jeden Tag.

Ich zerbrach mir den Kopf über das Problem. Der Verlust war zu groß, um ihn in das Londoner Fehlerkonto einzugeben, und ich war zu langsam gewesen, um die Verantwortung dafür zu übernehmen. Es war schrecklich. Mit einem Mal war Kims Fehler mein Problem. Hätte ich ihn am Freitag um 17 Uhr entdeckt, hätte ich in aller Ruhe mit Simon Jones darüber reden oder Tokio anrufen und um Hilfe bitten können. Ich hätte auch einfach alles zugeben und mit London sprechen können. Aber ich hatte mit niemandem gesprochen. Ich hatte die Sache verschwiegen.

Wenn man in Futures handelt und sich die Kontraktpositionen ungünstig entwickeln, muß man täglich Barausgleich an die SIMEX leisten, sogenannte Tagesnachschüsse oder Market-to-Market-Zahlungen. Täglich erstellt die SIMEX eine fortlaufende Bilanz über den Wert der gekauften oder verkauften Futures, und wenn der aktuelle Kurs gegenüber dem Vortagesschlußkurs nachgegeben hat, fordert die Clearingstelle einen Barausgleich. Genauso funktioniert es andersherum: Entwickelt sich der Markt günstig fürs eigene Geschäft, erhält man den Gewinn über die SIMEX ausgezahlt.

Mit den Nachschußzahlungen soll vermieden werden, daß ein Händler seine Kontrakte nicht mehr erfüllen kann und der Markt oder andere Händler dadurch in Schwierigkeiten geraten. Futures und Optionen unterliegen starken Kursschwankungen. Würden bei ungünstigen Kursentwicklungen im Verlauf des Handels außer dem Einschuß keine Zahlungen geleistet, bestünde die Gefahr, daß der Verlierer nach und nach enorme Schulden anhäuft und in den Zusammenbruch getrieben wird. Das wiederum könnte einen Dominoeffekt auslösen und einen Broker nach dem anderen in den Ruin treiben. Durch die Pflicht zur täglichen Nachschußzahlung stellt die SIMEX sicher, daß jeder Händler am Markt genau weiß, wo er steht. Wenn die Höhe der Nachschußzahlungen seine Finanzkraft übersteigt, muß er seine Position liquidieren.

Um zu gewährleisten, daß Barings immer über ausreichend Mittel zur Erfüllung der täglichen Sicherheitsleistungen verfügte, und da die SIMEX – wenn es am Markt zu besonders heftigen Kursschwankungen kam – bereits am Mittag Nachschüsse fordern konnte, hielten wir immer Mittel von unseren Kunden auf unserem Konto abrufbereit.

Kim Wongs Verlust von 20 000 Pfund hielt sich anfangs noch in Grenzen. Aber drei Tage später kletterte der Nikkei-Index um 200 Punkte, und der Verlust hatte sich auf 60 000 Pfund verdreifacht.

Mit einem Verlust von 60 000 Pfund vor Simon Jones zu treten war undenkbar. Außerdem hätte ich dann auch erklären müssen, warum ich nicht schon früher damit zu ihm gekommen war. Also kehrte ich die 60 000 Pfund unter den Teppich und in das 88888-Konto. Hätte Jones etwas von der Sache erfahren, hätte er meinen Ringmaklern die Hölle heiß gemacht und mich womöglich aus der Börse verbannt. Und das zu einem Zeitpunkt, an dem immer mehr darauf hindeutete, daß mein Futures- und Optionenhandel Erfolg haben würde. Ich hätte es nicht ertragen, wenn ich für Kims Verlust in der Abrechnungsabteilung hätte büßen müssen.

Hatte ich nur einen bequemen Ausweg gefunden oder ein Verbrechen begangen? Ehe ich mit der Frage hatte zu Rande kommen können, klingelte das Telefon. Am Apparat war Dave Mousseau von der First Continental Trading.

»Ich habe hier zehn Kontrakte, die nicht ausgeglichen sind«, sagte er. »George schwört, ich hätte ihm gesagt, er solle kaufen, aber ich bin mir ganz sicher, daß ich verkaufen gesagt habe.«

»Laß uns die Videobänder durchsehen«, schlug ich vor.

»Das habe ich bereits getan«, antwortete Dave, »aber darauf ist auch nichts zu erkennen.«

»Sollen wir fifty-fifty machen?« Das war das in solchen Fällen übliche Angebot.

»In Ordnung, fifty-fifty«, stimmte er zu.

Das waren also noch einmal fünf Kontrakte, die ich irgendwie ausgleichen mußte. Ich rief George an und bat ihn herumzufragen, ob jemand noch fünf Kontrakte kaufen wollte. Strenggenommen durften wir nach Börsenschluß nicht mehr handeln, aber daran hielt sich niemand. Es war jeden Tag dasselbe Spiel: Am späten Nachmittag hingen alle am Telefon und versuchten, ihre offenen Positionen auszugleichen. Kims Position jedoch war zu groß für diese Methode. Außerdem war Freitag gewesen, und die meisten Händler hatten die Börse schon verlassen.

Mein Herumpfuschen mit dem Fehlerkonto hatte uns zwar Zeit gebracht. Doch meine größte Sorge waren nicht die überzähligen vierzig Kontrakte. Es ging darum, wie ich um Su Khoo herum käme, die als Optionshändlerin und Leiterin des Eigenhandels für Baring Securities in Tokio arbeitete. Als Eigenhändlerin kaufte und verkaufte sie große Mengen von Nikkei-Kontrakten. Alle meine Deals wurden über ihr Konto in Tokio verbucht, und natürlich überprüfte sie sie. Wenn die Kontrakte nicht ausgeglichen waren, würde sie die Position auflösen.

Bis zum Ende des Jahres versteckte ich über dreißig Fehler im Konto 88888. Das war zwar schlimm, aber noch keine Katastrophe. Einige Fehler meldete ich nach London. Die dicken Brokken aber, die meine neu angeheuerten Händler in Schwierigkeiten hätten bringen können, gingen alle in mein Geheimkonto. Meine Händler merkten bald, daß sie sich, wenn sie einen größeren Fehler gemacht hatten, vertrauensvoll an mich wenden konnten. Ich würde einen Weg finden, ihn ungeschehen zu machen. Es war nicht unser Geld, und es war nicht das Geld unserer Kunden; es war nur Barings' Geld. Jede Bank hat ein Fehlerkonto, Barings hatte nun eben zwei. Am Monatsende, wenn die Ausdrucke durchgesehen wurden (die später von der Buchhaltungsabteilung geprüft wurden), schloß ich alle im 88888 verbuchten offenen Positionen, indem ich einen Journaleintrag auf das Konto vornahm. Dann glich ich die andere Seite des Eintrags aus, indem ich den Verlust durch meine einzige

Einkommensquelle deckte, meine bei anderen Geschäften verdiente Provision. Natürlich konnte diese Methode nur funktionieren, solange die Verluste auf dem Fehlerkonto gering und meine Provisionseinnahmen hoch blieben. Mir war klar: Wenn die Innenrevision dafür eine Erklärung von mir verlangen oder die Fehlbeträge steigen würden, mußte ich einen anderen Weg finden, die Miesen zu kaschieren.

Einen Moment, ehe der Wecker losging, wachte ich auf. Instinktiv streckte ich den Arm aus dem Bett und schaltete ihn aus. Ich wollte nicht, daß Lisa aufwachte. Nachdem ich mich aus dem Bett gequält hatte, ließ ich ein Bad einlaufen. Mir geht kaum etwas über ein heißes Bad, aber ich hatte es mir gerade in der Wanne bequem gemacht, als Lisa hereinkam und zur Eile mahnte. So etwas wie eine Morgen- oder Abenddämmerung gibt es in Singapur kaum. Wenn ich aufstand, war es meist noch pechschwarze Nacht, und wenn ich aus unserem fensterlosen Badezimmer kam, war es bereits heller Tag.

Auf dem Sofa konnte man noch die eingedrückten Stellen erkennen, wo wir am Abend zuvor gesessen und uns ein Video angesehen hatten. Als wir die Wohnung verließen, stellte ich die Abfalltüte raus, in die wir die mit Tomatensauce verkleckerten Pizzaschachteln gesteckt hatten.

Lisa ließ mich vor dem Delifrance-Café im Erdgeschoß des Overseas-Union-Bank-Hochhauses aussteigen, wo sich die Händler jeden Morgen zum Kaffee trafen, bevor sie zur SIMEX hinübergingen. Alle standen in Hemdsärmeln herum, in Singapur trug niemand ein Jackett. Wenn man Singapur wieder verließ, hatte man sechs jungfräuliche Anzugjacketts und sechs abgetragene Anzughosen in seinem Kleiderschrank hängen. In einer Ecke entdeckte ich meinen Freund Danny und lud ihn zu einem Kaffee ein.

»Na, wie sieht es aus?«

»Der Markt bleibt fest. Schau dir die US-Zahlen von gestern und den Dow-Overnight an.«

»Und der Yen ist ebenfalls unten.«

»Aber was ist mit der Inflation?«

Morgen für Morgen dieselbe Fachsimpelei, als ob wir wüßten, wohin der Markt ging oder als ob wir auch nur eine bestimmte Strategie im Kopf hätten. Dabei wußten wir beide, daß es ganz anders ablief: Man ging aufs Parkett, brüllte sich die Stimme aus dem Leib, versuchte, zwei Sekunden schneller als die anderen zu sein, und schmiß seine Strategie alle drei Minuten über den Haufen.

»Ach, geh zum Teufel.« Danny nahm seinen Kaffee in die linke Hand und hielt mir seine rechte hin. »Hundert darauf, daß er weiter anzieht.«

»Abgemacht!« rief ich und schlug ein. »Du verlierst in der letzten halbe Stunde«, prophezeite ich ihm.

Ich kippte meinen Orangensaft und meinen Kaffee hinunter, und wir nahmen den Lift hinauf zum Börsensaal. Die Hundert-Dollar-Wette beschäftigte uns mehr als die Millionensummen, die wir den Tag über einsetzten. Mein blau-gelb gestreiftes Händlerjackett hing über der Stuhllehne, und ich klemmte den Sicherheitsausweis an den Aufschlag. Meine Kennbuchstaben waren Lisas Initialen: LJS. Jeder hatte drei Großbuchstaben auf seinem Ausweis, und wir machten uns einen Spaß daraus, Auflösungen für die Abkürzungen zu erfinden. Eines der Mädchen hatte die Initialen BJS. Nach ein paar Monaten erfuhr sie, daß man daraus den schweinischen Spitznamen »Blow Job Specialist« gemacht hatte. Am nächsten Tage hatte sie ihre Initialen geändert. Vor ein paar Monaten hatte ich George so weit abgefüllt, daß ich ihm entlocken konnte, wie man mich nannte.

»Ist doch sonnenklar«, grinste er. »LJS steht für kleiner Schwanz. *Lan chiau*, chinesisch für Schwanz.«

So ganz leuchtete mir das nicht ein.

»Und was ist mit dem J und dem S?«

»Dem J? Dem S?« George sah mich verständnislos an.

»Das J in der Mitte und das S am Ende: LJS.«

»Ach so. Damit wollten wir uns nicht auch noch herumschlagen!« George lachte. »Ist doch gut, wie es ist: Lan chiau, kleiner Schwanz.«

»Aber ich habe drei Initialen, und ihr nehmt nur den ersten Buchstaben. Das zählt nicht.«

»Sei kein Pedant«, sagte er. »Du hast deinen Spitznamen, und
je mehr du dich beschwerst, desto weniger wirst du ihn los.«

Auf George' Ausweis prangte GEE und auf Maslans ADI. Sie
waren vorsichtiger gewesen. Niemandem fiel ein passender
Spitzname dazu ein. Danny war VIZ, nach dem Comic, wurde
aber allgemein entweder Bubble (er war Grieche, und das englische Wort für Grieche – Greek – reimt sich auf Bubble and
Squeak, ein für seine die Darmtätigkeit anregende Wirkung be-
rüchtigtes Eintopfgericht aus Kohl und Kartoffeln) oder Triple D
genannt, was für »Danny Don't Drink« stand und in seinem Fall
sogar zutraf. Ein anderer unserer Händler hatte die Endsilbe
seines Vornamens Sharifudin, DIN (Englisch für Krawall), als Initial gewählt, da er sich auf seine kräftige Stimme etwas einbildete. Bei uns hieß er einfach »Fat Boy«, und er gab sich alle
Mühe, dem Ehre zu machen. Als er Anfang 1992 zur SIMEX kam,
brachte der kleine Kerl gerade einmal 43 Kilogramm auf die
Waage, ein Jahr später waren es bereits über siebzig.

Ich ging zu unserer Maklerkabine an die Telefone. Ein paar Sekunden lang war es ruhig. Über die Handelsstände hinweg beobachtete ich die Händler. Da Rot bei den Chinesen als Glücksfarbe
gilt, trugen fast alle rote Jacketts. Nur die Ausländer, zumeist Bri-
ten und Amerikaner, schmückten sich mit anderen Farben. Jetzt
leuchtete die erste Anzeigetafel auf, und ich griff zum Telefon.

Am späten Vormittag, ich signalisierte gerade Fat Boy, er solle
verkaufen, kam ein Anruf auf der Amtsleitung. Das war ungewöhnlich. Noch ungewöhnlicher war, was die Stimme am Telefon zu mir sagte.

»Ang Swee Tian am Apparat. Vielleicht können Sie mir helfen.«

Ang Swee Tian war der Präsident der SIMEX. Wenn er fragte,
ob man ihm helfen könnte, dann half man.

»Mit dem größtes Vergnügen«, antwortete ich, so ruhig ich
konnte, während am anderen Ende des Börsenparketts Fat Boy
wie wild gestikulierte und offenbar drauf und dran war, mit den
Fäusten auf einen anderen Händler loszugehen. Eine Schreck-
sekunde lang fürchtete ich, Ang hätte meine Manipulationen
mit dem 88888-Konto entdeckt.

»Ein sehr geschätzter Kunde der SIMEX wünscht mit Ihnen zu

reden. Ich werde ihm Ihre Telefonnummer geben. Wenn er Sie anruft, wäre ich Ihnen sehr verbunden, wenn Sie alles in Ihrer Macht Stehende tun könnten, um ihn zufriedenzustellen.«

Ich hatte nicht die leiseste Ahnung, worauf er hinauswollte.

»Selbstverständlich«, versprach ich.

»Sein Name ist Philippe Bonnefoy. Er wohnt im Hotel Raffles.«

Zehn Minuten später kam erneut ein Anruf auf der Amtsleitung.

»Mr. Leeson? Sie können mir vielleicht helfen. Mein Name ist Philippe Bonnefoy.«

»Was kann ich für Sie tun?«

»Könnten Sie zum Tee zu mir kommen? Sagen wir, gegen 16 Uhr?«

Klick. Das war alles. Er hatte aufgehängt.

Ich setzte mich einen Moment und überlegte, welches Spiel da gespielt wurde. Wieder kam ein Anruf auf der Amtsleitung. Ich zögerte. Was ich bislang gehört hatte, reichte mir eigentlich. Schließlich ging ich doch dran.

»Hi, Stinktier!« Lisa! »Was machen wir heute abend?«

Wir verabredeten uns zum Essen. Wenig später ging ich hinunter und ließ mich zum Raffles fahren. Von der Rezeption aus rief ich Bonnefoy an und wurde in den zweiten Stock gebeten. Philippe Bonnefoy war jünger, als ich es erwartet hatte, ein gutaussehender, gepflegter Mann in einem blauen Anzug, mit Oxford-Schuhen und einer Hermès-Krawatte. Das Hotelzimmer sah unbewohnt aus, nur auf einem Beistelltisch lag eine offene Aktentasche. Bonnefoy sprach gerade in ein Mobiltelefon. Während er seinem Gesprächspartner zuhörte, bedeutete er mir, Platz zu nehmen und zeigte auf ein Tablett mit Biskuits. Eine halbe Minute später sagte er »Fein« und legte auf.

»Mr. Leeson«, begrüßte er mich und schüttelte meine Hand. »Man hat mir gesagt, Sie seien der richtige für mich.«

»Das hoffe ich zumindest.«

»Wissen Sie«, fuhr er ohne Pause fort, »ich mache viele Geschäfte an der SIMEX, sehr viele. Neben George Soros bin ich wahrscheinlich derjenige, der am meisten in Nikkei handelt. Manchmal über fünftausend Kontrakte pro Tag.«

Fünftausend pro Tag! Das war eine immense Zahl. Ich rechnete kurz nach und kam auf eine monatliche Kommission von rund 100000 Dollar.

»Könnte Barings ein solches Geschäftsvolumen handhaben?«

»Beabsichtigen Sie, durch uns abzurechnen?«

»Nein, durch die Fimat.«

Die Fimat war die Singapurer Brokerniederlassung der französischen Großbank Société Générale. Ich rührte meinen Tee um und überlegte mir, was ich ihn noch fragen könnte.

»Für wen arbeiten Sie?«

»Für die European Trust and Banking Company, eine Bank mit Sitz auf den Bahamas.«

Mehr bekam ich nicht aus ihm heraus.

»Ich werde Sie dann anrufen«, sagte Bonnefoy, während er mich zur Tür begleitete.

Hinter mir fiel die Tür mit einem dumpfen Geräusch ins Schloß. Da fiel mir ein, daß ich meinen Tee gar nicht angerührt hatte. Ich fragte mich, ob er ihn wegkippen oder ihn vom Zimmerservice abräumen lassen würde.

Zurück im Büro rief ich als erstes Mike Killian an, den Leiter der Baring Global Equity Futures and Options Sales in Tokio, und informierte ihn, daß wir einen Großkunden am Haken hatten.

»Ausgezeichnet«, sagte er. Es klang ein wenig pikiert. Wahrscheinlich paßte ihm nicht, daß die Sache nicht über ihn gelaufen war. »Immer her mit den Boni.«

Ich sah förmlich sein hageres Gesicht mit den tiefen Narben von einem Fahrradunfall und wie er wütend auf den Telefonhörer in seiner Hand starrte. Ich traute Killian nicht über den Weg. Er gab sich zwar verbindlich, doch in Wahrheit fiel er einem bei jeder Gelegenheit in den Rücken. Ich hatte gelernt, ihn mit Samthandschuhen anzufassen, vor allem, seit ich wußte, daß er sich bemühte, uns möglichst kurz zu halten.

»Bonnefoy arbeitet für ein Bank namens European Trust and Banking«, sagte ich, »mit Sitz auf den Bahamas.«

»Großartiger Ort«, sagte Mike voller Sehnsucht. »Jemals dort gewesen?«

»Nein.«

»Erstklassiges Tauchrevier.«

Wir sprachen kurz über die Bonitätsprüfung, doch da wir nicht über Barings abrechnen würden, sollte es damit keine Probleme geben. Zwei Wochen später wurde European Trust and Banking Barings-Kunde.

Ein paar Tage danach, ich war gerade dabei, einen Kaufauftrag für die Fuji-Bank zu plazieren, klingelte das Telefon.

»Philippe hier«, sagte eine ruhige Stimme. »Ich möchte 4000 Juni-Kontrakte billigst kaufen.«

Viertausend! An einen normalen Tag wurden an der SIMEX insgesamt 20 000 gehandelt. Viertausend war ein gewaltiger Auftrag.

»In Ordnung«, sagte ich. »Ich werde einen Teil in Osaka kaufen und den Rest hier. Der Kurs liegt im Moment bei 350, aber das wird ihn in die Höhe treiben.«

»Versuchen Sie, nicht mehr als 400 zu bezahlen, und sehen Sie, wie weit Sie damit kommen.«

Ich winkte George zu mir.

»Wir müssen 4000 Juni kaufen.«

»Viertausend! Wahnsinn.«

»Wie ist die Liquidität heute?«

»So eng wie der Hintern eines Flohs. Fünfhundert bringen wir durch, dann fängt der Markt an anzuziehen.«

»Eric, gibt es noch mehr Verkäufe?«

»Ein paar hundert vielleicht.«

Ich dachte eine Sekunde nach. Der Markt sprang einen Tick nach oben.

»Okay, laßt uns versuchen, die Verkäufer vor unseren Karren zu spannen und den Markt zu drücken. Bringt den Markt runter und kauft dann zurück. Ich werde 1000 in Osaka plazieren und versuchen, 1000 hier zu bekommen. Dann werden einige der frühen Käufer zurückkommen, verkaufen und ihre Positionen schließen. Wenn wir schnell sind, werden die anderen ihre Positionen bis zum Ende des Tages halten, und wir können in beiden Märkten vielleicht noch einmal 1000 aufnehmen.«

George ging zum Ring zurück und wartete eine Weile. Dann

breitete er seine Arme weit aus und bot mit einer dramatischen Stimme 200 Kontrakte an. Er brauchte lange und mußte viel schreien und Theater spielen. Er führte sich auf, als sei das Ende der Welt nahe. Die Rotjacken um ihn herum hielten sich zurück, und der Markt gab immer mehr nach. Es sah aus, als würde er Unmengen verkaufen. In Wahrheit tat er gar nichts, sondern spielte den Maklern nur etwas vor. Der Markt mußte entscheiden, ob er es ernst meinte oder nicht. Nachdem man ihn eine Zeitlang ignoriert hatte, setzte sich die Überzeugung durch, daß er eine große Verkaufsposition durchdrücken mußte. Immer mehr Händler schlossen sich ihm an und begannen ihrerseits, Verkaufsangebote in den Saal zu schreien. George machte seine Sache großartig, der Markt fiel ins Bodenlose. George sah verzweifelt aus und zeigte mir immer wieder den Kurs an, der jetzt von 400 auf 300 gefallen war. Ich nickte Maslan zu. Er ging aufs Parkett und bezog ein paar Meter vor George Aufstellung. Maslan fing an zu kaufen, während George weiter den Verkäufer mimte und so tat, als könne er nicht genug loswerden. Maslan hatte bereits 500 Kontrakte gekauft, als George plötzlich eine Kehrtwende vollzog und seinerseits 500 Kontrakte von ein paar Händlern kaufte, die seinem Verkaufsangebot gefolgt waren. Nachdem die beiden nochmals 500 an Land gezogen hatten, zog der Kurs wieder auf 350 an. Schließlich hatte George genug und kam schwankend auf mich zu. Ich hatte in Osaka gekauft, und dort war der Preis stabil geblieben.

»Wir haben bereits 1500«, freute sich George. »Keiner sah uns kommen. Fünfhundert haben wir uns im Sturzflug geschnappt, dann gingen die Pferde durch.«

Bis zum Mittag hatten wir 3500 Kontrakte gekauft. Alle wußten inzwischen, daß wir keine Verkäufer, sondern Käufer waren. Die Liquidität an der SIMEX ist relativ gering, weil viele lokale Händler auf eigene Rechnung handeln und sich ein sehr niedriges Limit setzen. Sie handeln fünf oder zehn Kontrakte und machen einem das Leben zur Hölle. Wenn man sich zu lange mit ihnen abgab, bekam der Markt schnell spitz, worauf man aus war. Dieses Mal jedoch hatte unser Ablenkungsmanöver funktioniert. George hatte seine Verkaufsposition lange genug durchgezogen, jeden glauben gemacht, daß er ein Verkäufer sei, und dann ein paar große Tickets von Morgan Stanley gekauft.

Ich rief Philippe an und versuchte, nicht allzu selbstzufrieden zu klingen.

»Wir haben 4000 zu einem Durchschnittspreis von 370 gekauft.« Philippe war hoch zufrieden, weil der Durchschnittspreis deutlich unter seinem Limit lag, und wir waren glücklich, weil wir außerdem noch die Verkaufsaufträge anderer Kunden losgeschlagen hatten, als der Markt auf dem Höhepunkt angelangt war.

»Sehr gut«, sagte er.

Ich legte auf und ballte triumphierend eine Faust.

»Gottverdammt! Das macht 8000 Dollar Kommission.«

Philippe hielt uns auf Trab. Er war ohne jeden Zweifel der größte Händler an der SIMEX, und er erledigte durch BFS ein atemberaubendes Kontraktvolumen. Mich irritierte jedoch an ihm, daß es ihm fast egal zu sein schien, ob er Geld machte oder verlor. Nach diesem ersten »Sehr gut!« erlebte ich niemals mehr ein Anzeichen von Befriedigung, wenn sein Deal durchgegangen war, oder von Ärger und Enttäuschung, wenn ihn das Glück verlassen hatte. Von jedem anderen Kunden wußte ich, was ihn freute oder ihm weh tat. Doch Bonnefoy war und blieb ein Rätsel.

George Seow war am Ende. Er saß hinter einem überquellenden Aschenbecher und einem Spalier leerer Tiger-Bier-Flaschen. Sein Hemd und seine Krawatte waren voller Flecken, und seine Augen blickten ins Leere. Eine schlanke malaysische Prostituierte in einem roten, rückenfreien Kleid mit Nackenband und schwarzen Hot pants strich ermutigend mit der Hand über seinen Schenkel.

»Du vergeudest deine Zeit«, sagte ich zu ihr, »der ist viel zu fertig.«

Enttäuscht zog sie ihre Hand zurück und verzog sich an die Bar.

»George, was ist los?«

»Es ist aus, vorbei. Ich bin ein freier Mann. Ich habe ihr gesagt, sie soll zum Teufel gehen.«

Seit George immer mal wieder mit einem der Mädchen vom Börsenparkett ausging, hatten er und seine Frau sich schon öfter getrennt, sich dann aber doch immer wieder versöhnt. Dieses Mal aber schien es ernst zu sein. Es war kurz vor Weihnachten. Der Weihnachtsmann und das Rentier im Schnee, mit dem die Bar dekoriert waren, wirkten hoffnungslos deplaziert.

»Ich werde die beste Zeit meines Lebens haben«, verkündete er mit gespielter Feierlichkeit. »Ich habe noch viel nachzuholen.«

Da seine Frau ihn hinausgeworfen hatte, quartierte er sich für die nächsten Tage bei uns ein. Nachts trieb er sich immer bis spät in den Bars herum, und morgens saß er im Halbkoma auf dem Sofa in unserem Wohnzimmer. Am ersten Weihnachtsfeiertag schließlich riß Lisa der Geduldsfaden.

»Du versaust uns unser Weihnachtsfest«, schrie sie ihn an. »Zieh Leine und werd erst mal nüchtern. Und komm ja nicht zurück, bevor du nicht ein Rentier gefunden hast.«

George erhob sich und stolperte aus der Wohnung.

Im Januar 1993 fing die Sache an, George über den Kopf zu wachsen. Nach wie vor zog er nächtelang durch die Bars, und wenn er am nächsten Morgen auf dem Börsenparkett erschien, war er immer noch halb betrunken und stank nach abgestandenem Bier und billigem Parfüm. Einmal trug er drei Tage lang dasselbe Hemd. Ich hatte nicht das Gefühl, viel dagegen unternehmen zu können, immerhin war er einer meiner besten Freunde, und daß er sich keinen Deut darum kümmerte, was die Leute von ihm dachten, gefiel mir eigentlich an ihm.

In Singapur ist man, was die Umgangsformen angeht, äußerst penibel, und dementsprechend verhalten sich die meisten Leute hier. Und Singapur ist ein Kaff, man kann also Gift darauf nehmen, daß alles, was man tut, binnen kürzester Frist die Runde macht. Trotzdem, George' Einstellung gefiel mir. Er war einer der besten Händler, und seine Regel lautete, daß er außerhalb des Börsenrings tun und lassen konnte, was er wollte.

Doch jetzt fing er an, Fehler zu machen, und damit wurde er zu einem echten Problem.

»Was zum Teufel soll das hier sein?« Ich baute mich vor

George auf und hielt ihm einen von ihm ausgefüllten Handelszettel unter die Nase.

»Ich habe 100 September gekauft«, antwortete er.

»Gekauft? Gottverdammt, ich habe *verkaufen* gesagt.«

»Du hast kaufen gesagt.«

»Das ist ja lächerlich, du mußt deinen Kopf verloren haben. Was hast du heute sonst noch getan?«

George gab mir seinen Stapel Handelszettel. Ich blätterte sie durch und sah, daß sie kaum ausgefüllt waren. Er hatte lediglich ein paar Worte in Kurzschrift hingekritzelt. Ich fragte mich, wie wir aus der Sache wieder herauskommen konnten. Es war wie damals bei Kim Wongs Fehler: Wir saßen auf einer Overnight-Position.

»Okay«, sagte ich, drehte mich um und legte den Stapel auf meinen Tisch, »ich werde mich darum kümmern.«

George hatte an diesem Tag viele Fehler gemacht. Nach genauer Prüfung wußte ich, daß wir auf 420 Kontrakten saßen, die wir entgegen der Order unserer Kunden nicht verkauft hatten. Da den Kunden aber gesagt worden war, daß die Kontrakte verkauft worden seien, blieb es an uns hängen, die Sache wieder hinzubiegen. Zunächst jedoch zählte nur, daß ich die Position irgendwo unterbringen mußte. Ich stand auf und ging hinüber zu Risselle.

»Ich muß noch einen Kontrakt ins Fünfmal-acht-Konto nehmen«, sagte ich zu ihr und legte George' Handelszettel auf ihren Tisch.

4: 1993 bis zur Innenrevision 1994

*»Die auf die Reorganisation
folgende Erholung der Gewinne übertraf alle Erwartungen.
Bei Barings setzte sich die Ansicht durch, daß es eigentlich
gar nicht so schrecklich schwer
ist, im Wertpapierhandel Geld
zu machen.«*
Peter Baring, Vorstandsvorsitzender von Barings

Ich saß an meinem Tisch und starrte auf George' Handelszettel. Die meisten Leute hätten darin nur ein paar Fetzen Papier
mit unleserlichem Gekritzel und ein paar runden Zahlen er-
kannt und sie in den Abfalleimer geworfen. Doch für mich bedeuteten sie eine Wasserscheide: Unterm Strich summierten
sich George' Fehler auf 150000 Pfund. Er hatte 100 September-
Kontrakte im Wert von rund acht Millionen Pfund gekauft statt
verkauft. Wir steckten in Schwierigkeiten.

Das Geld, mit dem wir handelten, war nicht echt: abstrakte
Zahlen, die über die Monitore huschten oder im Börsenring mit
ein paar Gesten hin- und hergeschoben wurden. Unsere Kunden verdienten oder verloren Tausende von Pfund, wir nur unsere Kommission. Einige unserer Händler in Japan betrieben
Eigenhandel und riskierten damit Barings' eigenes Geld, aber
nicht wir in Singapur. Wir arbitragierten ohne großes Risiko hin
und her oder führten die Aufträge anderer Leute aus. Das echte
Geld, das waren unsere Gehälter und Prämien, und selbst das
blieb eher abstrakt: Bezahlt wurden sie per telegrafischer Anweisung, und da wir unseren Lebensunterhalt aus Spesenkon-
ten finanzierten, schwollen die Zahlen auf unseren Bankkonten

immer weiter an. Wirklich echt waren nur die hundert Dollar, die ich jeden Morgen gegen Danny auf den Wert des Marktes bei Börsenschluß wettete, oder das Geld, das wir für Überraschungseier aus Kinderschokolade ausgaben. Wir alberten zu gerne mit dem Plastikspielzeug aus den Eiern herum.

Nicht auszudenken, was passieren würde, sollte die Sache ans Licht kommen. George' Verlust war so hoch, daß wir uns von unseren Gehältern und Prämien hätten verabschieden können – selbst das Geld für unsere Schokoeier würden sie einsacken. Mit uns wäre es aus. George würden sie sofort feuern und mir meine Abteilung wegnehmen. Mit Philippe Bonnefoy als wichtigstem Kunden im Rücken, meinem Team von Händlern und den Mädchen im Back-Office fing ich an, eine profitable Operation aufzubauen. Sie alle berichteten direkt an mich. Simon Jones war zwar unser nomineller Boß, aber alle wußten, daß ich die Fäden in der Hand hielt. Die meisten meiner Mädchen weigerten sich, mit Jones zu reden. Wenn sie Schwierigkeiten hatten, kamen sie zu mir. Ich behandelte sie fair und lud sie häufig zum Essen ein oder sorgte dafür, daß sie zu den Büroparties eingeladen wurden. Sie wären für mich durchs Feuer gegangen.

Georges Fehler zu melden, das hätte nicht nur bedeutet, daß ich mich von meinem liebgewonnenen Lebensstil hätte trennen müssen, auch meine Mädchen und Händler hätten von heute auf morgen vor dem Nichts gestanden. Insgesamt waren sechs Menschen von mir abhängig: Die beiden Mädchen im Back-Office – Risselle und Norhaslinda –, meine drei Ringmakler – George, Maslan und Fat Boy – und Eric Chang, der gemeinsam mit mir an den Telefonen saß. Sechs Menschen, deren Karrieren sich in Luft aufgelöst hätten. Natürlich würde uns niemand an der SIMEX vermissen. Vielleicht, daß die Kollegen am Morgen nach unserem Rausschmiß noch eine halbe Stunde lang an uns denken würden, bevor sie in den Ring stiegen. Und vielleicht würden sie sogar unsere Plätze auf dem Börsenparkett eine Zeitlang meiden, nicht aus Sentimentalität, sondern aus purem Aberglauben – es könnte ja sein, daß Unglück ansteckend ist.

George' Kontrakte im 88888-Konto unterzubringen war ein Kinderspiel. Schließlich war es nichts weiter als ein Bona-Fide-

Konto im Computer, das ausdrücklich zu dem Zweck eingerichtet worden war, solche Entgleisungen zu akzeptieren, und ich hatte bereits letztes Jahr einige Male darauf zurückgegriffen. Doch George' Fehler war zu groß, als daß ich ihn als einen Devisenfehler, eine kleine Unregelmäßigkeit, hätte verschleiern oder ihn gegen unsere Gewinne oder Kommissionen hätte verbuchen können. Ich stand vor drei Problemen:

Zum einen: Wie die offenen Kontrakte wieder loswerden? Bislang hatten wir Overnight-Positionen immer am nächsten Morgen aufgelöst, die Verluste realisiert und sie in das Gewinn- und Verlustkonto übernommen. Die Verluste wurden mit dem Bruttogewinn verrechnet, und was unterm Strich übrigblieb, war unser Gewinn. Solange die Positionen klein waren, bereitete das auch keine Schwierigkeiten. George' Kontrakte jedoch waren zu umfangreich, als daß wir sie einfach ausgleichen und die Verluste auf die eigene Kappe nehmen konnten. Das hätte uns Kopf und Kragen gekostet. Da ich – wenn die Kurse nicht sensationell stiegen – keine Möglichkeit sah, wie wir die Position wieder auflösen könnten, mußte ich die Verluste kaschieren.

Das zweite Problem war etwas diffiziler: Ich konnte die Kontrakte zwar in unserem Fehlerkonto halten, ohne daß irgend jemand davon Notiz nehmen würde – aber nur bis zum Monatsende, wenn die Barings-Buchhaltung alle Vermögenswerte und Verbindlichkeiten zusammenrechnete, miteinander abglich und das Monatsergebnis auswies. Wenn sie den Saldo auf dem 88888-Konto sahen, der automatisch in ihrem System auftauchte, und feststellten, daß die offene Position aus 100 Kontrakten bestand, würden sie natürlich sofort wissen wollen, was sich dahinter verbarg. Dann wäre nicht nur klar, daß das eine nichtautorisierte Position war, sondern auch, daß sie größer war als die meisten autorisierten Positionen. Dann würden sie mich so schnell vom Börsenparkett herunterholen, daß mir wahrscheinlich noch nicht einmal Zeit bliebe, mein gestreiftes Händlerjackett auszuziehen.

Das eigentliche Problem jedoch war das dritte: Jeden Tag nach Börsenschluß bewertet die SIMEX die Positionen und fordert entsprechend der Kursentwicklung Nachschußzahlungen, sogenannte Margin Calls. Dabei werden nicht nur die tatsächlich angefallenen Verluste berücksichtigt, sondern auch die Verluste, die man – normale Marktbedingungen vorausgesetzt – am nächsten Tag einfahren *könnte*. Die Kontrakte im 88888-Konto wurden auf den SIMEX-Bildschirmen als das Konto eines unserer Kunden registriert, und darauf forderte die SIMEX je nach Marktbewegung einen bestimmten Prozentsatz der Verbindlichkeiten. Das Problem war, daß ich keinen Barbestand auf dem 88888-Konto hatte und somit über keine Mittel verfügte, die Nachschußforderungen zu erfüllen. Nach Kim Wongs erstem Fehler hatte ich die umlaufenden Mittel unserer Kunden angezapft, um die – vergleichsweise geringen – Nachschußforderungen der SIMEX zu erfüllen, die Position aufgelöst und den Verlust verbucht. Dieses System hatte sich das ganze Jahr 1992 über bewährt. Gelegentlich hatte ich zum Verlustausgleich auch meine Kommissionseinnahmen herangezogen. Natürlich konnte ich einen Teil der Verluste immer noch aus diesen Quellen abdecken, doch George' und meine Fehler in den laufenden Positionen waren inzwischen einfach zu groß, als daß sie mit den Überschüssen der Kundenkontos auszugleichen gewesen wären.

Lange nachdem alle gegangen waren, saß ich immer noch an meinem Schreibtisch. Ich nahm einen Stift und malte zwei Kästchen auf ein Blatt. In das eine schrieb ich Singapur, in das andere London und verband sie mit ein paar Linien, die den Kapitalfluß zwischen London und Singapur darstellen sollten. Da wir alle Einnahmen über London verbuchten, hielt Barings in Singapur nur wenig Kapital abrufbereit. Aus diesem Grund meldeten wir der Zentrale in London jeden Tag nach Börsenschluß, wieviel Geld wir benötigten, um die täglichen Nachschüsse für unsere Kunden- und Eigenpositionen abzudecken.

Offiziell betrieben wir keinen Eigenhandel, da Mike Killian fürchtete, dadurch den einen oder anderen Kunden abzuschrecken (vor allem solche Kunden, die befürchteten, daß wir uns erst selbst bei günstigen Marktbewegungen bedienten, eine Praxis, die als »frontrunning« bezeichnet wird). Trotzdem betrieb Barings seit meinem Eintritt in das Unternehmen 1989 ei-

80

nen sehr aktiven Eigenhandel. Der Großteil davon wurde über Fernandos Bücher in Japan gebucht. In Singapur war in dieser Hinsicht nie viel los, frontrunning gab es nicht.

Das Geld zur Finanzierung unserer Kundengeschäfte kam, wie gesagt, aus London. Entweder nahm Brenda Granger von der Abrechnungsabteilung im Londoner Hauptquartier eine Yenüberweisung an uns vor, oder Tony Hawes, Finanzchef der Barings Group, räumte uns Kreditlinien bei der Citibank-Vertretung in Singapur ein. Diese Yenbeträge wurden dann an die SIMEX weitergeleitet. Je umfangreicher die Positionen wurden, desto höher waren die Einschußforderungen. Ich brauchte Yen, um die Verluste auszugleichen, aber ich benötigte auch Geld, um die Einschußforderungen zu finanzieren. Irgendwie mußte ich London dazu bringen, mir Geld zu schicken, viel Geld.

Auf ein Blatt malte ich ein großes Yenzeichen und durchstach es mit einem Dollarzeichen. Ich brauchte Dollar sowie Yen, und zwar zu meiner absolut freien Verfügung. Ich traute mir zu, bei den Blindfischen in London Dollar loseisen zu können, indem ich vorgab, die Mittel zur Finanzierung von Kundengeschäften zu benötigen. Allerdings saß ich dann am Monatsende immer noch auf einem Verlust – einem Yenverlust, der sich nur durch einen Yenkredit vertuschen ließ.

Der Handel mit Futures und Optionen in Singapur hat so seine Eigenarten – er kann nur mit einer Kombination aus Dollar und Yen finanziert werden. Die fälligen Einschüsse können entweder in Dollar oder Yen bezahlt werden, die täglichen Nachschüsse jedoch nur in Yen. Während ich auf dem Blatt herumkritzelte, kam mir plötzlich eine Idee. Über den Verkauf von Optionen konnte ich Optionsprämien einstreichen – und zwar in Yen. Genau damit ließen sich dann die Nachschüsse für meine fehlgeschlagenen Geschäfte finanzieren.

Ich zeichnete zwei Spalten auf, eine für Gewinne und Verluste und eine für Bilanz. Das Gewinn- und Verlustkonto wird zusammen mit der Bilanz erstellt. Glücklicherweise interessierten sich die Leute bei Barings mehr für die Summe unterm Strich als dafür, wie sie zustande kam. Wenn sie überhaupt einen Blick auf die Bilanz warfen, dann nur, um sich zu versichern, daß sie die

Operation unter Kontrolle hatten. Was sie weit mehr interessierte, war das Gewinn- und Verlustkonto. Darin wurden nämlich die Gewinne ausgewiesen, von denen ihre Gehälter und Boni abhingen: Es war bei Barings üblich, daß fast die Hälfte des Jahresgewinns vor Steuern als Boni an die Angestellten ausgeschüttet wurde. Das Verhältnis von Bonuszahlungen zu Gehalt betrug bei Direktoren etwa 75:25. Viele Barings-Direktoren verdienten dank üppiger Boni mehr als 500 000 Pfund (über 1,1 Millionen Mark), und man konnte sich an fünf Fingern ausrechnen, daß sie das Gewinn- und Verlustkonto bis zum Limit ausreizten.

Wenn es mir gelang, das 88888-Konto auf Null zu bringen und das Defizit auf die Bilanz zu übertragen, war ich schon halb aus dem Schneider. Und wenn ich dann Barings noch dazu bewegen konnte, das Bilanzsoll täglich Basis zu finanzieren, konnte ich die im 88888-Konto versteckten Positionen und Verluste vor mir her schieben. In der Bilanz würde lediglich ein Eintrag auftauchen, der eine Verbindlichkeit gegenüber Barings London und eine Forderung gegenüber der SIMEX ausweist. Barings London würde annehmen, daß ihr Geld bei der SIMEX geparkt wurde und jederzeit abgerufen werden konnte. Und ich konnte den Zeitpunkt hinausschieben, zu dem ich die im 88888-Konto aufgelaufenen Verluste ausweisen mußte.

So sah meine Lösung aus:

	Gewinne und Verluste	Bilanz
FUTURES		
Einschüsse an die SIMEX		Soll $
Nachschüsse an die SIMEX	Verlust ¥	
OPTIONEN		
Prämien aus Optionsverkäufen	Guthaben ¥	
Einschüsse an die SIMEX		Soll $
	Null ¥	Soll $
$-Überweisungen aus London		Haben $
Saldo am Monatsende	Null ¥	Null $

Um die Bücher auszugleichen, mußte ich zwei Dinge tun: Erstens mußte ich am Montsende so viele Optionen verkaufen, daß ich durch die eingenommenen Optionsprämien die Verluste im 88888-Konto ausgleichen konnte. Das Gewinn- und Verlustkonto würde damit einen Saldo von Null ausweisen, und jeder würde annehmen, das 88888-Konto liege nach wie vor still.

Zweitens mußte ich Barings London bitten, bei Bedarf eine bestimmte Summe in Dollar zu überweisen, mit der ich die Einschüsse auf die gekauften Futures und, für den Fall, daß der Markt gegen mich lief, die fälligen Nachschüsse auf die Optionen finanzieren konnte. Alles hing davon ab, wie der Markt sich entwickelte. Wenn es schlecht lief, würde ich jeden Tag in London anklopfen müssen, wollte ich die Dollarseite der Bilanz ausgleichen.

Mit dem Verkauf von Optionen bürdete ich meiner Bank ein zusätzliches Risiko auf, da der Wert der Optionen, die ich hielt, steigen oder fallen konnte – im Prinzip betrieb ich also insgeheim Eigenhandel.

Nach kurzem Überlegen setzte ich ein großes Fragezeichen neben die Dollar aus London. Mein Plan stand und fiel mit der Bereitschaft Londons, BFS ausreichend Mittel zur Erfüllung der täglichen Nachschußforderungen – die auch die Nachschüsse für die nichtautorisierte Position im 88888-Konto umfaßten – zur Verfügung zu stellen. Das wäre bei keiner anderen Bank denkbar gewesen, schon gar nicht bei Morgan Stanley. Doch bei Barings London wußte niemand so recht, wem ich berichtete, und solange die Gewinne stimmten, sah niemand Anlaß, mir ins Geschäft zu pfuschen.

Doch dann viel es mir wie Schuppen von den Augen: Natürlich würden sie mir, ohne zu zögern, die gewünschten Summen überweisen. Warum handelte man denn mit Optionen oder Futures und nicht mit den Wertpapieren, auf die sie sich bezogen? Man mußte halt weniger Geld einsetzen. Es ist ein Spiel, bei dem man mit vergleichsweise geringen Summen auskommt. Um meine Verluste zu kaschieren, benötigte ich mehr Geld aus London. Ich mußte mich auf ihre nachlässige Haltung bei der

Finanzierung der BFS-Geschäfte verlassen. Falls der Markt gegen mich lief, müßte ich jeden Tag neue Mittel aus London anfordern. Das zu rechtfertigen erschien mir unmöglich; wie sehr ich mir auch den Kopf zerbrach, ich kam auf keine überzeugende Begründung.

Schließlich beschloß ich, mir darüber Gedanken zu machen, wenn es soweit sein würde, schob den Zettel in eine Schreibtischschublade und ging nach Hause. Es war bereits nach Mitternacht, und auf den Straßen war wenig los. Ich fragte mich, wo sich George jetzt wohl herumtrieb – wahrscheinlich ließ er sich gerade in Zouks Disco vollaufen. Während der Fahrt nach Hause ließ meine innere Anspannung nach. Ich hatte eine Lösung ausgetüftelt, die uns alle schützte. Die Hauptsache war jetzt, die Verluste abzubauen, und das wollte ich mit dem Handel in Futures tun. Das war zwar riskant, aber immerhin hatte ich für den Fall, daß wir bis zum Monatsende nicht aus den Futures herauskommen würden, durch die Optionen ein Sicherheitsnetz gespannt. Es war der 18. März – mir blieben noch zwei Wochen.

Die nächsten vierzehn Tage wurden die arbeitsreichsten, die wir je hinter uns gebracht hatten. Wenn ich um acht Uhr morgens ins Büro kam, klingelten bereits die Telefone, und so blieb es den ganzen Tag. Philippe Bonnefoy deckte uns mit Aufträgen ein. Ich stand Schulter an Schulter mit Eric, Carol und Eve, während wir uns die Finger wund wählten. Nach zwei Tagen bat ich Risselle aus dem Back-Office, uns vorne zu helfen. Maslan plazierte ich Rücken an Rücken mit George an dem Rand des Maklerstandes. Er rechnete alle Abschlüsse ab, die wir ihm signalisierten, drehte sich dann um und gab George unsere Nettoposition. Irgendwie schaffte ich es, George eine ganze Woche nüchtern zu halten, doch als ich am 26. März unsere Position aufsummierte, mußte ich feststellen, daß wir noch mehr Fehler hatten. Und nicht nur das. Auch der Markt hatte nicht mitgespielt, und wir saßen auf weiteren 70000 Pfund Verlust.

Ich kalkulierte, wie viele Optionen ich losschlagen mußte, um den Fehlbetrag abzudecken, kam auf ein Straddle mit fünfzig Kontrakten, plazierte den Auftrag und verbuchte den Handel im Fünfmal-acht-Konto.

Ein Straddle ist eine Strategie, bei der man eine Put- und eine Call-Option gleichzeitig zum identischen Basispreis verkauft. Put- und Call-Optionen sind Kontrakte, bei denen der Käufer das Recht erwirbt (aber nicht die Pflicht hat), vom Optionsschreiber zu kaufen *(call)* oder an ihn zu verkaufen *(put)*. Der Optionsschreiber geht von einem bestimmten Kurs aus, sagen wir 18000, und wettet im Prinzip darauf, daß der Kurs bei Ablauf der Option am oder in Nähe des Basiskurses tendiert. Je näher der End- am Anfangskurs liegt, desto höher ist der Anteil der eingenommenen Optionspreise, die ihm als Gewinn verbleiben. Wenn der Markt nachgibt, wird die verkaufte Call-Option wertlos, während die Put-Option ins Geld *(in-the-money)* geht. Der Aktienkurs sinkt also unter den Ausübungspreis.

Angenommen, der Kurs fällt auf 17500. Dann wird der Händler, der eine Put-Option auf einen Kurs von 18000 gekauft hat – also das Recht, an den Optionsschreiber zu einem Kurs von 18000 zu verkaufen –, seine Option wahrnehmen und ihn zwingen, für 18000 zu kaufen. Da der Optionskäufer für 18000 leerverkauft hat, kann er sich jetzt für 17500 am Markt eindecken und erzielt pro Option 500 Punkte Gewinn. Der Profit des Straddle-Verkäufers dagegen bleibt auf den am Anfang eingenommenen Preis der Puts und Calls beschränkt. Sichert er diese Position nicht ab, riskiert er einen potentiell unbegrenzten Verlust: Egal, in welche Richtung der Markt geht, er verliert. Doch wenn der Kurs bei Ablauf der Optionen bei 18000 liegt, muß er die verkauften Puts oder Calls, die in diesem Fall wertlos werden, nicht andienen und kann die kassierten Optionsprämien ohne Abstriche als Gewinn verbuchen.

Zum Vertuschen der Verluste im Fehlerkonto brauchte ich Prämien, und zwar in Yen. Da ich überzeugt war, daß der Markt stabil bleiben würde, und mich die hohen Prämieneinnahmen der Straddles lockten, verkaufte ich Straddles, strich die Optionsprämien ein und verbuchte sie gegen die Verluste im Fehlerkonto. Für den Fall, daß der Markt nach oben oder unten ausbrach, würde ich auf die Straddles Nachschußzahlungen an die SIMEX leisten und London in die Pflicht nehmen müssen. Daß ich auf eine Kurssicherung durch weitere Futures-Kontrakte verzichtete, hatte den einfachen Grund, daß ich auf die gesamten Prämien angewiesen war, um die bislang aufgelaufenen Verluste abzudecken. Die ganze Sache war eine Wette, und eine riskante dazu.

Unterdessen rechnete Risselle die Nachschüsse für alle Barings- und Kundenpositionen aus. Nach Eingang der Zahlungsaufforderung der SIMEX schickte sie per Fax eine Überweisungsanforderung über 750 000 Dollar an Brenda Granger in London. Sie splittete die Summe auf und wies 350 000 Dollar für unsere Kunden und 400 000 Dollar für Firmenpositionen aus. Die 750 000 Dollar gingen noch am selben Nachmittag auf unserem Citibank-Konto ein.

Meine Strategie war aufgegangen, aber ich fühlte keinen Stolz. Mir ging es nur darum, unsere Verluste wettzumachen. Den ganzen Frühling über arbeitete ich wie ein Besessener, schloß mehr und mehr Kontrakte ab und ging immer höhere Risiken ein. Ich war tief im Keller, fühlte mich aber dennoch zusehends sicher, daß sich meine Strategie auszahlen würde. Ich saß auf Futures und hatte Call-Optionen leerverkauft. Als der Markt den Basispreis der Optionen durchbrach, verdoppelte ich meinen Einsatz durch den Kauf von noch mehr Futures zur Absicherung der verkauften Kaufoptionen. Das funktionierte – der Markt zog unaufhaltsam an. Nicht auszudenken, was passiert wäre, wenn er nachgegeben hätte, aber dieses Mal hatte ich Glück, und meine Strategie erwies sich als der perfekte Hedge: Der Gewinn aus den Futures entsprach exakt den Verlusten der Optionen im 88888-Konto. Als dann der Markt im Juli nach oben schoß, verwandelte sich mein Sechs-Millionen-Verlust in einen gloriosen Profit.

Am darauffolgenden Samstag hatten Lisa und ich ein paar Freunde zum Barbecue zu Gast. Als ich mit einer Flasche Bier in der Hand allein auf den Balkon hinausging, folgte mir Lisa.

»Du siehst glücklich aus«, sagte sie.

»Ich bin etwas hart am Wind gesegelt, um George zu schützen, aber es hat hingehauen«, erklärte ich.

»Was willst du damit sagen?«

Plötzlich ging mir auf, daß sie zu Tode erschrecken würde, wenn sie etwas über die sechs Millionen Pfund Verlust erführe, auf denen ich zwischenzeitlich gesessen hatte. Mich selbst hatten die immer höheren Zahlen überraschend kalt gelassen. Sie waren für mich nur eine Kette von Nullen gewesen.

»An einem Punkt stand ich eine Million in den Miesen«, sagte ich möglichst leichthin.

»Eine Million? Mein Gott! Und das alles nur, um George zu schützen?«

»Na ja, alle Händler hatten so ihre Probleme. Wir standen einfach die ganze Zeit unter einem wahnsinnigen Druck. Aber sei beruhigt, keiner weiß, was passiert ist.«

»Tu das nie wieder«, sagte Lisa. »Auf lange Sicht schneidest du dir damit nur ins eigene Fleisch.«

»Kein Problem, ich habe die Sache im Griff.«

»Okay, aber tu mir einen Gefallen: Verlier nie wieder eine Million. Sonst raubst du mir noch den letzten Nerv.«

In dieser Nacht war ich restlos glücklich. Ich war mir sicher, daß ich nie wieder eine solche Anspannung würde durchstehen müssen. Ich hatte eine große Position aus dem Feuer geholt, einfach weil ich die Nerven behalten hatte. Wir lagen wieder in der Gewinnzone und konnten nun richtig Geld machen. Mein Gehalt belief sich inzwischen auf 50000 Pfund, und ich erwartete für das laufende Jahr einen Bonus von über 100000 Pfund. Lisa und ich unterhielten uns darüber, unser Geld in eine Wohnung in London zu investieren.

Doch schon am Montag, als die Kurse wieder sackten, wurde ich rückfällig. Statt das Konto 88888 endgültig zu schließen, packte ich neue Verluste hinein. Die Manipulationen wurden mir auch allzu leicht gemacht: Zum einen hatte ich einen Fuß auf dem Börsenparkett und konnte den Verkauf von Optionen autorisieren, die Yen in die Kasse brachten. Zum anderen war ich Chef der Mädchen in der Abwicklungsabteilung, und egal, was ich von ihnen verlangte, sie erledigten es. Nur ich allein wußte, was vorn im Börsensaal und hinten im Büro passierte. Wahrscheinlich war ich der einzige Händler auf der ganzen Welt, der sich selbst kontrollierte. Die Sache wurde langsam zur Sucht.

Abgesehen von dem erstaunlichen Verhalten der Londoner Zentrale, die mir, ohne jemals nachzufragen, jede geforderte Summe überwies, half mir bei meinem Versteckspiel auch das Durcheinander in der Barings-Hierarchie; ich sollte an vier verschiedene Chefs berichten. Mein direkter Vorgesetzter war Simon Jones in Singapur. Doch der interessierte sich kaum für das Options- und Futures-Geschäft. Denn Jones war nicht nur Direktor von Baring Futures Singapore (BFS), also meiner Abteilung, sondern auch der regionale Operations Manager für Südasien und Chief Operating Officer von Baring Securities Singapore. Sein Büro lag im 24. Stock der Ocean Towers, zehn Stockwerke über meinem. Ich ging zwar jeden Nachmittag zu ihm hoch, doch meistens redeten wir nur über Fußball. Jones war ziemlich aggressiv, und die meisten von uns hatten Angst vor ihm. Er war bekannt dafür, seine Sekretärinnen im Eiltempo zu verschleißen: in den letzten beiden Jahren hatte er nicht weniger als elf Vorzimmerdamen verbraucht. Abgesehen davon, daß ich Fußballwetten für ihn plazierte, gab es wenig, was uns verband. Und was die Geschäfte anging, die kamen nur selten zur Sprache.

Ein weiterer Chef war, zumindest auf dem Papier, Mike Killian, Leiter der Baring Global Equity Futures and Options Sales. Am Anfang meiner Karriere bei Barings hatte ich direkt unter ihm gearbeitet, und auch jetzt noch telefonierten wir mehrmals täglich miteinander. Aber Mike saß in Tokio und war damit, was mich betraf, weitab vom Schuß. Obwohl er den Gewinn beanspruchte, der auf mich entfiel, hatte ich immer weniger mit ihm zu tun.

Die beiden anderen Vorgesetzten saßen in der Londoner Financial Products Group – Mary Walz und ihr Boß, Ron Baker. Anfang 1994 übernahm Baker, hoch erfreut über die Gewinne, die ich nach London meldete, direkt die Verantwortung für mich. Ron und Mary, die zuvor gemeinsam bei Bankers Trust gearbeitet hatten, waren ein ehrfurchtgebietendes Duo. Beide brüsteten sich mit ihrer Unnachgiebigkeit und Zähigkeit, und wer es wagte, ihnen zu widersprechen, oder versuchte, sie aufzuhalten, wenn sie sich in eine Sache verbissen hatten, war entweder ein Held oder lebensmüde.

Meine Berichtslinien waren ebenso verzweigt wie der Stammbaum der Barings-Familie. Außer meinen vier Vorgesetzten gab es da noch Brenda Granger in der Abrechnungsabteilung, die für die täglichen Überweisungen zuständig war. Es war eine bizarre Struktur, und eine, die es mir erlaubte, meine Sache ohne Einmischungen von außen durchzuziehen. Erst später fiel mir ein Memo in die Hände, das James Bax, Regional Manager für Barings Südasien, an den Leiter der Abteilung für Equity Broking and Trading in London, Andrew Fraser, geschickt hatte. Datiert war das Memo auf den 25. März 1992, also kurz bevor ich in Singapur ankam:

> Meine Sorge ist, daß wir einmal mehr Gefahr laufen, eine Struktur zu installieren, die sich auf Dauer als verhängnisvoll erweisen und uns entweder sehr viel Geld und sehr viel Kundenvertrauen kosten wird, höchstwahrscheinlich aber beides ... Meiner Ansicht nach müssen wir für klare Zuständigkeiten sorgen. Falls dieses Büro an der SIMEX handelt, dann sollte Nick Leeson an Simon Jones berichten und ausschließlich für die Abwicklung zuständig sein.

Wäre Bax' Memo ernst genommen worden, wäre ich mit dem klaren Auftrag, nur die Abrechnungsseite des Geschäfts zu verwalten, nach Singapur geschickt worden. Weder hätte ich Zugang zu den Händlern gehabt – und damit auch keine Möglichkeit, sie über ein geheimes Konto Optionen verkaufen zu lassen –, noch hätte ich direkt mit Mary Walz, Ron Baker oder Mike Killian sprechen und sie gegeneinander ausspielen können. Wenn einer meiner Händler einen Fehler gemacht hätte, hätte ich ihn entdeckt und zu seinem – nicht zu meinem – Problem gemacht. Was anderes wäre mir gar nicht übriggeblieben, da ich niemals über die Mittel verfügt hätte, einen Fehler zu vertuschen. James Bax hatte nur zu recht gehabt: Barings war dank meiner Spekulationen auf dem besten Weg, viel Geld und viel Kundenvertrauen zu verspielen. Doch einstweilen sah es so aus, als könnte ich James Bax widerlegen. Ich hatte das Vertrauen unserer Kunden gewonnen, und ich fuhr hohe Gewinne ein.

Als die Verluste im Fehlerkonto von dem ausgeglichenen Saldo, den ich im Juli erreicht hatte, wieder kletterten, verfluchte ich mich, daß ich das Konto nicht geschlossen und ein für alle-mal die Finger davon gelassen hatte. Mit immer gewagteren Geschäften versuchte ich, das Geld zurückzugewinnen, aber Handel auf Handel schloß gegen mich.

Unterdessen wurde ich zum Tophändler an der SIMEX ge-kürt. Natürlich verdankte ich das vor allem Philippe Bonnefoy, und meine Kollegen beneideten mich um die Geschäfte, die ich für ihn abwickelte. Die Kehrseite der Medaille jedoch war, daß ich ins Schwimmen geriet. Das schiere Volumen der Aufträge, mit denen er mich eindeckte, drohte mir den Boden unter den Füßen wegzuziehen.

Da tauchte ein neues Problem auf: Sajeed Sacranie, dieser Klugscheißer.

Sacranie war unser Risk Manager, der von seinem verglasten Büro in London aus die Risiken der gesamten Gesellschaft über-wachen und kontrollieren sollte. Er befand sich gerade auf einer Asientour, um die hiesigen Operationen zu überprüfen, und hatte die letzte Woche mit Fernando in Tokio und Osaka ver-bracht. Fernando hatte mir am Telefon brühwarm alles über Sacranies Eskapaden in den Hostessenbars erzählt. Jetzt war Sacranie in Singapur, und ich schleifte ihn von einer Oben-ohne-Bar in die nächste. Ich sorgte dafür, daß er jede Nacht gründlich abgefüllt wurde. Wenn er morgens mit einem tieri-schen Kater ins Büro kam, würden ihm, so hoffte ich, die Zahlen vor den Augen verschwimmen. Vor allem wollte ich nicht, daß er einen Blick auf unsere Einschußzahlungen an die SIMEX warf, in denen das 88888-Konto schwarz auf weiß auftauchte. Nach ein paar Tagen wuchs meine Hoffnung, daß es klappen könnte. Sacranie hatte es kaum einmal morgens ins Büro ge-schafft, und wenn er um die Mittagszeit eintrudelte, war er ein Wrack, hielt sich den schmerzenden Kopf, trank Kaffee und fragte nur, in welche Bar wir an diesem Abend gehen wollten.

Am letzten Abend soff ich mit den Jungs Bier um die Wette, das wir nicht zu knapp mit Whiskey nachspülten. Später zeigte ich ihnen meinen Spezialdrink: Man kippt einen Schuß war-men Drambuie in ein Glas Bier und wartet, bis der Drambuie sich am Boden des Glases gesetzt hat. Wenn einem nach dem kalten Bier der warme Drambuie durch die Kehle fließt, fühlt sich das an, als würde einem unter der Schädeldecke eine Unterwassermine explodieren. Sacranie war hingerissen. Gegen drei Uhr morgens setzte ich mich schließlich ab und ließ ihn in Begleitung von zwei Mädchen, die ihm am Hals hingen, in der Arabesque-Bar zurück. Er strahlte wie ein Schneekönig. Allerdings war ich mindestens ebenso besoffen wie er.

Fünf Stunden später stand ich wieder in unserer Maklerkabine und verfolgte, was sich am Markt tat. Nach einer Weile hatte ich genug und ging hinauf in die Händlerlounge. In den Sesseln lümmelten Händler, die ein Nickerchen machten, furzten, rülpsten und ihren Kater vom Vortag pflegten. Auf den Toiletten stank es immer nach Erbrochenem, die Abflüsse waren ständig verstopft und auf den Klobrillen prangten Fußabdrücke. Niemand setzte sich hier hin, um sein Geschäft zu verrichten, alle stellten sich auf die Klobrillen. In meinem Magen rumorte es heftig, doch als ich endlich eine freie Kabine gefunden hatte, hatte er sich wieder beruhigt. Der Gestank von Erbrochenem aber ließ meinen Magen erneut rebellieren. Nachdem ich meinen Mund ausgespült hatte, ging ich wieder raus in die Lounge und sank in einen Sessel.

»Nick! Nick!« Carol, eines der Mädchen aus dem Back-Office, schüttelte mich am Arm. »Los, komm. Philippe hat angerufen. Er will, daß du ihn sofort zurückrufst. Er hat einen dringenden Auftrag für dich.«

»Mein Gott!« Langsam öffnete ich die Augen. »Wie hast du mich gefunden?«

»George hat gesagt, daß du hier hoch bist, um dich aufs Ohr zu hauen.«

Ich rieb mir die Augen. Sie fühlten sich an, als hätte sie jemand auseinandergerissen und in jedes eine Ladung feinen Sand rieseln lassen. Ich hatte einen furchtbaren Geschmack in meinem Mund, und mein Schweiß stank nach Bier. Mühsam stand ich auf und kramte ein paar Minzebonbons aus meiner Tasche. Ich kaute darauf herum, aber sie blieben mir in den Zähnen hängen. Ich schob mir noch ein Bonbon in den Mund, lutschte angestrengt und schluckte es ganz hinunter.

Ich folgte Carol hinunter aufs Börsenparkett. Unten ange-kommen, preßte ich meine Hände auf die Ohren, um das tosen-de Gebrüll zu dämpfen. Der Markt bewegte sich in einem engen Band. Die Händler begnügten sich damit, seine Grenzen zu prüfen und das Band auf Schwachpunkte hin abzuklopfen. Ich ging ans Telefon und rief Philippe auf den Bahamas an. Die Ver-bindung wurde durch mehrere Vermittlungen geschaltet und mit jedem Mal schlechter. Schließlich hörte ich das Freizeichen und gleich darauf Philippes Stimme.

»Philippe, hier ist Nick.«

»Ich will ein Kassageschäft machen«, sagte er, »die 220-Calls verkaufen und die 200-Calls auf Dezember kaufen.«

»Okay«, antwortete ich und, um Zeit zu gewinnen, »hat je-mand anderes schon etwas gezeigt?«

»Ich habe ein Angebot über 0,138 für eine große Order.«

Ich wartete, daß er noch etwas sagte – irgend etwas, was mir helfen würde zu verstehen, wovon zum Teufel er sprach. Vergeb-lich.

»Okay«, antwortete ich nach einer kurzen Pause, »ich werde sehen, was ich tun kann.«

Philippe legte auf, ehe ich etwas sagen konnte. Ich starrte auf die Händler, die sich auf dem Parkett die Seele aus dem Leib brüllten, und fragte mich, was zum Teufel er von mir wollte. Was meinte er mit 0,138? Ich wußte, daß Philippe vor ein paar Mo-naten einen ganzen Haufen 220-Calls gekauft hatte und der Markt dann gefallen war. Wahrscheinlich, spekulierte ich, woll-te er seine Verluste auf diese Position minimieren und etwas nä-her am Markt einkaufen. Bloß hatte ich keinen blassen Schim-mer, wofür die 0,138 standen und was ich damit anfangen sollte. Ich rief die betreffende Reuters-Seite auf den Monitor und über-prüfte die Preise der in Osaka gehandelten Option. Die 200-Calls lagen bei 1400. Ich spielte mit den Zahlen auf dem Ta-schenrechner herum. Mit 0,138 war offensichtlich ein Quotient gemeint; doch die entsprechende Zahl bei Reuters war 0,143 – 200 geteilt durch 1400. Ich rieb mein Gesicht, um die Benom-menheit loszuwerden. Was bedeuteten Philippes 0,138? Doch nur, daß irgend jemand auf einer Seite des Handels einen größeren Rabatt anbot, um den Fisch für sich an Land zu ziehen. Angesichts des Umfangs der Optionsgeschäfte, die Philippe betrieb, war ein Rabatt immer drin. Ich rief Adrian an, einen unserer Händler in Tokio.

»Sacranie hat letzte Nacht wieder mächtig auf den Putz gehauen«, sagte ich, »aber davon später. Adrian, Philippe will Optionen kaufen. Er will die 220-September-Calls in 200-Calls auf Dezember fortschreiben und hat von einer anderen Seite eine Spanne von 0,138 angeboten bekommen. Läßt sich da was machen?«

»Bleib dran, ich hör' mich mal um.«

Adrian rief ein paar Leute an, dann war er wieder in der Leitung.

»Nulleinsdreiacht ist ein gutes Angebot«, sagte er. »Ich kann mithalten, aber alles darüber ist riskant. Vielleicht könnte ich auch noch 0,139 machen, aber nicht so viele und nicht so leicht. Da müßte der Markt schon noch einen Tick nachgeben.«

»Wie viele kannst du bei 0,139 schaffen?« beharrte ich und setzte ungeduldig hinzu, »oder bei 0,140?« Ich wußte nicht, was diese Quoten bedeuteten, aber ich wußte, daß ich Philippes Geschäft behalten wollte.

»Bei 0,139 nicht mehr als 1000.«

»In Ordnung, Kumpel, und besten Dank auch.« Ich hängte ein.

Spätestens jetzt hätten in meinem Kopf die Alarmglocken schrillen müssen, doch ich war immer noch benebelt und dachte nur daran, daß ich Philippe Bonnefoy um jeden Preis halten mußte. Ich rief ein paar Leute in Tokio, bei Merrill Lynch, der Banque Nationale de Paris und Paribas an, aber überall hörte ich mehr oder weniger dasselbe: 0,138 war in Ordnung, aber 0,140 hielten alle für zu riskant.

Entmutigt ließ ich den Hörer sinken. Philippe Bonnefoy konnte ich abwinken.

»Nick!« Risselle streckte mir einen Telefonhörer entgegen. »Philippe.«

Darauf war ich im Moment überhaupt nicht vorbereitet.

»Hi, Philippe.«

»Wie sieht es aus?«

»Ab 0,138 fangen die Leute an, sich für die Sache zu interessieren. Mit wem auch immer Sie gesprochen haben, er hat die Sache an die Glocke gehängt. Bei 0,139 oder 0,140 verlieren die Leute das Interesse.«

»Für 0,138 kann ich Ihnen das Geschäft nicht geben«, erwiderte Philippe sachlich, »sonst geht mein anderer Broker auf die Barrikaden.«

Mein erster Impuls war, den Hörer auf die Gabel zu knallen. 0,138 war der Marktpreis, und wenn er zuerst zu mir gekommen wäre, was seine verdammte Pflicht gewesen wäre, da ich mir für ihn den Arsch aufriß, hätten wir das Geschäft abgewickelt und wären zufrieden und glücklich nach Hause gegangen. Der Wichser versuchte, mich übers Ohr zu hauen.

»Wie viele müssen Sie verkaufen?« fragte ich.

»6000. Und die gehören Ihnen, wenn Sie sie für 0,139 loskriegen.«

»Geben Sie mir zwei Minuten.«

Ich legte den Hörer zur Seite und warf einen Blick auf die Kurse. Es hatte sich nichts getan. Mein Kopf war schwer von der vergangenen Nacht. In mir stieg Wut auf Philippe auf, weil er mich in diese Zwickmühle gebracht hatte. Es gelang mir einfach nicht, einen Moment innezuhalten und zu überlegen, ob ich das Geschäft nicht einfach abschreiben sollte. Der Deal wurde zur fixen Idee. Ich hatte so eine Ahnung, daß es die Société Générale war, die ihm 0,138 angeboten hatte, und ich war fest entschlossen, ihr das Geschäft vor der Nase wegzuschnappen.

Was ich vorhatte, wird als »legging« (davonlaufen) bezeichnet. In meiner Kindheit verbrachte ich einen guten Teil meiner Zeit damit, vor irgend jemand davonzulaufen, vor Polizisten, meinem Vater, vor einem Lehrer. Es war der Versuch, einer Strafe zu entrinnen. In der Brokersprache jedoch bezeichnet legging eine riskantere Strategie. Man verspricht einem Kunden, einen Deal zu einem bestimmten, im Moment nicht erreichbaren, Preis abzuschließen, und setzt darauf, daß der Markt in die richtige Richtung geht. Im Prinzip nimmt man also eine Eigenposition ein und arbeitet in einem gewissen Sinn gegen sich selbst, da der Kundenauftrag – wenn er umfangreich ist – den Markt von alleine in Bewegung setzt. Ich war dazu nicht autorisiert, aber die Kommission für die 6000 Kontrakte lockte, und ich konnte mich eindrucksvoll in Szene setzen. Zudem würde ich der Société Générale ein Schnippchen schlagen – und Philippe fester an mich binden.

»Philippe«, sagte ich, »0,139 geht in Ordnung.«

»Gut«, antwortete er.

»Wie viele Kontrakte genau?«

»Bei 0,139?« Er dachte kurz nach: »6500.«

Ich hatte den Job. Es war fast 11 Uhr. Auf den Bahamas würde Philippe sich jetzt zufrieden ins Bett legen: Er hatte bekommen, was er wollte. Ich rief Fernando an und sagte ihm, mehr als 0,139 sei nicht drin. Er übernahm 1000, die Banque Nationale de Paris und Paribas je 500. So weit, so gut. Ich hatte 2000 erledigt. Dann aber kam ein Anruf von Merrill Lynch: Storno für die sicher geglaubten 1000 Kontrakte.

»Nichts zu machen«, sagte der Händler.

»Okay, wir reden später noch einmal.«

Ich ging zum Nikkei-Ring hinüber und bat Maslan, die 2000 Optionen per Kompensationsgeschäft aus Osaka zur SIMEX rüberzuziehen.

Bei einem Cross können andere Händler aufspringen, und man muß ihre Orders übernehmen. Ich wußte, daß die Leute mir vertrauten, wenn ich ein Cross-Geschäft machte, weil ich fair war und ihre Position immer miteinbezog – im Gegensatz zu manchen Brokern, die sich weigerten, den Handel aufzuteilen. Ich hatte keine Probleme damit. Je mehr Händler sich mir anschlossen, um so besser. Jetzt hatte ich die 2000 Optionen in Singapur, schaffte es aber trotz aller Bemühungen nicht, mehr als 100 Kontrakte bei den Locals unterzubringen. Das hieß, daß ich noch 1900 Optionskontrakte verkaufen mußte. Wenn ich noch länger im Maklerstand blieb, würden alle erkennen, worauf ich aus war. Ich beschloß, auszusteigen und ging zurück zu unserem Stand, setzte mich, zog noch ein paar Händlerkarten aus der Tasche und fing verzweifelt an, die Ecken abzubeißen. Ich genoß den sauberen, leicht chlorigen Geschmack des Papiers. Auf meiner Stirn standen dicke Schweißtropfen. Ich wischte sie mit dem Ärmel meines Jacketts ab. Mein Magen rotierte. Das Limit der meisten Händler für Eigenpositionen liegt bei 100 Optionskontrakten. Ich saß auf 1900, und kein einziger davon war autorisiert.

Ich schaute auf die Bildschirme und hörte dem Schreien der Makler zu. Ich versuchte herauszufinden, wohin der Markt ging, ein hoffnungsloses Unterfangen. Das ist etwa so, als wolle man nur mit Hilfe des Rückspiegels Auto fahren. Ich fühlte mich wie gelähmt. Schließlich beschloß ich, Philippes Auftrag aufzuteilen und die 220-Calls jetzt zu verkaufen und die 200-Calls zurückzukaufen, wenn der Markt weiter gefallen war. Angesichts der Differenz zwischen Brief- und Kassakurs der Optionen mußte der Markt zwar gehörig in Bewegung kommen, wenn ich meine Schäfchen noch ins trockene bringen wollte, aber ich sah einfach keinen anderen Ausweg. Ich gab Maslan ein Zeichen, und im Laufe der nächsten halben Stunde verkauften wir 1900 der 220-Calls zu einem Kurs von 190. Damit lag ich zwar deutlich unter den 200, bei denen er zuvor gelegen hatte, was aber, wie ich glaubte, zu verschmerzen war.

Als ich die Werte in meinen Taschenrechner eingab, mußte ich allerdings feststellen, daß die relativ geringe Kursdifferenz (190 statt 200) die Quote gehörig gedrückt hatte. Wie oft ich auch die Zahlen eingab, mein Taschenrechner spuckte immer dasselbe Ergebnis aus: 0,1357 – als wolle er mir sagen: »Okay, Klugscheißer, und was machst du jetzt?« Inzwischen wußte jeder, worauf ich aus war. Die 200-Dezember-Calls wurden immer noch für 1400 angeboten, und das Gebot stand bei 1370. Ich konnte mein Gebot noch nicht einmal auf den Schirm setzen, denn es lag viel zu niedrig.

Am Ende des Tages lag der Markt zwar etwas schwächer, aber zu einer halbwegs akzeptablen Position für mich reichte es bei weitem nicht. Fernando und die anderen hatten recht gehabt – 0,139 war schon viel zu riskant gewesen, noch weiter zu gehen der schiere Wahnsinn. In den letzten fünf Minuten mußte ich immer noch 264 200-Dezember-Calls kaufen, um Philippes Quote von 0,139 zu erfüllen. Da Philippe alle Positionen bei der

Fimat und nicht bei Barings hielt, half mir mein 88888-Konto diesmal nichts. Ich mußte die Position effektiv an die Fimat liefern.

Die Glocke läutete die letzte Minute vor Börsenschluß ein. Ich signalisierte Maslan, 1365 für die Dezember-Calls zu bieten und rannte hinüber zum Maklerstand. Ich spekulierte auf andere Aktivitäten im Ring, um das Kaufgebot verstecken zu können, aber es war nichts los. Eine Reihe anderer Akteure hängten sich an mein unter dem Markt liegendes Gebot an – darunter auch der Schweizerische Bankverein –, und so mußte ich auch an sie abgeben.

Ich schlich zurück zu unserem Stand. Mein Handel für Philippe war eine einzige Katastrophe. Er schlummerte jetzt selig auf den Bahamas und hatte keine Ahnung davon, in was ich mich da hineingeritten hatte. Seine Position war ausgeglichen, die Optionen würden an die Fimat übertragen werden, und damit war für ihn alles in Ordnung. Mir aber stand das Wasser bis zum Hals. Ich saß auf einem Verlust von 125 000 Dollar. Und da die Position nicht abgesichert war, lief ich Gefahr, noch tiefer in die roten Zahlen zu rutschen. Ich mußte mich nicht nur mit der Differenz zwischen gebotenem und angebotenem Kurs herumschlagen, sondern auch mit der Tatsache, daß jede gegenläufige Marktbewegung meine Position weiter ins Minus treiben würde.

Am 13. September 1993 hatte Peter Baring, unser oberster Chef, eine Unterredung mit Brian Quinn, dem für die Bankenaufsicht zuständigen Direktor der Bank von England. Nach dem Treffen wurde ein Auszug aus dem Sitzungsprotokoll veröffentlicht, in dem Peter Baring mit den lakonischen Worten zitiert wurde: »Die auf die Reorganisation folgende Erholung der Gewinne übertraf alle Erwartungen. Bei Barings setzte sich die Ansicht durch, daß es eigentlich gar nicht so schrecklich schwer ist, im Wertpapierhandel Geld zu machen.« Weiter erklärte er Quinn, daß die Baring Securities Limited (BSL) den größten Beitrag zum Gewinn der Barings Group in einem rekordverdächtigen ersten Halbjahr leisten würde, wobei er unterstrich, daß der

Großteil der Abschlüsse der BSL auf Kundengeschäfte entfiel und der Anteil des Eigenhandels relativ gering war.

Während ich in der Box stand und mit Telefonhörern jonglierte, George oder Fat Boy oder Spy Handzeichen gab, kaufte und verkaufte, den Markt im Auge behielt, Süßigkeiten in mich hineinstopfte und sogar auf Handelszetteln herumkaute, stellte ich mir vor, wie sich Peter in einem Ledersofa in einem luxuriösen Büro der Bank von England zurücklehnte, mit einem Löffelchen seinen Earl-Grey-Tee umrührte, seine blitzblank polierten Schuhspitzen bewunderte und dann mit seiner ruhigen Stimme verkündete:

»... eigentlich gar nicht so schrecklich schwer...«

Es gelang mir nie, das im exakt richtigen Tonfall zu imitieren. Das »eigentlich« mußte gedehnt werden, das »schrecklich« vom erstaunten Anheben einer Augenbraue und von einem etwas ironischen Lächeln begleitet werden. Das war eine Unterhaltung zwischen zwei erfahrenen Bankern, die sich gegenseitig auf die Schulter klopften, weil sie eine neue Methode entdeckt hatten, wie sie Geld scheffeln konnten. Bestimmt hatten sie sich zum Abschied die Hände geschüttelt und bei sich gedacht, was für tolle Kerle sie doch waren.

Sie hätten es besser wissen müssen. Zumindest Peter Baring. Geld zu machen ist nie leicht. Seine Vorfahren, die die Bank aufgebaut und ihre Finanzierungsobjekte wie Kanäle und Eisenbahnlinien höchstpersönlich inspiziert hatten, hätten niemals zu sagen gewagt, daß Geldverdienen »... eigentlich gar nicht so schrecklich schwer ist«. Ich jedenfalls kenne niemanden, der glaubt, daß Geldverdienen »eigentlich gar nicht so schrecklich schwer ist«. Mein Vater ist Stukkateur, und er weiß, daß man hart arbeiten muß für die zwanzig Pfund pro verputztem Quadratmeter Hauswand und daß man die Kunden zufriedenstellen muß, wenn man weiterempfohlen werden will. Die Frau in der Reinigung an der Ecke, der Junge, der die Zeitungen austrägt, der Rechtsanwalt, der über dem Immobilienbüro am falschen Ende der High Street sitzt – sie alle wissen, daß Geld schwer erarbeitet sein will. Das ist allenfalls bei Wetten anders, wobei selbst der hartgesottenste Spieler sich darüber im klaren ist, daß die Chancen gegen ihn stehen. Der Luxus der Spielkasinos spricht für sich.

Hätte Peter Baring auch nur ein einziges Mal das Parkett der SIMEX besucht, während wir uns die Seele aus dem Leib schufteten und noch nach Mitternacht, wenn die anderen längst nach Hause gegangen waren, im Büro saßen und versuchten, 2000 Kontrakte auszugleichen, er hätte niemals davon gesprochen, daß Geld zu verdienen »eigentlich gar nicht so schrecklich schwer ist«.

Ich jedenfalls rackerte mich ab, Geld zu machen. Ich mühte mich, die Bank wenigstens vor den krassesten Fehlern zu schützen. Sie passieren immer wieder, weil die Händler viel zu überarbeitet und gestreßt sind für rationale Entscheidungen. Und ich tat alles, um Philippe Bonnefoy, den wichtigsten Spieler im Nikkei-Markt, bei Laune zu halten. Doch Geld machte ich dabei nicht. Im Gegenteil, ich verlor Geld. Ich hatte einen Teil der Verluste kaschiert, verlor aber allmählich die Kontrolle über sie. Sie begannen ein Eigenleben zu entwickeln.

Die Börse von Osaka war kollabiert, die Händlerbildschirme des Computersystems hatten den Geist aufgegeben. Da in Osaka ohne Monitore nichts mehr ging, hatte sich das gesamte Geschäft an die SIMEX verlagert. Sie ist eine Auktionsbörse und braucht im Gegensatz zu Computerbörsen keine Händlerbildschirme zur Ermittlung der Kurse. Wir riefen einfach lauter und schlossen einen Handel ab, wenn wir einen Interessenten im Visier hatten. Das Handelsvolumen war immens. Wenn freitags die Glocke den Börsenschluß ankündigte, wußte ich, daß ich das Wochenende dranhängen mußte, um die Kontrakte vor Beginn der nächsten Börsenwoche auszugleichen. Lisa war sauer, weil ich einen Wochenendtrip nach dem anderen absagte und sie nicht aus Singapur rauskam. Doch was sollte ich machen? Wie es aussah, würde ich auch das kommende Wochenende im Büro verbringen.

In dieser Woche war der Markt jeden Tag nach der Mittagspause um 1000 Punkte in die Höhe geschossen. So etwas hatte ich noch nie erlebt – und ebensowenig die SIMEX, was sich daran zeigte, daß das Abrechnungssystem immer wieder schlappmachte. Für uns hieß das, daß wir die Geschäfte nicht sofort nach Abschluß eingeben konnten und auf einem immer höheren Rückstau von Kontrakten saßen, die noch nicht abgeschlossen waren. Die Woche über hatte ich jeden Abend versucht, den Rückstand aufzuholen und war keine Nacht vor drei Uhr morgens aus dem Büro gekommen. Die Händler in den anderen Ständen sahen genauso ausgelaugt aus wie ich. Alle hatten mit demselben Problem zu kämpfen, nicht nur wir bei Barings. Der einzige Unterschied war, daß wir das zehnfache Volumen umsetzten und keine zusätzlichen Leute hatten, die uns aushelfen konnten. Der Großteil der Arbeit blieb an mir hängen. Dienstag nacht hatten wir wieder einmal fünfzehn Kontrakte ungeklärt lassen müssen, und als ich am Mittwoch morgen zur Arbeit kam, saß Risselle bereits im Büro und prüfte die Abschlüsse. Doch die SIMEX-Aufzeichnungen stimmten hinten und vorne nicht, und unsere eigenen waren nicht viel besser. Ich rief Risselle an.

»Schon was erreicht?«

»Noch nicht. Die SIMEX-Zahlen zeigen eine Diskrepanz von 500 Futures-Kontrakten.«

»In Ordnung, bleib dran.«

Ich legte auf und biß mir auf die Lippe. 500 Kontrakte waren kein Pappenstiel. Ich wußte, daß meine Händler improvisiert und versucht hatten, ein manuelles System zu installieren, als die Schirme ausgefallen waren. Daß wir aber 500 offene Kontrakte hatten, konnte ich mir nicht vorstellen. Da die Börseneröffnung kurz bevorstand und die Anzeigetafeln am Stand bereits aufleuchteten, während Carol die Eröffnungsaufträge entgegennahm, blieb mir keine Zeit mehr, selbst ins Back-Office zu gehen und die Sache zu überprüfen.

Wir waren hoffnungslos unterbesetzt. Vor allem hatte ich niemanden, der mich entlasten konnte. Mike Killian weigerte sich, jemand für 15 000 Dollar Gehalt einzustellen, weil das seinen Saldo belasten würde. Nach Mike war der Saldo heilig, und immer wieder hielt er uns vor: Je weniger Kosten, desto mehr Geld für uns alle. Doch ich brauchte Leute, die mir halfen, die Geschäfte auf die Reihe zu bekommen. Laut SIMEX lagen wir 500

Kontrakte unter unserer angegebenen Position. Ich mußte mich entscheiden. Stimmten die Zahlen der Clearingstelle, dann gab es nur eins: sofort 500 Kontrakte kaufen, die Verluste als Fehler in die Bilanz aufnehmen und die Position schließen. Andererseits war es durchaus möglich, daß die Angaben der SIMEX falsch waren. Das war natürlich reine Spekulation. Aber da ich mir nicht vorstellen konnte, daß wir so danebenlagen, beschloß ich, die Sache vorerst auf sich beruhen zu lassen und zu hoffen, daß die SIMEX den Fehler im Laufe des Tages korrigierte.

Die Glocke läutete, die Anzeigetafeln leuchteten auf. Ich verbannte die 500 fehlenden Kontrakte aus meinen Gedanken und fing an, die Telefone abzuheben und George im Maklerstand Handzeichen zu geben. Wir handelten ohne Pause den ganzen Morgen durch, und als die Glocke das Ende der Morgensitzung bekanntgab, dachte ich zwar kurz daran, nach hinten ins Büro zu rennen. Dann aber sah ich den Stapel Handelszettel vor mir, die ich im Laufe des Morgens ausgefüllt hatte und noch sortieren und mit den Auftragsscheinen abgleichen mußte.

Während ich die Auftragsscheine ausfüllte, rannte jemand runter, um ein paar Sandwiches zu holen – oder das, was in Singapur so genannt wird. Davon, daß man Sandwiches aus Vollkornbrot machen oder mit Avocados, grünem Salat, Tomaten, oder Schinken belegen konnte, schien hier niemand etwas zu wissen. Das klassische Singapur-Sandwich besteht aus zwei Dreiecken feuchten Weißbrots, die mit Schmelzkäsescheiben belegt sind und mit Margarine zusammengeklebt werden. Langsam wurde ich nervös. Alle halbe Stunde rief ich Risselle an, aber die Clearingstelle hatte sich immer noch nicht gemeldet.

Überall um mich herum roch es nach süßsaurem chinesischen Essen. Normalerweise durfte kein Essen mit in die SIMEX gebracht werden, doch angesichts der außergewöhnlichen Umstände drückten die Verantwortlichen ein Auge zu. Niemand wollte seinen Stand verlassen, solange der Markt sich so aufführte. Dann verdrängte ein Geruch nach abgestandenem Schweiß die anderen Gerüche. George stand neben mir, sein Hemd klebte an seinem Körper.

»Nicht nur die Schirme, auch die verdammte Klimaanlage ist außer Betrieb, Totalausfall.«

»Wo willst du hin?«

»Ich brauche eine Zigarette.«

»Sei in zehn Minuten zurück«, sagte ich. »Wir müssen die Geschäfte von heute morgen abrechnen, bevor wir in den Nachmittag gehen.«

»Schlechte Karten, Nick«, sagte er. »Keine Spur von den verdammten Locals zu sehen. Die sind alle beim Essen.«

»Dann schnapp sie dir, sobald sie zurückkommen. Wir müssen die Umsätze abgleichen.«

»Yes, Sir!« erwiderte er ironisch.

George nahm das alles einfach nicht ernst. Für die Dealer war es in Ordnung – sie jammerten über die Schirme und die Klimaanlage, und nach Börsenschluß gingen sie heim und hatten keine Verantwortung mehr. Doch wenn ich den Börsensaal verließ, mußte ich mich um das Back-Office kümmern. Ich mußte Unstimmigkeiten in den Zahlen bereinigen, und wenn das nicht gelang, die Verluste durch Gegengeschäfte ausgleichen. Ich steckte zu tief in der Sache drin. Die Verluste waren zu meinem persönlichen Alptraum geworden.

Während George oben seine Zigarette rauchte, fing ich an, die Abschlüsse der morgendlichen Börsenrunde auf die Auftragsscheine zu übertragen, damit die Mädchen die Kunden anrufen und ihnen die Erledigung ihrer Aufträge melden konnten.

Am Nachmittag das gleiche Bild wie die ganze Woche über: Der Markt zog um 1000 Punkte an. Laufend kamen neue Aufträge herein. Chuo Trust and Banking kaufte 3000 Kontrakte, und alle billigst. Ich hatte keine Ahnung, worauf sie aus waren, aber sie trieben die Kurse in den Himmel. Die Aufträge waren großvolumig, und in Tokio klopften sie sich auf die Schultern, während wir hier in Singapur kaum noch hinterherkamen.

Als die Glocke endlich das Ende des Börsentages ankündigte, sanken wir erschöpft auf unseren Stühlen zusammen. Wieder ein Tag vorbei. Noch ein Tag, und dann war Freitag. Alle hatten nur noch einen Gedanken im Kopf: Jetzt raus und ein kaltes Bier trinken. Alle außer mir: Meine Probleme fingen jetzt erst richtig an. Ich mußte im Back-Office das Durcheinander entwirren. Und zwar nicht nur das von heute, sondern auch das vom Rest der Woche.

»Nick, ich habe da ein Problem.« Dave von der First Continental Trading war am Telefon.

»Um was geht es?«

»Es geht um George.«

»Ja und? Dann sprich mit ihm.«

Normalerweise war ich nicht so unhöflich, aber seit Wochen lag ich Mike Killian damit in den Ohren, daß wir Daves Aufträge nicht auch noch übernehmen konnten. Wann immer wir mit Dave zu tun hatten, hagelte es hinterher Beschwerden. Mike, der sich die Kommission nicht durch die Lappen gehen lassen wollte, stellte sich immer hinter Dave und bestand darauf, daß wir die Fehler auf unsere Kappe nahmen. Die Kommission war alles, was ihn interessierte. Er verschwendete keinen Gedanken an den Aufwand, den wir für diese lächerliche Kommission treiben mußten. Er wollte einfach nicht sehen, daß dieses Würstchen ihn nach Strich und Faden verarschte.

»George weigert sich, mit mir zu reden.«

»Das kann ich ihm nicht verdenken.«

»Meiner Meinung nach habe ich Juni geordert, aber George sagt März, eine Differenz von 200 Punkten.«

»Wie viele Kontrakte?«

»Einhundert.«

»Seit wann handelst du mit einhundert Kontrakten?« zog ich ihn auf. »Du hast doch sonst immer nur zehn gemacht.«

»Es war eine todsichere Sache«, jammerte Dave. »Sieh dir die Bänder an.«

Ich hatte keine Ahnung, ob er die Wahrheit sagte, wußte aber, daß er nur Mike Killian anrufen und damit drohen mußte, sein Geschäft von Barings abzuziehen. Fünf Minuten später würde Mike mich am Telefon zur Brust nehmen und mir eine Stunde im Ohr liegen, Dave seinen Willen bekommen und ich noch eine Stunde länger im Büro sitzen. Ich seufzte.

»Okay, Dave, ich bring' das in Ordnung. Aber jetzt laß mich in Ruhe.«

Ich hatte nur einen Wunsch, nach hinten ins Büro zu gehen und die Aufträge der Woche abzugleichen.

Es war 22 Uhr, und ich saß jetzt schon vier Stunden im Büro, ohne auch nur eine annähernd ausgeglichene Position hinzukriegen. Ich mußte alle Abschlüsse der Reihe nach erledigen und mich durch Montag, Dienstag und Mittwoch arbeiten, um Donnerstag morgen mit einer ausgeglichenen Bilanz ins Geschäft gehen zu können.

Um drei Uhr morgens hatte ich die Abstimmung fast beendet. Die Zahlen, die mein Taschenrechner anzeigte, gefielen mir überhaupt nicht. Daves Fehler hatte uns 75 000 Dollar gekostet. Doch viel schlimmer war, daß die 500 Kontrakte, die ich als SIMEX-Fehler betrachtet hatte, in der Tat offenstanden. Ich tippte die Zahlen nochmals in meinen Taschenrechner: Der Index war an diesem Nachmittag 1000 Punkte in die Höhe geschossen. Als der Taschenrechner das Ergebnis anzeigte, erstarrte ich. Mein Magen verknotete sich, Brechreiz würgte mich. Weil ich die 500 Kontrakte nicht gleich heute morgen neutralisiert hatte, saß ich jetzt auf einem Verlust von 1,7 Millionen Dollar. Massive Verluste gab es immer mal, aber das hier war der größte meiner bisherigen Laufbahn.

Fassungslos sackte ich auf meinem Stuhl zusammen. Doch dann erholte ich mich wieder: Ich war allein, und im Moment gab es niemanden, der von mir Rechenschaft über diesen Verlust verlangen konnte. Mir blieb die ganze Nacht, die 1,7 Millionen Dollar zu verstecken. Ich richtete mich wieder auf und schaute durch das Fenster auf die nächtliche Skyline von Singapur. In der Ferne flackerten die hellen Lichter des Hafens. Außer mir war niemand im Büro. Ich fühlte mich ausgebrannt; wenn ich nach Hause käme, würde Lisa bereits schlafen, und wenn ich morgen früh wieder ins Büro ging, würde sie immer noch schlafen. Dann würde ich wieder auf dem Parkett stehen und mit zwölf Telefonhörern gleichzeitig jonglieren. Nur jetzt, tief in der Nacht, hatte ich meine Ruhe. Hier oben war meine Welt, ich hatte alles im Griff. Ich wußte, was auf dem Börsenparkett vorging und was im Back-Office los war. Wenn ich meinen Job behalten wollte, mußte ich diesen Verlust verstecken. Natürlich würde ich alles daransetzen, wieder aus den roten Zahlen herauszukommen, aber eingestehen durfte ich den Verlust nie.

Ich stand auf und ging ans Fenster. Es ließ sich nicht öffnen. Ich lebte in einer hermetisch abgeriegelten Welt, die Luft hier drin war ebensowenig frisch, wie das Geld, das durch meine Finger floß, real war. Ich starrte durch die dicke Glasscheibe in die Nacht hinaus. Licht, das durch eine Scheibe fällt, wird gebrochen. Wie der Speerfischer, der beim Orten des Fisches die Verzerrung des Wassers berücksichtigt, versuchte ich mir vorzustellen, wo sich die Lichter, die ich in der Nacht sah, tatsächlich befanden. Ich lehnte meinen Kopf gegen das kühle Glas und gestand mir ein, daß ich die 1,7 Millionen Dollar Verlust ebenso verstecken würde wie die bisherigen Verluste. Wie das Licht von den Fensterscheiben gebrochen wurde, hatte die irreale Welt des Terminhandels meine Moral gebrochen. Ich war zum Lügner, zum Betrüger geworden. Ich hatte mich von dem Leistungsdruck brechen lassen. Ich hatte das Gefühl, neben mir zu stehen.

Das Gesicht, das mir aus der Fensterscheibe entgegenstarrte, war bleich und verzerrt. Ich erkannte mich kaum wieder, mein Gesicht war zu einer häßlichen Fratze geworden. Der intelligente, charmante Mann, der Lisa Sims geheiratet hatte und der zum Leiter der Baring Futures Singapore befördert worden war, hatte sich in einen Betrüger verwandelt. Ich mochte meinem Spiegelbild nicht in die Augen sehen, ich schämte mich vor mir selbst und vor dem, der ich geworden war. Alles hatte so klein angefangen. Doch dann war es gewachsen wie ein Krebsgeschwür. Der Gedanke an Krebs erinnerte mich an meine Mutter – Gott sei Dank mußte sie nicht miterleben, was aus mir geworden war, mit ansehen, wie ich, ohne zu zögern, beschloß, fast zwei Millionen Dollar zu unterschlagen. Dazu hatte sie mich nicht erzogen.

»1993 war ein gutes Jahr für das Investmentbanking«, verkündete Peter Baring bei der Vorstellung des Unternehmensergebnisses im Februar 1994. Die Bank hatte vor Steuern einen Gewinn von 200 Millionen Pfund erwirtschaftet und davon 100 Millionen Pfund als Bonus an die Belegschaft ausgeschüttet. Der Nettogewinn vor Steuern belief sich demnach auf stolze 100 Millionen Pfund.

Nicht eingerechnet natürlich der Verlust von 23 Millionen Pfund, der inzwischen in meinem Fehlerkonto vergraben lag. Meine Gewinne wurden nicht gesondert ausgewiesen, sondern über Fernandos oder Ben Hoffmanns Handelskonten in Japan verbucht. Ich wußte nicht exakt, wieviel davon sie mir zuschrieben, aber meiner Rechnung nach mußten es über zehn Millionen Pfund sein. Verglichen mit dem Ergebnis der Gesamtgruppe waren meine versteckten Verluste beträchtlich, doch ich verkaufte einfach noch mehr Optionen, forderte mehr Kapital aus London an und schob die ganze Position vor mir her.

Der stetig wachsende Umfang der Verluste ließ mich zusehends kalt. Anfangs hatte ich schon bei einem Minus von 60 000 Pfund weiche Knie bekommen, doch nun war ich an die hohen Zahlen gewöhnt. Weil der Umfang meiner Position automatisch zu immensen Ausschlägen führte, machte ich an manchen Tagen 5 Millionen Pfund Gewinn. An anderen Tagen dagegen setzte ich 5 Millionen Pfund in den Sand. Es ging rasend schnell. Aus den 23 Millionen Miesen waren schon in den ersten Wochen des neuen Jahres 50 Millionen geworden.

Mir blieb ja nichts anderes übrig, als ungesicherte Positionen zu verkaufen, damit ich mit den Optionsprämien auf einen guten Schnitt kam. Manchmal gewann ich auch, aber eben nur manchmal. Ich fing mit einer Kaufposition an und wartete darauf, daß die Kurse anzogen. Wenn der Markt nachgab, verdoppelte ich meine Position und verdoppelte sie nochmals, um von einem möglichen Kursanstieg zu profitieren. Lange konnte ich nicht warten.

Gelegentlich versuchte ich, die Sache von der anderen Seite zu sehen. Allmählich wurde mir klar, daß meine Verlust-Position die Art und Weise bestimmte, wie ich den Markt interpretierte, daß ich keine klare Vorstellung mehr davon hatte, wohin der Markt ging, sondern nur noch davon, wohin ich ihn haben wollte. Wenn man das erste Mal etwas kauft oder verkauft, dann, weil man es muß. Damit hat man sich in eine bestimmte Position manövriert. Das zweite Geschäft schließt man mit der Position im Hinterkopf ab. Wenn dieser Handel dann gegen einen geht, kann man den Einsatz verdoppeln. Das ist das kleine Einmaleins des Spielers. Wer seinen Einsatz verdoppelt, halbiert die Marge, die der Markt in die andere Richtung gehen muß, damit er seinen Einsatz zurückgewinnt. Aber er verdoppelt auch sein Risiko. Davon sollte man die Finger lassen. Daß weiß jeder, aber keiner tut es. Wo auch immer man in ein Kasino geht, überall sieht man verbissene Gestalten am Roulettetisch sitzen, die ihren Einsatz verdoppeln und nochmals verdoppeln, wenn ihre Farbe mehrmals hintereinander nicht fällt. Man muß freilich sehr tiefe Taschen haben, will man so eine längere Pechsträhne durchstehen: Sagen wir, Sie haben ein Pfund auf Schwarz gesetzt, und sechzehnmal fällt rot, dann brauchen Sie fast 33 000 Pfund, um im Spiel zu bleiben. Ein Pfund hat jeder, aber nur wenige haben 33 000 Pfund. Ich wollte die 88888-Verluste ausgleichen und versuchte das mit einer ungeschützten Position. Eine nicht abgesicherte Position aber ist die riskanteste aller Wetten.

Ende Februar, kurz nach meinem 27. Geburtstag, zahlte Barings die Prämien für 1993 aus. Ich bekam 135 000 Pfund, und auch die anderen in meinem Büro gingen nicht leer aus. Den Mädchen im Back-Office gab ich einen Zwölfmonatsbonus und den Maklern auf dem Börsenparkett einen achtzehnmonatigen. George Seow zahlte ich 50 000 Pfund, mehr Geld, als er oder sonstwer in seiner Familie in ihrem bisherigen Leben verdient hatte. George ging los und kaufte sich von seiner Prämie einen Wagen, Lisa und ich kauften eine Wohnung in Blackheath, einem ruhigen Wohnviertel Londons.

»Das ist unsere Versicherung«, scherzte Lisa, »für den Fall, daß du gefeuert wirst und wir unseren Lebensunterhalt in London als Stukkateur und Kellnerin verdienen müssen.«

Baring Futures Singapore hatte ein gutes Jahr hinter sich, und das Geschäft zog weiter an. Mein einziges Problem war der Verlust auf dem 88888-Konto. An die schwindelerregenden Summen hatte ich mich inzwischen zwar gewöhnt, aber ausgleichen konnte ich sie nicht.

Ich steckte die Prämie ein. Mir blieb keine andere Wahl. Hätte ich sie zurückgewiesen, wäre der ganze Schwindel aufgeflogen. Teilweise rechtfertigte ich das mit den neunzig Millionen Pfund, die ich für Barings in Jakarta aus dem Feuer geholt, und mit den Gewinnen, die ich über die Konten in Tokio verbucht hatte. Natürlich war mir bewußt, daß ich einen gefährlichen Verlust verschwieg. Aber ich hatte ihn schon einmal auf Null gedrückt. Warum sollte mir das nicht wieder gelingen? Dann, das nahm ich mir fest vor, würde ich das 88888-Konto nie mehr anrühren. Ich würde Singapur verlassen und etwas ganz anderes anfangen.

Als Barings im März den Geschäftsbericht für 1993 veröffentlichte, stellte ich fest, daß die Bank in BFS immer mehr ein wichtiges Profitcenter sah. Barings insgesamt hatte nach Abzug der Prämien einen Gewinn von 100 Millionen vor Steuern ausgewiesen. Selbst bereinigt bezifferten sich die Gewinne aus dem Asiengeschäft auf 35 Millionen Pfund, wovon wiederum über den Daumen gepeilt 10 Millionen auf Singapur entfielen. Die gesamte Sparte Vermögensverwaltung brachte es vor Steuern gerade einmal auf 32 Millionen Pfund und der Bereich Investmentbanking auf 72 Millionen. In seiner auf Hochglanzpapier gedruckten Laudatio auf die gesamte Gruppe erklärte Peter Baring:

»Besonders erfreulich war, daß Baring Securities sich nach der Anfang letzten Jahres abgeschlossenen Reorganisation so gut erholte und ein hervorragendes Ergebnis erzielte.« Im selben Bericht kommentierte er die Bilanz:

Die neue Darstellung erlaubt einen sehr viel detaillierteren Einblick, insbesondere in bezug auf die Gruppenbilanz, deren Zusammensetzung sich natürlich innerhalb kürzester Zeiträume stark verändern kann. Daher wäre es auch naiv anzunehmen, daß eine umfassendere Offenlegung der Bilanzdaten ein besseres Verständnis der Gruppe erlauben würde; die zusätzlichen Informationen würden in vielen Fällen nur die Aufmerksamkeit von den eigentlichen Geschäftsvorgängen ablenken, die in der Bilanz meist nur in wenigen Zeilen erscheinen.

Während ich mich über den Gebrauch des Wortes »naiv« wunderte, blätterte ich in dem Hochglanzbericht mit dem goldgeprägten Stern und den Adlerschwingen auf dem marineblauen Einband. Versteckt auf Seite 56 fand ich, auf drei Zeilen komprimiert, eine Erwähnung von Baring Futures Pte Limited (BFS), in einer Liste, in der alle über die Welt verstreuten Barings-Niederlassungen aufgeführt wurden, darunter auch Jakarta, Buenos Aires, Mexico City, Paris, Lima und Bogotá. Ich fragte mich, ob auch andere der auf den letzten Seiten des Berichts aufgelisteten Regionalbüros irgendwelche undurchsichtigen Positionen in ihren Bilanzen vergraben hatten. Peter Barings Kommentar zur Bilanz barg einen verhängnisvollen Fehler: Nicht nur die externen Investoren mühten sich vergeblich, aus der Barings-Bilanz schlau zu werden. Auch Peter Baring und sein gesamtes Team tappten im dunkeln. Ich hatte ein tiefes Loch in der Bilanz geschaufelt, und sie machten sich nicht einmal die Mühe, sie genau zu durchleuchten.

Ich blätterte zurück. Auf Seite 3 prangte Peter Barings Foto – wie ein Pin-up-Foto in billigen Magazinen. Auf Seite 29 konnte man nachlesen, daß er pro Jahr 212000 Pfund verdiente und 1993 einen Gewinnanteil von einer Million Pfund erhalten hatte. Mit den 30000 Pfund für seinen persönlichen Pensionsfonds ergab das ein Gesamteinkommen für 1993 von knapp eineinviertel Million Pfund. Und darin waren nicht einmal sein Geschäftswagen, die Ausgaben für die Krankenversicherung, die Hypothekenzuschüsse oder die auf Geschäftskosten geführten Telefongespräche enthalten. Ich sah mir sein Bild noch einmal an – ja, er sah sympathisch aus, aber es fiel einem schwer zu glauben, daß er, wenn er sich bei Goldman's oder Morgan Stanley bewerben würde, 1,2 Millionen Pfund als Anfangsgehalt bekommen würde. Dabei wußten die nicht einmal, wie lässig Peter Barings Bilanzen handhabte.

Nachdem Ron Baker, Leiter der Financial Products Group, Anfang 1994 mein unmittelbarer Boß wurde, nahm der Druck auf das Gewinn- und Verlustkonto weiter zu. Baker wollte Gewinne, Gewinne und nochmals Gewinne. In den ersten sieben Monaten des Jahres 1994 erwirtschaftete BFS mit Handels- und Arbitrage-Geschäften einen Gewinn von rund 25 Millionen Pfund, fünfzig Prozent des Gesamtgewinns der Barings-Gruppe in diesem Zeitraum. Ich, Nick Leeson, war der aufgehende Stern am Barings-Himmel.

»Deine Zahlen sind so hoch, daß sie dich demnächst prüfen werden«, sagte Simon Jones, während wir uns über die Fußballweltmeisterschaft unterhielten.

»Ach ja?« schaffte ich noch zu sagen, bevor sich mein Magen zusammenkrampfte, Galle hochstieg und ich das Gefühl hatte, als würde sie mein Herz überfluten.

»Ja, sie schicken Ash Lewis als Prüferin.«

»Ash Lewis?« Schlimmer hätte es nicht kommen können. Der Direktorin aus London eilte der Ruf voraus, daß sie nichts, aber auch gar nichts übersah. Ich fühlte mich schon wie zur Untersuchung auf dem Zahnarztstuhl festgeschnallt. Ich sah sie förmlich vor mir: Ash Lewis im Zahnarztkittel. Sobald ich den Mund aufmachte, würde sie auf den ersten Blick das riesige, schwarze Loch entdecken, daß ich zu verbergen versuchte. »Aha«, hörte ich ihre Stimme, »Karies.« Ich spürte einen bitteren Geschmack nach Galle im Mund und fuhr mir mit der Zunge über die Lippen. Simon Jones merkte nichts.

»Und was ist mit Italien?« sagte ich, um das Thema zu wechseln. Fußball war immer eins.

»Ein Haufen Wichser.« Simon hielt nichts von den Italienern.

»Wie ich höre, wird viel Geld auf Argentinien gesetzt.«

»Wirklich? Ohne Maradona?«

»Das sagen zumindest die Einheimischen.«

»Klingt interessant.«

»Okay«, sagte ich und stieß mich von dem Türrahmen ab. »Wird Zeit, wieder nach unten zu gehen.«

»Verdammt«, fluchte ich, als die Aufzugtür hinter mir zuglitt. »Ash Lewis!«

»Nick Leeson von Barings, bitte melden Sie sich bei der Rezeption, Nick Leeson von Barings zur Rezeption bitte«, hallte es aus der SIMEX-Lautsprecheranlage.

Ich strich mein Jackett glatt, überprüfte den Sitz meiner Krawatte und wischte meine Hände an der Hose ab.

Ron Baker und Ash Lewis warteten an der Maklerschranke. Die beiden gaben ein seltsames Paar ab. Ron war klein, hatte einen Bart, schob einen kleinen Bauch vor sich her und trug zu einem zweitklassigen Anzug eine geschmacklose Krawatte. Ash Lewis dagegen war groß und sah in ihrem grauen Anzug sehr elegant aus – eine Frau, die ganz offensichtlich keinen Spaß verstand und zudem den Eindruck erweckte, als könne sie einen notleidenden Kredit noch aus einer Entfernung von hundert Meilen riechen. Sie erwiderte mein Lächeln nicht. Ich hatte das Gefühl, als wäre ich für sie so durchsichtig wie ein Lungenkranker auf dem Röntgenschirm.

»Hi«, begrüßte ich sie und stellte mich vor.

»Hallo«, erwiderte sie. Sie nahm meine Hand und schüttelte sie.

»Hi, Nick«, sagte Ron. »Also los, zeigen Sie uns, was hier los ist.«

Wir machten die Runde durch die SIMEX und blieben vor dem Nikkei-Stand stehen. In ihren Augen verlor das ganze Schreien und das vibrierende Chaos an Bedeutung, war nichts weiter als ein Vorgang, der geprüft werden mußte: Man kaufte oder verkaufte, verbuchte den Handel, machte einen Gewinn oder einen Verlust, und entweder verkaufte man dann, was man gekauft, oder man kaufte, was man verkauft hatte.

Ich stellte den beiden mein Team in der Ringstation vor.

»Das ist Risselle, das hier Eric Chang.«

»Hallo«, Ron schenkte ihnen kaum einen Blick, seine ganze Aufmerksamkeit galt dem Maklerfonds. »Also Nick, wer macht das Geschäft hier? Wir sind die größten, oder?«

»Da wir viele Arbitrage-Geschäfte machen«, antwortete ich, »bringen wir ganz schön Volumen.«

»Können wir näher an den Stand herankommen?«

»Die beste Sicht hat man von dort oben.«

Ich zeigte ihnen die beiden anderen Stände, den für Optionen und den für Futures auf japanische Staatsanleihen. Ich sah Danny. Er winkte mir zu und verdrückte sich.

»Wie geht die Auftragsabwicklung vor sich?« erkundigte sich Ash Lewis.

»Wir erhalten einen Auftrag über Telefon«, erklärte ich, »signalisieren ihn George – der Typ mit der Beatlesfrisur, der aussieht, als hätte man ihm einen Kochtopf aufgesetzt, und der gerade mit den Armen gestikuliert. Er führt die Aufträge aus, notiert jeden auf einem separaten Handelszettel, die er uns in der Mittagspause oder nach Börsenschluß gibt. Wir füllen einen Kundenauftragsschein aus, tragen die Daten in das Tagesabschlußbuch ein und geben sie in unseren Computer und in den SIMEX-Computer ein. Abends gleichen wir die Aufträge ab, und dann rechnet die SIMEX etwaige Nachschüsse aus. Das Geld überweisen wir am nächsten Tag.«

Solange wir auf dem Börsenparkett waren, hatte ich die Sache im Griff. Hier war ich zu Hause, hier konnte ich mich hinter den Rotjacken und dem ständigen Schreien, Fluchen und Handeln verstecken. Angst hatte ich vor dem Augenblick der Wahrheit im Back-Office, wo es nichts gab als Zahlen und Dokumente. Ash Lewis beobachtete mich unentwegt, und sie lächelte kein einziges Mal, nicht einmal, als sie George' Frisur sah. Die Dame war ein harter Brocken. Ich verdrängte den Gedanken und verschob den Kampf, bis es soweit war. Irgendwas würde sich schon noch finden.

»Ash wird bei Baring Securities anfangen«, sagte Ron, als wir die Runde abgeschlossen hatten. »Sie wird eine Woche dort oben verbringen und dann zu Ihnen herunterkommen.«

»Was meinen Sie, wie lange sie brauchen werden?« fragte ich beklommen.

»Drei Wochen.«

Ich winkte ihnen nach. Dann drehte ich mich um und ging zurück in den Börsensaal. Am JGB-Stand entdeckte ich Danny.

»Bubble«, sagte ich, »hast du Lust, essen zu gehen? Ich brauche einen Drink.«

»Ash Lewis ist nach London zurückgerufen worden«, sagte Simon Jones.

Wie üblich lehnte ich an seinem Türrahmen.

»Und wer übernimmt jetzt die Prüfung?« fragte ich und versuchte, meine Stimme nicht allzu erfreut klingen zu lassen.

»James Baker und Ian Manson.«

Das erste Treffen fand in Simon Jones' Büro statt. Ich war gerade auf dem Börsenparkett, als Simon mich anrief und in sein Büro hinüber bat.

Es regnete. Ich zog mein Jackett über den Kopf und rannte über den Raffles Square hinüber zu den Barings-Büros. Ich hatte keine Ahnung, wie scharf die beiden waren, aber schlimmer als Ash Lewis konnten sie kaum sein. Als ich in Simons Büro kam, saß er mit den beiden Revisoren bereits am Tisch und wartete auf mich.

»Tut mir leid, dich herüberbemühen zu müssen«, heuchelte Simon.

»Macht nichts.«

»James und Ian wollten dich einfach mal kennenlernen. Sie übernehmen die Innenrevision und fangen bei mir an. Danach kommen sie runter zu dir. Sie werden alle Systeme durchchekken und den Papierkram durchgehen. Das Übliche eben.«

Die beiden nickten und schenkten mir ein aufmunterndes Lächeln. Ich lächelte zurück.

»Fein«, sagte ich. »Ich werde Ihnen alles geben, was Sie wünschen.«

»Man hat uns gesagt, daß auch Rachel Yong eine gute Anlaufstelle ist«, sagte Baker. Rachel war unsere Finanzverwalterin.

»Natürlich. Setzen Sie sich einfach mit ihr in Verbindung, sie wird Ihnen dann weiterhelfen.«

»Wieviel Zeit verbringen Sie auf dem Parkett und wieviel hier hinten?« wollte Manson wissen.

»Ich komme so zwischen Viertel nach sieben und halb acht ins Büro und bin dann von ungefähr acht bis zehn Uhr dreißig auf dem Parkett und wieder von halb zwölf an. Die Börse schließt um Viertel nach zwei. Dann gehe ich ins Büro, sortiere die Abschlüsse und gleiche sie mit den SIMEX-Listen ab.«

»Wann kann man Sie am besten erwischen?«

»Wann immer Sie wollen«, lachte ich, »aber am besten ist es

nachmittags. Die SIMEX hat etwas von einem Affenhaus, morgens kann man sich nicht einmal denken hören.«

Damit war das Treffen zu Ende. Ash Lewis war zwar weg, aber die Gefahr noch nicht vorüber. Baker und Manson brauchten nur irgendwann vor Monatsende einen Blick auf die Bilanz zu werfen und würden sofort erkennen, daß die Summen, die ich aus London erhielt, nicht mit denen übereinstimmten, die ich an die SIMEX transferierte. Mir blieb eine Galgenfrist von einer Woche.

Zu Beginn der folgenden Woche versuchte ich bei Jones auf den Busch zu klopfen, unter dem Vorwand, ihn über ein großes Fußball-WM-Wettgeschäft zu unterrichten:

»Es ist nicht zu fassen«, sagte ich, »aber ein malaysisches Syndikat wettet darauf, daß die Bulgaren nicht zum Viertelfinalspiel gegen Deutschland antreten. Sie sagen, daß die Bulgaren mit ihrer Weigerung irgendeine politische Botschaft unters Volk bringen wollen. Sie setzen sogar Geld darauf, daß das Spiel ausfällt.«

»Warum um alles in der Welt sollten die Bulgaren nicht antreten?«

»Genau, es ist der pure Wahnsinn. Meiner Meinung nach ist es geschenktes Geld.«

»Okay«, sagte Simon. »Ich halte dagegen. Und außerdem setzte ich auf einen Sieg Deutschlands.«

»Wie geht es mit der Prüfung voran?« erkundigte ich mich, als ich sein Geld einsteckte.

»Na ja«, antwortete er, »sie stecken ihre Nasen nicht allzu tief rein.«

Ich legte Simons Geld in eine Schublade. Die WM-Wette und die Revision sahen gut aus. Was die Siegchancen Deutschlands anging, hatte ich allerdings so meine Zweifel. Die diesjährige Weltmeisterschaft entpuppte sich als ein seltsames Turnier, wahrscheinlich weil die Malaysier und Singapurer nicht nur auf das Resultat, sondern auch auf alles andere wetteten. Sie setzten gewaltige Summen auf die Zahl der Ecken, der Einwürfe, der Verwarnungen oder der Platzverweise. Wie sich später zeigte, traten die Bulgaren natürlich doch an. Ob man sie besto-

chen hatte? Und zu allem Überfluß gewannen die Bulgaren
auch noch gegen die Deutschen, und Simon Jones war seinen
Einsatz los.

Falls Baker oder Manson sich nach dem 88888-Konto erkundig-
ten, würden die Mädchen zuerst mich anrufen und fragen, was
sie ausdrucken sollten. Darauf war ich vorbereitet. Ich würde
ihnen sagen, einen Journaleintrag vorzunehmen, der den Saldo
ausglich, und, falls die Revisoren nach der Anzahl der Abschlüsse auf dem Konto fragen würden, irgendeine Geschichte
erfinden. Immerhin galt das Konto ja nach wie vor als stillgelegt.
Vielleicht würden sie sich aber auch mit einem Ausdruck aller
Konten begnügen, womit dann auch das 88888-Konto abgehakt
wäre.

Eine weitere Gefahr war, daß sie unsere gegenüber der SIMEX
ausgewiesene Gesamtposition würden sehen wollen. Darin
käme natürlich auch das 88888-Konto mit seinem riesigen Verlust und der offenen Position vor – und dann wäre die Katastrophe da.

Nur gut, daß mich die Mädchen in jedem Fall vorab über das
Anliegen der Prüfer informieren würden. Dann konnte ich mir
immer noch etwas einfallen lassen. Die Mädchen wußten, daß
das Fehlerkonto mein »Hobby« war, darüber erführe von ihnen
keiner was. Was das 88888-Konto wirklich war, davon hatten sie
keinen Schimmer, aber sie wußten, daß Unbefugte keinen Zugang hatten.

Das eigentliche und unkontrollierbare Risiko war, daß Baker
und Manson mich nach dem Tagesabschlußbuch fragen würden. In der jeden Tag nach Börsenschluß aufgestellten Bilanz
klaffte ein riesiges finsteres Loch: Die fünfzig Millionen Pfund,
die inzwischen im Fehlerkonto verschwunden waren. Die Mädchen konnten mit der Tagesbilanz nichts anfangen. Sie wander-
te von ihrem Tisch auf meinen, wurde abends abgeheftet und
am nächsten Tag durch eine neue ersetzt, bis dann am Monatsende die Zahlen plötzlich Kopfstand machten – nicht daß es ihnen aufgefallen wäre – und unterm Strich ein ausgeglichener
Saldo stand. Sie waren keine Buchhalterinnen und hatten keine

Vorstellung davon, was eine Bilanz aussagen konnte. Baker und Manson aber spränge natürlich auf den ersten Blick ins Auge, daß die aus London zur Abdeckung der Kundengeschäfte und des Eigenhandels überwiesenen und an die SIMEX weitergeleiteten Mittel unsere Verbindlichkeiten gegenüber den Kunden und gegenüber unserem Firmenkonto weit überstiegen. Rund die Hälfte des Geldes war an die SIMEX überwiesen worden zum Ausgleich des 88888-Kontos.

Der fehlende Posten in der Bilanz war der Barbestand. Zum Zeitpunkt der Revision im Juli 1994 belief sich der Verlust auf 50 Millionen Pfund. Ich verschleierte ihn schlicht und einfach durch den Eintrag einiger getürkter Zahlen in der Bilanz. Ein einfaches Beispiel sah etwa so aus:

Kundensaldo	110 Millionen Pfund	Soll
Forderungen an die SIMEX	60 Millionen Pfund	Haben
Barbestand bei der Citibank	50 Millionen Pfund	Haben

Danach hatten unsere Kunden, einschließlich Barings selbst, ihr Geld bei Baring Securities Japan und Baring Securities London angelegt, die das Geld wiederum auf unser Konto bei der Singapurer Niederlassung der Citibank transferiert hatten. Von den 110 Millionen Pfund, die auf das Citibank-Konto von Barings Singapore überwiesen worden waren, hatten wir, so die Bilanz, 60 Millionen Pfund an die SIMEX weitergeleitet. Der Rest war auf dem Konto verblieben.

In Wahrheit jedoch hatte ich die 50 Millionen Pfund zur Finanzierung der Verluste im 88888-Konto verwendet. Auf dem Citibank-Konto war nichts, kein Penny. Um das zu vertuschen, mußte ich nur einen Eintrag in der Citibank-Zeile vornehmen und damit die Bilanz ausgleichen. Natürlich war das eine absurde Methode, den Fehlbetrag zu kaschieren. Ein Blick in den Kontoauszug hätte genügt, den ganzen Schwindel auffliegen zu lassen. Früher hatte ich versucht, diese Lücke durch den Verkauf von Optionen zu füllen. Doch inzwischen schob ich einen solchen Berg von Verlusten vor mir her, daß ich so viele Optionen gar nicht absetzen konnte. Mir blieb nur die Hoffnung, daß Manson und Baker das Citibank-Konto nicht unter die Lupe nahmen, sondern sich damit begnügten, den Eintrag über 50 Millionen Pfund zu lesen und zu glauben, daß er auf dem Citibank-Konto schlummerte.

Tatsächlich aber waren die für Kundengeschäfte ausgewiesenen 110 Millionen Pfund bis auf den letzten Penny aufgebraucht: 60 Millionen waren an die SIMEX geflossen und 50 Millionen in das 88888-Konto. Der Citibank-Eintrag in der Bilanz war frei erfunden.

Ich wartete und wartete, aber es kam kein Anruf. Baker und Manson verbrachten rund einen Monat in den Büros, steckten überall ihre Nasen rein und wühlten sich durch Berge von Akten. Doch sie schienen mit Blindheit geschlagen zu sein. Da ich ihren Anblick nicht ertragen konnte, verbrachte ich soviel Zeit wie möglich im Börsensaal und hoffte, daß sie bald wieder verschwinden würden. Schließlich erhielt ich eine Kopie ihres vorläufigen Berichts, in dem sie, wie nicht anders zu erwarten, forderten, ich sollte eine tägliche Aufrechnung der Einschußforderungen vorlegen.

BFS muß auf alle bei der SIMEX gehaltenen Kontrakte im Namen der Kunden, überwiegend Baring-Securities-Büros, Einschüsse und gegebenenfalls Nachschüsse hinterlegen. BFS wiederum fordert Marginzahlungen von seinen Kunden.

Abgesehen von gewissen Zeitverschiebungen und anderen unbedeutenden Ausnahmen, sollten alle Zahlen übereinstimmen. Tun sie das nicht, ist es möglich, daß entweder die SIMEX oder BFS nicht zutreffende Marginzahlungen anfordern ... Derzeit verfügen wir über keinen Mechanismus, mit dem wir sicherstellen könnten, daß die von SIMEX und BFS abgerufenen Summen übereinstimmen.

Mit ihrem Schlußsatz kamen sie der Wahrheit gefährlich nahe: »Gegenwärtig besteht zumindest theoretisch die Möglichkeit, daß fiktive Eigengeschäfte durch das BFS-System gebucht und zusätzliche Marginzahlungen abgerufen werden.«

Mit einer Kopie des vorläufigen Schlußberichts in der Hand, stattete ich Baker und Manson einen Besuch im Back-Office ab. »Sehr gut«, lobte ich, »Sie haben diese Abteilung wirklich durchschaut. Das einzige Problem sehe ich bei den täglichen Aufrechnungen. Damit werden wir wegen der Zeitverschiebungen, mit der die SIMEX Marginforderungen stellt, große Schwierigkeiten bekommen.«

Sie wollten mir offenbar nicht widersprechen. Und wenn sie es doch getan hätten, hätte ich noch einen ganzen Haufen ebenso bedeutungsloser Entschuldigungen aus dem Ärmel schütteln können. So aber gaben sie klein bei und akzeptierten wöchentliche Aufrechnungen. Während die Revision fortgesetzt wurde, überarbeiteten sie den Bericht mehrmals und ließen den Punkt nach und nach fallen, bis sie nur noch von einem monatlichen Abgleich redeten. Mir fiel ein Stein vom Herzen.

Schließlich war es soweit: Der Abschlußbericht lag vor. Nachdem ich einen Blick hineingeworfen hatte, wußte ich, daß ich noch einmal davongekommen war. Manson und Baker schienen sich mehr damit befaßt zu haben, wie sichergestellt werden konnte, daß Barings Singapore auch in Zukunft so fette Gewinne einfuhr, als damit, ob es denn überhaupt Gewinne waren.

»Das Hauptaugenmerk unserer Prüfung lag darauf, Antworten auf einige der Fragen zu suchen, die das außergewöhnliche Ergebnis der BFS aufgeworfen hat«, schrieb Baker. Es waren im wesentlichen vier Kernfragen:
- Wurden die Regeln gebrochen?
- Wurden außergewöhnliche Risiken eingegangen?
- Hat das Unternehmen eine Monopolstellung?
- Sind diese Profite von dauerhafter Natur?
Wie vorherzusehen, kritisierten die Prüfer meine Doppelfunktion als Leiter des Handelsraumes und des Back-Office:
Während die individuellen Kontrollen über die Systeme der BFS zufriedenstellend sind, deckte die Prüfung ein erhebliches Risiko auf: Die Kontrollmechanismen können durch den Geschäftsführer außer Kraft gesetzt werden. Er ist die Schlüsselfigur im Front-Office und im Back-Office und dadurch in der Lage, Transaktionen im Namen der

Gruppe zu initiieren und gleichzeitig sicherzustellen, daß sie entsprechend seinen eigenen Anweisungen abgerechnet und aufgezeichnet werden.

Damit waren sie der Wahrheit sehr nahe gekommen, doch die fälligen Konsequenzen zogen sie nicht. Sie empfahlen zwar die Einsetzung eines zweiten Managers, schrieben dann aber:

In unserem Bericht haben wir versucht darzulegen, wie es kommen konnte, daß die Aktivitäten der BFS im Eigengeschäft einen so bedeutenden Teil der Gesamtgewinne der Gruppe ausmachen. Zusammenfassend kamen wir zu dem Schluß, daß BFS über eine fast einmalige Fähigkeit zur effizienten Arbitrage zwischen der SIMEX und den japanischen Märkten verfügt; die Arbitrage-Aktivitäten wiederum eröffnen Möglichkeiten, Positionen mit begrenztem Verlustrisiko zu halten. Auf lange Sicht kann BFS nicht verhindern, daß neue Broker in den Markt eindringen und die derzeitige Profitabilität langsam nachläßt. Doch dieser Prozeß kann verlangsamt werden, wenn:

– die SIMEX-Vertretung und die Handelsoperationen im breitesten Interesse der Gruppe und nicht nur einzelner Produkte als *ein* Unternehmen geleitet werden und
– der BFS-Geschäftsführer, der die zentralen Geschäftsentscheidungen trifft, so lange wie möglich gehalten wird. Obwohl das Händlerteam einige Stärken aufweist, würde die Abwerbung durch einen Konkurrenten die Erosion der Profitabilität von BFS stark beschleunigen.

Mason und Baker wiesen auch darauf hin, daß die Defizite von der Barings Group Treasury in London beglichen würden und daß die Bank in Betracht ziehen sollte, Kreditbeziehungsgarantien zu leisten oder einen Überziehungskredit einzurichten.

Ein Hinweis darauf, wie knapp ich davongekommen war, fand sich in der Einleitung, die ich mit klopfendem Herzen las: »Die wichtigsten Informationsquellen waren Interviews mit den Schlüsselpersonen, insbesondere mit dem Geschäftsführer. Darüber hinaus wurden auch die wichtigsten Berichte und Aufzeichnungen überprüft, jedoch keiner detaillierteren Untersuchung unterzogen.«

In ihrer Schlußfolgerung beschränkten sich die beiden auf einige Punkte, die ich während eines unserer Treffen angesprochen hatte:

Der Erfolg der Handels- und Arbitrage-Geschäfte der BFS beruht zum Großteil auf der einzigartigen Stellung von Barings an der SIMEX und den japanischen Derivate-Märkten. Dank der guten Koordination zwischen den Büros, einer einzigartigen Schlagkraft und des klaren Kommunikationsvorsprungs kann BFS zwischen Märkten Arbitrage betreiben und bei begrenztem Verlustrisiko von kurzfristigen Marktbewegungen profitieren. Nichts deutet darauf hin, daß BFS sich durch den Verstoß gegen die SIMEX-Regeln oder den Aufbau von Positionen über die Limits hinaus einen unfairen Vorteil verschafft.

Auf eine Änderung meiner Doppelfunktion drängten die Prüfer nicht. Dabei verstießen sie gegen eine der goldenen Regeln der Betriebswirtschaft. Im Prüfbericht wurde das Problem nur kurz berührt:

Trotz des hohen Umsatzes ist BFS eine relativ kleine Abteilung mit klaren Strukturen. Wohl als Konsequenz daraus werden die Operationen im Front- und Back-Office von demselben Geschäftsführer, Nick Leeson, geführt und kontrolliert. Das stellt eine exzessive Machtkonzentration dar; üblicherweise werden die Zuständigkeiten für die Ausführung, Abrechnung und Aufzeichnung von Transaktionen auf verschiedene Bereiche aufgeteilt, um Betrügereien und Fehler soweit wie möglich auszuschließen.

Mason und Baker sahen das aber bemerkenswert locker:

Unter normalen Umständen wäre es nicht wünschenswert, wenn eine Person die Funktionen des Handelsleiters und des Abrechnungs- und Buchführungsleiters in sich vereint. Doch angesichts des Mangels an entsprechend ausgebildeten und erfahrenen Mitarbeitern im Back-Office anerkennen wir die Notwendigkeit, daß der Geschäftsführer auch weiterhin eine aktive Rolle bei den Operationen des Front- und des Back-Office einnimmt.

Die Prüfer schlugen allerdings auch ein paar sinnvolle Maßnahmen vor, die, wären sie umgesetzt worden, meinem Treiben ein Ende bereitet hätten. Beispielsweise schrieben sie: »Das Wachstum der Abteilung in Umfang und Komplexität läßt es angemessen erscheinen, die Operationen der BFS durch einen unabhängigen Risikokontrolleur prüfen zu lassen.«

Doch in der offiziellen Stellungnahme des Managements, die im Prüfbericht ebenfalls zitiert wurde, verwarf Simon Jones diesen Vorschlag:

Wie mit der Innenrevision besprochen, erscheint angesichts der derzeitigen Situation im Risiko- und Erfüllungsbereich die Entsendung eines Vollzeitprüfers für BFS überflüssig. Da der Handel mit Futures relativ spezialisiert ist, wurde in Abstimmung mit den Revisoren der gegenwärtige Risikomanager in Hongkong gebeten, bei Bedarf unabhängige Prüfungen in Singapur durchzuführen. (Dabei wird von einem vierteljährlichen Zeitrahmen ausgegangen.) Gordon Browser hat bestätigt, daß er bereit und in der Lage ist, diese Aufgabe zu übernehmen.

Ich konnte mir ein Grinsen nicht verkneifen, als ich das las. Guter, alter starrköpfiger Simon Jones! Er war besessen von dem Gedanken, die Betriebskosten auf einem Minimum zu halten, weswegen er mir auch bessere Leute verweigerte. Und sein Sträuben, einen unabhängigen Risikoprüfer zu bezahlen, verschaffte mir die Luft, weiterhin unbeaufsichtigt vor mich hin zu wirtschaften. Der in Klammern gesetzte »vierteljährliche Zeitrahmen« sprach Bände. Die Vorstellung, Gordon Bowser in Hongkong sei in der Lage, meine Aktivitäten zu kontrollieren, war lachhaft.

»Sind Sie zufrieden damit, Nick?« fragte James Baker. Wir saßen in Simon Jones' Büro und tranken Kaffee.

»Ja, sehr sogar. Gordon wird das schon schaukeln. So viel, wie wir zu tun haben, könnten wir etwas zusätzliche Hilfe gut brauchen.«

»Du hast zwar viel zu tun, aber übertreiben wir es nicht«, meinte Simon Jones.

»Man kann direkt zusehen, wie sich das Geschäft entwickelt«, sagte Baker leutselig.

»Wie oft wird Gordon zu uns rüberkommen?«

»Alle drei Monate«, sagte Simon.

»Sehr gut.« Ich nickte zustimmend. »Nun, haben Sie noch etwas zu besprechen, während Sie mich hier in den Fängen haben? Ich sollte wirklich zurück aufs Parkett.«

»Nein, nichts. Mach dich auf die Socken«, antwortete Simon.

»Alles Gute«, wünschten mir Baker und Manson, als ich rausging.

Vergraben auf Seite 13 des Prüfberichts war eine Liste der Limits, die der Risikoausschuß für Tages-Positionen gesetzt hatte, die von Baring Futures Singapore maximal gebucht werden durften:

– 200 Nikkei-225-Futures
– 100 Futures auf japanische Staatsanleihen
– 500 Euroyen-Futures

Overnight-Positionen waren nicht autorisiert. Anfang September hatte ich rund 5000 Nikkei-Futures, 2000 JGB-Futures, 1000 Euroyen-Futures und 20000 Optionen. Die Zahlen wuchsen mir allmählich über den Kopf.

5: 1994: Wachsende Verluste

»Warum Barings' Position so
außerordentlich profitabel ge-
worden war? Bei Briefings und
anderen Gesprächen kam ich
regelmäßig auf diese Frage zu
sprechen... Ich wollte ums Ver-
recken gern wissen, wie ge-
winnbringend die Position tat-
sächlich war, denn wir wußten
es nicht, und einige meiner Fra-
gen vor jener Konferenz im No-
vember zielten darauf ab, es
rauszukriegen. Ich machte mir
Gedanken über diese Profitabi-
lität. Ich war froh darüber, weil
wir es gerne sahen, wenn Ba-
rings Profite machte, nach den
früheren Problemen mit Ba-
ring Securities.«
Howard Walwyn, Bank von
England

Als man bei der Bank von England noch über unsere mär-
chenhaften Erfolge grübelte, die anscheinend nur der »Umstrukturierung« des Geschäfts durch die Manager zu verdanken
war, lag ein Teil der Antwort bereits in einer anderen Abteilung
der Bank, nämlich in der für die Genehmigung von Kapital-
transfers zuständigen Abteilung in Christopher Thompsons
Ablagekorb.

Da ich Millionen und Abermillionen Pfund anforderte, bekam Barings Liquiditätsprobleme. Keine Bank darf über 25 Prozent ihres Stammkapitals ins Ausland transferieren, ohne die
Bank von England zu unterrichten. Das Gesetz dient zum

Schutz der Bankkunden, damit ihr Geld nicht restlos ins Ausland wandert und die Tresore nicht leer sind, wenn sie ihr Geld zurückhaben wollen.

Die Direktoren von Barings verhandelten in einer Reihe von Gesprächen mit der Bank von England über die Genehmigung eines Transfers von über 25 Prozent, vor allem für meine Geschäfte an der SIMEX nach Japan. Man diskutierte endlos, aber die Genehmigung wurde nie erteilt. 1993/94 lag jedoch das Anlagerisiko von Barings an der SIMEX und an den japanischen Börsen durchschnittlich bei über 117 Millionen Pfund und betrug damit längst über 25 Prozent des Stammkapitals, nur im Quartal von April bis Juni 1994 lag es knapp darunter.

Am 7. September 1994 schickte George Maclean, der Chef der Bankengruppe von Barings, eine Notiz an Geoffrey Barnett, den Hauptgeschäftsführer der Baring Investment Bank. Kopien des Memos gingen an den Direktor Ian Hopkins, Chef der Finanz- und Risikoabteilung der Gruppe; an Johnnie Russell, Direktor der Abteilung Kreditrisikomanagement; an Tony Hawes, den Finanzdirektor der Gruppe; an Richard Katz, Chef der Abteilung Aktienhandel, und an Liz Seal, die Rechnungsprüferin von Barings. Darin war zum Beispiel zu lesen:

Am 6. September 1994 durchbrachen wir unser internes Limit von 100 Millionen Pfund bezüglich des Anlagerisikos an der Wertpapierbörse von Osaka und riskierten mehr als 25 Prozent unserer konsolidierten Kapitalbasis (von 117 Millionen Pfund). Das Anlagerisiko belief sich auf insgesamt 127 Millionen Pfund. Wie für diesen Fall vorgesehen, telefonierte ich mit Christopher Thompson bei der Bank von England, meldete die Sache und erkundigte mich, wie die Bank zum Anlagerisiko an den japanischen Börsen stehe. Bei unserem letzten Gespräch im Mai hatte Thompson gesagt, er werde sich zu diesem Thema schriftlich äußern, sobald er seine finanzpolitische Unterabteilung konsultiert habe.

Christopher Thompson, für die Aufsicht über Merchantbanken wie Barings zuständig, versicherte Maclean, die Angelegenheit sei »ziemlich tief in seinem Ablagekorb begraben«. Laut Maclean sagte er außerdem, er sei »froh, daß die Barings-Bank die Geschichte gemeldet hat, und sie solle ruhig auch weiterhin ab und zu mehr als 25 Prozent ihres Stammkapitals überschreiten«.

Diese klammheimliche Komplizenschaft der Bank von England wurde nie dokumentiert. Nach den internen Vorschriften der Bank für ihre Manager soll der Abteilungsleiter über Anfragen bezüglich der Genehmigung eines Transfers von über 25 Prozent des Stammkapitals unterrichtet werden, bevor die Genehmigung erteilt wird. Die oberste Aufseherin über die wichtigsten Banken des Vereinigten Königreichs ist Carol Sergeant. Christopher Thompson hätte sie über die Lage der Barings-Bank informieren müssen, aber sie wußte nichts davon. »Es wäre mir sehr recht gewesen, wenn ich von den Überschreitungen gewußt hätte«, sagte sie später.

Das Leben eines Bankiers, der in den exklusiven Kreisen der Bank von England verkehrte, unterschied sich grundlegend von meinem Leben in Singapur. Unter den hohen gewölbten Decken ihrer Büros an der Cheapside hatte Peter Baring gut reden, wenn er sagte, es sei »eigentlich gar nicht so schrecklich schwer, im Wertpapierhandel Geld zu machen«, und Christopher Thompson kümmerte es wenig, daß etwas »ziemlich tief im Ablagekorb« begraben war. Die Bank von England stimmte stillschweigend zu, als Barings über 25 Prozent ihres Stammkapitals transferierte. Vielleicht mußte ich damit einfach leben; meine Mutter hatte mich gelehrt, daß man sich nur richtig reinknien muß, um mit jedem Problem fertig zu werden. Weder als ich Barings' Hundert-Millionen-Pfund-Saustall in Jakarta ausgemistet hatte, noch jetzt, da ich versuchte, einen Ausweg aus meinen wachsenden Verlusten zu finden, brachte ich es fertig, einfach das Handtuch zu werfen. Vielleicht hätte ich einfach Simon Jones' Büro hinaufgehen und sagen sollen, daß meine Verluste »ziemlich tief in meinem Ablagekorb begraben« seien und wir jetzt die verabredete Runde Golf spielen könnten.

Ich stand unter der Dusche und versuchte, die Erschöpfung einer weiteren schlaflosen Nacht wegzuspülen. Ich hatte gedöst und mich im Halbschlaf gewunden wie ein Fisch im Netz, aber richtig eingeschlafen war ich nicht. Lisa sah ruhig und schön aus, als ich schließlich gegen 6.30 Uhr aufstand. Sie hatte keinen Grund, sich Sorgen zu machen. Und ich achtete sorgfältig darauf, daß es so blieb. Sie machte sich Sorgen über meine wachsende Wampe und meine Fingernägelkauerei, ansonsten aber fand sie unser Leben wunderbar. Ich war verblüfft, wie gut ich nach der Arbeit abschalten konnte. Lisa war so anregend, energiegeladen, voller Pläne und immer zu einem Scherz aufgelegt – es war einfach unmöglich, sich nicht von ihrer Lebenslust anstecken zu lassen. Nur in der Nacht, wenn sie schlief und ich wach lag, dann quälten mich die Zahlen so, daß ich mich von einer Seite auf die andere wälzte und wenigstens eine Stunde lang im Schlaf Vergessen finden wollte. Die Dusche am Morgen war einer der wenigen Orte, wo ich wirklich ganz allein war.

Das Telefon klingelte, und ich hechtete aus der Dusche. Scheiße! Vielleicht waren es Ron oder Mary, Mike Killian oder sonst jemand. Ich rieb mir das Wasser aus den Augen und griff nach einem Handtuch.

»Es ist 7.40 Uhr, und hier spricht Danny. Holst du mich nun ab oder nicht?«

»Verdammt! Tut mir leid, Bubble. Ich bin gleich da.«

Ich hatte über eine halbe Stunde unter der Dusche gestanden. Hastig rieb ich mich trocken und zog ein Hemd über. Es klebte auf der Haut, wo ich nicht ordentlich abgetrocknet war. Na und? Auf dem Börsenparkett würde ich bei dieser Hitze bis zur Mittagspause ohnehin klatschnaß sein. Ich warf mir eine Krawatte um den Hals und knotete sie mit einer gewissen Befriedigung. Es war eine ganz besonders greuliche von Versace. Die Jungs an der Börse von Osaka hatten sie mir nach meiner ersten Million Umsatz verehrt. Die Krawatte biß sich entsetzlich mit meinem gelben Hemd, aber sie hätte auch zu keinem anderen Hemd, keinem Anzug und auch nicht zu den meisten Tapeten gepaßt. Ich konnte meine Manschettenknöpfe nicht finden, also rollte ich die Ärmel auf, küßte Lisa auf die Augenlider und fuhr los.

»Bubble, du siehst beschissen aus«, sagte ich vergnügt, als ich bei Danny ankam. Ich hatte ein Auge dafür, und niemand wußte besser als ich, wie man sich beschissen fühlt. »War die Nacht gut?«

»Vier Uhr morgens«, sagte Danny und ließ sich auf den Beifahrersitz fallen. »Aber weiß Gott, es hat sich gelohnt.«

»Wir sind zu spät dran für einen Kaffee.«

»Ich müßte mir etwas Koffein schießen«, sagte er und zeigte auf seine Halsvene. »Nur ein Tropfen hier rein, und ich bin okay.«

Wir fuhren ins Ocean-Towers-Parkhaus.

»Dort ist eine Lücke«, sagte Danny. »Aber da kommst du nie rein. Komm, laß mich das machen. Du ruinierst dir noch die Stoßstange.«

»Besser eine kaputte Stoßstange als gar kein Auto«, sagte ich, schwenkte scharf ein und trat voll auf die Bremse.

»Bastard!« schrie Danny, als es ihm den Kopf nach vorne riß.

Der Ferrari hatte leider einiges abgekriegt, und er war nicht mal meiner. Er gehörte Mark.

Ich schloß den Wagen ab und dachte über Verluste nach. Ich hätte Danny von Verlusten erzählen können, gegen die Marks Ferrari ein Klacks war. Wir schossen hinüber zum Gebäude der Overseas Union Bank (OUB) und stießen zu den Händlern vor dem Eingang der SIMEX. Sie nahmen gerade die letzten Züge aus ihren Zigaretten, bevor sie ihre Lungen einer wirklichen Belastung aussetzten. Wir waren ein bunter Haufen. Niemand hätte gedacht, daß hier einige der schnellsten Gehirne und höchstbezahlten Leute der Welt herumstanden. Sie sahen alle völlig abgerissen und verkatert aus, wie frisch aus dem Obdachlosenasyl. Dave Mousseau von der First Continental wäre mit seiner Hose, die ihm traurig um die Absätze flatterte, in kein Restaurant reingekommen. Ein anderer Händler kam vorbei und steckte einen Zehn-Dollar-Schein in den Kaffeebecher, den Dave gerade wegwerfen wollte.

»Danke, Sir«, brüllte Dave. »Ich weiß das zu schätzen, Sir.«

»Wir wissen, wie schwer es ist, Frau und Kinder zu versorgen«, sagte ein OUB-Dealer.

»Und Geliebte.«

»Und Callboys...«

»Wer hat das gesagt?« schrie Dave. »Hey, Nick! Hübsche Krawatte! Wo kann man die bekommen?«

»Kostet aber mehr als zehn Dollar, Kumpel«, sagte ich.

»Ich werde ja wohl irgendwann einen Bonus kriegen.«

»Schöner Traum.«

Und so trotteten wir in die SIMEX. Alles Männer mit Jahreseinkommen von 200 000 Pfund und mehr. Wir waren reicher, als es sich die meisten Menschen auf dieser Welt auch nur im Traum vorstellen konnten, und wir handelten mit Zahlen, nichts als Zahlen. Irgendwie geht es überall um Zahlen, bei uns halt um abstrakte Zahlen, mit denen wir unseren Lebensunterhalt verdienten. Die Zahlen waren groß, aber sie waren nicht real, und sie änderten mit erstaunlicher Geschwindigkeit ihren Preis.

Es ist, als ob man einen Einkaufswagen durch den Supermarkt schiebt und nach einer Packung Milch greift. Man überlegt kurz, ob man nicht lieber doch die fettarme nehmen sollte. Und dann, in dem Bruchteil einer Sekunde, in dem man die Hand von der Vollmilch genommen hat, um nach der halbfetten zu greifen, hat sich der Preis der Vollmilch plötzlich von dreißig auf sechzig Pence verdoppelt. Wenn man darauf nicht gefaßt ist oder schwache Nerven hat, wird man wohl ein bißchen nervös. Und wenn das mit allen Preisen von allen Produkten in allen Regalen passiert, dann wird man ein bißchen unentschlossen. Man steht da wie in Trance und sieht zu, wie all die Preise auf- und abflimmern und überlegt, wann man kaufen und wann man warten sollte. Man rast die Gänge rauf und runter und schreit die Leute an, sie sollen aus dem Weg gehen, weil Cornflakes plötzlich günstig zu haben sind. Und dann rennt man mit dem Einkaufswagen wieder den ganzen Weg zurück zur Minzsoße, weil es heißt, dort könne man ein Schnäppchen machen. Völlig fertig wankt man schließlich zur Kasse und hat das quälende Gefühl, daß einem die besten Angebote doch durch die Lappen gegangen sind.

Der Börsensaal füllte sich. Die Händler in ihren verschiedenfarbigen Jacketts standen in Gruppen beisammen. Die meisten einheimischen Händler trugen Rot, die Glücksfarbe der Chinesen. Aber ich sah auch die Händler am Stand von Tullets mit ihren grünen Jacketts. Sie standen Schulter an Schulter und diskutierten offensichtlich einen frühmorgendlichen Irrtum. Aha, dachte ich, auch andere Leute haben Probleme.

Der kleine Union Jack auf dem Barings-Podium flatterte sanft im Luftzug der Klimaanlage. Sie gab im Lauf des Tages meistens den Geist auf, und dann hing unser Fähnchen schlaff herunter. Ich lächelte meinem Team zu.

Carol, Risselle und Eric warteten schon auf mich, und ich winkte zu Maslan und Din auf der anderen Seite des Parketts hinüber. Sie unterhielten sich wohl über Fußball: Din demonstrierte gerade einen angeschnittenen Freistoß.

Wo aber war George?

»Wo zum Teufel ist George?« brüllte ich die Verbindungsleute an.

Risselle und Eric überließen es Carol zu antworten.

»Er rief an und sagte, er komme eine halbe Stunde später.«

Das war zuviel. Ich fühlte mich allmählich verarscht. Ich hatte ihn nicht mehr unter Kontrolle.

»Liegen irgendwelche Aufträge vor?«

»Nur ein einziger«, sagte Risselle. »Eine halbe Stunde nach Eröffnung der Börse 250 März-Futures kaufen.«

»Okay«, sagte ich. »Du und Carol, ihr erledigt das. Aber kauft nicht zuviel auf einmal; der Markt soll sich erst beruhigen. Bin gleich zurück.«

Ich verließ den Futures-Stand und ging auf die andere Seite des Parketts zum Stand mit den japanischen Regierungsanleihen. Die Glocke läutete acht Uhr. Nach anderthalb Sekunden – der Zeit, die alle brauchten, um Luft zu holen – wurde aus dem aufgeregten Gemurmel ein ohrenbetäubendes Brüllen. Das war für mich immer der schönste Moment des Tages. Der Handel war eröffnet – jetzt konnte alles passieren, alles war möglich. Ein Augenblick äußerster Intensität. Mit einer Handbewegung konnte ich Papiere im Wert von Millionen Pfund kaufen oder verkaufen. Es war wirklich nur Papier, nicht Milch und Brot oder sonst etwas, das man wirklich hätte brauchen können. Die Produkte, mit denen ich handelte, wurden als japanische Regierungsanleihen oder Futures oder Optionen bezeichnet, aber es interessierte kein Schwein, was sie waren. Sie waren nur Nummern, die man kaufte und verkaufte. Es war, als handelte man mit Seifenblasen. Die Kurse waren immer unberechenbar, sie konnten sich alle drei Sekunden drehen. Doch in den ersten Börsenminuten waren sie besonders instabil. Es gab vorbörsliche Aufträge, die ausgeführt werden mußten und den Preis für Nikkei-Index-Futures hin- und herspringen ließen. Es gab immer einen Adrenalinstoß, wenn wir Tempo aufnahmen und die Fahrt auf der Achterbahn begann.

Ich kam am Stand von Morgan Stanley vorbei und plauderte mit Connie. Sie hatte vorher für Barings gearbeitet, und ich hatte sie unbedingt halten wollen, aber Simon Jones hatte ihr nicht das gleiche Gehalt wie Morgan Stanley zahlen wollen.

Sie war ein exzellenter »Verbindungsmann« und hätte sicher viel Geld für Barings gemacht – ohne große Fehler. Ich hätte vielleicht nie einen Verlust versteckt, wenn sie noch bei uns gewesen wäre.

Connie hielt mir ungefragt eine Rolle Fruchtbonbons hin. Alle kannten meine Schwäche für Süßigkeiten. Manche behaupteten sogar, daß ich die Händlerzettel vertilgte, wenn ich keine Süßigkeiten zur Hand hatte. Je wilder ich spekulierte, desto größer wurde mein Heißhunger auf etwas Süßes. Jeden Tag schickte ich eine Hilfskraft los, die mir eimerweise Süßigkeiten kaufen mußte. Ich fraß fünf Kilo am Tag! Kein Wunder, daß ich fett wurde. Lisa war stinksauer auf meine Wampe. Immerhin hielt mich meine Bonbonsucht davon ab, an den Nägeln zu kauen.

Ich schlenderte zurück zum Futures-Stand von Barings, schaltete den Bloomberg-Schirm ein und zog mir die Fußballergebnisse rein. Ich wußte, daß für das Spiel West Ham gegen Arsenal eine hohe Wette lief. Die Kurse konnten warten. Ich sah, daß Arsenal 2:0 gewonnen hatte. Lee und Ches würden bluten müssen. Ich bin ein Fan von Manchester City – ewigen Verlierern. Der Verein braucht schließlich auch Anhänger, und er hat seine beste Zeit noch vor sich. Ich holte den Nikkei-225 auf den Schirm. Nebenbei aktivierte ich die Voicebox für Tokio und ließ mir Fernando geben.

»Wie geht's?«

»Gut«, sagte er. Sein amerikanischer Akzent schnitt durch das Leitungsrauschen wie ein Hackebeil. »Allerdings bißchen knapp bei Kasse.«

»Ich melde mich wieder«, sagte ich und unterbrach die Verbindung.

Ich drehte mich um und warf Sean einen finsteren Blick zu. Dieses Arschloch von einem Amerikaner belauschte mich ständig und meldete meine Aufträge seinen Bossen in Tokio weiter. Ich beschloß, vom JGB-Stand aus zu arbeiten. Ich machte keine Arbitrage-Geschäfte mehr – wenigstens nicht im Moment.

Ich mußte etwas wegen meiner Position auf dem Fehlerkonto 88888 unternehmen. Das Jahr schmolz dahin, und ich wußte, daß die Bilanzprüfung am Jahresende schärfer sein würde als die Monatsprüfungen. Zumindest würde man dann nicht sanfter mit mir umspringen. Ich hatte inzwischen einen Verlust von achtzig Millionen Pfund im Fünfmal-acht-Konto, den ich durch Gewinne ausgleichen – oder vertuschen – mußte.

Ich ging zwischen den Händlern hindurch zum JGB-Stand, hob den Telefonhörer ab und wählte Risselles Nummer.

»Hallo, hier Nick. Ich bin hier im JGB-Stand. Wie steht der März-Kontrakt?«

»Ein Kaufgebot für 100 Kontrakte zum Preis von 240 und ein Verkaufsangebot von 25 für 250.«

»Regt sich was?«

»Bei Morgan Stanley haben sie den ganzen Morgen gekauft, aber sie sind die einzigen.«

»Ich rufe später wieder an«, sagte ich und legte auf.

Ich starrte auf das Gewimmel von Jacketts und durch die Luft fahrender Hände. Die Händler waren wie ein Schwarm Fische – immer schwammen sie alle in dieselbe Richtung, und alle waren verzweifelt darauf bedacht, im Schwarm zu bleiben und den Haien zu entgehen. Wir gehörten alle zum gleichen Organismus und waren doch tödliche Konkurrenten, die einander die Kehle durchbeißen wollten. Ich war jetzt ziemlich weit weg vom Schwarm, und ich geriet allmählich in Panik.

Der Markt hatte mich »bei den Eiern gepackt«, wie man an der Börse sagt, wenn jemand eine hohe Verlust-Position aufgebaut hat. Ich mußte mich endlich da herausdealen. Die meisten Händler kommen nie zu einer so großen Position, weil sie über Nacht weniger Geld nachschießen dürfen als im Lauf des Tages. Deshalb können sie ihre Positionen nicht prolongieren, und selbst wenn sie es könnten, würde ihnen nie erlaubt, eine Verlust-Position von achtzig Millionen Pfund anzusammeln.

Wenn einen der Markt bei den Eiern hatte, ging es in der Regel nur um drei oder höchstens fünf Millionen Pfund. Ich hatte diese Summen so weit überschritten, daß mir die Sache schon fast nicht mehr real vorkam. Es reichte nicht mehr, wenn ich hier und da ein Geschäft machte und ein bißchen an den Korallen knabberte. Ich brauchte einen großen Wurf.

Und ich konnte nur dann Geld machen, wenn die Kurse stiegen. Dann gäbe der Markt sozusagen meine Eier wie durch ein Wunder wieder frei, und ich war gerettet. Wenn jedoch die Kurse absackten, würden mir die Eier abgeklemmt.

Nach dem Aufruhr der ersten zehn Börsenminuten wurde es ruhiger. Wenn nun Morgan Stanley in großem Umfang kaufte, konnte das bedeuten, daß sich die Händler dort in einen erwarteten Aufwärtstrend einkauften. Womöglich aber hatten sie zu höheren Preisen verkauft und kauften nun, um ihre Position glattzustellen und den Gewinn einzustreichen. Oder sie hatten zu niedrigeren Preisen auf Termin verkauft und wollten nun ihre Verluste begrenzen.

Ich hatte zwei Möglichkeiten in diesem Poker: Ich konnte in den steigenden Kurs hineinverkaufen und wieder kaufen, wenn er erneut gefallen war, weil Morgan Stanley nicht mehr kaufte. Oder ich konnte mit Morgan Stanley an einem Strang ziehen und ebenfalls kaufen, um die Kurse wieder in die Höhe zu treiben. Die Händler von Morgan Stanley würden sehen, daß ich auch kaufte, und vielleicht eine Allianz eingehen und noch mehr kaufen. Sie konnten mich aber auch hängenlassen und in den starken Markt hineinverkaufen, den ich erzeugt hatte. Dann würde der Kurs fallen, und der Markt hätte mich noch fester bei den Eiern.

»Carol, verbinde mich mit der Börse in Osaka.« Ich hatte noch nicht entschieden, wie ich das Spiel spielen wollte, da sagte sie: »Ich habe immer noch die Kaufgebote für 100 Kontrakte zum Preis von 250 und für 250 zum Preis von 240.«

»Nichts Höheres?«

»Moment, ziemlich dünn. 60 Kontrakte für 270, 100 für 280, und dann wird der Schirm ziemlich unübersichtlich.«

Ich schluckte einen dieser gummiartigen Fruchtbonbons. Dann hatte ich meine Entscheidung getroffen: Ich würde den Kurs hinauftreiben.

»Gib folgende Aufträge unter dem Marktpreis für mich ein!« Ich schrie, weil ich einen Moment vergessen hatte, daß ich am Telefon war. »Kaufe 200 für 250; kaufe 100 für 240; kaufe 200 für 230; kaufe 300 für 220; kaufe 500 für 210 und kaufe 500 für 200. Das war's.«

Carol wiederholte flink die Aufträge und bestätigte, daß Mike sie in Osaka auf den Schirm gebracht hatte. Ein gewagtes Spiel. Zweifellos würde ich die Marktpreise beeinflussen und eine Menge Leute im Schlaf erwischen. Die Aufträge machten insgesamt 1800 Osaka-Kontrakte aus; das entsprach 3600 SIMEX-Kontrakten, die nur den halben Wert von Osaka-Kontrakten haben. Früher waren an der gesamten SIMEX nur insgesamt 5000 Kontrakte pro Tag gehandelt worden. Nun waren es 20 000. Mein Auftrag entsprach also fast einem Fünftel des gesamten Tageshandels.

Ich verschwendete keinen Gedanken daran, warum Mary Walz nicht nachfragte, ob ich mein Tageslimit überschritt. Wenn sie sich die Zeit zum Nachdenken genommen hätte, wäre ihr aufgefallen, daß ich eine solche Menge nicht an der SIMEX verkauft haben konnte, um sie per Arbitrage in Osaka zurückzukaufen. Aber sie sagte nie was und hatte offensichtlich auch Ron Baker nicht erzählt, daß ich völlig außer Kontrolle war.

Ich verbannte aus meinem Kopf, wieviel Geld ich verlieren konnte. Die Händler mußten allmählich riechen, daß ich wegen meiner ständigen Käufe auf einem Berg von Nikkei-Kontrakten saß. Ich hatte nicht mehr die Freiheit, auf steigende oder fallende Kurse zu setzen, sondern saß in meiner eigenen Falle gefangen. Wenn diese Käufe den Markt nicht hochtrieben, meine Optionen wieder in die Gewinnzone brachten und so meine Verluste auf dem Fehlerkonto 88888 reduzierten, dann half nichts mehr. Ich wußte, daß ich bei fallenden Kursen keine Chance haben würde, meine Verluste durch Verkäufe in erträglichen Grenzen zu halten. Eine solche Menge würde ich weder an der SIMEX noch in Osaka jemals zu halbwegs vernünftigen Preisen verkaufen können. Das Wasser stand mir bis zum Hals. Der Kurs mußte einfach steigen.

Ich beobachtete auf den Schirmen, wie der Markt auf meine Orders reagierte. Die gelbe Schrift begann zu flackern, die Preise torkelten. Es war, als breche eine Viruskrankheit aus: Eben noch waren die Preise gesund gewesen, und nun spielten sie verrückt.

Ich machte eine weitere Packung Fruchtbonbons auf und stopfte sie in mich hinein: gelbe, grüne, violette, rote und schwarze (die mochte ich am liebsten), alle gleichzeitig.

»Sechzig Sekunden«, sagte eine Stimme hinter mir. »Kein neuer Rekord, aber nah dran.« Es war Danny.

»Verpiß dich, Bubble«, sagte ich und öffnete die nächste Packung.

Der Kurs zog an, erst um 50, dann um 100 Punkte. Bei 19350 blieb er stehen.

»Na los doch«, sagte ich. »Er muß einfach weitersteigen.«

Wir schienen auf einigen Widerstand zu stoßen. Die Sache gefiel mir überhaupt nicht. Ich warf einen Blick auf den Schirm und fand das Schaubild, das ich suchte.

Ich entschied mich für den Versuch, ein bißchen zu verkaufen und meine Position glattzustellen. Ich mußte vorsichtig sein. 19350 konnte sich als ziemlich starker Widerstand für Käufer erweisen. Ich beschloß, nur kleine Mengen auf einmal zu verkaufen.

Ich drückte einen Knopf an meinem Telefon, der mich mit Risselle verband.

»Risselle, kannst du 100 für 350 verkaufen?«

Das waren mehr als das Kaufgebot von zwanzig Kontrakten, das im Raum stand, aber ich hatte weiß Gott genug zu verkaufen. Es gab eine nervtötende Verzögerung, bis der Auftrag in Osaka auf dem Schirm war. Ich war sicher, daß die Börse unsere Schirme verlangsamt hatte, damit jeder sehen konnte, was wir taten.

»Irgendwelche Abnehmer?« fragte ich.

»Noch keine. Tut mir leid, Nick.«

»Es tut sich nichts, Nick.« Mike war jetzt in der Leitung. »Ein Auftrag über fünfzig kam Sekunden vor deinem durch und hat den Preis sofort vom Schirm gewischt. Jetzt werden 150 für 340 geboten. Sie haben dir die Butter vom Brot gefressen, Mann.«

»Keine Sorge«, ich versuchte entspannt zu klingen, aber mein Magen krampfte sich zusammen.

»Ich melde mich wieder.« Ich legte den Hörer sanft auf die Gabel und lächelte, damit niemand meine Panik merkte. Ich nahm eine neue Packung Fruchtbonbons und riß sie in der Mitte auseinander, weil ich nicht die Geduld hatte, das Silberpapier am Ende zu öffnen.

Ich hatte aufgehört zu zählen, wie oft man uns schon einen Abschluß weggeschnappt hatte.

Immer kam uns jemand zuvor, der uns den Preis verdarb. Das war kein Pech mehr, wir wurden gezielt gedrückt. Als ich das letzte Mal in Osaka gewesen war, hatten wir darüber gewitzelt, daß jemand unsere Telefone angezapft haben könnte. Darüber konnte ich jetzt überhaupt nicht mehr lachen. Der Verdacht verdichtete sich.

Ches kam herüber und ließ sich auf einen Stuhl fallen. Er legte den Kopf auf den Tisch und jammerte über das Geld, das er beim Fußball verwettet hatte. Mein Gott! Genauso fühlte ich mich auch. Ich hätte am liebsten den Kopf auf den Tisch gelegt und aufgegeben. Wie gern hätte ich mich mitten im Saal fallen lassen und alle viere von mir gestreckt, bis mich jemand auf einen Liegestuhl an einem Swimmingpool beatmen und mir ein kaltes Bier einflößen würde. Warum mußte gerade ich immer den Starken mimen? Ich wollte Ches gerade trösten, als die Schirme wieder zu flackern begannen. Gottverdammt! Die Kurse fielen. 320 leuchtete auf.

Ich riß den Hörer von der Gabel und hämmerte 808 in die Tastatur. »Eve? Hol mir Carol.« Dafür würde ich mich später entschuldigen müssen. »Wie stehen die Kurse?«

»310 geboten für 100 Kontrakte. 200 Kontrakte für 320 zum Verkauf«, sagte sie.

»Verdammte Scheiße!« Ich massierte mir die Nasenwurzel, um den Blutandrang in meinem Kopf zu stoppen.

»Okay, verkaufe 500 für 300.«

Ich wartete und wartete.

»Es tut sich nichts, Nick.«

Ich sah, wie der Kurs auf dem Schirm auf 290 fiel. *Nun mach schon, mach doch endlich und verkauf die Scheiße*, dröhnte es wie ein lächerliches Endlosband in meinem Kopf.

»Kein Abschluß«, erfuhr Carol aus Japan. »Jemand ist dir zuvorgekommen, und jetzt marschiert der ganze Markt gegen dich. Man bietet jetzt 1000 für 300, der letzte Abschluß lag bei 270, und die Nachfrage ist flau.« Ich schloß die Augen und sah rote und weiße Punkte hinter meinen Lidern tanzen.

»Okay«, sagte ich. Diesmal brachte ich es nicht mehr fertig, cool zu klingen. Ich war fix und fertig.

»Tut mir leid, Nick.«

Ich schmiß den Hörer auf die Gabel. Es war mir egal, wer es sah. Ich saß mit hängenden Schultern vor dem Schirm, beobachtete und wartete. Ches rollte den Kopf auf dem Tisch hin und her. Ich schwankte zwischen zwei Möglichkeiten: Ich konnte meinen Kopf dazulegen, dann hätte ich wahrscheinlich nie mehr die Energie aufgebracht, ihn zu heben. Oder ich konnte aufstehen und Ches mit einem Karateschlag auf den entblößten Nacken hinrichten. Statt dessen erzählte mir das Telefon, was ich nicht hören wollte.

»Nick, du hast 200 Kontrakte für 250, 100 für 240, 200 für 230 und 300 für 220 gekauft.«

»Wunderbar«, sagte ich, obwohl ich mich alles andere als wunderbar fühlte.

Ich wartete auf den nächsten Anruf. Er war der schlimmste. Natürlich war es Risselle.

»Nick, du hast 500 für 210 und 500 für 200 gekauft.«

»Und der Markt?« schaffte ich zu fragen.

»19190, Tendenz schwach. Osaka fragt, ob alles okay ist.«

»Sag ihnen, alles okay.« Ich riß mich zusammen. »Und sag den Feiglingen, daß sie sich für weitere Käufe bereit halten sollen.«

Ich kaute auf der Unterlippe, während ich meine Lage kalkulierte. Ich hatte weitere 3600 Kontrakte zu einem Durchschnittspreis von 19220 gekauft. Und nun war der Markt auf 19190 gefallen und drohte weiter abwärts zu gehen. Es war lächerlich. Es war absurd. Ich steckte so tief in der Scheiße wie nie zuvor in meinem Leben.

Wenn der Markt weiter sank, dann stand er bald auf 19000. Dies war eine der Kursschwellen, die eine neue Welle von Optionen auslösen würde, da plötzlich jedermann seine Kaufoptionen mir gegenüber ausüben würde. Ich würde mit Kaufangeboten überschwemmt, zu deren Annahme ich mich verpflichtet hatte. Die Optionen würden sich zu meinen Futures-Positionen addieren und die Verluste explodieren lassen. Mein Kopf sagte mir, daß ich nun hätte verkaufen müssen. Ich hätte den ganzen Inhalt von Konto 88888 verkaufen und mich vom Parkett geradewegs in eine Gefängnis- oder Gummizelle führen lassen sollen. Ich hatte Verluste von gut hundert Millionen Pfund angehäuft. Aber ich konnte gar nicht verkaufen. Ich wußte, daß das den Markt schlicht umhauen würde – wie ein Tritt in die Kniekehlen. Ich hatte eine so große und immer noch wachsende Position aufgebaut, daß das ganze Parkett mich allmählich als Börsenbarometer betrachtete. Ich mußte wieder Herr der Lage werden. Aber ich war jetzt endgültig auf eine Long-Position festgelegt. Bisher hätte ich die ganze Position auf dem Fehlerkonto 88888 noch verkaufen und sie vollständig in eine Short-Position umwandeln können, aber jetzt bezweifelte ich, daß ich überhaupt noch einen Ausverkauf veranstalten konnte. Ich war long und mußte es bleiben.

Es war kurz vor Lunch. Ich beschloß, die Börse bis zum Nachmittag sich selbst zu überlassen. Für einen Morgen hatte ich genug Mist gemacht.

»Danny«, schrie ich quer durch den Saal. »Hast du Lust auf ein Frühstück im Oriental?«

Wir hatten meist um diese Zeit noch nichts gegessen, also nannten wir die Zehn-Uhr-Pause immer Frühstück, obwohl es in Osaka Mittag war.

Wir traten hinaus in die Bruthitze der Battery Road. Ich holte tief Atem. Die Luft war heiß und trocken und brannte in meiner Kehle wie Zigarettenrauch. Danny stoppte ein Taxi, und wir fuhren zum Oriental. Wir erwähnten unsere Arbeit oder die Kurse mit keinem Wort; dafür fehlte uns die Kraft. Man führte uns in den ruhigen klimatisierten Luxus des Oriental, und Kellner mit makellos gestärkten Jacketts nahmen unsere Bestellung entgegen. Exotische Hintergrundmusik umklang uns. Der Lärm des Börsenparketts in meinem Kopf verebbte, und wir machten uns über ein echtes englisches Frühstück mit Eiern und Speck, Toast und Orangenmarmelade her. Watford war weit, doch das Frühstück ließ etwas wie Heimweh aufsteigen. Erst als wir aufstanden und bezahlten, bemerkte ich, daß ich immer noch mein greulich gestreiftes Börsenjackett anhatte. Ich war ein Schandfleck in diesem dezenten Ambiente gewesen.

»Du hättest es mir sagen können, Bubble«, beschwerte ich mich.

»Ich dachte, du weißt es«, sagte er. »Die meisten Leute wissen, ob sie ein Jackett oder einen Anzug tragen. Wenigstens verdeckt es deine Superkrawatte.«

Es hatte angefangen zu regnen, und wir mußten in einer Schlange von Hotelgästen am Taxistand warten. Erst kurz nach der Eröffnung erreichten wir die Börse. Hier mußte sich etwas getan haben. Der Lärm hat keinen noch höheren Pegel erreicht als sonst.

Etwas war im Gange.

Ich hastete zum nächsten Schirm.

Der Markt war um 190 Punkte gefallen. Er lag bei 19 000. Ich wurde fast ohnmächtig. Jetzt würde man mich mit Optionen bombardieren, und ich hatte mit den Futures, die ich an diesem Morgen gekauft hatte, einen riesigen Verlust gemacht – drei Millionen Pfund – mit steigender Tendenz. Ich ging wie ein Blinder zu unserem Stand, meine Selbstkontrolle war dahin.

»Was zum Teufel geht hier vor?« schrie ich.

»Die Locals wollen uns unter Druck setzen. Osaka hat noch nicht mal eröffnet. Sie haben eine Riesenkampagne gestartet. Sie wissen, daß hier im Markt einer auf gewaltigen Beständen hockt.«

Das wußte ich auch.

Ich ging zum Maklerstand, wo Din und Spy mir Platz machten. Osaka würde in zehn Minuten eröffnen. Ich blickte hinüber zu Risselle und fragte per Handzeichen nach den Angeboten und Preisen von Osaka.

»Zweihundert Verkäufer zum Eröffnungskurs«, kam die Antwort.

Die Trader um mich herum verkauften wie die Teufel. Ich hörte nur noch: »Verkaufe, verkaufe, verkaufe«. Ein Wald von Händen reckte sich in die stickige Luft und gab Verkaufssignale. Alle wußten, daß ich jede Menge Kontrakte gekauft hatte. Jetzt wollten sie mich zu Notverkäufen zwingen und sich dann selbst billig eindecken. Die Singapurer Händler hatten Schiß vor mir: Ihre Verkaufsaktion lief nicht schlecht. Was aber, wenn ich im Alleingang die Verkaufspreise hinauftriebe? Sie hatten nur kleine Tageslimits und wären dann gezwungen, ihre Positionen zu verkleinern, und würden Verluste machen.

Sie saßen außerdem in einer Art Klemme, denn wenn sie Osaka verschreckten, dann konnte auch dort ein Verkaufsrausch einsetzen, und das würde eine Menge anderer Positionen einschließlich meiner eigenen weiter in den Keller treiben.

All dies schoß mir durch den Kopf, während ich die schreiende Horde von Rotjacken beobachtete. Am meisten beschäftigte mich jedoch, daß der Markt unter 19000 fallen konnte. Dann würden alle meine Optionen fällig. Mein Risiko bei den Futures würde sich mindestens verdoppeln, und meine Verluste begrüben uns alle unter sich.

Ich beugte mich zu Din hinüber und sagte, ich wolle zum Kurs von 19000 als Käufer auftreten. Ich brauchte nicht zu flüstern, denn ich konnte mich kaum selber schreien hören. Er sah mich an und fragte:

»In welchem Umfang, Nick?«

»In jedem Umfang, Fat Boy!«

Din trat in Aktion. Er holte tief Atem, blähte die Brust wie Pavarotti und brüllte ins Parkett:

»Kaufe 200 für 19000!« Dabei breitete er einladend die Arme aus, und die Verkäufer machten auf dem Absatz kehrt und steuerten auf ihn zu wie die Haie, so daß ich glaubte, ihre Rückenflossen zu sehen.

»Zweihundert gekauft«, rief Din mir zu.

»Ich habe 300 gekauft«, sagte ich und bestätigte einen zweiten Kauf von Nomura, dem größten japanischen Makler. Ich sah, wie der Händler von Nomura nach dem Abschluß herumwirbelte, um sich neue Instruktionen geben zu lassen, und zählte mit angehaltenem Atem die Sekunden, während sie bei Nomura überlegten. Je länger sie brauchten, um so mehr hatte ich den Kurs verändert. Der Nomura-Händler wandte sich um und signalisierte einen weiteren Verkauf von 50 Kontrakten. Ich schnappte sie mir. Din warf einen Blick über den Rand des Standes und sah einen Preis von 18995 auf den Schirmen.

»Nehmt den verdammten Preis runter!« brüllte er. »Wir bieten 19000!«

Der Preis verschwand. Dann tickte die Anzeige langsam über 19000 auf 19050. Nomura hörte auf zu verkaufen. Ich behielt den Nomura-Händler im Auge. Ja! Er kaufte die 50 für 19050 zurück. Er brachte seinen Arsch ins trockene. Ich beobachtete die Locals. Sie wirkten nervös. Alle Händler wirken immer nervös. Für einen Außenseiter ist es unmöglich, die verschiedenen Arten von Nervosität zu unterscheiden und zu erkennen, ob jemand gewinnt oder verliert. Aber diese Jungs waren auf die richtige Art nervös. Ich wußte es, weil sie nun kauften, aber möglichst nicht bei mir direkt.

Ich flüsterte Din etwas ins Ohr, und er trat erneut in Aktion:

»Kaufe 500 für 60!« donnerte er mit geschwellter Brust und all der gespielten Empörung, die ein Händler zeigt, wenn er die Kurse treibt.

Der Kurs kletterte auf 19 100. Dann eröffnete die Börse in Osaka, und das Gebrüll wurde noch lauter. Es drückte Qual und Verwirrung aus. Osaka hatte mit 19 200 eröffnet – auf demselben Stand wie vor der Mittagspause. Die Locals trieb das zum Wahnsinn. Sie hatten bis 19000 heruntverkauft und überschlugen sich jetzt, um ihre Futures-Verkäufe durch Käufe zu decken. Ein lokaler Händler versuchte für 19 150 zu kaufen, während ihm der Kurs davonlief. Er wollte von mir kaufen, breitete die Arme weit aus, wedelte verzweifelt mit den Handelskarten und warb mit einem irren Tanz um meine Gunst. Er sah so aus, als wolle er Harakiri begehen, wenn ich nicht zu 150 an ihn verkaufte – ja, er würde sich hier und jetzt den Bauch aufschlitzen und seine Eingeweide auf dem Parkett verstreuen. Ich sah seinen Verrenkungen belustigt zu. Laß ihn leiden, den Bastard. Ich wartete und wartete und wußte dabei, daß es ihm in Wirklichkeit scheißegal war. Sein Geld stand hier nicht auf dem Spiel. Dann stieg der Kurs auf 19200, und ich verkaufte. Ohne mit der Wimper zu zucken, hängte er sich an den nächsten Händler und versuchte mehr zu kaufen. Das war interessant. Der Kurs war auf 19250 gestiegen.

»Wieviel hast du gekauft?« brüllte ich zu Din hinüber.

»Fünfhundert«, sagte er.

»Verkaufen, aber unauffällig!«

Din verkaufte vom Stand aus 200 für 19 250 an Locals und dann vier Pakete zu je fünfzig Kontrakten auf einer Runde durch den Saal. Ich verkaufte 200 für 19 250 über die Theke. Dann hängte ich auch dem Local, der für mich getanzt hatte, fünfzig für 19 250 auf. Schließlich wurde ich den Rest bei Morgan Stanley für 19 200 los. Din und ich pausierten eine Minute.

»Wie steht's?« fragte ich.

»Ich habe noch eine Long-Position von hundert.«

Ich war glattgestellt. Der Kurs stand auf 19 200. Wir warteten. Er stabilisierte sich und ging dann noch einmal hinauf, als er in Osaka stieg. Natürlich lag er noch immer unter meinen morgendlichen Käufen, aber, verdammt noch mal, wir hatten uns wenigstens diesen Nachmittag gehalten.

Wir hatten sogar einen beachtlichen Gewinn erzielt. Din war außer sich vor Begeisterung. Er verkaufte die letzten hundert bei 19210. Dann verließen wir das Parkett und kehrten zum Stand zurück. Maslan blieb zurück, falls wir noch irgend etwas brauchten.

Ich lächelte, als ich beim Stand ankam. Risselle telefonierte gerade mit Osaka. Die Kampagne dort lief immer noch. Vielleicht würde ich meine Verluste auf dem Fehlerkonto 88888 doch noch los. Jedenfalls würden die Locals heute nacht von mir reden.

»Hast du gesehen, wie viele er bei 19000 gekauft hat?«

»Ich handle nicht mehr mit ihm, es bringt nur Unglück! Ich verliere immer Geld dabei!«

Sie würden Tiger-Bier trinken, Reis mit Huhn essen und mit ihren Eßstäbchen klappern. Wenn sie die volle Wahrheit gekannt hätten, wäre ihnen der Reis glatt vom Stäbchen gefallen.

Risselle unterbrach meine Gedanken. »Der Markt schließt, soll ich irgend etwas tun?«

»Ja, wir müssen ein Kompensationsgeschäft für die 3600 Kontrakte von heute morgen durchführen. Kannst du das mit Maslan erledigen, einen Tick über dem Marktpreis?«

Das war nicht autorisiert. Es bedeutete, daß ich die 3600 Kontrakte, die ich in Osaka gekauft hatte, mir selbst an der SIMEX zurückverkaufte, damit es so aussah, als hätte ich den Kauf durch ein Arbitrage-Geschäft kompensiert.

Tatsächlich hatte ich die Kontrakte zu einem Durchschnittspreis von 19200 erworben, und die Börse hatte bei einem Kurs von 19150 geschlossen. Ich hatte keine Riesensumme verloren, aber ich hatte auch kein Geld gemacht.

Ich würde die 3600 Kontrakte für das Fehlerkonto 88888 kaufen und sie wieder verkaufen müssen. Doch ich konnte froh sein, wenn ich mehr als 19200 für sie bekam. Natürlich konnte ich eine solche Menge zum gegenwärtigen Zeitpunkt um keinen Preis loswerden – das heißt nur zu einem sehr schlechten Preis. 3600 Kontrakte würden den Markt an der SIMEX glatt sprengen; und sie würden auch den Markt in Osaka drücken. Normalerweise war es mir gleichgültig, ob ich kaufte oder verkaufte – wenn man die Kurse durch Verkäufe in den Keller treibt, kann man auch aus dem Kursverfall Gewinn ziehen. Mit meiner Position auf dem 88888 saß ich jedoch in der Falle – ich konnte viel leichter kaufen als verkaufen. Nur indem ich kaufte, konnte ich den Markt stützen und verhindern, daß sich meine Verluste im Optionsgeschäft realisierten. Also mußte ich die Kontrakte auf das Fehlerkonto 88888 buchen und die Position prolongieren.

Indem ich so tat, als hätte ich die 3600 Kontrakte einen Tick über dem Kaufpreis wieder verkauft, trickste ich außerdem die internen Prüfer von Barings aus. Es war nicht ihr Job, die einzelnen Abschlüsse zu prüfen, sie reagierten nur auf die Zahlen unter dem Strich und pickten jeden außerordentlichen Gewinn oder Verlust heraus. Ich tätigte eine Riesenmenge von Abschlüssen mit einer gewaltigen Spannbreite von Preisen, aber wenn sie vom Endergebnis her nicht aus dem Rahmen fielen, wandten sich die Prüfer anderen Dingen zu. Das wirklich Entscheidende war jedoch, daß ich Kontrakte nach Singapur zurückgebucht hatte. Ich brauchte sie in meinen Büchern an der SIMEX, um sie verstecken zu können. In Osaka hätte ich das nicht gekonnt.

Die Börse schloß, und der Lärmpegel sank. In den Maklerständen blieben nur weggeworfene Zettel und Bonbonpapierchen zurück. Die Händler verschwanden vom Parkett so schnell, wie sie gekommen waren. Sie ließen ihre Börsenjacketts über Stuhllehnen hängen, und bald war der Saal leer. Ich überlegte, wo sie wohl hingingen: in Cafés, Bars, Bordelle, Chinarestaurants. Sie würden trinken, Klöße und Reis mit Huhn essen, und sie hätten wieder einmal einen Tag hinter sich. Sie machten Geld. Die meisten von ihnen arbeiteten auf Provisionsbasis. Auch wenn sie beim Handeln noch so nervös erschienen, waren sie nicht persönlich betroffen, wenn die Kurse stiegen oder fielen. Sie wollten einfach, daß etwas lief. Sie trugen keine Verantwortung. Ein paar von ihnen bauten selbst Positionen auf; die spielten in einer anderen Liga. Doch die meisten steckten einfach ihre Provision ein und gaben sie abends mit Freuden aus.

Rob rief mir zu, daß sie alle ins Il Fiore zum Essen gingen. Ich ging für zwanzig Minuten mit, warf etwas Kaffee und Tiramisu ein und kehrte dann ins Büro zurück. Für mich begann jetzt die zweite Hälfte des Tages.

Gegen vier war ich im Büro. Die Mädchen empfingen mich wie üblich mit einem freundlichen Lächeln. Hier war es so still im Vergleich zum Börsensaal, daß ich immer ein paar Minuten brauchte, bis ich meine Stimmlage den neuen Verhältnissen angepaßt hatte. Ich sah die Liste mit den Telefonnotizen durch, machte zuerst den einfachsten Anruf und rief Steve zurück. Wir gingen an den meisten Abenden zusammen zum Boxtraining, um unsere Aggressionen abzureagieren. Heute sollte ich ihn abholen.

»Kannst du dich freimachen?«

»Ja, ich komme um sechs hier weg.«

»Also bis dann.«

Mary Walz in London kam als nächste dran.

»Wie geht es Ihnen?« sagte ich.

»Gut. Was braucht ihr an Geld?«

»Wir faxen durch, was wir brauchen. Aber heute war einiges los, gute Provision und ein paar gute Abschlüsse.«

»Fernando hat es mir erzählt«, sagte sie. Sie erweckte immer den Eindruck, als wüßte sie, was ich tat. Sie war eine nüchterne Frau, die der Meinung war, daß jeder mit vollem Einsatz seine Arbeit tun und die Konsequenzen tragen sollte. Das gefiel mir, aber sie hatte keine Ahnung, wovon sie sprach.

»Ich rufe Sie später zurück«, sagte ich. »Ich habe jetzt ein Gespräch mit jemandem von der SIMEX.«

»Okay, Nick.«

Ich hatte natürlich keinen Termin bei der SIMEX. Ich fuhr in den 23. Stock zu Simon Jones. Im Aufzug war mir schlecht. Mein Magen spielte verrückt. Ich bekam Sodbrennen. Neben dem Schild BARING SECURITIES zog ich meine Karte durch den Sicherheitsschlitz und betrat den Bürobereich. In der Abrechnungsabteilung herrschte ein unglaubliches Chaos; überall lagen Papierstöße herum. Sie schienen nie größer oder kleiner zu werden oder sich überhaupt zu bewegen. Vielleicht waren sie schon immer dagewesen. Vielleicht sogar schon, als Barings das Büro bezogen hatte. Möglicherweise hatten sie auch überhaupt nichts mit Barings zu tun und gehörten dem Vormieter. Aber was immer es mit ihnen auf sich hatte, wenn ich für diese Abteilung verantwortlich gewesen wäre, hätte es wie drunten in meinem eigenen Abrechnungsbereich ausgesehen – makellos. Ich haßte unprofessionelles Chaos.

»Ist James da?« fragte ich die Sekretärin. Sie glotzte mich böse an.

»Bangkok«, sagte sie schroff. »Heute nacht zurück.«

Ich dankte ihr lächelnd für die Information. Sie hatte mir eine siebensilbige Antwort gegeben; das war fast schon ein Gespräch. Wir wurden allmählich gute Freunde. Vielleicht sollte ich ihr eine Schachtel Pralinen schicken, weil sie mich so liebenswert aufgeklärt hatte. (Wenn ich allerdings täglich neben Simon Jones hätte arbeiten müssen, wäre ich vielleicht auch so geworden.)

Ich betrat sein Büro. »Hallo, Simon, kann ich etwas für Sie tun?«

»Nein, bei uns ist alles okay«, sagte er. »Guten Tag gehabt?«

»Ja, heute nachmittag haben wir ein bißchen Geld gemacht.«

»Fußballwette gefällig?«

»Nein, im Augenblick nicht. Ches hat auf West Ham gesetzt und einen Haufen Geld verloren.«

»Oh!« Simon grunzte vor Vergnügen. »Also dann bis morgen.«

Ich floh zurück zu den Lifts und nahm den Lastenaufzug, der direkt in den 13. Stock fuhr. Mit dem anderen hätte ich im 16. Stock umsteigen müssen. Das Gespräch war typisch gewesen. Meine Verluste nahmen lawinenartige Ausmaße an, und wir redeten über Fußball.

Wieder am Schreibtisch, mischte ich die Karteikarten mit den Telefonnotizen und hob die oberste ab. Es war die Zeitung *Nihon Keizei*, die regelmäßig über die Entwicklung des Nikkei-Index berichtete. Dann gab ich mir die restlichen Karten: Bloomberg, AP-Dow Jones, Reuters und Fernando. Ich speiste sie mit kurzen Anrufen ab. Sie wollten meine Meinung über den Markt hören, weil sie alle wußten, daß ich groß eingekauft hatte.

»Sie haben da eine ganz schöne Position gekauft«, staunte der Reporter von AP-Dow Jones.

»Uns geht es bestens«, sagte ich. »Ich weiß nicht, wie der Kunde die Sache handhaben wird.«

Mit dieser unsinnigen Bemerkung legte ich auf. Ich wollte falsche Fährten legen.

Ich schaltete die Monitore ein und sah mir die Preise der Optionen an. Sie waren ein immer größeres Problem. Ich hatte das ganze Jahr Optionen verkauft und den Preis entsprechend gedrückt.

Der Preis einer Option beruht teilweise auf den Schwankungen oder der Volatilität des Marktes. Wenn es eine Menge Käufer und Verkäufer gibt und die Preise sehr instabil sind, dann sind Optionen sehr attraktiv. Die Leute wollen nämlich ihr Geld nicht binden, indem sie das zugrundeliegende Wertpapier kaufen. Sie wollen die großen Preisschwankungen ausnutzen, um hohe Gewinne zu erzielen, oder sie wollen ihren Wertpapierbestand in einer großen Bandbreite auch gegen unvorhersehbar starke Kursschwankungen absichern. Die Volatilität des Marktes ist also ein Bestandteil des Optionspreises. Mathematiker haben ein Verfahren entwickelt, diese Volatilität auszudrücken. Sie setzen sie in bezug zur durchschnittlichen Volatilität und drücken den Wert in Prozent aus. Beim Nikkei-Index lag die Volatilität normalerweise zwischen 35 und 45 Prozent, obwohl ich bei einigen extrem instabilen Phasen auch schon Werte um 90 Prozent erlebt hatte.

Als ich Ende 1993 erstmals Optionen verkaufte, hatte die Volatilität bei etwa 40 Prozent gelegen. Es wurde viel gekauft, und besonders Philippe Bonnefoy und George Soros waren als Verkäufer aktiv. Dann jedoch mußte ich immer mehr verkaufen. Das verminderte die Volatilität, denn sobald ein Käufer auftrat, nahm ich sein Angebot an. Bald war ich der größte Verkäufer auf dem Markt und mästete ihn förmlich mit Optionen. Natürlich nahmen sie bei Barings an, daß Philippe Bonnefoy dahintersteckte. Doch der Preis der Optionen fiel, und ich mußte sie in immer größeren Mengen verkaufen, um die Mittel zum Ausgleich von Fehlerkonto 88888 aufzubringen.

Ich lehnte mich auf meinem Bürostuhl zurück und spürte, wie mein durchgeschwitztes Hemd trocknete. Es war ein verrückter Tag gewesen. George hatte sogar versucht, einen Konkurrenten per Kopfstoß auszuschalten. Wir waren alle im Streß, keine Frage, und George glaubte, daß der Kerl ihn übers Ohr gehauen hatte. Wir hatten in den Saal rennen und George von dem Amerikaner wegziehen müssen. Ich lachte in mich hinein, als ich an das entsetzte Gesicht des Mannes dachte, der plötzlich gemerkt hatte, daß Georg ihm wirklich den Kopf ins Gesicht rammen wollte. Ich würde wieder einmal einen Entschuldigungsbrief an die SIMEX schreiben müssen, den dritten oder vierten in diesem Jahr. Sie drohten immer mit einem zeitweiligen Hausverbot, aber bis jetzt hatte ich es noch immer abbiegen können.

Ein Anruf kam herein, und da ich der einzige im Büro war, klingelten zuerst mehrere andere Apparate, ehe ich mich dazu durchrang, abzunehmen.

»Barings«, sagte ich.

»Nick?«

»Ja, wer sind Sie?«

»Aloysius von Reuters«, sagte die Stimme, »hätten Sie Lust auf die Biere, von denen wir letzte Woche gesprochen haben?«

Ich hatte das Gespräch vergessen, aber heute war Donnerstag, und Lisa war mit ein paar Freundinnen im Fitneßcenter. Ich hatte Zeit für ein paar Drinks.

»Warum nicht?« sagte ich. »Bloß muß ich mit einem meiner Händler heute abend noch ein ernstes Wort reden.«

»Bringen Sie ihn einfach mit. Treffen wir uns im Off Quay.«

»Okay, um fünf bin ich dort.«

Die Bar lag im ersten Stock, direkt über dem Singapur-Fluß. Es war ein neuer Laden, voll poliertem Hartholz wie in einem Ozeanriesen der zwanziger Jahre. Aloysius oder Loy, wie er lieber genannt wurde, war bereits da, mit einem Amerikaner, der ebenfalls für Reuters arbeitete und ziemlich langweilig aussah. Sie hatten eine Flasche Jack Daniel's zwischen sich stehen, und wir hatten die Bar für uns. Es versprach ein öder Abend zu werden.

»Auch Jack Daniel's?« fragte mich Loy.

»Nein, ich lass' es bei Bier, danke.«

George erschien. Er war nicht allein, wie ich erwartet hatte; dann hätten wir ein paar Worte unter vier Augen gewechselt, und er wäre ernüchtert nach Hause geschlichen. Er hatte jedoch einen ganzen Haufen Leute dabei, und die meisten waren schon ganz schön abgefüllt und hatten offenbar die Absicht, sich weiterzubesaufen.

Aloysius schien das nichts auszumachen; er bestellte sogar für jeden einen Drink. Er hatte offensichtlich ein großes Spesenkonto. Die Bar war bald vom lauten Gebrüll saufender Broker erfüllt, fast wie im Börsensaal der SIMEX. Das Bier floß in Strömen, und mein Glas war immer halb voll, was ich hasse, weil man dann nicht mehr weiß, wieviel man intus hat.

Alles sprach über George' Kopfstoß heute morgen. Ich wußte genau, daß ich George eigentlich hätte ermahnen müssen – schließlich würde ich am nächsten Morgen bei der SIMEX und Simon Jones den Anschiß kriegen. Doch ich konnte George nicht richtig böse sein. Der Yank hatte sich wirklich wie ein Arschloch aufgeführt. Der gute alte George, dachte ich zärtlich, er hat für uns alle die Arbeit gemacht. Dieses verdammte amerikanische Arschloch brauchte eigentlich jeden Tag ein paar aufs Maul. Das Bier floß weiter in Strömen, und ich lächelte George aufmunternd zu, als er seinen Kopfstoß noch einmal vormachte: Er würde ohne jede Vorwarnung zustoßen – beim nächsten Mal.

In der Gruppe neben mir brach lauter Jubel aus, und ich sah, wie Loy sich durch die Menge schob und zu dem Gitarristen in der Ecke hinüberging. Er nahm dessen Instrument und sang zu meiner Verblüffung eine wunderbare Version von »Dock Of The Bay«. Ich hörte eine Minute auf zu trinken und sperrte Mund und Ohren auf. Daß der Mann mitten in einem wilden Saufgelage aufstehen und so etwas Schönes singen konnte! Er bekam stürmischen Applaus, und wir hoben nun erst recht die Krüge.

Um uns herum entstand eine Art Niemandsland, eine verbotene Zone, in die sich die anderen Trinker nicht hineintrauten. Wir waren eine große geschlossene Gruppe, und niemand wollte sich mit uns anlegen. Wir schrien wild durcheinander, fluchten, rissen Witze und lachten. Die anderen Gäste hielten sich im Hintergrund, starrten uns an und sprachen im Flüsterton. Plötzlich sahen wir, wie ein paar hübsche Mädchen durch die Glastür hereinschauten und offenbar überlegten, ob sie hereinkommen sollten. Sie waren fürchterlich aufgetakelt, vielleicht Stewardessen von Singapore Airlines, angeblich die schönsten Frauen der Welt.

»Komm näher, Darling!« grölte einer der Trader und strich sich vor einem imaginären Spiegel das Haar aus der Stirn.

Die Mädchen ignorierten ihn und traten über die Treppe den Rückzug an. Wir wandten uns von der Tür ab und kippten eine neue Runde. Doch die Mädchen kamen zurück und spähten wieder durch die Tür.

»Was zum Teufel wollen die eigentlich?« brüllte Aloysius zu mir herüber.

»Sie scheinen zu überlegen, ob sie hereinkommen sollen oder nicht«, sagte ich.

»Helfen wir ihnen dabei und zeigen ihnen unsere Hintern. Dann wissen sie vielleicht, was sie wollen!«

»Okay«, sagte ich und stellte mein Glas ab.

Wir drehten den Mädchen synchron den Rücken zu und ließen die Hosen herunter. Es war nur ein Jux, ein Zwei-Sekunden-Strip, dann zogen wir die Hosen wieder hoch. So etwas kam in Watford alle Tage vor, und ich erwartete abfällige Kommentare wie »Fettärsche« oder so.

Aber ich war nicht in Watford. Hier war Singapur. Ich nahm noch einen kleinen Schluck, und die Mädchen flohen wieder die Treppe hinunter. Wir scherzten und lachten noch, als die Tür aufging und sie alle hereinkamen, diesmal jedoch mit ihren ausgemergelten Freunden, die sich vor uns aufbauten und zu schreien begannen. Ich konnte George gerade noch davon abhalten, seinen Kopfstoß an ihrem Anführer zu perfektionieren. Vergeblich versuchte ich, alle Beteiligten zu beruhigen. Ich hatte überhaupt nichts dagegen, mich zu entschuldigen, aber diese Typen wollten, daß wir uns wieder und wieder entschuldigten und sie auf Knien um Verzeihung anflehten.

Als die Auseinandersetzung in ein hitziges Chinesisch überging, zog ich mich an die Bar zurück. Ich beobachtete die wachsende Spannung und schaute amüsiert zu, wie alle sich aufplusterten und aus einer Mücke einen Elefanten machten. Es war wirklich lächerlich.

»So, jetzt reicht's«, hörte ich eine der Stewardessen sagen. »Ich rufe die Polizei an!«

Das war Wahnsinn. Wir hatten doch nur zwei Sekunden lang unsere Hintern gezeigt, und jetzt wurde die Sache zu einem Riesending aufgeblasen. Ich schob mich durch die Menge und zog mein Funktelefon heraus.

»Bedienen Sie sich«, sagte ich und hielt es ihr hin. »Ich habe genug von diesem Unsinn. Bitte rufen Sie jetzt die Polizei an.«

Das Mädchen wirkte ziemlich schockiert und ernüchtert. Sie wandte sich um, ging mit ihrem Gefolge im Schlepptau die Treppe hinunter, und wir waren wieder uns selbst überlassen. Wir lachten alle über die absurde Situation und nahmen gerade noch einen zur Brust, als die Tür aufging und die Polizei erschien – in Begleitung der Stewardessen. Zunächst schienen die Polizisten uns nur eine kurze Standpauke halten zu wollen. Aber alle waren so aufgebracht, daß sich sofort wildes Geschrei erhob. Die Polizisten gingen in dem Lärm völlig unter, sie beschlossen daher, die Übeltäter mitzunehmen. Die Stewardeß zeigte auf mich und Loy – ich werde wohl nie erfahren, wie sie uns nur an unseren Hintern erkannte –, und wir wurden abgeführt.

Als ich aus der klimatisierten Bar an die warme Luft kam, spürte ich erst, wie betrunken ich war. Wir mußten in den Polizeiwagen steigen und wurden zur Hauptwache in der Beech Road gefahren. Allmählich wurde mir der Ernst der Lage bewußt. Wir mußten alle unsere Habseligkeiten abgeben und wurden in eine Arrestzelle gesperrt. Eine Stunde später holten sie uns heraus, führten uns zurück in den Wachraum und fesselten uns mit Handschellen aneinander. In meinem Kopf drehte sich alles, als die Handschellen zuschnappten. Um vier Uhr nachmittags hatte ich noch keine Ahnung gehabt, wer Aloysius war und daß wir zusammen einen trinken gehen würden. Ich hätte längst zu Hause sein, mit Lisa über ihr Fitneßtraining plaudern und zu Abend essen sollen. Wir wurden zur Blutentnahme in ein Krankenhaus gefahren. Es war ein Uhr morgens, Lisa war inzwischen bestimmt wahnsinnig vor Sorge. Wir mußten uns ausziehen und unsere Körper nach irgendwelchen Spuren untersuchen lassen. Wir mußten eine Stunde auf das Ergebnis der Blutprobe warten, von der ich genau wußte, wie sie ausfallen würde, denn wir waren voll bis zum Rand. Danach wurden wir wieder auf die Polizeiwache gebracht. Diesmal trennte man uns, und ich kam zu einem kleinen Chinesen in die Zelle. Er war am ganzen Körper tätowiert, und die Polizei hatte sicher keine blauen Flecke an seinem Körper gefunden. Ich legte mich auf die freie Pritsche und versuchte zu schlafen.

Ich erwachte bei Sonnenaufgang. Stundenlang aber tat sich nichts. Ruhelos ging ich in der Zelle auf und ab. Ich mußte Lisa anrufen, und ich mußte herausfinden, was an der Börse los war. Schließlich kam ein Polizist vorbei.

»Können Sie mir bitte sagen, wie spät es ist?«

»Zehn Uhr.«

Ich setzte mich wieder auf meine Pritsche und versuchte nachzudenken. Ich hatte einen fürchterlichen Kater und brauchte dringend Wasser. Ich kam mir schmutzig vor, und mein Gesicht fühlte sich an wie eine Gummimaske, die ich mir am liebsten heruntergerissen hätte. Meine Gedanken kreisten zwanghaft um das immer gleiche: Ich hatte eine Position von 3000 Futures und mußte wissen, was an der Börse passierte. Sie hatte bereits vor drei Stunden eröffnet, und in dieser Zeit hatte alles passieren können. Die Abreibung, die ich von Lisa bekommen würde, war inzwischen ein sekundäres Problem. Um zwei Uhr nachmittags wurde ich schließlich aus der Zelle geholt. Aloysius und ich mußten uns zu den Vorwürfen äußern, in einem kleinen weißen Raum, der wie eine Migräne auf mir laste-te. Wir durften einen einzigen Telefonanruf machen. Loy rief seine Frau an und wurde furchtbar zusammengeschissen. Ich verzichtete darauf, Lisa anzurufen, da nur Bürger Singapurs eine Kaution stellen dürfen. Statt dessen rief ich im Büro an und sagte, sie sollten George oder Fai schicken.

»Wie hat der Nikkei geschlossen?« fragte ich.

»Bei 19250.«

Ich legte auf. Der Kurs war um 100 Punkte gefallen. Ich versuchte meine Tagesverluste zu kalkulieren. 3000 Kontrakte und ein Kursrückgang von 100 Punkten, das bedeutete, daß ich über eine Million Verlust gemacht hatte. Und ich mußte die Position über das Wochenende halten. Fai kam, er stellte die Kaution – eine Pauschale von 3000 Dollar –, und wir fuhren in Fais Mercedes davon. Vom Auto aus rief ich Lisa an.

»Wo zum Teufel bist du gewesen?« schrie sie. »Ich habe den ganzen Tag im Büro angerufen, und sie haben mich mit lauter verlogenen Ausreden abgespeist.«

»Ich habe die Nacht auf der Polizeiwache verbracht«, sagte ich zerknirscht. »Jetzt sitze ich bei Fai im Auto und bin in fünf Minuten zu Hause.«

»Wehe, wenn du keine gute Erklärung hast.«

Daheim ging ich erst einmal unter die Dusche und wusch mir den Kater und den Schmutz herunter. Dann setzte ich mich zu Lisa und beichtete. Ich verschwieg allerdings, daß wir die Hosen runtergelassen hatten, und sagte nur, daß es furchtbaren Krach mit Einheimischen gegeben habe. Ich wollte nicht, daß sie sich sorgte. Unsittliche Selbstentblößung ist nämlich ein schlimmes Verbrechen in Singapur. Ich erzählte ihr, daß ich mich in vier Wochen wieder melden müßte. Ich hoffte, inzwischen würde die Anklage fallengelassen.

Vier Wochen später war jedoch alles beim alten. Die Polizei hielt uns fest, nahm unsere Fingerabdrücke und fotografierte uns. Wir wurden wieder in die Zelle gesteckt und erst nach sechs Stunden wieder herausgeholt. Als wir endlich herauskamen, waren Fai und Loys Frau auf den Holzstühlen im Wachraum eingeschlafen.

»Woher kriege ich einen Anwalt?« rüttelte ich Fai wach. »Ich muß morgen vor Gericht erscheinen.«

»Ich habe mit meinem Bruder gesprochen«, sagte Fai. »Er kennt einen.«

Am nächsten Tag wachte ich im Morgengrauen auf. Ich hatte mich schon fast angezogen, als Lisa aufwachte, sich ein T-Shirt über den Kopf zog, herüberkam und mich umarmte. Ich hätte fast geweint vor Angst, riß mich jedoch zusammen. Ich ließ Lisa in dem Glauben, daß es sich nur um eine Formalität handelte und ich gleich zurück sein würde. Seit unserem Hochzeitstag hatte ich nicht mehr geweint, und jetzt brach ich vor Angst fast in Tränen aus, weil ich vor Gericht erscheinen mußte.

Als ich ankam, sah ich Aloysius in seinem Auto auf dem Parkplatz sitzen. Er war höchst einsilbig. Ob er seine Geschichte ändern und mir die Hauptschuld zuschieben wollte? Ich hatte keine Ahnung, wie mein Anwalt aussah, aber da ich weit und breit der einzige Europäer war, würde er mich sicher sofort erkennen. Ich wartete vor Saal 23. Um 8.55 Uhr gesellte sich ein kleiner Mann zu mir. Er sagte, er sei mein Anwalt, heiße Jason und werde eine Vertagung beantragen. Das sei eine reine Formalität. Der Richter stimmte der Vertagung zu, verlangte jedoch meinen Paß. Als ich erklärte, ich müsse ihn erst holen lassen, legte man mir Handschellen an und steckte mich in eine der Zellen im Keller des Gerichts – so hatte ich mir eine »Formalität« nicht vorgestellt. Ich war der erste in der Zelle, aber sie füllte sich schnell, und als der Paß endlich eintraf, hatten wir nur stehend Platz.

Die nächsten acht Wochen verbrachte ich in einem Zustand innerer Panik. Ich konnte mich nicht auf die Verluste konzentrieren, und sie wuchsen, da ich zu langsam auf den Markt reagierte. Mein Anwalt stellte im Büro des Generalstaatsanwalts den Antrag, die Anklage abzuschwächen. Vier Wochen keine Reaktion. Dann, am Abend vor dem nächsten Gerichtstermin, rief mein Anwalt an.

»Ich habe gerade gehört, daß die Anklage nicht abgeschwächt, sondern verschärft worden ist«, sagte Jason. »Die

Höchststrafe für unsittliche Entblößung ist ein Jahr Gefängnis.«

»Ein Jahr Gefängnis«, schrie ich. »Um Himmels willen! Ich habe doch nur im Suff meinen Hintern gezeigt. Was zum Teufel soll der Scheiß?«

»Das ist hier Gesetz.«

»Tut mir leid, ich wollte nicht fluchen«, sagte ich. »Aber das ist doch lächerlich.«

»Wir werden uns morgen um eine weitere Vertagung bemühen«, sagte der Anwalt.

Bis dahin hatte ich die ganze Geschichte im Büro geheimgehalten, nur die Händler wußten Bescheid. Jetzt aber ging ich doch zu Simon Jones.

»Du brauchst einen guten Anwalt«, sagte er wütend. »Wen hast du jetzt?«

»Einen Freund von einem der Locals.«

»Schick ihn in die Wüste«, sagte er. »Ich werde heute noch Jane Itogi instruieren. Und noch eins – wenn ich dich drunten an der Boat Quay oder sonstwo außerhalb deines Appartements erwische, bevor dies ausgestanden ist, mache ich dich persönlich zur Minna.«

»Verstehe«, sagte ich und wurde ungnädig entlassen.

Inzwischen hatte sich Aloysius aus dem Staub gemacht. Der Richter nahm das übel auf und stellte einen Haftbefehl aus. Meine Freunde boten mir an, mich unter Golfschlägern versteckt im Kofferraum über die malaysische Grenze zu schmuggeln, damit ich nach London zurückkehren konnte.

»Ein Jahr im Changi-Gefängnis?! Du mußt hier weg!«

Aber ich blieb. Lisa reiste für eine Woche nach England, und ich war jede Nacht allein. Einige Wochen später bekam ich einen Anruf von Jane.

»Gute Nachrichten: Die Anklage ist abgeschwächt worden; die Höchststrafe ist jetzt nur noch ein Monat. Würde mich aber nicht zu fest drauf verlassen.«

Am nächsten Tag kam in der SIMEX John Soo auf mich zu. Er wickelte viele Geschäfte mit mir ab. Auch die anderen lokalen Händler litten unter meiner Lähmung.

»Nick«, sagte er, »ich will Ihnen helfen. Ich möchte, daß Sie jemanden kennenlernen. Kommen Sie mit?«

»Na klar«, sagte ich, »ist er ein Ausbrecherkönig?«

»In gewissem Sinn, ja.«

Wir setzten uns nach der Arbeit in sein Auto, holten Theresa, die Frau seines Partners, ab und fuhren Richtung Tampines, wo ich immer Fußball spielte. Irgendwann bogen wir ab und holperten auf einem staubigen ungeteerten Weg dahin. Vor einem großen weißen Gebäude hielten wir an.

»Wo sind wir hier?« fragte ich.

»Das werden Sie gleich sehen«, sagte John, der es offensichtlich genoß, mich auf die Folter zu spannen.

Wir stiegen eine Treppe hinauf und betraten einen weiten offenen Raum. Er war völlig leer, nur ein gewaltiger goldener Buddha thronte in seiner Mitte. Wir waren offensichtlich in einem buddhistischen Tempel gelandet. John und Theresa beugten den Kopf und zogen die Schuhe aus. Ich machte es ihnen nach. Als wir uns umschauten, bemerkte ich, daß überall in den Wänden Nischen mit kleinen Buddhas waren. John führte uns durch eine kleine Tür, und wir stiegen wieder einige Stufen hinauf. Vor uns öffnete sich erneut ein großer Raum, und ich hielt ungläubig den Atem an: Wände und Decke waren über und über mit Gold und Juwelen bedeckt. Ich hatte noch nie solchen Reichtum gesehen. Ich hatte immer geglaubt, an der SIMEX in einer höchst materialistischen Welt zu leben, aber vor diesem buddhistischen Tempel verblaßte der Reichtum, mit dem ich es zu tun hatte. Ein kahlgeschorener Mönch in einem orangefarbenen Gewand trat vor und begrüßte John. John stellte mich vor. Wir verbeugten uns voreinander und gaben uns die Hand. Er lächelte, und es war, als ob die Sonne aufging. Er strahlte mich nur so an. Ich spürte, wie sich meine Schultern entspannten. Ich fand ihn auf Anhieb sympathisch. Der Reichtum des goldenen Zimmers war das eine – der eigentliche Reichtum aber war offenbar einer der Seele.

Der Mönch sprach nicht gut Englisch. John und Theresa erklärten daher auf chinesisch, was ich getan hatte. An einem bestimmten Punkt grinste mich der Mönch breit an. Vermutlich war gerade die Rede von meiner »Selbstentblößung«. Ich zuckte die Schultern und verdrehte die Augen. Dann griff der Mönch nach einem großen schlappen Buch, das einem Telefonbuch ähnelte, und fragte mich nach Stunde, Tag und Ort meiner Geburt. Er las eine ganze Weile und schlug mehrmals auf anderen Seiten nach. Dann schloß er das Buch und wandte sich wieder mir zu. Er sah mir direkt in die Augen und sagte mir (John übersetzte), daß ich gerade eine wirklich traumatische Zeit durchmache, daß aber alles wieder gut werden würde. Er warnte mich, daß es noch viele Höhen und Tiefen in meinem Leben geben werde, und riet mir, etwas mehr Ordnung in mein Leben zu bringen. Vater zu werden und Geld für wohltätige Zwecke zu spenden seien zwei Wege, dies zu erreichen.

Ich dankte ihm und steckte eine Gabe in einen roten Umschlag. Wir gingen in einen kleinen Nebenraum, und der Mönch sprach ein paar Gebete. Zum Abschied drückte er mir etwas in die Hand und schloß seine Finger um meine Faust, so daß ich sie nicht öffnen konnte. Er lächelte mich noch einmal an, und ich hatte das Gefühl, als würde ich von einer mächtigen positiven Kraft durchströmt. Dann entfernte er sich so rasch, daß sein Gewand sich hinter ihm bauschte. Langsam öffnete ich die Faust. Ein kleiner goldener Buddha glänzte in meiner Hand.

»Sie sind jetzt nur noch eines Vergehens angeklagt«, sagte Jane, als sie aus dem Gerichtssaal kam. »Die Höchststrafe ist ein Bußgeld von zweihundert Dollar. Ich glaube, wir sollten uns schuldig bekennen.« Sie sprach unpersönlich und formell.

An der Börse war mein goldener Buddha weniger erfolgreich. Ich trug ihn an einer Schnur um den Hals, aber der Preis der Optionen fiel weiter. Bis Oktober 1994 war die Volatilität des Nikkei-Index auf zehn Prozent gesunken. Viele Händler verkauften nun ebenfalls Optionen, um ihre Verluste zu begrenzen. Das trieb den Preis noch weiter in den Keller, und damit fielen die Prämien immer dürftiger aus. Um die mehreren Millionen Pfund zu verdienen, die ich zum Ausgleich des Kontos 88888 brauchte, hätte ich nun Tausende und Abertausende von

Optionen verkaufen müssen. Das war ein Ding der Unmöglichkeit.

Von Oktober 1994 an steckte ich in einem tiefen Loch. Ich konnte keine Optionen mehr verkaufen. Ich mußte Futures kaufen, um den Markt zu stützen und ihn über 19 000 zu halten. Und das konnte ich nur noch mit Geld aus London. Ich saß in einer Klemme. Ich war auf steigende Kurse angewiesen und hatte nicht das Geld, sie zu stützen. Ich war jetzt völlig abhängig von Brenda Granger; sie würde mein goldener Buddha werden müssen.

6: November und Dezember 1994

»Im besten Fall fordert Nick die richtigen Dollarbeträge an, verändert aber die falschen Zahlen in der Aufschlüsselung; schlimmstenfalls ist alles aus der Luft gegriffen.«
Tony Railton, 28. Dezember 1994

Das Telefon schrillte mich aus dem Schlaf. Benebelt hob ich ab und warf einen Blick auf das Leuchtzifferblatt des Weckers: Zwei Uhr nachts.

»Nick, hier ist Ron. Ich störe doch nicht?«

»Es ist zwei Uhr nachts.«

»Oh Gott, das tut mir aber leid! Ich wußte gar nicht, daß es schon so spät ist. Also hören Sie, es geht um folgendes: Die alten Säcke wollen, daß Sie die Position ein bißchen abbauen. Sie sind beunruhigt wegen der Summen, die erforderlich sind, um sie zu halten. Außerdem brauchen wir bis Ende des Monats noch zwei Millionen Pfund Gewinn, sonst sind unsere Boni in Gefahr.«

»Das ist leichter gesagt als getan, Ron. In welcher Welt leben Sie eigentlich?«

»Sie müssen es schaffen, Nick. Es darf einfach nichts schiefgehen. Und dann, wenn Sie Ihren Bonus haben, will ich Sie in einem goldenen Mercedes herumfahren sehen.«

»Ich will sehen, was sich machen läßt.«

»Tut mir leid, daß ich Sie so spät in der Nacht geweckt habe, aber ich erwische Sie tagsüber einfach nie. Also bis dann, morgen in einer Woche in Tokio.«

Ich legte auf. Dieser Bastard! Ich war den ganzen Tag zu erreichen. Er hatte es gar nicht versucht und wollte mich nur terrorisieren. Schlafentzug war ein probates Mittel. Natürlich konnte ich nicht mehr einschlafen. Ich glitt aus dem Bett und ging ins Wohnzimmer. Es roch nach abgestandenem Bier. Ich warf die alten Flaschen weg und räumte ein bißchen auf. Dann saß ich am Fenster und schaute auf die Lichter Singapurs. Um drei Uhr morgens war nicht viel zu sehen außer dem Schein der Neonlampen über den Werbeplakaten in den Fenstern der Büroblocks. Der Anblick erinnerte mich an eine große elektronische Schaltkarte: überall Lichter und Gebäude und Sicherungen. Wenn ich nur den richtigen Schalter fände, der den irren Teufelskreis unterbrach, in dem ich mit meinen Verlusten steckte! Die richtigen Schaltungen in der richtigen Reihenfolge – und ich hätte das Geld zurückgewonnen. Die Kurse mußten steigen. Wenn ich die Verluste nicht ausgliche, konnte ich auch keinen Bonus von Barings annehmen. Ich würde kündigen, bevor die Prämien ausgezahlt würden.

Gegen Ende des Jahres waren die Prämien Gesprächsthema Nummer eins. Es schwirrte vor Gerüchten und Phantasiesummen. Alle meine Händler waren überzeugt, daß ich hohe Prämien für sie herausholen würde. Ich würde Simon Jones und Ron Baker eine Zahl nennen und dann einen Kompromiß von 75 Prozent meines Vorschlags aushandeln. Das sollte im Dezember passieren.

Ende Oktober konnte ich keine Optionen mehr verkaufen, um das Fehlerkonto 88888 auszugleichen, also machte ich einfach eine Journalbuchung auf das Konto bei der Citibank. Ich hatte eine interne Buchprüfung überstanden, aber das Jahresende stand bevor, und dann würde ich es mit externen Buchprüfern zu tun bekommen. Sie würden mit Sicherheit den Kontostand bei der Citibank prüfen, um sicherzugehen, daß das Geld auch wirklich da war. Dann war es aus mit dem Versteckspiel.

Ich hätte den Gewinn von zwei Millionen fast gemacht, den Ron forderte.

»Ich geh' ran«, sagte ich zu Carol, als das Lämpchen für die Außenleitung aufleuchtete. Ich wußte, es war Fernando. Inzwischen waren wir überzeugt, daß unsere Leitungen angezapft waren, und benutzten diese Verbindung nicht mehr, sondern wählten unsere Gesprächspartner auf externen Leitungen an.

Ich drückte auf den Knopf.

»Na, Ferd, wie steht's?«

»Wir haben einen schlechten Tag gehabt hier drüben. Ben hat laufend was übersehen, und wir bekamen die Hucke voll.«

Ich nickte verständnisvoll. Fernando klang aufgeregt. Er war so leicht zu durchschauen. Wenn er auch nur einen Bruchteil meiner Verluste gemacht hätte, hätte er sich entleibt.

»Ich glaube, bei uns lief es ganz gut«, sagte ich langsam. »Aber du kennst mich: Ich habe keine Ahnung, wie sich das in Zahlen niederschlägt.«

»Wo war was los?« fragte er.

»Wir hatten einen großen Käufer bei den März-Futures. Er hat über 2000 gekauft, glaube ich. Wir kauften die Dezember-Kontrakte und verkauften ihm dafür die März-Kontrakte. Es war ganz einfach. Ich weiß, daß unser Kapitalbedarf damit gestiegen ist und Ron auf mich fluchen wird, aber wir können damit gutes Geld machen.«

Ich hatte das perfekte Arbitrage-Szenario genossen. Futures-Kontrakte haben in der Regel eine Laufzeit von drei Monaten, also liefen die Dezember-Kontrakte bald aus, und die Leute begannen mit März-Kontrakten zu handeln. Fast das ganze Geschäft mit den Dezember-Kontrakten lief jedoch beinahe bis zum letzten Tag – bis dahin ist das Volumen sehr gering. Wenn nun zu einem frühen Zeitpunkt ein großer Käufer oder Verkäufer bei den März-Kontrakten auftritt, übt er einen unverhältnismäßig starken Einfluß auf den Markt aus. Er treibt ihn in die eine oder andere Richtung. Ein durch den Handel mit großen

Posten verzerrter Markt ist immer der ideale Tummelplatz für Arbitrageure.

Ich hatte die Dezember-Kontrakte in Osaka gekauft und die März-Kontrakte zu einem mehr als guten Kurs an der SIMEX verkauft und meinen Gewinn gesichert. Es war ein exzellentes Geschäft. Wenn ich nicht einen Schrank voll Verluste gehabt hätte, die ein bedrohliches Eigenleben führten, hätte ich glänzend dagestanden.

Ich konnte Fernandos Neid durch das Telefon spüren. Ich sah hinüber zu dem Maklerstand, wo ich den ganzen Tag Kohle gemacht hatte, und grinste.

»Wir haben uns ein großes Stück vom Kuchen abgeschnitten.«

Ich überließ es ihm, sich vorzustellen, wie hoch der Gewinn gewesen war.

»Großartig«, sagte Fernando schwach. »Ich rufe dich später im Büro noch mal an.«

An diesem Wochenende flog ich nach Tokio zur Asienkonferenz der Financial Products Group von Barings. Ron Baker und Mary Walz waren aus London eingeflogen, und Ron sah ziemlich fertig aus, als ich ihn in seinem Büro in Tokio aufsuchte. Nach einem kurzen Plausch ging er fort, um ein paar andere Händler zu treffen, und Fernando und ich setzten uns zusammen.

»Willst du mit raufkommen?« schlug Fernando vor. »Ich mache um diese Zeit immer mein Fitneßtraining.«

In den Boomjahren der achtziger Jahre hatte Barings zehn Mitgliedskarten für den Fitneßclub im obersten Stock des neuen Otani-Gebäudes erstanden. Es hieß, daß sie eine Million Dollar pro Stück gekostet hätten. Während der Rezession waren jedoch mehrere Direktoren gefeuert worden, und man hatte die freigewordenen Mitgliedskarten an Händler wie Fernando ausgegeben.

»Na klar.« Ich war begeistert. »Gehen wir.«

Wir nahmen den chromblitzenden Aufzug in den 33. Stock und stiegen in der Lobby des Fitneßclubs aus. Sie war mit Bambus und anderen Hölzern verkleidet und wirkte wie ein großes

Blockhaus. Zwei hübsche Mädchen in weißen Sweatshirts standen am Eingang und gaben uns Schlüssel für die Umkleideräume. Wir zogen uns um und griffen uns jeder eines der flauschigen Handtücher. Fernando ging seine Gewichte stemmen, während ich zu den heißen japanischen *onsun*-Bädern schlenderte und mich auf den hölzernen Sims in einem Becken mit dampfendem, sprudelndem Wasser setzte, das mir bis zum Hals reichte. Ich saß eine ganze Stunde da und spürte, wie sich meine vom Streß der letzten Woche und vom Flug verspannten Rückenmuskeln allmählich lockerten. Danach sah ich mich ein wenig um und schaute aus den Fenstern zu den gegenüberliegenden Wolkenkratzern mit ihrem lebhaften Bürobetrieb hinüber. Ich befand mich in der teuersten Immobilie der Welt – ein Glas Cola kostete hier zehn Dollar –, strolchte splitternackt vor den Fenstern herum und sah zu den japanischen Banken hinüber, den größten Geldzentren der Welt. Ich fragte mich, was mein Vater wohl von alledem gehalten hätte. Wahrscheinlich hätte er das Fitneßzentrum als absolute Farce empfunden und seine Stammkneipe bei weitem vorgezogen. Und splitternackt wäre er wohl auch kaum herumgestrolcht.

Am nächsten Tag ging es per Bahn nach Atami. Zwei meiner Leute aus Singapur waren mit von der Partie, Rob Leaning und Fai, aber die Gruppe bestand vor allem aus Japanern. Es sollte auf der Konferenz um Reorganisation, unsere Etats und natürlich unsere Prämien gehen. Ron Baker hatte für uns ein Gästehaus gemietet.

Wir kamen spät an und bekamen unsere Räume zugewiesen. Das Haus lag sehr ruhig, war karg möbliert – alles war in Schwarz, Weiß oder Grau gehalten. Wir übernachteten in Gruppenschlafräumen zu je vier Mann. Unsere Futons lagen auf dem Fußboden mit einem hölzernen Klotz als Kopfkissen am einen und einem kleinen Schemel für die Kleider am anderen Ende. Trotz dieser asketischen Einrichtung sah der Raum, als wir bettfertig waren, wie die Umkleidekabine eines Rugbyclubs aus; Kleider und Schuhe lagen überall auf dem Boden verstreut.

Am nächsten Morgen um sechs weckte uns eine alte Frau, die den Raum erst verließ, als wir alle aufgestanden waren. Wir setz-

ten uns zum Frühstück an ein kleines Lacktischchen und starrten den getrockneten Fisch und die rohen Eier an.

»Ich gehe zu McDonald's«, verkündete Ron. »Irgendwelche
Bestellungen?«

Sechs von uns bestellten Hamburger, sehr zum Entsetzen der
japanischen Händler, die den getrockneten Fisch aßen. Ron
kam mit einer Kiste voll Junk food und einem lebensgroßen Po-
ster von Michael Jordan zurück, das er vor dem Laden geklaut
hatte. Von da an begleitete uns Michael Jordan überallhin. Wir
sollten über Etats und Kostenreduzierung reden, aber ich konnte die Sache nicht ernst nehmen. Schon dieser Ausflug allein
kostete Zehntausende von Pfund, und vor allem wurde schnell
klar, daß sich alle nur für ihre Prämien interessierten. Sie schlichen um Ron herum und versuchten, für sich einen höheren
Bonus herauszuholen.

Wir verbrachten zwei Tage in dem Gästehaus. In der ersten
Nacht mietete Ron eine Bar, und wir tranken Sake bis morgens
um fünf. Am nächsten Tag fielen die meisten Gespräche aus,
weil wir in den *onsun*-Bädern unseren Kater auskurierten. Danach gab es ein Dinner im Gästehaus.

Eine riesige Abalone, ein Schalenweichtier, das in Japan als
große Delikatesse gilt, war gleich hinter der Tür auf einer Kri-
stallplatte ausgestellt. Die Meeresschnecke war in zwei Hälften
geschnitten, aber sie lebte noch, schleimte in ihrer orange- und
cremefarbenen Schale herum und pulsierte wie ein großes tin-
tenschwarzes Herz. Einige der Händler tropften Zitronensaft
darauf und stocherten mit Eßstäbchen drin rum.

»Laßt sie in Ruhe«, sagte ich. »Das arme Ding.«

»Was hat er denn?« lachte Benjamin. »Ich meine, für Tier-
schutz ist es ein bißchen zu spät.«

»Du bist widerlich«, sagte ich und entfernte mich, um etwas
Sake aufzutreiben. Es war wirklich zu spät für tierschützerisches
Einschreiten. Das arme Weichtier – in Japan ein sehr teures Gericht, das in dieser Größe mindestens 2000 Pfund kostete – wurde in mundgerechte Stücke zerschnitten. Sie zuckten noch, als
sich unsere japanischen Freunde darüber hermachten.

Wir saßen um den langen niedrigen Tisch und bedienten uns

aus den kleinen Porzellanschälchen mit *sushi* und Nudeln. Zwei Geishas kamen herein, beide zwischen vierzig und fünfzig, gefolgt von einer weiteren Geisha mit einer Mandoline, die auf Zehenspitzen hereinschlich und in einer Ecke niedersank. Sie war mindestens achtzig und sah aus wie eine gut erhaltene Walnuß. Die beiden jüngeren sangen und tanzten ein bißchen, und dann gingen sie in die Hocke und arbeiteten sich um den Tisch herum. Einmal ließen sie Ron aufstehen und spielten ein Spiel mit ihm, bei dem er anscheinend zwischen ihren Beinen hinplumpsen sollte, und ich mußte aufstehen und mich soweit wie möglich nach hinten lehnen. Wir waren inzwischen viel zu besoffen, als daß es uns etwas ausgemacht hätte.

Dann begann die alte Dame auf ihrer Mandoline zu spielen.

»Oh, Gott, was für ein schrecklicher Trauergesang!« beschwerte sich Ron. Er nahm ein paar *sushi* und warf sie nach der Alten, damit sie aufhörte. Sie lächelte geziert, als ob Ron Blumen geworfen hätte, und spielte weiter. Ich wußte nicht, ob sie beleidigt war oder die *sushi* für eine bizarre Art Trinkgeld hielt. Dann drehten sich die beiden jüngeren Geishas herum und zogen ihre Kleider hoch, damit wir sehen konnten, daß sie keine Slips trugen.

»Zweimal Selbstentblößung!« grölte ich, als sie uns affektiert anlächelten.

»Yeah!« schrie Ron und warf weitere *sushi* auf das alte Weib in der Ecke.

»Danke für den tollen Abend, Ron«, sagte ich, als ich schließlich das Weite suchte.

»Ich danke Ihnen, Kollege«, sagte er. »Sie haben dafür bezahlt. Machen Sie endlich die besprochenen Gewinne. Dann können wir uns mit *sushi* vollstopfen, bis sie uns zu den Ohren wieder rauskommen. Wenn nur diese alte Nutte in der Ecke endlich aufhören würde!«

Und er warf wieder eine Handvoll *sushi* nach ihr, einige davon blieben an der Wand hängen, lösten sich dann langsam und lagen schließlich in kleinen rosa- und orangefarbenen, schleimigen Häufchen um sie herum. Als ich zurück in unseren Schlafsaal kam und mich hinlegte, knallte mein Kopf auf das eckige Holzkissen. Ich war fertig.

Am nächsten Tag fuhren wir zurück nach Tokio, ohne daß irgend etwas geklärt worden wäre. Ich hatte in den ganzen zwei Tagen nicht ein einziges ernsthaftes Gespräch mitbekommen. Ron schien jedoch sehr zufrieden mit sich. Lisa stieß in Tokio zu mir, und am Sonntag flogen wir mit Ron Baker und Mary Walz nach Hongkong, um uns mit dem Hongkonger Team zusammenzusetzen. Thema war die interne Reorganisation, die Ron durchführen wollte, um seine Position bei Barings weiter zu stärken. Ron wollte, daß Mike Killian in Tokio ihm berichtete statt Peter Norris, dem Hauptgeschäftsführer von Barings. Und er wurde nicht müde, unsere Meinung darüber einzuholen.

Die Folge des ganzen Brimboriums war, daß ich eine Woche lang an der SIMEX fehlte. Wir wohnten im Hongkong Oriental, und während einer der nervtötenden Sitzungen verschwand ich ein Weilchen und ging hinunter in die Lobby, um auf dem Reuters-Schirm nach den Kursen zu sehen.

Ich hatte Geld verloren. Die Kurse für japanische Regierungsanleihen waren gestiegen, und da war ich short, der Nikkei war gefallen, und da war ich long. Ich hatte bei beiden Positionen verloren, und auch ohne Taschenrechner wußte ich, daß es ein Vermögen war – mindestens weitere zwanzig Millionen Pfund. Meine Eier saßen in einem Schraubstock, der unerbittlich zugedreht wurde. Ich starrte wie gebannt auf den Schirm, sah hilflos zu, wie sich die Zahlen veränderten, und weit und breit kein Telefon, über das ich hätte eingreifen können. Aber ich hätte ohnehin nicht gewußt, ob ich hätte kaufen oder verkaufen sollen. Ich konnte nichts tun. Das waren die Preise, und ich hatte noch mehr Geld verloren. Ich hatte einen hohen Einsatz riskiert, um das Konto vor dem Jahresende auszugleichen, und ich hatte verloren. Ich starrte auf den Schirm, als sähe ich Bilder von einem Erdbeben am Südpol – so fern war mir das alles. Ich saß hier im Hotel bei diesen endlosen Konferenzen und war völlig abgeschnitten von der realen Welt. Wir verbrachten unsere gesamte Zeit im Oriental, aßen aus den Körben mit Früchten und Pralinen, die man uns jeden Abend ans Bett stellte, bestellten Fleischspießchen beim Zimmerservice und vertilgten abends gewaltige kalte Buffets im Konferenzraum. Wir schrieben mit kleinen lackierten Bleistiften des Hotels auf das Büttenpapier des Hotels. Kein Geld wechselte den Besitzer. Wir unterschrieben Quittungen für jede Kleinigkeit, vom Rasierschaum bis zu den Hermès-Krawatten in den Lobby-Shops. Und im gar nicht so fernen Singapur tickte die Zeitbombe 88888.

Ich beschloß zu warten – es bestand kein unmittelbarer Handlungsbedarf, denn das Monatsende war noch immer über eine Woche entfernt. Bis dahin war ich wieder in Singapur und konnte meine Bilanz frisieren. Am nächsten Tag entwickelten sich die Märkte jedoch wieder zu meinem Nachteil und am Mittwoch ebenfalls. Ich stand wieder einmal vor dem Schirm und stellte entsetzt fest, daß ich innerhalb von drei Tagen fünfzig Millionen Pfund verloren hatte.

»Na los, Sie Wahnsinnsdealer!« brüllte Ron quer durch das Foyer. »Sie können bald genug wieder an die Arbeit. Jetzt muß ich mit Ihnen über Ihren Bonus reden. Sie haben mich ja regelrecht gemieden.«

Wir setzten uns direkt unter dem Reuters-Schirm in die Lobby und sprachen über den Bonus, während meine versteckten Verluste weiter explodierten.

»Nun denn, Nick, Sie wissen ja, der Etat ist knapp, und obwohl Sie ein exzellenter Trader sind, ist nicht viel drin.«

Ich wartete, bis er mit dem Geschwafel fertig war und auf den Punkt kam.

»Langer Rede kurzer Sinn, ich habe bei Peter Norris ein Wort für Sie eingelegt, und er war einverstanden, daß wir Ihren Bonus auf 350000 Pfund erhöhen.«

Ich wußte zwei Dinge. Erstens: Dies war das Eröffnungsangebot, und ich mußte es auf jeden Fall ablehnen, sonst würde Ron riechen, daß ich etwas zu verbergen hatte. Zweitens: Wenn ich meine Verluste nicht unter Kontrolle brachte, mußte ich gehen. Dann flog ich auf, und das Spiel war aus.

»Ron, das ist lächerlich«, moserte ich. »Sehen Sie, ich habe mir ein Jahr lang den Arsch aufgerissen und uns zum führenden Haus an der SIMEX gemacht – lieber Gott, wir haben sogar diesen SIMEX-Preis für unser großes Handelsvolumen bekommen. Sie müssen schon etwas mehr auf den Tisch legen. Schließlich tue ich mehr, als nur Aufträge auszufüllen.«

»Natürlich, Nick, natürlich«, sagte Ron beruhigend. »Wie schon gesagt, ich setzte mich für Sie ein. Sie sind eine Ausnahme. Ich will sehen, was sich machen läßt.« Er tätschelte aufmunternd meinen Arm. »Ich werde zusehen, daß Ihr Bonus mit einer Vier beginnt.«

Ron genoß es, wenn alle an seinen Lippen hingen. Er hatte die Schlüssel zu unseren Prämien, und er ließ sie gerne über unseren Köpfen klingeln und schaute zu, wie wir Männchen machten.

Lisa und ich verließen Hongkong am 28. September und flogen nach Singapur, erhielten dort jedoch gleich einen Anruf von Lisas Eltern. Ihr Großvater war gestorben.

Am nächsten Tag rief ich Ron an. »Ron, Lisas Großvater ist gestorben.«

»Das tut mir aber leid.«

»Lisa fliegt heute zurück, und ich fliege zur Beisetzung am Freitag. Geht das in Ordnung?«

»Was ist mit der Konferenz in New York?«

»Ich verbringe die Woche bei Lisas Familie und fliege am nächsten Wochenende nach New York.«

»Sie werden verdammt lange nicht in Ihrem Büro sein.«

»Das ist mir klar, Ron, aber ich muß einfach zur Beerdigung.«

»Wie wollen Sie dann die Gewinne machen?« jammerte er. »Also, ich kämpfe mit Zähnen und Klauen um Ihren Bonus, Nick, aber Sie müssen mir auch entgegenkommen.«

»Mache ich, Ron. Diese Beerdigung aber ist ein Muß.«

Er blieb hartnäckig. »Ich will keine Enttäuschung mit Ihnen erleben, und die anderen auch nicht. Mit diesem Begräbnis und der New Yorker Konferenz werden Sie fast zwei Wochen nicht im Büro sein.«

»Ich werde die Gewinne machen«, sagte ich und biß die Zähne zusammen. »Haben Sie sonst noch was auf dem Herzen?«

»Ich melde mich wieder«, sagte Ron und legte auf.

Ich rief Lisa an und sagte ihr, daß ich fliegen konnte.

»Aber Ron hat noch was in petto«, sagte ich. »Er setzt mich wirklich unter Druck, daß ich Gewinne mache.«

»Laß zur Abwechslung mal andere die Gewinne machen«, sagte sie. »Ich habe jedenfalls gepackt.«

Ron rief wieder an. »Ich habe nachgedacht«, sagte er. »Sie kommen am Freitag morgen in London an, nicht wahr? Also stelle ich Ihnen einen Paß für das Wachpersonal aus, dann können Sie am Sonntag abend ins Büro und die Nacht über dealen.«

»Wie bitte?«

»Sie sind dann ja noch auf fernöstliche Zeit eingestellt, also können Sie sowieso nicht schlafen. Ich habe mir ausgerechnet, daß die SIMEX etwa um Mitternacht öffnet. Sie können also die ganze Nacht handeln und werden nichts verpassen.«

»Vielen Dank, Ron.« Ich traute meinen Ohren nicht. »Das ist wirklich sehr fürsorglich von Ihnen.«

»Nichts zu danken.« Meine Ironie war völlig verschwendet. »Ich sehe Sie dann am Montag morgen und frage Sie, wie's gelaufen ist. Sie können die ganze Woche jede Nacht handeln, und wir stehen dann bei der New Yorker Konferenz gut da.«

Ich hatte nicht die Zeit, Optionen zur Deckung der Novemberbilanz zu verkaufen, also machte ich wieder eine Journalbuchung und tat so, als würden die Mittel auf dem Konto der Citibank liegen. Die Summe war atemberaubend: 65 Millionen Pfund lagen danach angeblich auf dem Barings-Konto bei der Citibank.

Es wurde allmählich absurd. Offensichtlich machte sich niemand die Mühe, die Kontoauszüge durchzusehen, die wir schickten. Ich ließ das ganze hinter mir und flog nach London.

Ich hatte vergessen, wie kalt ein englischer Dezember ist. Als wir in Heathrow landeten, war ich müde vom Flug; ich fror und wurde einfach nicht mehr warm. Lisa und ihre Eltern holten mich ab, und wir fuhren zu ihrem Haus in Kent.

. Der Sonntag abend war gekommen, und nach dem Tee quetschten wir uns alle in Alecs Auto und fuhren nach London. Ich fühlte mich wie früher auf der Fahrt zur Schule. Alec und Patsy, Lisas Eltern, saßen vorn, Lisa und ich hinten. Sie wollten mich absetzen, sich die Weihnachtsbeleuchtung in der Regent

Street anschauen und dann wieder nach Hause fahren. Ich würde im Büro von Barings bleiben und am nächsten Tag mit dem Zug zurückfahren.

Wir hatten Bishopsgate schnell gefunden. Die Stadt war wie ausgestorben, und Alec ignorierte sogar ein paar rote Ampeln, weil so gut wie kein Verkehr war. Es war kalt und naß, und der Straßenbelag glänzte schwarz unter den Laternen. Die Vordertüren von Nummer 8, der Zentrale von Barings, waren geschlossen. Ich stieg aus dem Auto aus, schlug den Kragen meiner Lederjacke hoch und spähte durch die Spiegelglasfenster hinein. Die Rezeption war völlig leer, wenn man von einem großen, in den Barings-Farben Blau und Gold protzig geschmückten Weihnachtsbaum absah. Das Auto wartete am Randstein, ich klingelte.

»Das ist doch Wahnsinn«, schrie Alec. »Was willst du da drin überhaupt.«

»Schon okay«, rief ich. »Da kommt jemand.«

Ein älterer Wachmann schlurfte zur Tür, bedeutete mir, daß ich zum Hintereingang kommen sollte, und seine Lippen formten die Worte: »Sind Sie Mr. Leeson?«

»Ja«, antwortete ich auf dieselbe Weise und mit einem übertriebenen Nicken.

Ich winkte Lisa und ihren Eltern noch einmal zu und ging dann die Leadenhall Street hinunter und am Gebäude der Commercial Union vorbei, wo ich für Morgan Stanley gearbeitet hatte, zum Hintereingang von Barings. Die Stadt war totenstill. Ich dachte an die riesigen Mengen Geld, die all diese Gebäude repräsentierten. Ganz klein kam ich mir vor im Angesicht der schweigenden Paläste. Sie standen einfach so um mich herum, gleichgültig gegen mein Starren, und ließen nicht erkennen, welche Funktion sie hatten, wer hier arbeitete oder was für idiotische kleine Bürodramen sich drinnen abspielten.

»Kommen Sie herein«, sagte der Wachmann. »Ich hatte wirklich nicht mit Ihnen gerechnet. Kennen Sie den Weg?«

Ich nahm den Lastenaufzug in den 14. Stock, da der Hauptaufzug abgeschaltet war. Ich trat heraus und machte mich auf den Weg zu Mary Walz' Schreibtisch. Die Neonröhren an der

Decke summten viel lauter als erwartet; einige sprangen erst flackernd an, als ich vorbeikam. Mary hatte eine kleine Notiz mit dem Kennwort für ihre Börsenleitung auf den Schirm ihres Rechners geklebt.

Ich saß ganz allein in der gewaltigen Leere des 14. Stocks und kam mir vor wie ein Einbrecher. Es gab jedoch nichts zu stehlen, wenn man von Notizblöcken, Heftmaschinen und Barings-Bleistiften absah. Ich griff zum Telefon und rief Linda in Singapur an.

»Hallo, hier Nick«, sagte ich, und meine Stimme hallte durch das leere Büro. »Ich bin an Mary Walz' Apparat im Londoner Büro. Irgendwelche Probleme?«

»Bei uns läuft alles gut, danke«, sagte Linda. »Die SIMEX will dich aus irgendeinem Grund sprechen, aber sonst gibt es nichts Außergewöhnliches.«

»Sag ihnen, ich bin in vierzehn Tagen zurück.«

Dann rief ich Risselle am Barings-Stand in der SIMEX an.

»Tut sich was?«

»Nicht viel. Wir kommen gut zurecht, und wir haben eine Reihe von Aufträgen. Was sollen wir damit tun?«

»Führt sie selbst aus. Achtet darauf, daß George eure Handzeichen auch wirklich sieht. Und dann immer mit der Ruhe.«

Ich blickte auf Marys kleinen Reuters-Schirm, der an einem Ende ihres Schreibtisches eingebaut war, und versuchte, mich auf den Nikkei-Index zu konzentrieren. Er sprang rauf und runter, aber da ich meine Position nicht genau kannte, ließ ich ihn lieber in Ruhe. Ich stand auf und schlenderte ein bißchen im Büro herum. Dann fand ich ein Sofa. Gelangweilt, müde und erschöpft von der Zeitverschiebung legte ich mich hin, zog mir die Lederjacke über den Kopf, um das helle Neonlicht abzuschirmen, und schlief ein.

Um fünf Uhr morgens wurde ich wach, als ein Heer von Putzfrauen hereinlärmte. Draußen war es immer noch dunkel, aber ich fühlte mich seltsam wach und erfrischt. Mir fiel ein, daß es in Singapur jetzt Nachmittag war. Ich stand auf und ging zur Kaffeemaschine. Eine Putzfrau hörte mit dem Staubsaugen auf und starrte mich an. Wir winkten einander zu, als ob wir in gro-

ßer Entfernung aneinander vorbeiführen. Ich trug den siedend-
heißen Plastikbecher zu Mary Walz' Schreibtisch und setzte
mich. In der SIMEX würde jetzt die Nachmittagssitzung laufen.
Ich beschloß, ein bißchen zu handeln, weil Ron es erwartete.

»Risselle, wie ist der Markt?«

»Ruhig und stabil.«

Kaufen oder verkaufen? Was sollte ich tun? Es kam nicht wirklich darauf an, da ich nur kleine Geschäfte machen würde. Die
Stabilität der Märkte kam mir nun zugute. Ich hatte einen fürchterlichen Schlag eingesteckt, als ich in Hongkong war, aber jetzt
sah es viel besser aus. Ich gab Risselle eine Reihe ziemlich zah-
mer Aufträge; sie sollte bei etwa 250 zum bestmöglichen Preis
kaufen und sie wieder verkaufen, wenn der Kurs auf 300 stieg.
Dann las ich eine alte Zeitung und wartete bis sieben Uhr. Eine
schmutziggraue Dämmerung setzte ein, und ich beobachtete
die Weltzeituhren an der Wand, auf denen digital die Zeit ver-
rann, in New York, London, Frankfurt, Hongkong und Tokio.
Singapur war nicht dabei, aber ich wartete, bis New York 02.00,
London 07.00, Frankfurt 08.00, Honkong 15.00 und Tokio 16.00
zeigte. Erst dann schaltete ich Mary Walz' Terminal aus, stand
auf, streckte mich und ging zum Lift.

Als ich auf die Leadenhall Street hinaustrat, sah ich, daß
Arans Sandwichladen gerade aufmachte. Ich überquerte die
Straße, bestellte ein Omelette-Sandwich und fuhr herum, als
mich plötzlich jemand an der Schulter packte.

»Na, wie ist es gelaufen, Nick?«

Es war Ron.

»Ganz gut. Ich habe eine Reihe von Geschäften gemacht. Aber
jetzt freue ich mich heimzukommen.«

»Großartig, Nick. Gut gemacht.«

Ich hatte ihm nicht gesagt, ob ich Geld gewonnen oder verloren hatte. Er nahm einfach an, daß ich Geld gemacht hatte.

»Also, ich habe ein paar Termine für Sie gemacht in dieser
Woche. Am Mittwoch sind wir bei Peter Norris. Können Sie um
elf Uhr dasein?«

»Natürlich, Ron, kein Problem.«

»Und natürlich können Sie jede Nacht handeln.«

»Natürlich, Ron, kein Problem«, wiederholte ich widerstrebend.

Und dann nahm ich mein Sandwich, fuhr mit dem Taxi zur Victoria Station und dann mit dem Zug zurück nach Swanley.

Mittwoch, der 7. Dezember, war ein schöner Wintertag, der Weihnachtsschmuck der Läden leuchtete; die Schaufenster in der Innenstadt waren bunt dekoriert. Ich ging in das Büro von Barings. Zum ersten Mal, seit ich wieder in London war, bekam ich es in der normalen Arbeitszeit zu Gesicht. Es war ein verrücktes Gefühl, das Gebäude voller Menschen zu erleben. Noch verrückter war es jedoch, daß so viele Leute auf mich zukamen und mir gratulierten – selbst ein Mann wie Richard Katz, der Chef der Abteilung Aktienhandel, der mir früher nicht einmal die Uhrzeit gesagt hätte.

»Hallo, Nick«, sagte er freundlich. »Sie scheinen ja wirklich gute Arbeit zu leisten.«

»Es läuft nicht schlecht«, sagte ich bescheiden.

»Und Sie handeln sogar die ganze Nacht hier!« Er schüttelte bewundernd den Kopf.

»Ich bin froh, wenn es vorüber ist«, sagte ich.

»Schlagen Sie zu!« sagte er und boxte mich leicht gegen die Schulter.

Ich hätte ihm am liebsten wirklich eine gescheuert, dem arroganten Bastard. Früher war er sich zu gut gewesen, auch nur ein Wort mit mir zu wechseln, und jetzt wollte er, daß ein wenig von meinem Glanz auf ihn fiel, weil Ron Baker ihm seine Version meiner Erfolgsgeschichte aufgetischt hatte.

Ich war unterwegs zu Rons Büro, als plötzlich Brenda Granger auftauchte.

»Nick! Mein Junge!« Sie war eine matronenhafte Amerikanerin und spielte gern die Mutter bei Leuten, die sie als ihre besonderen Schützlinge betrachtete.

»Ich muß Sie unbedingt sprechen«, setzte sie an. »Also, wann schicken Sie mir die bewußten Zahlen?«

»Einen Augenblick, Brenda«, sagte ich und trat einen Schritt zurück. »Ich habe in drei Minuten ein Gespräch mit Peter Norris. Kann ich mich danach bei Ihnen melden? Wir können zusammen was trinken gehen.«

»Na gut, aber Sie dürfen mich nicht versetzen. Wir müssen wirklich miteinander reden. Niemand in Singapur kann ohne Sie irgendwelche Fragen beantworten, und dort haben Ihre Leute gerade einen Riesenhaufen Geld angefordert.«

»Das muß an meinen nächtlichen Geschäften liegen.«

»Ich habe gehört, daß Sie die ganze Nacht hier waren. Sie Armer. Sie müssen ja völlig erledigt sein.«

Ich lächelte sie an und setzte meinen Weg zu Ron Bakers Büro fort. Er winkte mich herein und hielt den Telefonhörer mit der Schulter fest, damit er mit der freien Hand nach seinen Zigarren greifen konnte.

»Nur herein, Nick.«

Ich wartete, bis er sein Gespräch beendet hatte. Dann warf er einen Blick auf seine Armbanduhr.

»Scheiße, wir müssen los«, sagte er. »Ich habe Tarek gebeten, mitzukommen.«

Wir stiegen über eine große Wendeltreppe aus Mahagoni hinauf in die Chefetage, und Ron führte uns in einen kleinen Konferenzraum mit einem runden Tisch und plüschbezogenen Stühlen. An den Wänden hingen Drucke mit Jagdszenen. Das Bild neben mir zeigte einen rotberockten Reiter, der über eine Hecke stürzte, und trug den sinnigen Titel »Kurz vor dem Fall«.

Peter Norris tänzelte herein. Der Barings-Chef sah prächtig aus in seinem grünen Hemd mit den goldenen Manschettenknöpfen, der grünen Seidenkrawatte und dem eleganten Zweireiher.

»Hallo, Ron, hallo, Tarek«, sagte er zu den beiden anderen. Dann wandte er sich mir zu, als ob er mir damit eine besondere Gunst erweise: »Und Sie müssen Nick sein.«

»Ich wollte Sie mit Nick bekannt machen, weil er bei unserer Umstrukturierung eine so bedeutende Rolle spielt«, warf Ron ein. »Er ist so ein superheißer Trader, daß ich dafür gesorgt habe, daß er hier in London über Nacht weiter mit Nikkei-Futures in Singapur handeln kann.«

174

Norris' Lächeln reichte fast bis zum Revers seines Zweireihers.

»Machen Sie das tatsächlich?«

»Ja.« Ich grinste zurück. Es war zum Totlachen.

»Nick ist einfach nicht wegzukriegen vom Parkett«, fuhr Ron fort. »Er ist die Schlüsselfigur in Singapur.«

»Hört sich an, als seien Sie die Schlüsselfigur in ganz Asien«, sagte Peter Norris.

»Er ist ein Tier«, setzte Ron die absurde Unterhaltung fort. »Er ist wie rasend. Sie sollten sehen, wie er mit dem Markt umspringt. Keiner kann ihm das Wasser reichen.«

»Macht es Ihnen noch Spaß, Nick?« fragte Norris.

Diese Frage kam unerwartet. Es machte mir schon seit zwei Jahren keinen Spaß mehr. Ich hatte mich mit dem schlimmsten aller Geheimnisse herumgeschlagen und bloß keine Zeit gehabt, mich zu fragen, ob es mir Spaß machte. Und doch wußte ich, daß es entsetzlich war. Als ob man Krebs hat und vor allen verbirgt. Aber warum war es überhaupt so wichtig, daß einem die Arbeit Spaß machte? Ich betrachtete das offene Lächeln auf Peter Norris' Gesicht und überlegte, was ich antworten sollte. Ich hätte ihn mit: »Nein, ich habe fast 150 Millionen Pfund verloren und weiß keinen Ausweg mehr!« schockieren und dann warten können, bis das Lächeln in seinem Gesicht erlosch. Vermutlich aber hätte er eher schallend gelacht und gesagt, das sei der beste Witz, den er seit langem gehört habe, und ob ich nicht noch einen wüßte.

»Es geht«, sagte ich schließlich.

»Es geht!« Peter Norris und Ron lachten gemeinsam über das Understatement.

Eine Serviererin kam herein, mit dem Kaffee in weißen Porzellantassen, und stellte einen Teller Kekse auf den Tisch. Keiner griff danach, alle rührten nur geziert in ihrem Kaffee.

Besser als ein siedendheißer Plastikbecher, dachte ich.

Ich fühlte mich hilflos – wie ein Gefangener, den man im Korb eines Heißluftballons festgebunden hat. Ich konnte nicht heraus. Der Ballon blähte sich. Als er in den Himmel schoß, wollte ich schreien, daß ich Höhenangst hätte, daß mir ein schrecklicher Fehler unterlaufen sei, daß ich wieder runterwolle – aber ich bekam kein Wort heraus.

Ich konnte nur noch hinunterstarren auf das glückliche Lächeln in den Gesichtern von Ron Baker, Peter Norris und Mary Walz und den anderen. Sie strahlten mich an wie einen Strauß Sonnenblumen und riefen im Chor: »Weiter so, Nick, unsere Prämien hängen von Ihnen ab!«

»Ich finde, wir sollten jetzt über die Verschmelzung des Verkaufsgebiets Asien sprechen«, sagte Ron. »Tarek hat sich darüber auch seine Gedanken gemacht.«

Ich war nur ein Bauer in Rons Spiel, das erkannte ich jetzt. Wenn er mich zu seinem Starhändler aufblies und sagte, er könne meinen Erfolg auch in Hongkong und Tokio wiederholen, wollte er nur sein eigenes Imperium ausbauen. Mike Killian sollte abgesägt werden, und man würde einen neuen Händler in Tokio ernennen, der direkt an Ron zu berichten hätte. Vermutlich würde Ron sogar ein noch höheres Gehalt fordern können, weil er für eine Menge zusätzlicher Abrechnungen zuständig würde. Ich wußte, daß Peter Norris von Mike Killian nicht viel hielt, und ich wartete, bis sie mich ins Spiel brachten. Als Tarek geendet hatte, wandten sie sich mir zu.

»Wie sehen Sie das, Nick?«

»Es wäre sehr sinnvoll, die Gebiete zu verschmelzen«, sagte ich. Ich wußte ja, woher der Wind wehte. »Sie müssen nur gut kontrolliert werden. Die Geschäftsbücher können so eingesetzt werden, daß sie den Bedürfnissen der Kunden entgegenkommen und den Informationsfluß zwischen beiden Seiten optimieren.«

Ich war recht zufrieden mit dem Blabla, das ich da verzapft hatte. Ich konnte ihm nicht viel Sinn abgewinnen, und es war mir völlig schleierhaft, was sie damit anfangen wollten. Trotzdem strahlten sie mich an, als hätte ich gerade die Kumranrollen entziffert.

»Exzellent«, sagte Ron, der sich immer noch den Kopf darüber zerbrach, was ich wohl gemeint haben konnte. »Einfach hervorragend. Wie Sie sehen, ist Nick auch dafür, Peter. Er hat großen Erfolg bei seinen Kunden. Sie lieben ihn.«

»Ja.« Peter nickte. »Wirklich hervorragend. Weiter so, Nick.

Und Ron, Sie machen mir eine Aufstellung, was Sie mit der Verschmelzung erreichen wollen. Aber erst bis zum Jahresende.«

Nach diesen Worten nahm Peter Norris ein Telefongespräch an, entschuldigte sich und eilte hinaus. Ron wollte nicht hinter ihm zurückstehen, telefonierte ebenfalls, entschuldigte sich und eilte hinaus. Tarek ging ebenfalls, und ich blieb allein zurück. Daß ich vor diesen Leuten Verluste kaschieren mußte, hatte nur ein Gutes: Es war ein Kinderspiel. Sie waren so wichtig, mußten ständig telefonieren und konnten sich mit Bagatellen wie meinem Konto bei der Citibank nun wahrlich nicht beschäftigen. Sie hatten nicht die Zeit, eins und eins zusammenzuzählen und sich zu fragen, warum minus 150 Millionen herauskamen.

Aber Peter Norris hatte das Jahresende erwähnt. Ich ging wieder hinunter in die Geschäftsbüros und sah die ersten Weihnachtskarten herumliegen. Das Fest stand vor der Tür, das Jahresende rückte näher. Mir graute davor. Ich dachte nicht an die Weihnachtsgeschenke, nicht an Lisa, wie sie lachend all die verrückten Sachen aus dem Weihnachtsstrumpf auspacken würde, ja nicht einmal an ein ordentliches Besäufnis an Silvester. Ich dachte an die große jährliche Buchprüfung.

Vorsichtig schlich ich an den Handelsräumen vorbei, machte einen großen Bogen um die Ecke, wo ich auf Brenda Granger stoßen konnte, nahm den Lastenaufzug in den Keller und verließ das Gebäude durch das Parkhaus. So entwischte ich Brenda, die womöglich an der Rezeption auf mich wartete. Ich ging zu Fuß zur LIFFE (London International Financial Futures Exchange, Europäischer Handelsmarkt für Financial Futures), wo ich mit meinem Freund Mark auf einen Drink verabredet war. Wir verschwanden in einem Pub, in dem mich niemand finden würde.

New York

Am Freitag, dem 9. Dezember, flogen zweihundertfünfzig Barings-Mitarbeiter aus aller Welt nach New York, um an einer Konferenz der Financial Products Group, Verkaufsgesprächen und einer Weihnachtsfeier teilzunehmen. Eingeladen hatten Peter Norris und Ron Baker. George Seow, Eric Chang, Maslan, Spy, Din und die Mädchen kamen aus Singapur. Lisa und ich stießen aus London dazu.

Kaum hatten wir unser Zimmer im Sheraton-Hotel betreten, klingelte das Telefon. Ich dachte, es sei Ron, der weitere zwei Millionen Pfund Handelsgewinn verlangte – oder der Anruf, vor dem ich ständig Angst hatte. Aber es war nur Eric Chang.

»Hallo, Eric! Wann bist du angekommen?« fragte ich.

»Gestern. Und ich war nicht dabei.«

»Wobei?«

»Hast du nichts gehört?«

»Was gehört?« Das Herz schlug mir im Hals. »Ich komme eben zur Tür rein.«

»George und die andern Jungs aus unserem Team haben letzte Nacht in einer Polizeizelle verbracht. Barings hat sie mit einer Kaution rausgeholt. Wir konnten dich nicht erreichen, weil du im Flieger warst.«

»Was haben sie angestellt?« fragte ich, bemüht, mir die Erleichterung nicht anmerken zu lassen.

»Sie sind mit zwei Nutten in einem Auto erwischt worden.«

»Echt? Im selben Auto?«

»Genau. Aber sie haben Schwein gehabt und sind mit einer Geldstrafe und einer Strafpredigt davongekommen. Fai hatte tierisch viel Kohle bei sich. Da haben sie ihn für den Luden gehalten und mit ihren Kanonen rumgefuchtelt. Weiß der Himmel, was die Polizei mit den Nutten machen wird. Ich seh' dich auf der Konferenz. Du bist ja wohl der Star der Show.«

»Ich weiß nicht, die Jungs sind kaum zu überbieten.« Ich hängte ein.

»Was haben sie gemacht?« fragte Lisa.

»George und die andern sind von der Polizei aufgegriffen worden, als sie mit zwei Prostituierten rumgemacht haben. Fai hatte so viel Bargeld bei sich, daß sie ihn für einen Zuhälter hielten.«

»Er wird dich noch mal in Schwierigkeiten bringen«, meinte Lisa mit spöttischem Lachen.

Ich konnte den Gedanken an die Präsentationen nicht ertragen. Mittlerweile lagen meine Nerven bloß. Ich konnte nicht dasitzen, mir Ron Bakers Rede anhören, seine Dias anschauen, mir berichten lassen, wieviel Geld ich angeblich gemacht hatte, und dabei wissen, daß alles Schwindel war. Nicht einen Penny hatte ich ihnen eingebracht – alles, was ich ihnen zu bieten hatte, war ein Riesenverlust. Ich saß in unserem Sheraton-Schlafzimmer mit seinen rosafarbenen und grauen Pastelltönen und rief die Finanzseiten des Teletextes auf. Ich sah mich im Zimmer um. Es war nicht ganz so elegant wie das Hongkong Oriental, aber auf dem Schreibtisch lag ähnliches Schreibzeug. Hübsche Fruchtschalen standen herum, Barings hatte einen Blumenstrauß geschickt, und vom Fenster aus sah man auf die Fifth Avenue hinab.

»Ich mache einen Einkaufsbummel«, erklärte Lisa. »Ich hoffe unsere Kreditkarten sind in Form?«

»In allerbester, sie bersten vor Energie«, lachte ich, »und sie sind ganz wild auf ein bißchen Betätigung.«

Am Samstag morgen um zehn begannen die Präsentationen im Ballsaal des Hotels. Ziemlich eingeschüchtert von den riesigen Kronleuchtern und der Akustik, nahmen wir unsere Plätze ein. Ich wurde äußerst schweigsam, als Ron aufstand und von dem Geld redete, das wir alle scheffelten. Natürlich kam er dabei auf mich zu sprechen:

»Nick Leeson, den die meisten von Ihnen kennen und von dem alle schon gehört haben, leitet unser Geschäft in Singapur. Das sollten Sie sich alle zum Vorbild nehmen. Später wird Nick Ihnen noch selbst erzählen, wie er das macht. Ich kann Ihnen allen nur ans Herz legen, darüber nachzudenken, wie Sie ihm nacheifern können. Sollte es Ihnen gelingen, wird Barings eines der erfolgreichsten Unternehmen im Derivate-Geschäft sein. Wir werden einen Haufen Geld machen. Und vor allem, *Sie* werden einen Haufen Geld machen.«

In der Kaffeepause folgte ich der Bande an die Bar. Allerdings trank ich keinen Kaffee, sondern bestellte eine Bloody Mary. Ein irischer Kollege aus irgendeiner Barings-Niederlassung gesellte sich zu mir.

179

»Gute Idee«, sagte er mit Blick auf die Bloody Mary.

»Auch eine?« fragte ich.

Als das Meeting weiterging, blieb ich mit dem Burschen, Patrick hieß er, an der Bar hocken. Wir bestellten noch zwei Bloody Mary und noch zwei. Und dann noch zwei. Und dann fiel uns ein, daß wir erwischt werden würden, wenn die Konferenzteilnehmer zum Mittagessen auseinanderliefen. Also verdrückten wir uns in eine Sports Bar, die etwas schlichter war.

»Ich hasse Präsentationen«, bekannte Patrick.

»Himmel, ich auch«, meinte ich. »Was für eine Zeitverschwendung, wenn man statt dessen beim *Dealing* (Handeln) sein könnte!«

»Hast du *Dealing* oder *Drinking* (Trinken) gesagt?«

»Ich hab *Drinking* gemeint, scheiß auf *Dealing!*«

»Richtig, du bist doch dieser Starhändler aus Singapur, oder?«

»Scheiß drauf!«

Wir tranken den ganzen Tag und guckten American Football und Baseball auf Video. Das Dinner ließ ich sausen. Für mich war der Ehrenplatz neben Peter Norris vorgesehen, aber das brachte ich einfach nicht. Ich konnte nicht mehr für mich garantieren. Ich hätte nur den Mund aufzumachen brauchen, und schon wäre ich mit den Verlusten und Konto 88888 herausgeplatzt. Gegen neun torkelte ich in unser Hotelzimmer und fiel wie tot in die Falle. Lisa kam um elf.

»Wo zum Teufel bist du gewesen, Nick?«

»Ich hab' gesoffen.«

»Wie du sicher weißt, hat man dich bei diesem Dinner erwartet, allerdings vergeblich. Din sagt, Ron hat allen Leuten erzählt, daß du bestimmt wieder am Telefon hängst, neue Abschlüsse machst und Geld scheffelst, während alle anderen rumsitzen und reden.«

Das fand ich tierisch komisch und begann zu lachen. Lisa war knallwütend. »Geh unter die Dusche und sieh zu, daß du nüchtern wirst!«

Als ich unter der Dusche stand, stahl sich ihre Hand hinein und drehte am Wasserhahn, bis das Wasser eisig kalt wurde.

»He!« rief ich, sprang aus der Dusche und griff nach einem Handtuch.

»Sieh dich an!« lachte Lisa. »Betrunken, naß und vor Kälte klappernd. Was für ein Anblick!«

Das Dinner, dem ich ferngeblieben war, hatte in der Grand Central Station stattgefunden, wo sich vor aller Augen die ganze Pracht und Herrlichkeit eines erfolgreichen Unternehmens entfaltete. Der Ort der Veranstaltung war ein Symbol für den Stolz von Barings auf unsere Leistungen.

Morgens war ich noch immer nicht ganz nüchtern und fühlte mich der Präsentation erst recht nicht gewachsen. Von George hörte ich am nächsten Morgen, Mary Walz habe bei ihrer Zusammenfassung noch einmal auf die Niederlassung in Singapur verwiesen und um Applaus für die Singapur-Truppe gebeten, die 1994 über 28 Millionen Pfund Gewinn erzielt hatte.

Lisa und ich flogen von New York aus nach London, wo sie bis Weihnachten bei ihren Eltern bleiben wollte. Auch Danny reiste über London, deshalb trafen wir uns in der First Class Lounge von British Airways und flogen gemeinsam weiter nach Singapur. Ich hatte noch eine Woche in Singapur zu tun und wollte Weihnachten wieder in London sein. Anschließend hatten wir vor, zwei Tage in Irland zu verbringen und Silvester bei Lisas Eltern zu feiern, bevor wir im Januar nach Singapur zurückkehrten.

Doch insgeheim spielte ich bereits mit dem Gedanken, nie mehr zurückzukehren. Ich würde einfach in England bleiben, warten, bis sie die Verluste entdeckten, mich feuern lassen und aus allen Schwierigkeiten raussein. Seit zwei Wochen hatte ich nichts mehr mit dem schweißtreibenden Hexenkessel SIMEX und Konto 88888 zu tun gehabt, und langsam gewann ich etwas Abstand.

Zurück in Singapur, bat ich Linda um den Stand des Kontos 88888. Ich wartete auf den Bescheid wie auf eine schreckliche medizinische Diagnose. Auf dem Papier sah ich nur ein paar harmlose Zahlen. Doch sie hatten es in sich: Fast 160 Millionen Pfund hatte ich verloren. Meine Lage war hoffnungslos. Ich kam mir wie ein Insekt vor, das in einem Harztropfen ertrinkt: Verzweifelt zappelte ich, konnte mich aber nicht befreien. Immer näher rückten mir die Buchprüfer auf die Pelle; Zahlenkolonne um Zahlenkolonne tasteten sie sich an die Jahresabschlußprüfung von Baring Futures heran.

Während dieser letzten Woche in Singapur ließ ich die Verluste einfach auf sich beruhen. Ich konnte keine Optionen verkaufen, also begnügte ich mich damit, das nötige Geld für die immer neuen Nachschußforderungen zu verlangen. Der Markt arbeitete nicht gegen mich, bewegte sich aber auch nicht aufwärts, was mir wenigstens ein bißchen wieder auf die Beine geholfen hätte. Ich wußte nicht, was ich tun sollte. Das einzig Gute war, daß überall Weihnachtsfeiern waren und sich niemand sonderlich ums Geschäft kümmerte. Selbst der Anblick von Gordon Browser regte mich nicht auf. Er kam von Hongkong herüber, um unser Geschäft unter die Lupe zu nehmen. Simon Jones hatte ihn zum Risk Officer für die Innenrevision bestimmt – vor der ich eine Höllenangst gehabt hatte, solange ich glaubte, Ash Lewis werde sie durchführen. Jetzt hatte sie ihren Schrecken für mich verloren. Am 22. Dezember sollte ich wieder in London sein, und so riß ich mir kein Bein aus, bis ich den Flieger nach Hause besteigen konnte. Nach den Präsentationen in New York schoben alle eine ruhige Kugel und warteten auf den Geldsegen. An der SIMEX fühlten wir uns wie Kinder kurz vor der Bescherung.

Weihnachten

Alle kamen wir im Morgenrock die Treppe herunter. Ich fühlte mich an das Krippenspiel in der Grundschule erinnert. Da hatte ich meinen braun-roten Bademantel getragen, Sandalen und ein Küchenhandtuch um den Kopf, damit ich wie ein Hirte aussah. Patsy setzte den Kessel auf, während Lisa und ich die Wohnzimmertür aufstießen und auf die Geschenke blickten. Vom Weihnachtsbaum aus breiteten sie sich über das halbe Zimmer aus, ein riesiger Haufen aus rot und grün glitzerndem Geschenkpapier. Die Kerzen brannten, und die Wände des Zimmers waren mit Weihnachtskarten bedeckt. Mit kindlichem Staunen blickten wir auf die Geschenke. Dann wateten wir in den Haufen hinein und suchten nach den Päckchen, die wir verschenken wollten. Wir hatten keine Strümpfe aufgehängt, deshalb lagen die kleineren Geschenke, die für die Strümpfe bestimmt gewesen waren, unter den größeren Päckchen. Als Hauptgeschenk hatte ich für Lisa eine Armbanduhr, außerdem einige Ralph-Lauren-Hemden, eine Flasche ihres geliebten Safari-Parfums, ein Sweatshirt und ein schwarzes Höschen, das einfach unglaublich sexy war.

»Das kann ich unmöglich tragen!« kreischte Lisa lachend und hielt es hoch.

»Her damit, ich zieh es an!« schrie Patsy.

»Mum und Dad, ich danke euch!« Lisas Schwester Nadene stand auf und umarmte Alec und Patsy.

Ich öffnete Lisas Päckchen. »Hübsch und duftend«, sagte ich und hielt das »Eau Sauvage« in die Höhe. Dann hielt ich inne, während ich eine winzige Schachtel öffnete. Es waren herrliche Manschettenknöpfe, Gold mit Perlen besetzt.

»Dank dir, Schatz.« Ich küßte sie.

»Frohe Weihnachten.« Sie lächelte zu mir empor und schlang die Arme um meinen Hals.

Alec legte die Weihnachtskassette ein, woraufhin Nat King Cole und Max Bygraves uns von ihrer Traumweihnacht sangen. Dann wurde es Zeit, zum Mittagessen ins Hotel aufzubrechen. Meine Familie hatte im Travelodge übernachtet, und wir trafen uns alle im Brands Hatch Place Hotel, wo Lisa und ich unseren Hochzeitsempfang gegeben hatten.

Patsy schluchzte, als wir eintraten. Es war ihr erstes Weihnachtsfest ohne Mutter und Bruder, die beide im letzten Februar gestorben waren. Alecs Vater, der auch vor kurzem gestorben war, hatte versprochen, uns alle zum Weihnachtsessen einzuladen, zur Feier seiner goldenen Hochzeit. Dafür hatte er extra gespart, deshalb hatten Alec und Lisas Oma Nan beschlossen, von dem Geld ein Essen zu seinen Ehren zu geben. Für eine Witwe, die nach fünfzig Jahren Ehe gerade ihren ersten Trauermonat hinter sich hatte, hielt sich Nan erstaunlich. Sie weinte nur ein einziges Mal – als der Truthahn aufgetragen wurde, weil sie sich daran erinnerte, wie gern Großpapa ihn tranchiert hatte. Natürlich brachen daraufhin auch alle anderen Frauen in Tränen aus. Doch dann mußte Nan über sich selbst lachen, weil sie sich von einer solcher Kleinigkeit hatte aus der Fassung bringen lassen.

Abends um halb sieben waren wir wieder zu Hause und hatten Lust zum Tanzen. Lisa und ich räumten die Korbmöbel aus dem Wintergarten. Alec kramte ein anderes Band hervor, das er für solche Gelegenheiten zusammengestellt hatte. Es bot eine höchst eigenartige Mischung: In raschem Wechsel lösten sich Diana Ross, »Knees Up Mother Brown«, und Bill Hailey ab. Alle tanzten.

»Etwas für jeden!« rief Alec, als wir die Köpfe einzogen und zu Chubby Checker twisteten.

Als wir schließlich nach oben in die Betten gingen, war es halb vier. Ich warf einen Blick auf die Nachbarhäuser: Alles still, nur die Lichter der Weihnachtsbäume glitzerten in den Fenstern. Ich hätte mir gewünscht, daß Weihnachten ewig dauert. Eine weiße Weihnacht war es zwar nicht gewesen, dafür aber eine Traumweihnacht. Ich wollte nicht zurück nach Singapur, ich wollte nicht zurück in die wirkliche Welt – oder in die unwirkliche meiner 88888-Verluste. Ich wollte hierbleiben bei Lisa und ihrer Familie, ich wollte trinken und tanzen wie ein Idiot und wiehern vor Lachen, wenn Alec seine Tom-Jones-Imitation röhrte. Seit unserer Hochzeit hatte ich mich nicht mehr so glücklich gefühlt – und damals waren wir wirklich noch unschuldig gewesen. Ich verfluchte mich selbst, weil ich einfach nicht glücklich sein konnte. Konto 88888 hing mir am Hals wie eine Kette aus verfaulten Fischköpfen. Ich schloß die Augen und versuchte, mich zusammenzunehmen.

»He«, sagte Lisa und ließ sich in die Kissen fallen, »wo hast du dies Höschen hingetan?«

Ich schaute auf und sah, daß sie es angezogen hatte.

Am 27. Dezember flogen Lisa und ich nach Irland, wo wir mit unseren Freunden Mark und Val zwei Tage verbrachten. Außer uns saßen in dem winzigen Business-Class-Abteil nur noch Hugh Grant und Liz Hurley. Pausenlos stieß ich Lisa an und versuchte mitzukriegen, was die beiden redeten.

Weihnachten bei Lisas Familie war Trinken und Tanzen gewesen. Was uns hier erwartete, war echtes Saufen. Mark war berüchtigt dafür, daß er nie eine Flasche Bier bestellte, sondern immer zwei auf einmal trank. Ich fragte mich, ob er das auch mit Irish Stout konnte. Er konnte.

»Eh! Arschgesicht, was kriegst du?« grölte Mark von der Bar herüber.

»Einen halben Murphy.«

»Für mich einen viertel«, sagte Lisa.

»Vier halbe Murphy und zwei viertel, bitte.«

Mark kam von der Bar zurück und begann, die Gläser auf dem Tisch aufzureihen.

»Wieviel Pubs gibt es hier?« fragte ich.

»Mehr als zwanzig«, sagte Mark, »und wir werden sie alle noch abhaken.«

»Hör mal, es ist spät«, meinte ich.

»Nichts da. Jetzt wird ausgetrunken, und dann geht's weiter.«

Ich trank von dem Murphy; er war herrlich schwarz und sahnig.

»Bist du soweit?« Mark hatte seinen halben Liter aus – seinen zehnten heute abend, wenn ich richtig gezählt hatte.

»Laß doch! Warum bleiben wir nicht ein bißchen? Ist doch toll hier.« Ich sah mich um. Wir waren die einzigen Gäste.

»Kommst du?« fragte Mark.

»Ich komm' gleich nach«, sagte ich. Daraufhin stand Mark auf und ging zur Bar.

»Wieviel wollen Sie haben, wenn Sie jetzt schließen?« fragte er den Barmann.

»Wie meinen Sie das?«

»Machen Sie zu! Schließen Sie für heute! Gehen Sie nach Hause!«

»Na, hören Sie, vielleicht kommen noch Gäste.«

»Wieviel würden die ausgeben?«

»Weiß nicht. Ein paar Gläser vielleicht.«

»Okay«, sagte Mark, griff in die Hosentasche und holte eine Handvoll Geld heraus.

»Mehr als fünfzig Pfund würden sie doch nicht springen lassen, oder?«

»Äh, nein«, sagte der Barmann.

»Hier sind hundert Pfund. Ich möchte, daß Sie die Bar schließen und heute abend nichts mehr ausschenken, vor allem nicht an diesen Herrn da drüben«, sagte er und zeigte auf mich.

»Das kannst du doch nicht machen«, schrie ich.

»Klar kann ich. Es sei denn, du bietest mehr, damit er das Lokal offenläßt.«

Es hatte keinen Zweck, mit Mark zu streiten. Wenn er sich etwas in den Kopf setzt, kann ihn nichts davon abbringen. So bekam der Barmann sein Geld, und wir standen draußen auf der Straße.

»Also los, ziehen wir weiter«, sagte Mark. »Sieh zu, daß du nicht schlappmachst.« Damit führte er mich zum nächsten Pub.

»Sollte ich jemals den beschissenen Schrotthaufen, den du Ferrari nennst, in die Finger bekommen«, erklärte ich ihm, »dann mach' ich 'ne kleine Spritztour mit ihm und bring' ihn dir als handliches Paket zurück, das in deine Tasche paßt.«

»Schätze, das ist deine Runde«, meinte Mark tief beeindruckt, »ich nehm' noch 'n Murphy.«

An diesem Abend schafften wir die Hälfte der Pubs in der Stadt. Arm in Arm traten Lisa und ich, Mark und Valerie den Heimweg zu unserer Pension an, einem ruhigen, georgianischen Haus am Stadtrand von Cork mit breiter Eingangstür und gefliester Diele. Die Teppiche waren orange und braun gemustert, und in unserem Zimmer stand ein kleines Tablett mit einem Kessel, einigen Teebeuteln, Plastiklöffeln, Zuckertütchen und Tassen in Rosa und Weiß. Über dem Kamin hing das gerahmte Bild eines kleinen Jungen auf einem Fahrrad. Die Vorhänge waren rosa und gekräuselt. Alles in allem erinnerte die Atmosphäre stark an ein Altersheim.

Wir torkelten durch die Diele und die Treppe hinauf. Die Wirtin war eine ziemlich resolute Dame, die uns eingeschärft hatte, ja keinen Lärm zu machen, wenn wir abends später als halb zehn nach Hause kommen sollten. Jetzt war es schon nach Mitternacht. Also schlichen wir auf Zehenspitzen die Treppe hinauf. Oben bemerkte ich einen Feuerlöscher. Ich sah, daß auch Mark ihn ins Auge gefaßt hatte, und plötzlich begriff ich, was er vorhatte. Ich riß Lisa den Schlüssel aus der Hand, stieß Mark vor die Brust, daß er die Treppe hinabpolterte, und schrie:

»Rasch, Lisa, komm!«

Dann raste ich zu unserem Zimmer, hantierte verzweifelt mit dem Schlüssel, bis ich die Tür offen hatte, schoß hinein und knallte die Tür hinter mir zu. Brüllend kam Mark die Treppe hoch.

»Nick«, schrie er, »mach die verdammte Tür auf!«

»Verpiß dich, du Wichser!« schrie ich zurück.

»Mach jetzt diese Tür auf!«

Als ich mich umblickte, bemerkte ich, daß Lisa sich nicht im Zimmer befand. Wo zum Teufel war sie? Außerdem stach mir plötzlich ins Auge, wie häßlich die rosa gekräuselten Vorhänge waren. Ich mußte lachen.

»Nick! Mach doch die Tür auf!« Das war Lisa.

»Ist Mark bei dir?«

»Nein.«

»Ehrenwort? Ich bin nicht so bescheuert, wie ihr glaubt.«

»Er ist nicht hier«, sagte sie, »er ist zu Bett gegangen.«

Ich hörte unterdrücktes Kichern.

»Lisa, ist Mark bei dir?« sagte ich.

»Nein!«

»Mark Green ist ein saublödes Arschloch«, schrie ich durchs Schlüsselloch.

»Komm da raus und sag das noch mal!« grölte Mark, nur wenige Zentimeter von meinem Ohr entfernt.

Dann hörte ich noch eine andere Stimme: »Sie öffnen jetzt diese Tür, junger Mann!«

»Lisa!« Ich brüllte vor Lachen. »Laß diesen idiotischen irischen Akzent!«

»Sie öffnen sofort die Tür!«

»Verpiß dich, blöde Kuh!«

»Öffnen Sie jetzt diese Tür, Mr. Leeson?«

Zu spät wurde mir klar, daß es gar nicht Lisa, sondern die Wirtin war. Ich öffnete die Tür.

»Würden Sie mir freundlicherweise erklären, was Sie hier veranstalten?« fragte sie, außer sich vor Empörung und in einen Morgenmantel aus rosafarbenem Flanell gehüllt.

»Es tut mir ganz schrecklich leid«, sagte ich, »aber ich habe nur versucht, Ihre Einrichtung zu retten.«

»Meine Einrichtung!« rief sie aus. »Sie gehen jetzt alle ins Bett! Auf der Stelle!« Sie stemmte die Arme in die Hüften, Lisa glitt an mir vorbei ins Zimmer, und Mark machte einen Satz in Richtung Tür.

»Viel zu langsam«, sagte ich und schlug ihm die Tür vor der Nase zu.

Das Frühstück war ein üppiges Festmahl. Wir bestellten Porridge, Schinken und Eier und Körbe von dem Sauerteigbrot mit Marmelade. Gerade hatten wir beschlossen, den Blarney Stone zu küssen, als die Wirtin hereinkam. Sie hatte wenig Sinn für unsere Albernheiten.

»Mr. Leeson«, sagte sie ganz aufgeregt. »Sie werden von einer jungen Dame am Telefon verlangt. Sie sagt, sie ruft aus Singapur an.«

Das Telefon stand auf einem kleinen Tisch in der Diele. Er war mit Prospekten bedeckt, die darüber Auskunft gaben, was Cork seinen Gästen zu bieten hatte. Ich nahm den schwarzen Bakelithörer auf.

»Hallo, Nick! Hier ist Linda.«

»Hallo! Wie geht's?«

»Gut. Ich rufe nur wegen des Saldos auf Konto 88888 an.«

Ich sah auf die Uhr. In Singapur war es später Nachmittag, dann fiel mein Blick auf die Zeitung, die auf dem Tisch lag: Freitag, 30. Dezember. Morgen war Silvester. Unfaßbar, daß ich mich überhaupt nicht um die Position gekümmert hatte. Ich hatte sie einfach verdrängt. Seit wir in Irland waren, hatte ich sie fast vergessen.

»Wie ist der Kontostand?«

»7,78 Milliarden Yen.« Linda las es so gleichgültig vor, als wäre es die Wettervorhersage oder die Farbe der Schuhe, die sie trug. Ich versuchte, mir nicht vorzustellen, wieviel 7,78 Milliarden Yen waren, aber leider war es ein Kinderspiel. Bei 100 Yen für den Dollar: 77,8 Millionen US-Dollar, 50 Millionen Pfund.

Ende 1993 hatte ich noch keine Probleme gehabt. Damals konnte ich Optionen verkaufen und erhielt dafür eine Prämie, die dem realisierten Verlust genau entsprach. Das brachte das Konto auf Null. Der Wert der Optionen war mit vier Milliarden Yen im Minus, aber das konnte verlängert und übertragen werden. Letztes Jahr war der Preis der Optionen hoch gewesen, mit einer Volatilität von ungefähr dreißig Prozent. Da hatte ich gewußt, daß ich genügend Prämien hereinholen konnte, um den Kontostand auszugleichen.

Jetzt, Ende 1994, hatten sich die Zahlen verzehnfacht. Das ganze Jahr hindurch hatte ich Optionen verkauft und die Volatilität auf zehn Prozent gedrückt. Die Kurse waren so abgesackt, daß mir alle Felle davonschwammen. Jetzt hatte ich keine Chance mehr, genügend Optionen zu verkaufen, um den realisierten Verlust glattzustellen. Mir fehlten 7,78 Milliarden Yen. Ich hatte 7,78 Milliarden Yen als Nachschuß an die SIMEX gezahlt. Das Geld dafür hatte ich aus London bekommen, doch dieser Summe stand kein entsprechender Eingang gegenüber. Mit einem Wort, es gab ein Loch von 7,78 Milliarden Yen.

»Linda«, sagte ich langsam, während ich mir das weitere Vorgehen zurechtlegte, »hör jetzt genau zu! Buch folgende Transaktion ins System: Verkauf von 2000 Dezember-Puts mit einem Basispreis von 21500 zum Preis von 7778.«

Linda wiederholte die Anweisung.

»Gut. Druck jetzt die normalen Berichte vor und nach dieser Buchung. Nimm die Berichte vor dem Abschluß für alles, *außer* der Probebilanz, und benutz statt dessen den Bericht nach der Buchung als Probebilanz.«

»In Ordnung«, sagte sie, ohne wirklich zu verstehen, worum es ging.

Tatsächlich hatte diese Anweisung zur Folge, daß die mit 7,78 Milliarden verbuchte Transaktion den Kontostand wieder auf Null brachte. Doch wenn sich unsere Bücher mit denen der

SIMEX decken sollten, mußten wir die Berichte vor der Buchung benutzen. Damit frisierte ich unsere Bücher genauso gründlich wie Lisa ihr Haar jeden Morgen vor dem Spiegel.

Durch die Veränderung im *Haupt*buch (der Probebilanz von Guthaben und Forderungen von Barings) und nicht im *Neben*buch (das sich mit den Aufzeichnungen der SIMEX deckte) erweckte ich den Anschein, als handele es sich bei den 7,78 Milliarden um Schulden, die die SIMEX gegenüber Barings habe. Natürlich würden sich die Prüfer darauf stürzen und fragen, was es damit auf sich habe, aber bis dahin war ich wieder zurück. In der Zwischenzeit waren die 7,78 Milliarden Yen, 50 Millionen Pfund, Forderungen von Barings an die SIMEX und nicht an mein Fehlerkonto 88888. Mit Schrecken dachte ich an die Schwierigkeiten, die auf mich zukamen. Und was war, wenn ich einfach nicht zurückkehrte? Singapur würde mich nicht wiedersehen. Am 31. Dezember 1994 waren die Bücher ausgeglichen, und das war das letzte, was sie von mir zu hören bekämen. Wenn ich mich dort je wieder blicken ließ, würde die SIMEX bald raushaben, daß es keinen Dritten gab, von dem sie die 7,78 Milliarden Yen zurückfordern konnte. Mein Betrug würde auffliegen, und mich würde man vierteilen.

Ich legte den Hörer auf und ging in den Frühstücksraum zurück. Mark und Valerie stritten sich über den Blarney Stone.

»Du mußt ihn mit dem Kopf unten küssen«, sagte Mark.

»Und wer hält mich an den Beinen?«

»Hab Vertrauen zu mir«, sagte Mark.

»Nie und nimmer!«

»Nick wird ihn küssen«, sagte Mark und wandte sich mir zu.

»Nie und nimmer! Ich bin nicht schwindelfrei.«

Mit diesen Worten setzte ich mich an den Frühstückstisch, wo wir vergnügt weiterstritten. Von außen betrachtet, sah unser Leben ganz prächtig aus – Lisa beizubringen, daß sich das alles ändern würde, war die letzte Hürde, die ich noch zu nehmen hatte. Wir würden nicht zurückkehren. Ich bin tatsächlich nicht schwindelfrei – aber liebend gern hätte ich mit dem Kopf nach unten über dem Abgrund gebaumelt und den Blarney Stone geküßt, wenn mir dafür erspart geblieben wäre, Lisa diese Mitteilung zu machen. Ich hätte ihn tatsächlich küssen sollen, vielleicht hätte mir das die Zunge gelöst.

»Natürlich kehren wir zurück«, fuhr Lisa mich an. »Was redest du denn da? Bist du verrückt? Du kannst doch nicht auf deine Tantieme im Februar verzichten. Was ist los mit dir?«

»Ich geh' da kaputt«, sagte ich leise, denn ich wußte, daß Mark und Valerie nebenan jedes Wort durch die dünnen Wände hörten, wenn wir schrien. »Ich halt' den Druck nicht mehr aus.«

»Das wäre Irrsinn!« sagte Lisa. »Ron hat dir vierhundert Riesen versprochen. Mit denen haben wir ausgesorgt. Das ist wie im Lotto gewinnen. Ich kann nicht einsehen, warum du nicht zurückkehren und alles auf die leichte Schulter nehmen kannst. Dann haben wir es geschafft, und im März können wir verschwinden. Außerdem kommt Richard nächsten Monat und im März Nadene. Im April wollen uns meine Eltern besuchen. Die können wir doch nicht alle hängenlassen.«

März! April! Ausgeschlossen. Ich wußte nicht, was ich sagen sollte. Lisa hatte recht. Von ihrem Standpunkt aus hatte sie natürlich völlig recht. Ich konnte ihr nicht widersprechen, aber ich konnte ihr auch nicht sagen, was ich wußte. In meiner Seele brannte ein schreckliches Geheimnis – aber ich brachte es nicht fertig, ihr davon zu erzählen. Ich konnte nicht einfach den Mund aufmachen und sagen: »Ich habe zig Millionen Pfund in den Sand gesetzt.« Eher hätte ich es Risselle anvertrauen können oder Patrick, dem irischen Händler, mit dem ich mir in New York die Nase begossen hatte, oder unserer Pensionswirtin. Doch Lisa gegenüber brachte ich es einfach nicht fertig.

Als sie so vor mir stand, den Körper vor Empörung und Verständnislosigkeit gekrümmt, so daß sie aussah wie ein schwarzes Fragezeichen, das eine Antwort forderte, schrak ich zurück. Ich liebte sie einfach zu sehr, als daß ich ihr das antun konnte: Eingestehen, daß ich ein ungeheures Vermögen verspielt hatte. Ich konnte es nicht ertragen, in ihren Augen als Versager dazustehen. Bisher war mir alles gelungen, was ich angefaßt hatte. Den Gedanken, ein Versager zu sein, hielt ich nicht aus. Ich hatte von Männern gelesen, die ihren Frauen erzählten, sie gingen zur Arbeit. Jeden Morgen verließen sie im Anzug das Haus und saßen bis fünf Uhr auf Parkbänken herum. Über solche Geschichten hatten Lisa und ich herzlich gelacht.

Nun mußte ich der traurigen Wahrheit ins Gesicht sehen, daß ich selbst ein solches Doppelleben führte – und daß ich Lisa nicht sagen konnte, was ich getan hatte. Ich sah sie an, und sie sah mich an. Ich vermochte ihrem Blick kaum standzuhalten. Mir war, als müsse man mir ansehen, daß ich diese vielen Millionen Pfund durchgebracht hatte. Als stünde es mir wie ein roter, eitriger Ausschlag ins Gesicht geschrieben oder als trüge ich es wie eine lebende Plakatwand vor mir her: »DIESER MANN HAT MILLIONEN VERLOREN!«

Doch Lisa konnte es nicht sehen. Niemand konnte es sehen. Ich allein erblickte es im Spiegel. Noch war es ein unsichtbarer Verlust für Barings – und für Lisa.

»Was ist los?« fragte sie, als ich so schweigsam dastand.

»Gar nichts«, sagte ich abwehrend. »Dann fliegen wir eben nach Singapur zurück. Keine Sorge, ich pack' das schon!« Dabei beließen wir es. Ich hatte es nicht über mich gebracht, ihr reinen Wein einzuschenken. Von allen Dingen, die ich mir habe zuschulden kommen lassen, wiegt das am schwersten. Barings hatte ich meine Verluste verheimlicht, meinen Freunden und nun auch Lisa. Mit Händen und Füßen war ich an jenen Ballon gefesselt, der immer wieder durch meine Vorstellung geisterte, nun riß er mich mit nach oben, und ich hatte keinen Einfluß mehr auf das Geschehen. Wir würden nach Singapur zurückfliegen. Ich war dazu verurteilt, zu meinem Konto 88888 zurückzukehren, zu einem versteckten Verlust, der sich inzwischen auf mehr als 170 Millionen Pfund belaufen mußte, und zu der Kleinigkeit von 7,78 Milliarden Yen, die ich als Forderung gegenüber der SIMEX in die Bücher geschmuggelt hatte. Diese 50 Millionen Pfund mußte ich aus dem Ärmel schütteln.

Wir legten die Sicherheitsgurte an. Das Flugzeug beschrieb eine Kurve und setzte zum steilen Landeanflug auf Singapur an. Im Fenster erblickte ich die vertraute Skyline des Hafens. In einem der Büros dort stand ein Computer, und in dem Computer befand sich das Konto 88888, und auf dem Konto waren unsichtbare Verluste, die sich, wie ich wußte, nicht länger verheimlichen ließen. Mit einem großen Knall würde alles auffliegen.

»Freust du dich nicht doch, daß wir wieder hier sind?« fragte Lisa.

»Alles okay«, lächelte ich.

Irgendwann zwischen jetzt und Ende Februar, wenn die Boni ausgezahlt wurden, mußte es für mich heißen: Top oder Flop – alles oder nichts.

7: Januar bis zum 6. Februar 1995

»Es ist lediglich eine Nicht-Transaktion, nur ein Fehler, eine Abrechnungspanne. Machen Sie sich deswegen keine Sorgen.«
James Bax am 3. Februar 1995 zu Ron Baker

Ich war wieder auf dem SIMEX-Parkett, trug mein blaugelb gestreiftes Jackett, und alles war wieder normal. Ich machte gutes Geld, legte mich ins Zeug, meine Händler waren gut drauf und tüchtig, wir hatten uns eine hübsche Long-Position geschaffen und beobachteten zufrieden, wie der Markt nach oben ging.

»Nick! Wie geht's, Alter?« Es war Danny.

Ich holte eine neue Packung Fruchtbonbons heraus und schob die Hälfte in den Mund. Ich verarschte mich selbst. Mein Leben war alles andere als normal. Der Markt ging keineswegs nach oben, sondern bewegte sich hartnäckig seitwärts. Ich hatte ausgerechnet, daß meine Verluste am Jahresende mehr als 170 Millionen Pfund betragen hatten, und es sah nicht so aus, als würden sie sich verringern.

»Der Markt treibt mich zum Wahnsinn!«

»Er ist ätzend. Bis später, Nick. Gehst du Mittag essen?«

»Klar, ich lass' von mir hören.«

Ich ging vom JGB-Stand zurück zur Barings-Kabine. Der Union Jack zeigte ein bißchen mehr Leben. Tapfer flatterte er mit der ganzen zum Untergang verurteilten Energie eines zertretenen Schmetterlings. Ich blickte hinüber zu George und Spy am Nikkei-Stand. Wie auf einer Bombe saß ich auf meinen 170 Millionen Pfund. Wenn ich davonkommen wollte, mußte ich die Schraube in die eine oder die andere Richtung drehen. Das einzige Problem war, daß ich mich dabei in die Luft jagen konnte. Ich wußte, SIMEX und die Prüfer waren mir auf den Fersen. Oben, im 24. Stock, hatte ich sie schon gesehen, Männer in grauen Anzügen, die sich rasch nach unten arbeiteten. Mit der gelassenen, peniblen Aufmerksamkeit von Termiten fraßen sie sich durch Aktenschränke und Zahlenkolonnen und mußten bald auf die 7,78-Milliarden-Yen-Fälschung stoßen – und das war dann das Ende. Oder noch schlimmer: Mit einem einzigen Knopfdruck konnten sie meine offene Position, Konto 88888 und seine mörderischen Verluste, auf den Bildschirm holen. Dann kam das Ende sehr viel rascher.

Zum Jahresende umfaßte meine einzige Futures-Position auf Konto 88888 1000 März-Kontrakte. Ich glaube, sie wiesen einen geringfügigen Gewinn aus. Die Optionen zeigten den stattlichen Gewinn von rund 75 Millionen Pfund, weil sie verkauft worden waren, doch die Verluste, die ich im Laufe des Jahres realisiert hatte, waren gewaltig. Da ich keine Optionen verkaufen konnte, um mit den Prämien den Einschuß zu finanzieren, mußte ich den Markt mit Hilfe von Futures beeinflussen, um den größtmöglichen Nutzen aus der Optionsposition zu ziehen, die ich bereits besaß. Die meisten meiner Optionen würden im Geld bleiben, wenn sich der Markt bei etwa 19000 hielt. Ich mußte die Basispreise meiner Optionspositionen schützen. Japanische Regierungsanleihen und Euroyen hatte ich nicht auf Konto 88888. Ich hatte Lisa nicht davon überzeugen können, daß wir aus Singapur verschwinden mußten. Jetzt saßen wir hier fest. Die einzige Möglichkeit, das weitere Anwachsen meiner Verluste zu stoppen, war der Kauf von Futures zur Stützung das Marktes. Wenn der Markt allerdings zu rasch nach oben kletterte, mußte ich Futures verkaufen, weil ich nicht wollte, daß die andere Hälfte meiner Straddles mir gegenüber ausgeübt wurde. Ich machte mich bereit zum letzten Gefecht.

Mit unserer Rückkehr nach Singapur in der ersten Januarwoche verlor ich jegliche Kontrolle. Ich warf keinen Blick mehr auf den Kontostand von 88888. Ich wußte, er war hoch, bemühte mich aber nur noch, mich von einem Tag zum nächsten zu retten. Dabei hatte ich es mit einer Reihe von Problemen gleichzeitig zu tun: der Jahresabschlußprüfung, dem lächerlichen Trick, mit dem ich das Loch von 7,78 Milliarden Yen verschleiert hatte, dem Umstand, daß die SIMEX sich über die Summen Gedanken zu machen begann, die Konto 88888 zu seiner Absicherung verschlang, und natürlich mußte ich London auch weiterhin bitten, mir jeden Tag mehr als zehn Millionen Dollar zu schicken. Zwar mußte ich aus dem ganzen Schlamassel heraus, aber seit unserer Rückkehr nach Singapur am 8. Januar hatte ich eigentlich nur noch ein begrenztes Ziel: Den Tag irgendwie zu überstehen und dann nach Hause zu fahren und mit Lisa zusammenzusein.

»Was soll dieser verfluchte Brief eigentlich?« Simon Jones knallte den Hörer auf die Gabel. Obwohl an Simon adressiert, war das Schreiben in meinem Postkorb gelandet, denn es handelte sich um eine SIMEX-Anfrage zu den Futures. So harmlos er aussah, hatte ich ihn doch mit wachsender Panik gelesen. Im entscheidenden Abschnitt hieß es:

Wie wir von Ihren Mitarbeitern erfahren, war der Eröffnungseinschuß die Sicherheitsleistung für die Positionen, die über das Unterkonto »88888« der BSL-CSA liefen. Aufgrund der uns vorliegenden Informationen sind wir zu dem Schluß gelangt, daß Ihr Unternehmen den Handelseinschuß für die Positionen auf dem Unterkonto »88888« geleistet hat. Sollte dies tatsächlich der Fall sein, hat Ihr Unternehmen gegen die SIMEX-Regel 822 verstoßen, die Mitgliedern untersagt, Sicherheitsleistungen für ihre Kunden zu stellen.

Der Brief trug das Datum vom 11. Januar 1995; Absender war die Revisionsabteilung der SIMEX.

Zunächst hatte ich daran gedacht, ihn verschwinden zu lassen, aber die Leute von der SIMEX hätten einfach einen neuen ausgedruckt, und der wäre dann vielleicht Simon Jones in die Hände gefallen. Gewiß würde sich jetzt jemand an einen Computer setzen und meine offene Position prüfen. Nicht nur der 7,78-Milliarden-Yen-Betrug, sondern das ganze Konto 88888 mußte auffliegen. Es war alles aus.

Ich weiß nicht, wie lange ich den Brief angestarrt habe. Dann wurde mir klar, daß mir nur eine Möglichkeit blieb: Ich mußte bluffen! Deshalb kritzelte ich einen Vermerk darauf: »Simon, laß uns später darüber reden«, als sei es die natürlichste Sache der Welt. Ich legte ihn in meinen Postausgang, damit Simon Jones ihn durch einen Büroboten erhielt. Prompt rief Simon mich an, sobald der Brief auf seinem Schreibtisch landete.

»Ich komme hoch«, sagte ich.

»Sofort, wenn ich bitten darf!« Das Telefon klickte.

»Also was zum Teufel soll das Ganze?« polterte Simon los, als ich sein Büro betrat. Anscheinend war mein taktischer Schuß nach hinten losgegangen.

»Ach, die regen sich nur über unsere Tageslimits auf«, sagte ich mit einem gelangweilten Schulterzucken. »Warum lassen sie uns nicht in Ruhe unseren Job machen?«

»Das sind verfluchte Nervensägen«, Simon schnitt eine Grimasse. »Man könnte denken, sie *wollen* uns das Geschäft vermasseln. Da machen wir die besten Abschlüsse weit und breit, und die kommen uns mit ihren Paragraphen.«

»Sie haben unsere Kundenkonten mit unserer eigenen Position verwechselt«, erklärte ich.

»Diese Vollidioten!« meinte Simon zustimmend, »und was ist mit dieser Aufstellung – für mich sieht das aus wie eine Forderung von neunzig Millionen Pfund.«

»Ich weiß. Hör zu, ich setze die Antwort auf«, sagte ich und streckte die Hand nach dem Brief aus. »Mach dir keine Gedanken.«

»Oh ja, tu das! Sieh zu, daß er morgen auf meinem Schreibtisch ist.« Simon gab mir den heiklen Brief zurück. »Na, wetten wir auf Manchester United?«

»Diese Startruppe?« Ich schüttelte den Kopf. »Kein Teamgeist. In Manchester interessiert sich kein Schwein für die. Die einzigen Fans sind Yuppies aus London. Es gibt nur eine Mannschaft in Manchester, und das ist City. Dieser Cantona ist doch ein schlimmer Finger – ein Oberwichser!«

»Blackburn Rovers?«

»Die schon eher!«

»Fünfhundert Dollar auf Man United.«

»Die Wette gilt!« Wir besiegelten sie mit Handschlag. Ich hätte weit mehr als fünfhundert Dollar riskiert, um ihn vom SIMEX-Brief abzulenken.

Wieder an meinem Schreibtisch, warf ich den Brief in meinen Postkorb. Irgend etwas mußte geschehen. Mir würde nicht erspart bleiben, eine Antwort aufzusetzen, die Simon verändern, schreiben lassen und generell zum Anlaß nehmen würde, seine Machtposition mir gegenüber herauszukehren. Sollte er doch. Ich war wieder der kleine Angestellte von einst, der bei Coutts Briefe für den Chef aufsetzen mußte, die dieser dann so veränderte, daß die Vorarbeit völlig sinnlos wurde.

Am 25. Januar beantwortete Simon Jones den SIMEX-Brief vom 11. Januar. In seinem Antwortschreiben hieß es: 1) »Die Differenz von zehn Milliarden Yen ist teilweise durch die überschüssigen Yenmittel auf Konto 92 000 [einem Konto von Baring Securities Japan] und den überschüssigen Yenmitteln auf Konto 99 001 [dem Konto einer anderen BSL-Vertretung] ausgeglichen worden.« 2) »Für die erforderlichen Sicherheitsleistungen von Baring Group in der asiatischen Zeitzone sorgten unternehmensinterne Kredite, in diesem Fall Kredite von BSJ an BSL.« Und 3) »Ms Yong wird zur regionalen Risiko- und Liquiditätsmanagerin der Baring Group ernannt. Sie wird von Singapur aus operieren und die besondere Aufgabe haben, große Engagements zu kontrollieren, für die Einhaltung der Richtlinien zu sorgen und mit der SIMEX Kontakt zu halten.«

Noch bevor Simon Jones die Antwort abgeschickt hatte, traf ein weiterer Brief ein mit Datum vom 16. Januar, der zunächst sehr bedrohlich aussah. Da war die Rede von einer unsauberen Ausgliederung der Kundenfonds und einer unsauberen Berechnung der Kundenmittel zur Deckung der finanziellen Sicherheitserfordernisse.

Inzwischen nahmen meine Geldforderungen absurde Ausmaße an. Die SIMEX hatte schwere Anschuldigungen erhoben, das Konto 88 888 sogar beim Namen genannt, doch Simon Jones weigerte sich, diese Vorwürfe ernst zu nehmen.

Anfang Januar erhielt ich eine Aktennotiz von Tony Railton,

der anfragte, wie ich zu der Ziffer käme, die den täglichen Finanzierungsbedarf in US-Dollar ausdrückte. »Viele Ziffern scheinen sich nicht sehr häufig zu bewegen«, schrieb er. »Es wäre ideal, wenn wir die in US-Dollar konsolidieren könnten. Ich denke, das wäre generell von Vorteil für uns und auch für die Auflagen der SFA [Securities and Futures Authority, der Börsenaufsichtsbehörde].« Armer Tony. Recht hatte er natürlich, aber diese Analyse würde ich natürlich auf keinen Fall für ihn vornehmen. Also teilte ich ihm mit, es sei unmöglich, gab ihm irgendwelche blödsinnigen Erklärungen, und er glaubte mir.

Einer der entscheidenden Gründe dafür, daß ich diese Geldmittel erhielt, war offenbar ein heftiger persönlicher Konflikt zwischen zwei Unternehmensbereichen von Barings: auf der einen Seite Mary Walz und Ron Baker von der Financial Products Group und auf der anderen Seite Tony Hawes und Tony Railton, der Finanzleiter beziehungsweise der Chefbuchhalter. Mary und Ron standen ständig unter Dampf – sie waren wild aufs Geschäft, und wenn sie Geld brauchten, dann hatte es eben dazusein. Die beiden Tonys waren weit vorsichtiger. Doch bei Ron und Mary biß der arme, alte Tony Railton auf Granit; sie ignorierten seine Forderung nach einer Aufschlüsselung der diversen Finanzierungen der Barings-eigenen Position. Sie wollten jetzt eher noch ein bißchen zulegen. Ende Februar warteten die Tantiemen, und nun mußten sie zeigen, daß sie die Größten waren.

Als die Tage verstrichen und meine Forderungen weiterhin erfüllt wurden, dämmerte mir allmählich, woran es lag: Die Londoner wollten glauben, daß alles mit rechten Dingen zuging. Die Diskrepanz zwischen tatsächlichen Geschäften und dem Geldbedarf war so auffällig, daß ein Kind sie bemerkt hätte: Für das Geld, das sie nach Singapur schickten, gab es keine vernünftige Erklärung. Aber sie wollten das nicht wahrhaben, weil es um ihren Geldbeutel ging. Ich sollte noch mehr Geschäfte machen, und dann würden wir *alle* noch reicher werden.

Jeden zweiten oder dritten Tag rief mich Brenda Granger an

und beklagte sich. Eines Tages verlangte ich dreißig Millionen Dollar.

»Nick? Brenda hier. Du, hör mal, du verlangst da Gelder, die ich nicht auftreiben kann. Jetzt sieht es so aus, als hätte ich Schuldner unter den Kunden, was nicht der Fall ist.«

»Mach dir keine Sorgen«, beruhigte ich sie. »London ist nun mal der Geldlieferant für dieses Geschäft. Ohne euch bricht hier alles zusammen. Ihr finanziert Singapur. Wir haben keine andere Quelle.«

Doch schon bald wurde Brenda ungehalten über die Riesensummen, die ich verlangte.

»Erwarte bald Aufschlüsselung von meinem besonderen Freund Nick … (sobald die da unten die Zahlen phantasievoll arrangiert haben)«, schrieb sie in einer Aktennotiz an Tony Hawes. Meine Finanzforderungen waren wahnwitzig. Wer wußte das besser als ich?! Auch in London schien sich diese Erkenntnis allmählich durchzusetzen.

Ich saß am Barings-Stand, als mich Lisa anrief. Sie hatte noch kein Wort gesagt, da war sie schon in Tränen ausgebrochen. Ich blickte zum Maklerstand hinüber, versuchte mich gegen den Lärm abzuschotten, der dort herrschte, und mich auf Lisa zu konzentrieren.

»Was ist los?«

Aber sie weinte nur endlos ins Telefon. Es war schrecklich.

»Nick«, brachte sie schließlich hervor, »ich hatte eine Fehlgeburt. Der Blutklumpen war ein Baby.«

Ein paar Tage zuvor hatten bei Lisa plötzlich Blutungen eingesetzt. Gestern war sie im Bett geblieben und hatte einen großen Blutklumpen aufgehoben, um ihn von ihrem Arzt untersuchen zu lassen. Ich starrte hinaus auf das Börsenparkett. Mir wurde schwarz vor Augen. Der ganze Wahnsinn da draußen – das Brüllen, das Kaufen und Verkaufen, die vielen tausend Kontrakte, die Verluste auf Konto 88888 –, das alles war plötzlich bedeutungslos. Lisa und ich hatten uns sehnlichst ein Kind gewünscht, und dieser Blutklumpen hatte für mich mehr Wert als irgend etwas sonst auf der Welt. Das ganze Parkett, die stumpfsinnige Welt von SIMEX und Barings, der Druck, unter den sie mich setzten, all meine Verfehlungen – all das löste sich in nichts auf. Es war völlig unwichtig im Vergleich zu dem, was wir verloren hatten.

Ich konnte Lisa kaum verstehen. Da saß ich in diesem Raum in meinem lächerlich gestreiften Jackett, umgeben von einer Horde brüllender Männer, die bereit waren, ihr Leben dafür zu opfern, daß der Nikkei einen Tick stieg oder fiel – und meine Frau berichtete mir, daß sie unser Baby verloren hatte. Ich spürte den verzweifelten Wunsch, zu weinen, sie in den Arm zu nehmen, sie zu lieben, ihr ein neues Baby zu machen und uns ein neues Leben aufzubauen, in dem wir glücklich sein konnten. Hier war das nicht möglich. Nicht in Singapur, wo sich die Verluste, die ich gemacht hatte, wahrscheinlich bald der 200-Millionen-Pfund-Grenze näherten, wenn ich meine Gedanken nicht rasch wieder dem Geschäft zuwandte. Nicht hier, wo George und Din bereits irritiert winkten und wo ich aus den Augenwinkel sah, daß wieder Bewegung in den Markt kam.

»Soll ich nach Hause kommen?« fragte ich. »Was kann ich tun?«

»Nichts«, schluchzte Lisa. »Bleib dort. Aber laß uns um Himmels willen hier verschwinden und nach Hause fahren. Zu Hause werden wir ein Kind haben. Ich bestelle einen Möbelspediteur. Nick, ich möchte nach Hause.«

Als ich den Hörer auflegte, spürte ich, daß etwas in meinem Inneren abstarb. Ich hatte keine Empfindungen, keine Gewissensbisse in bezug auf das, was ich zu tun gedachte. Zu lange hatte ich gezittert, meine Nerven verschlissen und gehofft, der Kurs werde sich in meine Richtung bewegen. Nun wollte ich diesem beschissenen Markt Beine machen, bis er tat, was ich wollte. Mir war völlig egal, ob sie mich kriegten oder nicht – ich wollte da heraus und dafür sorgen, daß wir beide nach Hause kamen. Ich war entschlossen, alles auf eine zu Karte setzen.

»In Kobe hat es ein Erdbeben gegeben« war das erste, was ich von Danny hörte, als er mich am 18. Januar morgens um 5.45 Uhr anrief. »Der Markt wird ins Bodenlose fallen.«

Ein Erdbeben! Das hatte mir gerade noch gefehlt. Seit ein paar Tagen war der Markt ruhig gewesen, und ich hatte schon auf eine Wende gehofft.

Aber nun, da die Erdbebenbilder die Fernsehschirme beherrschten, spielte die Börse völlig verrückt. Alle Japaner hatten Angehörige oder Freunde in Kobe, und nun stießen sie ihre Aktien ab, um helfen zu können. Der Markt war total im Eimer.

Ich schaute vom Barings-Stand auf das Chaos. Die Japaner unterhielten sich über die Risse, die plötzlich in ihren Wänden aufgetreten waren, während ich komischerweise ganz ruhig blieb. Plötzlich sah ich das Ganze als Chance für mich. Der Nikkei-Index war in den Keller gefallen – um 300 Punkte –, und natürlich purzelten die Preise in der ganzen Welt hinterher. Deshalb hatte meine Futures-Position noch einmal etwa 50 Millionen Pfund verloren. Nun konnte es doch nur noch wieder aufwärtsgehen. Ein, zwei Tage wartete ich noch ab, um zu sehen, ob sich die Preise tatsächlich bewegten. Dann, am Freitag, dem 20. Januar, nachdem sich der Markt ungefähr 200 Punkte unter dem Vor-Erdbeben-Stand eingependelt hatte, trat ich an den Maklerstand und begann, mehr als 10 000 März-Kontrakte aufzukaufen. Das war ein hübscher Batzen, der größte Kauf, den ich je an einem Tag getätigt hatte, aber ich wurde dabei von zwei felsenfesten Überzeugungen getragen: Ich mußte den Preis durch Käufe wieder hochtreiben, bis er 19 000 erreichte, die Kursspanne meiner Optionsposition, und ich glaubte, der Markt habe die Talsohle durchschritten.

Am Wochenende traf mein Bruder Richard aus Thailand ein. Lisa und ich machten einen Stadtbummel mit ihm. Der Markt hatte sich ein bißchen hin- und herbewegt, aber meine 10 000 Kontrakte waren ein guter Kauf. Wir waren so glücklich, wie wir es unter den gegebenen Umständen sein konnten, und ich genoß es, meinen Bruder zu verwöhnen.

»Kann ich am Montag in die Börse kommen und dir zusehen?« fragte er.

»Klar, ruf mich an, und ich sorge dafür.«

Am Montag, dem 23. Januar, eröffnete der Markt dreißig Punkte höher. Er näherte sich 19000. Ich saß im Büro und ließ den Dingen ihren Lauf. Er kletterte um weitere dreißig Punkte. Ich verdiente Geld – mehrere Millionen Pfund. Mit wachsender Zufriedenheit beobachtete ich den Verlauf, behielt George am Maklerstand im Auge und stellte über die Standleitung die Verbindung zu Fernando in Tokio her.

»Tut sich was?«

»Nicht viel. Alles ruhig.«

»Deine Leute hatten doch keine Angehörigen dort, oder?«

»Nein.«

»Die ganze Nacht haben wir versucht, unsere Freunde zu erreichen. Die Leitungen sind tot.«

»Das reinste Chaos.«

»Und kein Wasser.«

»Jetzt tut sich hier ein bißchen.«

Ich betrachtete die Bildschirme, dann hörte ich den Lärm.

»Die verkaufen«, sagte Fernando, »halt deinen Hut fest, die verkaufen ...«

Während der nächsten Stunde blieb die Standleitung offen, aber wir waren viel zu entsetzt, um nur ein Wort zu wechseln. Ich beobachtete den Maklerstand und die Bildschirme und sah den Markt um mehr als 1000 Punkte abstürzen. Das hatte ich noch nie erlebt. Niemals zuvor war der Kurs so außer Rand und Band geraten. Jeden Augenblick erwartete ich einen Wiederanstieg, doch der blieb aus.

Schließlich signalisierte ich George: »Verkauf 2000 bestens!«

George führte die Order aus. Ich wußte, es war Wahnsinn, noch mehr abzustoßen. Er bekam so gut wie nichts dafür. Jetzt konnte er jeden Bockmist machen, dachte ich. Mein Verlust war so irrsinnig, daß kein Fehler der Welt viel daran ändern konnte.

Das Telefon klingelte. Richard war am Apparat.

»Hallo, Nick. Wie geht's?«

Ich hatte ihn total vergessen. Seine Stimme klang so jung und begeistert. Er hatte keine Ahnung, was ich hier den ganzen Tag tat. Nicht die geringste Ahnung von dem, was ich eigentlich den ganzen Tag tun sollte – vom Handel mit Futures und Optionen und vom Arbitrage-Geschäft –, und erst recht nicht von dem, was ich tatsächlich den ganzen Tag tat – von meinen verzweifelten Versuchen, aus einem schwarzen Loch herauszukrabbeln. Einen Augenblick versagte mir fast die Stimme, so heftig überfiel mich die Scham. Ich schämte mich der Bewunderung, die er für mich, seinen älteren Bruder, empfand. Allen seinen Freunden hatte er erzählt, daß er nach Thailand fliegen und mich anschließend besuchen würde. Alle seine Freunde wußten, daß sein Bruder ein großer Mann in Singapur war und Tolles leistete. Ich hatte Watford verlassen und Erfolg in der großen weiten Welt gehabt. Niemand wußte so recht, was ich tatsächlich tat, aber alle wußten sie, daß Lisa und ich in Singapur lebten und daß ich gelegentlich nach New York, Hongkong oder Tokio jettete. Bestimmt hatte Richard ihnen von den Wochenendausflügen berichtet, die wir nach Thailand oder Bali unternahmen. Da hatten sie in den Watforder Pubs zusammengesessen, und Richard hatte ihnen erzählt, wo ich überall gewesen bin, und sie hatten sich gefragt, wie es wohl sein mochte, im Oriental in Hongkong oder im Sheraton in New York zu wohnen. Oder wie es sein mochte, erster Klasse zu fliegen, und was sich wohl in den kleinen Beuteln befand, die First-Class-Passagiere von den Stewardessen geschenkt bekommen.

»Heute geht es leider nicht«, hörte ich mich ruhig sagen. »Wir sehen uns heute abend in der Wohnung.«

»In Ordnung«, sagte er nach einer kleinen Pause. »Amüsieren wir uns eben heute abend.«

»Worauf du dich verlassen kannst«, sagte ich.

Als ich den Hörer auflegte, war mir war klar, daß ich mindestens weitere sieben Milliarden Yen auf die Optionen verloren hatte – einen beschissenen Haufen Yen. Wieviel waren sieben Milliarden Yen? Siebzig Millionen US-Dollar. An einem einzigen Tag hatte ich fünfzig Millionen Pfund in den Sand gesetzt. Doch schlimmer noch, ich hatte meinen Bruder enttäuscht. Ich hätte mir Zeit für ihn nehmen müssen. Was für Spaß hätte es ihm gemacht, aufs Parkett zu kommen und zu beobachten, wie sich die Händler anschrien! Er hätte gesehen, wo ich saß, und Risselle, George, Eric, Maslan, Spy und Carol kennengelernt. Staunend hätte er beobachtet, wie sich die Bildschirme bewegten, und er hätte das unbeschreibliche Chaos des Maklerstands erlebt. Zwar hätte er nicht im mindesten begriffen, worum es ging – keinem Besucher gelingt das –, aber er hätte eine lebhafte Erinnerung mitgenommen und zu Hause Wunderdinge davon erzählen können.

Statt dessen hatte ich ihn enttäuscht – ich hatte ihn total vergessen. Doch auch wenn er mich besucht hätte, hätte er doch nur die Oberfläche zu Gesicht bekommen. Nie wäre er auf den Gedanken gekommen, daß ich trotz all der scheinbaren Erfolge, die ich auf dem Börsenparkett erzielte, trotz all der Händler, die mir auf die Schulter klopften und auf meine Instruktionen warteten, ein Versager war. Ein Betrüger und Falschspieler war ich. Hätte ich mich nach London absetzen können, ich hätte es getan. Gern wäre ich an seiner Stelle gewesen und hätte für Dad den Putz angerührt. Das war echte Arbeit, ehrliche Arbeit. Mehr wert als das, was ich hier in Singapur aus meinem Leben gemacht hatte. Ich dachte an unsere Hochzeit – er war entsetzlich aufgeregt gewesen, weil er Cut und Zylinder trug, und hatte den Hut tief ins Gesicht gezogen, damit er nicht fortgeweht wurde. Damit sah er aus wie der Gannef aus dem Roman »Oliver Twist« von Dickens. Was war nur seit jenem wundervollen Tag des Traumpaars Lisa und Nick aus mir geworden! Während mir meine Verluste im Kopf herumschwirrten, setzte ich mich und verbannte alle anderen Gedanken aus meinem Bewußtsein.

Der Markt war mehr als 800 Punkte gefallen. Ich brauchte vierzig Millionen Dollar von Brenda Granger, um die Nachschußforderungen der SIMEX zu erfüllen.

Merkwürdigerweise war ich bei Börsenschluß eher in gehobener Stimmung. Die Verluste waren so massiv, daß ich bald erwischt werden mußte. Damit kam ich nicht länger durch. Schlimmer konnten die Zahlen nicht werden. Zwei Jahre Täuschung und Betrug würden auffliegen, und endlich würde das passieren, wozu ich mich nicht aufraffen konnte: Alles würde ans Licht gebracht. Auf dem Börsenparkett spürte ich nichts –

keine Angst und keinen Schwindel. Ich konzentrierte mich auf die minütlichen Kursbewegungen, kaufte und verkaufte. Zahlen schwirrten durch die Luft und schienen nichts zu bedeuten. Sie verschwanden im Computer. Erst wenn ich das Parkett verließ und vor dem Back-Office stand, fuhr mir der Schreck in die Glieder. Dann standen die Zahlen nämlich auf dem Ausdruck, und ich konnte ihnen nicht mehr ausweichen. Und das eine war sicher: Heute abend mußten sie mir das Genick brechen.

»Mui Mui möchte dich sprechen«, rief Linda und hielt die Hand über die Muschel, »von Coopers & Lybrand.«

Das war der Anruf, der das Ende bedeutete.

»Nick Leeson?« Ihre Stimme war freundlich und sanft. »Ich versuche schon die ganze Zeit, Sie zu erreichen. Ich bin mit der Jahresabschlußprüfung beschäftigt, und wir sind jetzt bei BFS. Es geht um eine Forderung bei der SIMEX, die ich nicht zurückverfolgen kann. Ein hoher Betrag: 7,78 Milliarden Yen.«

Ich streckte mich und gähnte. So fühlte man sich also, wenn man erwischt wurde. Ich war viel zu müde für Panikreaktionen.

»Das ist ein bißchen kompliziert«, sagte ich. »Was brauchen Sie?«

»Sie sollen mir nur erklären, was passiert ist«, sagte sie ruhig. »Ich kann keine Unterlagen finden.«

Rasch legte ich mir im Kopf die einzige Erklärung zurecht, die mir einfiel. Eine richtige Erklärung war es nicht. Eigentlich gar keine. Kein Buchprüfer würde ihr länger Glauben schenken, als man brauchte, sie zu erzählen. Scheiß drauf! Ich lockerte den Griff um den Telefonhörer und ließ ihn herumwirbeln.

»Es war ein OTC-[*over-the-counter*, außerbörsliches] Geschäft zwischen Spear, Leeds & Kellogg und Barings London, das ich schon im Dezember abgeschlossen habe«, erläuterte ich langsam und prüfte, während ich fortfuhr, jedes Wort, ob es einigermaßen glaubwürdig klang. »Es ist durch das normale Computersystem gerutscht – wir hatten schon früher Ärger mit OTC-Geschäften. Ich spreche mit der Buchhaltung und lasse Ihnen die Unterlagen zuschicken.«

Ich hielt den Atem an.

»Okay«, sagte Mui Mui, »schicken Sie mir die Papiere, und ich sehe sie mir an.«

Und das war's. Einen ganzen Tag lang. Auf die nächsten Anrufe von Mui Mui reagierte ich nicht. Doch Simon Jones hatte inzwischen von der Sache erfahren und ließ mich rufen.

»Was ist mit diesen 7,78 Milliarden Yen?«

»Ein Alptraum«, sagte ich. »Es war ein OTC-Geschäft im letzten Monat, das falsch verbucht wurde. Die Prüfer machen mir deshalb die Hölle heiß.«

»Ich weiß«, sagte er grimmig, »die nerven tierisch. Haben überhaupt kein Augenmaß. Was wollen sie von dir?«

»Alle möglichen Unterlagen. Die kann ich ihnen natürlich besorgen. Es ist nur ein Zeitproblem.«

»Wieso?«

»Es hat einen Computerfehler gegeben, so daß Barings statt an SLK [Spear, Leeds & Kellogg] an BNP [Banque Nationale de Paris] gezahlt hat. Ich bekomme das Geld zwar zurück, aber ich fürchte, es bringt die Bilanzen durcheinander.«

»Schick mir eine Aktennotiz dazu«, sagte Simon. »Und was hast du in Sachen SIMEX-Brief unternommen?«

»Ich schicke einen Entwurf.«

»Danke.« Damit war ich entlassen.

Ich mußte mir irgend etwas einfallen lassen. Als ich im Lift hinabsurrte, machte ich mir klar, daß es immerhin einen positiven Aspekt gab: Simon Jones hatte nicht die Augenbrauen hochgezogen, als ich von einem OTC-Geschäft berichtet hatte. Er wußte, daß ich keine Berechtigung dazu hatte, denn dabei muß das Kreditrisiko bewertet werden. Beim Abschluß eines OTC-Geschäftes sorgt keine Börse wie die SIMEX dafür, daß man sein Geld bekommt. Deshalb muß man die Bonität des Kunden selbst prüfen – ein langwieriges Verfahren.

Coopers & Lybrand wollten eine Erklärung für das, was geschehen war. Sie sollten sie bekommen. Ich hatte eine Woche Zeit.

Am Freitag, dem 27. Januar, kaufte ich fast 30 000 Futures, und der Markt zeigte Wirkung. Am gleichen Tag sandten Coopers & Lybrand, zuständig für die Jahresabschlußprüfung bei Barings Singapur, einen Lagebericht an Coopers & Lybrand in London:

> Es gibt eine Transaktion von 7,7 Milliarden Yen (entsprechend 115 Millionen Singapur-Dollar), die von einem Dritten aussteht, Spear, Leeds & Kellogg (SLK). Dabei handelt es sich um die Erstattung eines Einschusses, der bei SLK für eine am 30. Dezember 1994 auslaufende außerbörsliche Nikkei-Option hinterlegt wurde. Der Betrag steht immer noch aus. Wir warten auf die Bestätigung des Wirtschaftsprüfers für die Jahresabschlußbilanz.
> Wie BFS uns mitteilt, werde eine Einforderung der besagten 7,7 Milliarden Yen kein Problem darstellen. Im übrigen sei der Vertragspartner von SLK die Baring Securities Limited (BSL) und die Kreditwürdigkeit von SLK sei mit BSL erörtert worden. Können Sie sich von BSL bestätigen lassen, daß SLK immer noch Kunde und kreditwürdig ist?

Dieser Lagebericht rief einiges Erstaunen bei Barings hervor.

Montag, 30. Januar 1995

Am Montag, dem 30. Januar, reagierte der Markt auf meine Käufe und wurde um 700 Punkte nach oben getrieben. An diesem Tag machte ich fünfzig Millionen Pfund gut und glich alle Verluste aus, die ich seit dem Erdbeben in Kobe erlitten hatte. Ich verkaufte Nikkei und ging mit JGBs short, spekulierte wie ein Irrer und forderte täglich zehn Millionen Dollar aus London an.

Es dauerte nicht lange, und die Telefone begannen zu läuten. Erst war es Brenda Granger, dann Mary Walz, dann Ron Baker. Alle wollten sie wissen, was los war. Schließlich kam Ron zu mir durch:

»Die Arschlöcher in der Finanzabteilung behaupten, die Finanzierung werde zum Problem. Die haben keine Ahnung. Die alten Säcke in ALCO [Barings' Asset and Liability Committee] verlangen, daß Sie die Position reduzieren. Können Sie sie runterbringen?«

Am Montag nachmittag erwartete mich ein weiterer Brief von der SIMEX. Er trug das Datum vom 27. Januar, dem letzten Freitag, und war ebenfalls an Simon Jones adressiert. Darin fand sich eine Aufstellung von Positionen, die Barings und Barings-Kunden hielten. Offiziell wurde die Barings-Bank daran erinnert, daß sie verpflichtet sei, »jederzeit angemessene Finanzmittel, einschließlich entsprechender Reserve-Kreditlinien, bereitzuhalten, um ihre finanziellen Verpflichtungen gegenüber der SIMEX-Clearingstelle erfüllen zu können«.

Ich blickte den Brief hinab und sah, während sich mein Magen zusammenkrampfte, daß Simon diesen Brief, im Unterschied zu den vorausgehenden, die wir in Singapur behalten hatten, bereits kopiert und an Barings in London geschickt hatte.

»Hast du diesen Brief gesehen?« fragte mich Simon Jones am Telefon.

»Ja, es ist eine schwierige Position«, stimmte ich zu.

»Morgen ist eine ALCO-Sitzung. Ich denke, da werden sie darüber sprechen.«

»Kann ich etwas tun?« fragte ich.

»Warten wir ab, wie sich Tony Hawes entscheidet«, sagte er, und dabei beließen wir die Sache.

An diesem Tag beantwortete James Bax endlich den SIMEX-Brief vom 16. Januar, der uns zu der Versicherung aufforderte, daß wir bei der Finanzierung der Positionen keine SIMEX-Regeln verletzt hatten. Bax' Brief vom 30. Januar ging völlig an der Frage der SIMEX vorbei und enthielt die wunderbare Entschuldigung:

»Die Gründe für die monierten Fehler sind größtenteils Buchhaltungs- und Tippfehler.«

Dienstag, 31. Januar 1995

Auf meinem Computer war eine E-Mail vom Finanzleiter Tony Hawes, in der er den Lagebericht von Coopers & Lybrand zitierte und mich aufforderte, die Forderung von 7,78 Milliarden Yen zu erklären. Ich rief ihn an und hinterließ ihm eine Nachricht auf dem Anrufbeantworter:

»Hallo, Tony. Nick hier. Ich hab' Ihre Nachricht bekommen und kümmere mich darum. Leider ist heute das chinesische Neujahrsfest. Deshalb wird es ein bißchen dauern, aber ich melde mich baldmöglichst.«

Tony Hawes wandte sich mit dem Bericht von C & L an Mary Walz.

»Richtig«, sagte sie, »darüber müssen wir reden.«

Er berichtete ihr, daß er mich um eine Erklärung gebeten hätte.

»Himmel«, sagte sie, »immer müssen Sie diese lästigen Fragen stellen.«

»Sehen Sie, Mary, unvoreingenommen betrachtet, könnte es bedeuten, daß es in Barings' Bilanz ein Loch von fünfzig Millionen Pfund gibt«, sagte Hawes.

Den chinesischen Jahreswechsel begingen Lisa und ich in einem Chinarestaurant voller chinesischer Broker. Zu Anfang gab es das traditionelle Gericht, das man in die Luft werfen muß, um das neue Jahr zu begrüßen, doch unser Tisch war ein bißchen unternehmungslustiger: Statt es nur hochzuwerfen und zu essen, ließen wir es auf uns herabregnen, so daß wir über und über bekleckert waren. Einige chinesische Freunde hatten uns eingeladen, doch blieb uns das zweifelhafte Vergnügen erspart, die raffiniertere chinesische Küche mit ihren Froschblasen und Hirschhoden zu kosten. Wir bekamen Steaks und Pommes frites und amüsierten uns köstlich.

Während wir das exotische Fest genossen und all den Flitter und Glanz bestaunten, hatte in London das Asset and Liability Committee seine Sitzung begonnen. ALCO ist der höchste Kreditausschuß bei Barings und entscheidet über die Strategie und das Finanzvolumen aller Tochtergesellschaften. Auf der Tagesordnung stand auch der SIMEX-Brief vom 27. Januar.

Mittwoch, 1. Februar 1995

»Nick, hier Rachel.« Das war verdächtig – Rachel Young, die Leiterin der Finanzabteilung, rief mich nie auf dem Parkett an. »Mui Mui fragt wegen der Forderung von 7,78 Milliarden Yen nach. Sie kann sie nicht finden.«

»Keine Sorge«, sagte ich. »Ich habe jemanden drangesetzt.« Das war keine Antwort, und wir wußten es beide.

»Nick, sie will Simon informieren. Und die Bücher sollen nächste Woche abgezeichnet werden.«

»Um 17 Uhr bin ich im Büro«, sagte ich. »Vorher habe ich noch eine Verabredung.«

Damit hatte ich mir wieder eine Galgenfrist von ein paar Stunden verschafft.

Ins Büro zurückgekehrt, ging ich in meiner Schublade die Korrespondenz mit anderen Brokern durch. Nachdem ich Spear, Leeds & Kellogg ins Spiel gebracht und einen absurden OTC-Handel erwähnt hatte, mußte ich natürlich dabei bleiben. Ich wußte, daß ich damit nicht durchkommen konnte. Als ich einen Ordner mit losen Blättern durchsah, stieß ich auf einen Originalbrief, der von Richard Hogan, dem Geschäftsführer von Spear, Leeds & Kellogg, unterzeichnet war, einer Maklerfirma, die sich auf Futures und Optionen und auf den Handel an der SIMEX spezialisiert hatte. Ich hatte Glück, daß es ein Originalbrief war, denn der größte Teil meiner Korrespondenz mit anderen Brokern lief über Fax. Damit hatte ich eine Unterschrift und die Umrisse einer Idee, die so niederträchtig war, daß ich mir kaum eingestehen mochte, daß ich es war, der sie ins Auge faßte. Nun bereitete ich mich auf ein Vier-Augen-Gespräch mit Simon Jones vor. Ich wußte kaum etwas über OTC-Geschäfte, aber ich verließ mich darauf, daß es den anderen nicht besser ging. Sicher war ich mir, daß Simon Jones nichts davon verstand, und ich bezweifelte auch, daß Coopers & Lybrand Ahnung hatten.

Das Geschäft, daß ich beschreiben mußte, hatte mit dem normalen Ablauf von OTC-Abschlüssen so gut wie keine Ähnlichkeit. Da ich Barings London gegenüber Mui Mui erwähnt hatte, steckte ich bis zum Hals in Schwierigkeiten. Denn sobald Simon

Jones zu der Auffassung gelangte, daß Barings London etwas damit zu tun hatte, würde er ans Telefon stürzen und Ron Baker fragen, was geschehen war. Das mußte ich verhindern. Folglich galt es, ihm eine doppelte Lüge aufzutischen: Ich mußte ihm sagen, daß ich Coopers & Lybrand in bezug auf Barings London angelogen hatte und daß es sich in Wirklichkeit um ein von mir vermitteltes Geschäft zwischen Spear, Leeds & Kellogg und der Banque Nationale de Paris gehandelt hatte. Das würde Simon davon abhalten, Ron Baker anzurufen. Lügen, Lügen, Lügen: Ich türmte einen Riesenberg von Lügen auf, und wenn eine einzige aufflog, würde das Gebirge mich unter sich begraben.

Ich gab mir einen Ruck und griff zum Telefon.

»Simon, hier ist Nick. Ich würde gerne hochkommen und mit dir über SLK sprechen.«

»Hör mal, können wir das nicht auf morgen verschieben? Ich muß jetzt zum Squash. Leg mir eine Aktennotiz auf den Schreibtisch und laß uns morgen früh um halb acht darüber reden.«

Als ich den Hörer auflegte, wurde mir klar, daß ich wieder zwölf Stunden gewonnen hatte. Vielleicht sollte ich jetzt abhauen – das nächste Flugzeug nach London nehmen und alles hinter mir lassen. Doch wie sollte ich Lisa dazu bringen, mich zu begleiten? Sie lief nie vor irgendwas davon.

Ich setzte mich an die Aktennotiz. Zehn verschiedene Fassungen entwarf ich, und als ich endlich fertig war, saß ich inmitten zusammengeknüllter Entwürfe, die ich neben den Papierkorb geschmissen hatte. Ein Basketballstar wie Michael Jordan war ich wahrlich nicht. Um 21 Uhr rief ich Lisa an, und ich sagte, ich sei in einer Stunde zu Hause. Dann nahm ich einen neuen Bogen Papier und setzte für Simon Jones eine bizarre Aktennotiz auf über die fiktive, angeblich von mir vermittelte Transaktion zwischen Spear, Leeds & Kellogg und der Banque Nationale de Paris, die in die Barings-Bilanz ein Loch von fünfzig Millionen Pfund gerissen hatte. Der Text lautete folgendermaßen:

Umfangreicher Optionshandel über System zwischen SLK und BNP ausgeführt. Gebucht über das System zwischen

SLK und BNP mit Prämienzahlung am Fälligkeitsdatum. In dieser Phase kein Einfluß auf das System. Kundenseite: Zahlung bei Fälligkeit. Brokerseite: keine Bewegung, weil im Besitz beider Seiten (Soll + Haben), Wirkung null – BFS wäre überhaupt nicht beteiligt. Zahlung zwischen SLK + BNP.

FEHLER bei Eingabe der Fälligkeitsdaten. Wahre Fälligkeit = 30. 12., Fälligkeit für BNP-Teil 3. 12. Später hat BNP die Wertstellung der Gelder am 3. 12. erhalten; und die Gelder wurden ihnen praktisch für einige Zeit während des normalen Gangs der Geschäfte zurückgezahlt, das heißt, Fehler wurde nicht entdeckt. Daher hatten wir bei Stornierung der Buchung am 30. 12. eine Forderung in Höhe von 7778000tausend japanischen Yen.

Da Transaktion keine Auswirkungen haben sollte, wurde keine Überweisung vorgenommen – mein Fehler!

Danach mündliche Mitteilung erhalten, daß Forderung am 2. 2. 95 bezahlt wird. Erwarte schriftliche Bestätigung heute abend gegen 22 Uhr.

Ich hielt inne und dachte nach. Eigentlich mußte ihm das komisch vorkommen. Mir jedenfalls ging es so. Lächerlich war das. Der blanke Unsinn. Niemand, der bei Verstand war, würde sich damit zufriedengeben. Aber ich hatte nicht mehr die Kraft zu Korrekturen. Weiter schrieb ich:

Zweifellos sind viele Fehler passiert, die man mir vorwerfen kann und für die ich die volle Verantwortung übernehme. Schlage aber vor, die Angelegenheit mit dem Wirtschaftsprüfer zu besprechen; können ihm die Quittungen der Gelder mit Wertstellung 2. 2. 95 zeigen und die Bestätigung, die wir heute abend über die Guthaben erwarten. Dann wird er hoffentlich London beruhigen. Bis 7.30 Uhr. Nick.

Ich nahm an, daß Simon die erste Hälfte der Notiz auf keinen Fall verstehen würde, es ihm andererseits aber peinlich wäre, mich um eine Erklärung zu bitten. Er brüstete sich immer damit, der klügste Kopf der Firma zu sein. Mit dem Versprechen, daß das Geld morgen eingehen würde, hatte er etwas, woran er sich festhalten konnte – er würde sich davon überzeugen, daß das Geld tatsächlich da war und die Prüfer die Bücher abzeichnen konnten. Zum Schluß legte ich die Aktennotiz auf einen Stapel völlig harmloser Papiere und hatte das Gefühl, dort eine Zeitbombe zurückzulassen.

Donnerstag, 2. Februar 1995

Am nächsten Morgen fuhr ich mit dem Lift nach oben in Simons Büro. Ich wußte nicht, was mich erwartete. In der Küche machte ich halt und trank ein Glas Wasser, um den Geschmack der Galle loszuwerden, die mir bitter hockam. Als ich in sein Zimmer trat, sah ich ihn zu meinem Erstaunen völlig gelassen am Schreibtisch sitzen und die Post durchsehen.

»Wie war das Squashspiel?« fragte ich möglichst unbefangen.

»James hat mich geschlagen. Mein kaputtes Knie hat sich wieder bemerkbar gemacht.«

Immer hatte Simon eine Entschuldigung. Nie konnte er zugeben, daß er von jemandem fair und verdient besiegt worden war. Wenn er gewonnen hatte, prahlte er damit den ganzen Tag herum.

»Also, was soll dieser Scheiß, Nick?« Unwillig wühlte er in seinen Papieren und überflog meine Aktennotiz noch einmal.

Verdammt! Keine dreißig Sekunden lang würde sie einer Prüfung standhalten!

»Tut mir leid, Simon«, ich hob die Hände, als hielte er mir eine Pistole unter die Nase. »Ich habe nicht sorgfältig genug überprüft, was in die Maschine gebucht wurde.«

Ich merkte, daß ihn die wirkliche Erklärung des Problems weniger interessierte als das, was London denken würde. Er war stets sehr bemüht, sich London vom Halse zu halten. Noch einmal las er sich die Aktennotiz durch, und ich versuchte, die Randbemerkungen zu lesen, die er machte. Die Buchstaben über Kopf lesend, entzifferte ich: »Kreditrisiko – wessen Genehmigung?«, »Unterlagen?«, »Gewinn für BFS???«, und dann, ganz unten: »BFS-Auslage von 115 Millionen an SGD [Singapur-Dollar] für zwei Monate!!«

Er hatte das Papier durchschaut. Natürlich, es war eine idiotische Aktennotiz, und er hatte sie durchschaut. Jetzt ging es mir an den Kragen. Mit feuchten Händen wartete ich auf den Knockout. Simon blickte auf, und ich zwang mich dazu, seinem Blick zu begegnen, wobei ich versuchte, zugleich entschuldigend und entgegenkommend auszusehen.

»Also, was für eine Kreditrisikobewertung gab es? Wer hat sie vorgenommen?«

»Es gab keine«, räumte ich entschuldigend ein. »Ich hab' das einfach allein durchgezogen.«

»Was für ein gottverdammtes Husarenstück! Und Unterlagen? Die Prüfer werden Belege verlangen.«

»Die sind da«, nickte ich.

»Und kein Gewinn für BFS?«

»Keiner«, sagte ich, »und deshalb kein Einfluß auf die Gewinn- und Verlustrechnung.«

»Was ist mit den Zinsen für die 7,78 Milliarden Yen? Wir haben sie zwei Monate ausgelegt. Das ergibt einen Haufen Zinsen.«

»SLK zahlt sie. Sie hatten ja das Geld.«

Simon Jones nannte sich selbst den »König der Revisoren«. Er pflegte zu verkünden, daß ihm nichts entgehe – er rieche alles drei Meilen gegen den Wind. Nun hielt er inne und schob die Aktennotiz in eine Ecke seines Schreibtischs.

»Okay, Nick, kannst du das mit Coopers klären?«

»Ich hab' nur ein Problem«, bekannte ich. »Ich habe Coopers mitgeteilt, daß Barings London der andere Partner war, nicht BNP. Damit wollte ich verhindern, daß sie mich mit einem Haufen Fragen über das Kreditrisiko belämmern. Was machen wir nun?«

»Lassen wir es dabei«, sagte Simon genervt. »Dann fragen sie uns wenigstens nicht, wer die Kreditzusage erteilt hat, und wir kriegen den Bestätigungsvermerk.«

Ich verließ das Büro als freier Mann. Zu atmen wagte ich erst wieder, als ich die Fahrstühle erreicht hatte und auf halbem Weg nach unten in den 14. Stock war. Es war noch keine acht Uhr.

216

Die Börse hatte noch nicht eröffnet. Ich sah die Nachrichten auf meinem Schreibtisch durch und verschwand dann aufs Parkett, bevor Coopers mich anrufen konnten.

Um zehn war Mui Mui am Apparat. Sie zeigte sich zunehmend befremdet.

»Ich brauche endlich Unterlagen«, sagte sie. »Drei Belege muß ich haben: Die Bestätigung von SLK, daß die 7,78 Milliarden Yen bezahlt werden, den Bankauszug von morgen, der den Eingang von 7,78 Milliarden Yen bestätigt, und eine Notiz von jemandem in London, am besten von Ron Baker, aus der hervorgeht, daß er von diesem Geschäft und dem Kreditrisiko weiß und daß er alles genehmigt.«

Ich ging nochmals zu Simon Jones.

»Ich habe Coopers schon wieder am Hals«, sagte ich, gegen den Türrahmen gelehnt.

»Was ist los?«

»Sie wollen die Unterlagen über die 7,78 Milliarden heute noch, aber das dauert etwas länger. Ich weiß ja, sie wollen die Prüfung bald abschließen.«

»Hör mal«, sagte Simon, »der Bestätigungsvermerk soll morgen erteilt werden. Wenn du die Unterlagen hast, wo ist das Problem?«

»Eine Aktennotiz von Ron Baker, Kontoauszüge …«

»Gib ihnen die Buchprüfungsunterlagen. Die sollen sie zusammenrechnen. Dann können sie das Testat geben und abdampfen.«

Ich begab mich an meinen Schreibtisch und holte den Loseblattordner mit Richard Hogans Unterschrift heraus. Auf einem anderen Blatt entdeckte ich Ron Bakers Unterschrift. Dann schrieb ich zwei Mitteilungen, eine von Ron Baker und die andere von Richard Hogan. Das mußte alles rasch gehen.

»Als Leiter der Financial Products Group bestätigte ich, daß ich von dem Nikkei-OTC-Optionsgeschäft mit Spear, Leeds & Kellogg gewußt und daß ich es genehmigt habe.«

Anschließend kam eine Notiz von Richard Hogan an die Reihe, dem Geschäftsführer von SLK. Ich ließ ihn erklären, die Zahlung werde am 2. Februar 1995 erfolgen.

Diese Notizen gab ich unserer neuen Kollegin, Nisa, und bat sie, sie zu tippen.

»Drucken Sie sie bitte auf einfachem Papier ohne Briefkopf aus«, sagte ich.

Rons Notiz war leicht zu fälschen, weil wir einige Bögen von Barings London hatten. Dann nahm ich den ausgedruckten Brief, schnitt den Briefkopf von Richard Hogans Originalbrief ab, schnitt auch die Unterschrift ab, klebte sie auf den weißen Bogen und fotokopierte das Ganze. Das war viel schwerer, als ich gedacht hatte. Über eine Stunde stand ich am Kopierer und versuchte, Kopien anzufertigen, die unverfänglich aussahen. Ein großer schwarzer Müllsack war bald voller mißlungener Versuche. Schließlich kam ein Brief heraus, der keine verräterischen Schnittkanten hatte und bei dem auch die Unterschrift an der richtigen Stelle saß. Die Aktennotiz war leichter zu fälschen, kostete mich aber auch zwanzig Versuche. Schließlich war alles perfekt. Auf dem Rückweg zu meinem Schreibtisch ignorierte ich die Blicke der Mädchen, die sich offensichtlich fragten, was ich da fotokopierte. Bisher hatte ich den Kopierer doch noch nie benutzt. Mein Schreibtisch war mit Klebetuben, Scheren und Papierschnitzeln übersät. Es sah ziemlich kindisch aus. Ich räumte alles wieder in die Schublade und schloß sie ab. Jetzt fehlten mir nur noch die 7,78 Milliarden Yen zu meinem Glück.

Ich verließ das Büro und fuhr nach Hause. Unterwegs rief ich Nisa vom Autotelefon aus an.

»Können Sie mir bitte den Stand des Kundenkontos bei der Citibank geben?«

Ich wartete am Telefon.

»Drei Komma vier fünf Milliarden Yen.«

»Und was ist auf dem Firmenkonto?«

»Eins Komma vier fünf Milliarden.«

»Hören Sie mir jetzt genau zu. Ich möchte, daß Sie von dem Kundenkonto 7,78 Milliarden Yen auf das Firmenkonto überweisen.«

»Aber das wird nicht möglich sein«, wandte sie ein.

»Ich weiß, ich weiß.« Fest umklammerte ich den Hörer. »Sie

können es sofort wieder rückgängig machen. Aber ich möchte, daß die Überweisung vorgenommen wird, und dann möchte ich, daß die Citibank uns per Fax den Kontoauszug schickt, aus dem hervorgeht, daß 7,78 Milliarden Yen aufs Firmenkonto eingegangen sind.«

»In Ordnung«, sagte sie nur noch. Natürlich mußte sie denken, ich sei verrückt geworden. Aber wie alle im Back-Office hielt sie eisern zu mir. Die Mädchen wußten, daß ich für ihre Boni gekämpft hatte und sie fair behandelte. Dafür taten sie alles für mich.

Zu Hause angekommen, klingelte ich, um sicherzugehen, daß Lisa nicht zu Hause war. Ich wäre ausgerissen, wenn sie dagewesen wäre. Ich kam mir wie ein Einbrecher vor, als ich die Wohnungstür öffnete und zum Faxgerät ging. Ich holte tief Luft, wählte meine Dienstnummer und faxte die beiden gefälschten Briefe von Ron Baker und Richard Hogan an mich selbst. Anschließend fuhr ich wieder ins Büro. Ich empfand tiefe Scham: In die Ecke getrieben, fälschte ich jetzt Urkunden wie ein kleiner Ganove.

Während sich die grotesken Verluste auf Konto 88888 sammelten, hatte ich einen gewissen Trost in dem Gedanken gefunden, daß ich Verluste wettzumachen suchte, die durch Patzer anderer entstanden waren. Die ersten Versuche hätte ich noch eingestehen können, statt dessen versuchte ich, sie selbst auszubügeln. Ich hätte die ganze Sache beichten können, dann hätte Barings uns alle gefeuert, den Verlust abgeschrieben, und damit wäre die Sache erledigt gewesen. Doch dann hatte ich immer wahnwitziger spekuliert und mich immer tiefer hineingeritten. Am Monatsende hatte ich die Verluste vertuscht, doch daraus wurde ein immer größeres Rad. Da ich den Verlust nicht offenbart hatte, war ich theoretisch immer noch in der Lage, ihn wettzumachen. Unter dem fortwährenden Druck, Gewinne machen zu müssen, war ich in meinem Rechtsempfinden allmählich abgestumpft und hatte die Verluste versteckt. Aber immer hatte es sich um abstrakte Zahlen gehandelt, nicht um wirkliches Geld, und die Tricks, mit denen ich sie versteckt hatte, waren simple Taschenspielerei.

Doch nachdem ich diese beiden Dokumente gefälscht hatte, wußte ich, ich war verloren. Das war Urkundenfälschung. Bisher hatte ich Ausflüchte gemacht, war sparsam mit der Wahrheit umgegangen, hatte vermieden, Zahlen auszuweisen, die andere leicht hätten entdecken können, und hatte schwindelnde Finanzforderungen an London gestellt. Hätte ich mich vor Gericht zu verantworten gehabt, hätte ich falsche Buchführung gestanden und wahrscheinlich auch zugegeben, durch Vorspiegelung falscher Tatsachen Unterschlagung begangen zu haben. Doch nun hatte ich dieser Liste ein neues Verbrechen hinzugefügt. Von nun an konnte ich nicht mehr behaupten, andere hätten mich in etwas hineingeritten. Auch als Notlüge, die durch die Umstände notwendig geworden wäre, konnte ich die Tat nicht ausgeben. Ich hatte eigenhändig eine fremde Unterschrift ausgeschnitten, auf einen Bogen Papier geklebt, war damit in meine Wohnung gefahren, hatte das Ganze an mich selbst gefaxt und stand nun im Begriff, es Rachel Young zu geben, damit sie es den Buchprüfern aushändigte. Und wenn von der Citibank ein Fax käme, aus dem hervorginge, daß eine Überweisung von 7,78 Milliarden Yen nicht vorliege, dann würde ich toben und fluchen, bis ich eine entsprechende Bestätigung bekäme. Heiße Tränen der Scham brannten in meinen Augen: Ich benahm mich wie ein Krimineller, ich war ein Krimineller, und ich konnte nicht zurück. In meinem eigenen Netz von Täuschung gefangen, ging ich unter in dessen Maschen – Maschen aus lauter Achten. Ich brauchte etwas, irgendeinen Ausweg, die Moral spielte keine Rolle mehr.

Am Freitag, dem 3. Februar, erteilten Coopers & Lybrand einen uneingeschränkten Bestätigungsvermerk zu den Konsolidierungsmaßnahmen von Baring Futures Singapore. Man hatte mich geprüft und für sauber befunden.

Ich ging hinaus und holte Wasser aus der Küche. Als ich zurückkam, läutete das Telefon. Den ganzen Nachmittag über hatte jeder, der auch nur im entferntesten mit mir zu tun hatte, wegen der SLK-Forderung angerufen. Dabei entwickelte die Geschichte ein munteres Eigenleben. Jeder neue Anrufer hatte eine neue Version zu bieten. Ich blieb bei meiner Darstellung und behauptete, es sei ein Buchungsfehler gewesen. Niemand fragte mich direkt, wie in aller Welt ich es angestellt hätte, 7,78 Milliarden Yen von Barings-Konten überweisen zu lassen. Aus Jakarta wußte ich, daß leitende Angestellte, wenn es um Einzelheiten geht, stets vermeiden, sich die Hände schmutzig zu machen und den Zahlen auf den Grund zu gehen. Dazu sind sie sich zu schade. Schließlich haben sie ihre Leute dafür. So wurde meinem Betrug dadurch Vorschub geleistet, daß es zu viele Vorgesetzte gab, die sehr obenhin über die Angelegenheit plauderten, ohne sich je näher mit ihr zu befassen. Und nie wagten sie es, mir konkrete Fragen zu stellen; sie hätten sich ja blamieren können, weil sie keine Ahnung von Futures und Optionen hatten.

Noch immer klingelte das Telefon, und ich wartete, bis der Anruf automatisch durchgestellt wurde und eines der Mädchen den Hörer aufnahm. Damit er nicht zu mir zurückgestellt werden konnte, griff ich schnell zu meinem Telefon und wählte einen Freund in Watford an, um mit ihm zu plaudern. Nisa kam herüber und legte mir eine gelbe Notiz auf den Schreibtisch. »Tony Hawes: dringend«, las ich. Dadurch ließ ich mich beim Wählen nicht stören. Steve war am Apparat. Ich hatte schon eine Zeitlang nicht mehr mit ihm gesprochen, und er berichtete, daß seine Frau schwanger sei. Während wir plauderten, nahm ich Tony Hawes' Notiz, knüllte sie zu einer festen Kugel zusammen und warf sie in Richtung Papierkorb. Zu meiner Überraschung war es ein glatter Treffer. Stolz berichtete ich Steve davon:

»Knapp sechs Meter und direkt verwandelt!«

»Ohne Flachs?« sagte er. »Jocky Wilson!«

»Solange du mich nicht mit diesem anderen Krüppel verwechselst, diesem Eric Wieheißtergleich.«

»Nimmst du denn zu?«

»Klar.«

»Aber so dick wie Kath kannst du nicht sein.«

»Schon, aber sie ist schwanger. Das ist ja wohl 'ne Entschuldigung.«

So flachsten wir weiter, bis ich auf die Uhr sah und feststellte, daß wir schon seit fast einer halben Stunde telefonierten. Als ich schließlich einhängte, fiel mir ein, daß wir einen Freund zum Dinner erwarteten und daß ich mich verspäten würde. Ich rief Tony Hawes an.

»Hawes«, sagte er.

Sein unnachahmlicher britischer Akzent hat mich stets vom Hocker gehauen. Unendliche Selbstgefälligkeit schwang darin mit. Ich war immer versucht zurückzufragen: »*Whores and hookers* – Huren und Nutten?« (Ein Wortspiel, das auf der identischen Aussprache von *Hawes* und *whores* beruht.)

»Tony? Nick hier. Ich finde grade die Nachricht, daß Sie mit mir sprechen möchten.«

»Es geht immer noch um die Angelegenheit SLK und BNP«, stieß er hastig hervor. »Was mir Kopfzerbrechen bereitet, ist die Frage, woher Sie das Geld bekommen haben, um, äh, die Zahlung an SLK zu leisten. Ich meine, es geht immerhin um einen Betrag, der 78 Millionen Dollar entspricht. Das ergibt einfach keinen Sinn, wissen Sie?«

Natürlich macht das keinen Sinn! hätte ich am liebsten geschrien. Das sieht ein dreijähriges Kind! Ich hab' das Geld aus dem Hut gezaubert. Ich bin in Irland gewesen und hab' den Blarney Stone nicht geküßt, wir haben uns die Birne vollgeknallt, und ich hatte nie die Absicht, hierher zurückzukommen. Das ist alles Schwindel.

»Ist doch ganz klar, Tony«, sagte ich und ließ meine Stimme besonders geduldig klingen, »das ist ein Teil der Gelder, die wir in den letzten sechs Wochen von euch angefordert haben. Wenn die Forderung beglichen ist, werden Sie sehen, daß sich unser Finanzierungsbedarf um den gleichen Gegenbetrag reduziert.«

»Ja?« meinte Tony zögernd.

»Der gleiche Betrag wird an euch zurückgehen.«

»Sie meinen, daß ein Teil der Finanzierung für die Zahlung an SLK verwendet wurde?«

»Genau das, Tony«, sagte ich, als hätte er endlich eine Selbstverständlichkeit begriffen, »und deshalb werden wir in der Lage sein, es euch zurückzuzahlen.«

»Das wäre gut« sagte er. »Es wäre gut, wenn wir unseren Finanzbedarf herunterschrauben könnten. Ich habe da im Moment ein paar Sachen gleichzeitig laufen.«

»Es wird aber sehr schwer sein«, wandte ich ein.

»Okay«, sagte Tony.

»Okay«, ich machte deutlich, daß ich das Gespräch beenden wollte. »Ich muß mich beeilen. Ich bin spät dran, und wir haben Gäste zum Dinner.« Wußte ich doch, daß für Tony die Entschuldigung, daß man Gäste zum Dinner hatte, viel schwerer wog als der Hinweis, man müsse sich beeilen, weil man noch zu arbeiten habe.

Ich legte auf und schrieb eine Notiz, in der ich Nisa bat, einige Futures-Verkäufe in das System zu buchen. Die würden die Käufe, die ich kürzlich für Konto 88888 vorgenommen hatte, mehr als glattstellen und den SIMEX-Computer glauben lassen, daß die SIMEX uns Geld schulde. Möglicherweise führte das dazu, daß die Citibank etwas Geld an Barings London zurückzahlte. Und wenn nicht, na und? Dann mußte ich mir eben eine andere bescheuerte Entschuldigung einfallen lassen und abwarten, ob sie auch die schluckten. Ich würde es halt auf die Marktsituation schieben. Da sagten sie nie was. Mit gekreuzten Fingern verließ ich das Büro und verbannte dann für einen weiteren Abend alle Gedanken an die unselige Angelegenheit aus meinem Bewußtsein. Wieder ein Tag überstanden.

Kurz vorm Schlafengehen rief Mary Walz mich an:

»Was hat es mit diesen 7,78 Milliarden Yen auf sich, Nick?«

»Herrgott noch mal«, sagte ich, »alle hacken sie deshalb auf mir rum. Es ist ein Buchhaltungspatzer. Die Prüfer und Tony Hawes machen mir deswegen die Hölle heiß. Ich hab' meine Lektion gelernt: Es passiert nie wieder!«

»Ist es denn jetzt geklärt?« fragte sie.

»Soweit ich weiß, sind die Prüfer zufrieden.«

»Dem Himmel sei Dank! Dann können wir uns ja endlich wieder auf Ihre Finanzierung konzentrieren. Tony Hawes wird sich wahrscheinlich noch mal bei Ihnen melden.«

»Okay«, sagte ich. »Ich muß jetzt Schluß machen.«

»Okay, Nick.«

Ich legte auf und schaltete das Telefon über Nacht ab.

Als ich schon geraume Zeit schlief, erfuhr Ron Baker in London von den 7,78 Milliarden Yen. Er erhielt einen Anruf von Peter Norris, dem Chief Executive Officer, dem höchsten Manager des Konzerns. Es ist nie sehr angenehm, wenn man von seinem Vorgesetzten nach etwas gefragt wird, was man eigentlich wissen müßte.

»Peter Norris hat mich angerufen«, sagte Ron Baker. »Er hat gefragt: ›Hat man mich davon unterrichtet, daß wir einem Broker in Singapur Geld geliehen haben? Was ist da passiert?‹ Ich hatte keine Ahnung, was ich sagen sollte. Ich war entsetzt.«

Also ging Ron Baker zu Mary Walz, und gemeinsam riefen sie Peter Norris zurück. »Ich wurde wütend, weil ich das Ganze einfach nicht glauben konnte«, sagte Ron.

Walz berichtete Norris und Baker, sie habe schon mit mir gesprochen und ich hätte ihr berichtet, daß es »ein Buchungspatzer« sei und daß mir Tony Hawes deswegen »die Hölle heiß« mache.

Walz und Baker riefen Tony Hawes und Tony Railton an und teilten ihnen mit, sie sollten ihre Koffer packen und nach Singapur fliegen, um Ordnung in das Durcheinander zu bringen. Obwohl die Prüfer ihr Testat gegeben hatten, waren sie doch besorgt über den Geldfluß. Dann erhielt James Bax einen Anruf von Ron Baker und den Auftrag herauszufinden, was mit den 7,78 Milliarden Yen passiert sei und wieso ich absolut nichtautorisierte OTC-Transaktionen vornähme. Bax wußte, daß die Buchprüfung abgeschlossen war und daß sich folglich das Geld definitionsgemäß wieder auf dem Barings-Konto befinden mußte.

»Es ist lediglich eine Nicht-Transaktion«, meinte James Bax beruhigend zu Ron, »nur ein Fehler, eine Abrechnungspanne. Machen Sie sich deswegen keine Sorgen.«

So schickte sich die Führungsspitze an, meinen Fehler zu vertuschen. Der Schreck war groß gewesen bei dem Gedanken, daß Barings eine Forderung von fünfzig Millionen Pfund gegenüber Spear, Leeds & Kellogg hätte, »einer Firma, von der ich noch nie gehört habe«, wie George Maclean, der Leiter der Bank Group, erklärte. Geoffrey Broadhurst, der Finanzchef des Konzerns, forderte sogar die interne Kreditabteilung von Barings auf, SLK zu überprüfen.

»Ich glaube, sie hat festgestellt, daß Spear, Leeds & Kellogg ein Minimum an Reserven hatte, ein Eigenkapital von zwei oder drei Millionen Dollar. Das verstärkte meine Besorgnis«, sagte Broadhurst.

Tatsächlich hat die Bank von England später ermittelt, daß SLK im September 1994 ein Eigenkapital von etwa 2,68 Millionen Dollar hatte. Ferner hatte die Barings-Kreditabteilung festgestellt, daß bereits im Sommer 1993 bei SLK eine unabhängige Bonitätsprüfung vorgenommen worden war und daß man dem Unternehmen damals ein Limit von 5 Millionen US-Dollar eingeräumt hatte.

Offenkundig sprengten also die 50 Millionen Pfund, die SLK uns angeblich zwei Monate lang schuldete, den Kreditrahmen des Unternehmens bei weitem. Doch Barings entschied, den Fehler zu kaschieren – was mir einen weiteren Monat zum Aufatmen und Spekulieren verschaffte.

Nachdem London von Coopers darüber unterrichtet worden war, daß der Bestätigungsvermerk am Freitag, dem 3. Februar, erteilt worden war, stellte sich die Frage, ob das SLK-Problem im Prüfungsbericht erwähnt werden sollte. Der Bank von England teilte Peter Norris mit:

»Bax hat dann den Wunsch geäußert, die Angelegenheit nach Möglichkeit so zu behandeln, daß es keine Probleme mit der örtlichen Aufsicht, SIMEX, gäbe …, was das Problem des Prüfungsberichts und des Berichts des Vorstandes in jenem Jahr war. Ich war mit ihm der Meinung, daß wir versuchen sollten, entsprechend zu verfahren . . .«

Diese Heimlichtuerei rechtfertigte Norris mit den Worten: »Ich ging dabei von der Annahme aus, die Transaktion sei storniert worden, es gäbe kein Risiko und die Wirtschaftsprüfer seien darüber, wie man mir versicherte, in vollem Umfang informiert.«

Auch nachdem die SLK-Angelegenheit in Singapur bereits geklärt war, zog sie in London noch weite Kreise. Während ich zuletzt am 3. Februar von ihr hörte, hatten Coopers & Lybrand in London am 9. Februar ein Treffen mit Geoffrey Broadhurst, der, wie sich der C&L-Manager Duncan Fitzgerald erinnerte, »während des Treffens mit größter Entschiedenheit versicherte, die Angelegenheit sei geklärt«. Bei diesem Treffen wurde an Coopers & Lybrand die Bitte herangetragen, das gesamte SLK-Fiasko in dem Bericht des Vorstandes nicht zu erwähnen.

Am 10. Februar beantwortete Simon Jones den SIMEX-Brief vom 27. Januar, der im Asset and Liability Committee von Barings erörtert worden war. Den Inhalt dieses letzten Antwortschreibens kannte ich nur oberflächlich, weil Tony Hawes in London die Anweisung gegeben hatte, den SIMEX-Brief zu erwidern, während ich seine Bedeutung so heruntergespielt hatte, daß Leute wie Mary Walz alles Interesse an ihm verloren hatten. Unter anderem schrieb Simon Jones:

BFS ist sich bewußt, daß es jederzeit in der Lage sein muß, seine finanziellen Verpflichtungen gegenüber der SIMEX-Clearingstelle zu erfüllen, und es besteht kein Zweifel daran, daß es dazu auch imstande ist. BFS ist fast ausschließlich als Broker für andere Unternehmen der Baring Investment Banking Group tätig, wobei es entweder im Kundenauftrag oder für eigene Rechnung handelt. BFS selbst hat keine größeren Positionen. Sicherheitsleistungen, die von den Tochtergesellschaften verlangt werden, werden unmittelbar durch die Finanzabteilung des Konzerns gestellt. Für das externe Kundengeschäft des Konzerns ist in erster Linie Baring Securities Limited verantwortlich, das bei Zahlungsschwierigkeiten von Kunden das Risiko von BFS minimiert. BFS fordert Einschüsse von Baring Securities Limited an, das über die Finanzabteilung des Konzerns stets in vollem Umfang zahlt.

Die Baring Investment Banking Group sorgt grundsätzlich dafür, daß Risiken aller Art, auch die Konfrontation mit ungewöhnlichen, plötzlichen Forderungen nach einer Änderung der vereinbarten Abrechnung und Vorabeinschüssen innerhalb eines Tages aktiv gemanagt werden. Täglich werden alle Risiken von der Risikoabteilung des

Konzerns kontrolliert und dem Asset and Liability Committee vorgetragen. Ist der Konzern einem bestimmten Risiko in nicht mehr vertretbarem Maße ausgesetzt, dann werden unverzüglich Maßnahmen zur Bereinigung der Situation getroffen. Falls offene Positionen die SIMEX zu ungewöhnlich hohen Nachschußforderungen zwingen, die unseren vorhandenen Überziehungsrahmen übersteigen, werden schon auf dem Vorwege der Clearingbank von BFS zusätzliche Mittel bereitgestellt, so daß wir auch der größten denkbaren Aufforderung stets nachkommen können ...

Der SIMEX dürfte dieser Brief lange zu schaffen gemacht haben, länger als die Kavaliersentschuldigung, die Unstimmigkeiten seien auf Tippfehler zurückzuführen.

Für die MANCO-Versammlung am 13. Februar verfaßte Ian Hopkins, Direktor und Leiter der Finanz- und Risikoabteilung des Konzerns, ein Memorandum. Die Abkürzung MANCO steht für Management Committee, das höchste Führungsgremium der gesamten Barings Group, das von Peter Baring persönlich geleitet wird und in dem die vertraulichsten und wichtigsten Fragen des Konzerns erörtert werden. In dem Memorandum faßte Hopkins die Ergebnisse, zu denen das ALCO, das Asset and Liability Committee, gelangt war, zusammen und schickte es den MANCO-Mitgliedern zu:

Die Jahresabschlußprüfung von Baring Futures Singapore brachte einen Fehler von 7,7 Milliarden Yen (etwa 80 Millionen US-Dollar) ans Licht. Ursache war eine irrtümliche Zahlung, die wir am 3. Dezember an BNP Singapur leisteten. Sie betraf einen außerbörslichen Optionshandel, der von uns zwischen BNP und Spear, Leeds & Kellogg vermittelt wurde, einem Futures-Broker, für den wir das Clearing an der SIMEX übernehmen. Der Handel erlosch am 30. Dezember, doch der Betrag wurde erst am 5. Februar rückerstattet. Wir haben noch Zinsen zu fordern.

Die Diskussion über das Hopkins-Memo wurde nicht protokolliert. Offenbar erwähnte Peter Norris es nur am Rande. Hopkins selbst sagte: »Ich war erstaunt, daß es nicht mehr Diskussionsstoff lieferte, denn immerhin hatten sich Gelder der Bank im Werte von 80 Millionen Dollar zwei Monate lang auf Wanderschaft begeben, ohne daß es jemand bemerkt hatte.«

Nicht nur, daß alle die Sache unter den Teppich zu kehren suchten, niemand kam je auf die Idee zu fragen, was um alles in der Welt SLK und BNP mit einer Prämie von 50 Millionen Pfund zu schaffen hatten. Für einen so kurzen Zeitrahmen wäre das wahrhaftig ein kolossaler Deal gewesen.

Währenddessen hatte ich in Singapur durch den Bestätigungsvermerk der Wirtschaftsprüfer neuen Mut gefaßt, und da niemand die Höhe der von mir angeforderten Geldbeträge in Frage stellte, begann ich mich wieder ins Geschäft zu stürzen. Bis zum 24. Februar, dem Bonustag, wollte ich die Verluste entweder wettmachen oder verschwinden. Um sie spürbar zu verringern – sie beliefen sich inzwischen auf mehr als 200 Millionen Pfund –, mußte ich verdoppeln.

»Es gab einen Dauerscherz über Singapur«, lachte Brenda Granger: »»Die Niederlassung dort kann eine Oma leiten, solange Nick so tüchtig ist‹.«

Ich habe nie ganz begriffen, was daran so lustig sein sollte. Zu meiner Beaufsichtigung aber kam aus London keine Oma, sondern – schlimmer – es kamen Tony Hawes und Tony Railton. Am Montag, dem 6. Februar, betraten die beiden Tonys das Büro. Ihr vordringliches Anliegen war es, meinen Finanzierungsbedarf zu überprüfen und herauszufinden, was mit SLK geschehen war. Mit ihrem Jet-lag sahen sie ebenso angeschlagen aus wie ich. *Mein* vordringliches Anliegen war es, sie von der richtigen Spur abzubringen. Hätten sie sich an die simpelsten Regeln einer solchen Prüfung gehalten und sich die offenen Positionen bei der SIMEX angesehen, wären sie auf mein Konto 88888 und seine enormen Verluste gestoßen. Ich wußte, daß mir nur noch wenige Tage blieben, bevor sie mir auf die Schliche kamen. Wir setzten uns zusammen, plauderten über ihren Flug und kamen dann auf die SLK-Transaktion zu sprechen:

»Die Geschichte hat wirklich die Runde gemacht in London!« scherzte Tony Railton.

»Ja, das war wirklich ein Schlamassel«, gab ich zu, »aber Gott sei Dank ist das jetzt vorbei. Und was macht das Tennisspielen? Ich habe gehört, Sie sind ein richtiges As?«

»Ich habe meinen Schläger mitgebracht«, lächelte Tony. »Wir können ja mal spielen.«

8: Montag, 6., bis Freitag, 17. Februar

»Wow! Ist das imponierend!
Wenn er in der Woche zehn Mil-
lionen Dollar mit dem Arbi-
trage-Geschäft verdient, wissen
Sie, was da zusammenkommt?
Ungefähr eine halbe Milliarde
Dollar im Jahr. Der Typ ist ein
Turbo-Arbitrageur!«
Mike Killian, Februar 1995

Ich war erstaunt, daß mich niemand stoppte. Die Leute in London mußten wissen, daß ich die Zahlen frisierte. Brenda Granger, Tony Hawes und Tony Railton mußten wissen, daß die täglichen Geldforderungen völlig überzogen waren, trotzdem kamen sie ihnen immer wieder nach. Mary Walz, Ron Baker und Peter Norris müssen gewußt haben, daß an dem sogenannten OTC-Handel mit Spear, Leeds & Kellogg etwas so gründlich faul war, daß es von Singapur bis Millingsgate stank. Simon Jones wußte, daß ich für OTC-Abschlüsse nicht autorisiert war. Sowohl er als auch James Bax, die beide in Singapur saßen – zehn Stockwerke über mir –, mußten wissen, daß etwas ganz und gar nicht in Ordnung war, wenn fünfzig Millionen Pfund auf meine bloße Anweisung hin die Niederlassung in Singapur verlassen konnten: Dazu war ich nicht befugt. Ich war für kein Scheckbuch zeichnungsberechtigt, für eines, mit dem derartige Geldbeträge bewegt werden konnten, ganz zu schweigen. Und Fernando drüben in Tokio hätte, wenn er wirklich darüber nachgedacht hätte, erkennen müssen, daß nicht anging, was ich da tat.

Mike Killian nannte mich einen »Turbo-Arbitrageur«, weil ich in der ersten Februarwoche zehn Millionen Dollar Gewinn gemacht hatte. Selig träumte er davon, daß ich in diesem Tempo weitermachen könnte, dann hätte ich im Jahr eine halbe Milliarde Dollar Gewinn eingefahren – 520 Millionen Dollar. Ganz Barings brachte es nur auf 200 Millionen Pfund, wovon die Hälfte in Form von Boni ausgeschüttet wurde.

»Wenn Nick so viele Geschäfte abschließt und dafür so viel Gewinn einstreicht, dann können wir den Rest der Bank dichtmachen«, sagte er, »dann sind wir nur noch ein überflüssiger Kostenfaktor.«

Meine Zahlen sprengten jeden Rahmen, aber niemand schritt ein. Zwar wurde bei Barings in London erörtert, was da bei uns vorgehen mochte, doch in der Zentrale schien sich totaler Realitätsverlust breitzumachen. Oder dämmerte den Direktoren allmählich doch was? Vielleicht hatten sie ja deshalb beschlossen, Tony Hawes und Tony Railton rüberzuschicken, damit sie die Zahlen ein bißchen genauer in Augenschein nahmen. In Singapur aber hatte ich ein besseres Image denn je. Von London bis Singapur legten sich alle Barings-Mitarbeiter gewaltig ins Zeug. Februar war Bonusmonat, und alle hofften auf ein großes Stück vom Kuchen.

Montag, 6. Februar 1995

Ich schlug Tony Hawes und Tony Railton vor, sich den Tagesfinanzierungsbedarf anzusehen, an dessen Deckung die SIMEX zu zweifeln begann. Das war ein ziemlich komplizierter Gegenstand, der sie mindestens zwei Stunden kosten würde. Währenddessen eilte ich über den Platz zur SIMEX, holte mir unterwegs einen Orangensaft und kam gerade rechtzeitig zum Beginn des Handels. Es konnte nur noch eine Frage von Stunden sein, bis die Tonys einen Ausdruck aller unserer Positionen verlangten. Dazu gehörte dann auch Konto 88888 – mit seinen Hunderten von Abschlüssen, gähnend offenen Positionen und Bergen von Verlusten. Dann war das Spiel aus. Jeden Augenblick rechnete ich mit dem Anruf.

Als die erste Stunde verstrich, die zweite und als die Mittagspause kam, begann ich etwas freier zu atmen und zaghaft zu hoffen, daß sie mir vielleicht doch nicht gleich auf die Schliche kämen.

Und der Markt zeigte sich erholt. Er eröffnete 110 Punkte höher und blieb auf diesem Niveau. Während der letzten drei Tage der vorangehenden Woche hatte ich mir eine Long-Position von ungefähr 30 000 März-Kontrakten aufgebaut, und plötzlich sah es so aus, als gäbe es eine Chance. Kaum mochte ich an mein Glück glauben: Ich hatte die fehlenden 7,78 Milliarden Yen an Simon Jones, James Bax, Ron Baker, Peter Norris und den Wirtschaftsprüfern vorbeigeschmuggelt, und nun machte ich gutes Geld. Am Nachmittag stellte ich 1100 Kontrakte glatt und hatte an diesem Tag 15 Millionen Pfund gutgemacht. Mein Gesamtverlust betrug zwar noch immer mehr als 200 Millionen Pfund, aber der Markt hatte scheint's seinen Wendepunkt erreicht. Er hatte das Erdbeben von Kobe verkraftet – war der Tiefpunkt überwunden? Von 18 000 war der Index auf 18 500 geklettert, und nun würde er – diesmal ganz gewiß – stabil bleiben.

Die Masse der Optionen, die ich letztes Jahr der Boni wegen verkauft hatte, wären für mich im Geld, wenn der Markt sich bei ungefähr 19 000 einpendelte. Die Fälligkeit des März-Kontraktes rückte näher, und ich mußte Futures kaufen oder verkaufen, um die Preise dahin zu bekommen, wo ich sie haben wollte. Wenn man den Markt wirklich beeinflussen will, dann darf man beim Handeln nicht kleckern, sondern muß klotzen. Und ich bemühte mich, mein ganzes Gewicht in den Markt zu werfen.

Zunächst brachte ich jedoch mein ganzes Gewicht auf dem Tennisplatz ein. Um Tony Railton von der richtigen Spur fernzuhalten, verabredete ich ein Doppel zwischen Simon Jones und Eugene Marais aus der oberen Etage und Tony und mir für den Spätnachmittag.

»Guter Schlag, Tony!«

»Vierzig dreißig.«

»Tut mir leid, Simon.«

»Du darfst Tony am Netz keine Chance geben!« meckerte Simon mit Eugene.

»Fertig?«

Mir war völlig gleich, wer gewann oder verlor. Mir ging es nur darum, Tony – und Simon – so lange wie möglich vom Büro fernzuhalten. Auf dem Tennisplatz konnten sie keinen Schaden anrichten. Es war fünf Uhr. Sie hätten sich längst die Barings-Akten vorknöpfen können, statt auf einen Tennisball einzuprügeln.

»Guter Aufschlag!« lobte ich Simon, als der Ball wie ein verwischter gelber Schemen an meinem Schläger vorbeizischte.

»Platzfehler«, tröstete Tony mich.

»Nur ein bißchen angeschnitten«, tönte Simon von drüben.

»So ist das halt. Vier zu eins. Du schlägst auf, Nick.«

Ich tippte den Ball zweimal auf und warf ihn zum Aufschlag hoch. Ich hatte keine Ahnung, wohin ich servierte. Zwei Doppelfehler später sah ich, daß Tony mir gar zu gerne gesagt hätte, wie man es richtig macht. Dann traf ich den Ball mit dem Rahmen, woraufhin er cross übers Netz weit auf Simons Rückhandseite schoß.

»As!« rief Tony vom Netz aus.

»Knapp aus«, korrigierte Simon.

»Er hat gut ausgesehen«, beharrte Tony.

»Nein, er war deutlich aus. Zweiter Aufschlag.«

Ich ließ einen weiteren Doppelfehler folgen. Null vierzig.

Während ich mich zum letzten Aufschlag anschickte, beobachtete ich Tony, wie er vorne am Netz lauerte. Da stand er gekrümmt, auf dem Sprung, tödlich entschlossen, wenigstens einen Punkt zu machen, dazwischenzugehen und Simon Jones zu zeigen, was für ein phantastischer Spieler er war. Ich wußte, daß er in die Feldmitte gehen würde. Müde tropfte mein Aufschlag ins Feld. Und tatsächlich startete Tony nach innen, um den Ball abzufangen, aber Eugene spielte ihn longline und erwischte Tony auf dem falschen Fuß.

»Ihrer, Nick!« rief Tony, rutschend zum Stehen kommend.

Ich sah zu, wie der Ball im Netz an der Rückseite des Platzes landete.

»Tut mir leid, mit der Seite hatte ich nicht gerechnet«, sagte ich.

»Haben Sie mein Zeichen nicht gesehen?« sagte Tony. »Ich

hab es hinter dem Rücken angezeigt, wie die Profis es machen. Also los! Fünf zu eins. Das nächste Spiel kriegen wir.«

Wir kriegten es nicht. Kein einziges Spiel im zweiten Satz kriegten wir. Mir war es gleich, deshalb nahm ich gern die ganze Schuld auf mich. Ich konnte sehen, daß Eugene und Tony auf ein Einzel brannten – sie waren eindeutig die besten Spieler auf dem Platz gewesen und hatten sich eingehend taxiert. Kaum saßen wir im Klubhaus und tranken kaltes Tiger-Bier, da beugte Tony sich vor und sagte:

»Was halten Sie von einem Einzel, Eugene?«

»Heute habe ich leider keine Zeit mehr, aber morgen sehr gern.«

Etwas schuldbewußt ob ihrer Tennistreulosigkeit blickten sie Simon und mich an.

»Machen Sie sich unseretwegen keine Gedanken«, sagte ich und hob die Hand. »Ich freue mich, wenn ich ein gutes Spiel sehe.«

»Mein Ding ist eher Squash«, sagte Simon, »ein Spiel, bei dem man *wirklich* schnelle Reflexe braucht.«

Und wir bestellten noch eine Runde Bier. Die Zeit lief, die Position auf 88888 lief ebenfalls, und ich hatte einen weiteren Tag geschafft. Ich trank aus, blickte hoch und sah ein Flugzeug, das den Flughafen verließ. Auf und davon in den klaren blauen Himmel! Wenn ich das schaffen wollte, mußte ich höllisch auf Zack sein.

Um 18.30 Uhr war ich wieder im Büro. Die Luft war rein: Tony Railton war ins Hotel zurückgekehrt und Tony Hawes nirgends zu sehen. Nisa machte sich hinten zu schaffen. Mein größtes Problem war, daß man Tony Railton den freien Schreibtisch direkt neben meinem gegeben hatte. Wenn ich nicht ungeheuer aufpaßte, würde ihm die Existenz von Konto 88888 nicht verborgen bleiben. Allzu unbefangen sprachen die Mädels darüber.

»Wie war das Spiel?« fragte Nisa.

»Gut. Tony und ich sind abgebügelt worden. Da war Simon natürlich happy.«

»Hier ist die Bilanz.« Nisa gab sie mir. »Brenda Granger und Mary Walz haben angerufen, außerdem AP-Dow Jones.«

»Danke«, sagte ich und nahm die Notizzettel entgegen. »Gehen Sie jetzt?«

»Ja, wenn nicht noch was ist.«

»Nein, wir sind fertig. Ich erledige noch diese Anrufe, und dann verschwinde ich auch.«

Nachdem Nisa fort war, wandte ich mich wieder meinem Schreibtisch zu. Als ich die Schublade öffnete, um die Bilanz einzuordnen, sah ich die zerschnittenen Briefbogen, die Papierschnitzel und den Klebstoff – die Utensilien, die ich zur Fälschung der Unterschriften von Ron Baker und Richard Hogan gebraucht hatte. Ich konnte einfach nicht glauben, was ich da getan hatte. Fassungslos betrachtete ich die Beweisstücke meiner Tat vom letzten Donnerstag, dem letzten Tag der chinesischen Neujahrsfestlichkeiten, als der Markt ruhig und verkatert gewesen war und als ich diese Briefe von unserer Wohnung aus herübergefaxt hatte. Ich kaute an den Nägeln und dachte daran, daß Coopers den Bestätigungsvermerk am Freitag erteilt hatte. Es schien zu schön, um wahr zu sein. Und so einfach und so unsagbar irreal.

Mit Schere, Klebstift und Faxmaschine hatte ich fünfzig Millionen Pfund aus dem Nichts gezaubert. Coopers & Lybrand, Wirtschaftsprüfer von Weltruf, hatten die Zahlen geschluckt. Barings, eine Handelsbank von Weltruf, war um fünfzig Millionen Pfund geprellt. Ich hatte keine Ahnung, auf welchen Betrag sich Barings' Gewinne im gerade beendeten Jahr beliefen, aber mehr als 200 Millionen Pfund konnten es nicht sein. Es war die Rede von einem Hundert-Millionen-Pfund-Topf für die Boni, aus dem Peter Baring als scheidender Präsident eine runde Million Pfund kassieren sollte. Zum ersten Mal sollte jemand, der nicht zum Baring-Clan gehörte, Vorstandsvorsitzender werden. Und ich, an meinem Plastikschreibtisch im 14. Stock eines Büroturms in Singapur, hatte mit Schere und Klebstift fünfzig Millionen Pfund zusammengekleistert.

Das Telefon läutete. Wer zum Teufel konnte das sein? Mary Walz? Ron Baker? James Bax? Meine Gedanken wirbelten im Kreis: Peter Norris?

»Hallo?«

Ein Journalist von AP-Dow Jones.

»Ich rufe wegen der großen Positionen an, die Sie in März-Futures aufgebaut haben«, sagte er.

»Ja.«

»Das ist eine bemerkenswerte Position.«

»Ich weiß nicht, was der Kunde vorhat«, wehrte ich vorsichtig ab. Ich wünschte, ich hätte die gleiche Vorsicht bei der Position walten lassen und sie abgesichert, aber das war eine andere Geschichte.

»Glauben Sie, der Markt wird den heutigen Anstieg fortsetzen?«

Richtig, das war die gute Nachricht. Ich griff mir den Tagesbericht und überflog die Zahlen. Ja, die Position stand heute um fünfzehn Millionen Pfund besser da. Der Markt begann sich zu erholen.

»Der Markt macht jetzt einen besseren Eindruck. Alle haben sich mit dem Erdbeben abgefunden«, sagte ich.

»Unter uns«, sagte der Journalist, »können Sie mir sagen, für wen Sie kaufen?«

»Natürlich nicht«, sagte ich. »Ist das alles? Ich muß jetzt gehen.«

Wir verabschiedeten uns.

Als ich den Hörer auflegte, hatte ich das entsetzliche Gefühl, daß der Kerl mehr wußte. Vielleicht würde dieser Journalist aus Tokio tun, wozu niemand bei Barings, nicht in Singapur, Tokio oder London, und niemand bei Coopers & Lybrand in der Lage war: zwei und zwei zusammenzählen, also meine Käufe in Osaka betrachten und ausrechnen, daß sie für die SIMEX ein paar tausend Hutnummern zu groß waren. Das SIMEX-Volumen hätte sie nie aufgenommen. Es wäre so gewesen, als schlösse man eine Taschenlampenbirne an eine Hochspannungsleitung an – sie würde nicht einfach durchbrennen, sondern pulverisiert.

Seit 1992 hielt ich die Zahlen versteckt. Ich versteckte sie vor Brenda Granger, vor Tony Railton und vor Tony Hawes, obwohl ich wußte, daß sie alles andere als glücklich mit meinen Geldforderungen waren. Sie waren das Finanzteam und machten viel Wirbel. Zu meinem Glück kriegten sie Druck von Mary Walz, Ron Baker und wahrscheinlich auch Peter Norris, der mich, von Ron beeinflußt, als eine Art Geldautomaten betrachtete. Im Grunde spielte ich also die beiden Parteien der Londoner Konzernzentrale gegeneinander aus.

Die zwischengeschaltete Niederlassung in Tokio war weniger problematisch, weil Mike Killian und Fernando so vom eigenen Handel in Anspruch genommen waren, daß sie meine Handelsbücher nie prüften. Sie glaubten mir, wenn ich ihnen erzählte, ich hätte die Position abgesichert. Sie sorgten dafür, daß meine Osaka-Käufe aus dem japanischen Buch entfernt und wieder nach Singapur zurückgeführt wurden. Mehr interessierte sie nicht. Sie sahen ihr Aufgabe nicht darin, mich zu beaufsichtigen, sondern verstanden sich als meine Partner.

Und was Singapur betraf: Die Händler wußten, daß ich sie deckte, sie wußten, daß ich Fehler auf dem Fehlerkonto 88888 verbuchte, aber sie machten sich nie die Mühe, darüber nachzudenken, was dann damit geschah, oder mir groß zu danken. Es war einfach zu einer festen Institution geworden. Wenn sie Fehler machten, dann bügelte ich sie aus. Wir waren ein großartiges Team, wir machten alle Geld, sie bekamen ihre Boni, und sie führten das Leben, von dem sie immer geträumt hatten. Die Mädchen im Back-Office kümmerte es nicht, was ich mit dem Konto 88888 anstellte, auch nicht, wenn ich die seltsamsten Buchungen verlangte, insbesondere im Fall der 7,78 Milliarden Yen. Es war schließlich nicht ihre Aufgabe, mich zu kontrollieren. Ich war ihr Vorgesetzter, und ich sorgte für sie.

Bei Simon Jones lag die Sache ganz anders. Wie Ron Baker wollte er glauben, daß ich viel Geld hereinholte, weil das ein günstiges Licht auf ihn warf. Und wie James Bax legte er Wert darauf, daß Barings Singapur so unabhängig wie möglich von London war. Er schmiß den Laden, und er wollte nicht, daß ihm dabei jemand über die Schulter sah.

Auf einem Schreibblock zog ich einen Kreis und zeichnete dann einige Speichen sternförmig ein. Ich schrieb die Namen der Menschen hinein, mit denen ich täglich sprach – Brenda Granger, Mary Walz, Ron Baker, Fernando, George Seow, Risselle, Simon Jones. Aus verschiedenen Gründen wollten sie alle einfach glauben, daß meine Gewinne real waren. Alle profitierten sie davon, und auf sehr unterschiedliche Weise setzten sie mich alle unter Druck, damit ich diese Gewinne machte.

Außerhalb des Kreises mit den Namen der Barings-Mitarbeiter notierte ich Coopers & Lybrand und die Zeitungen. Sie hatten keinen Grund zu der Annahme, ich hätte wirklich soviel Erfolg. Tatsächlich hätten sie mein Geschäftsgebaren objektiv beurteilen und durchschauen müssen. Coopers strich ich durch. Sie hatten sich von einem plump gefälschten Fax hinters Licht führen lassen, das am oberen Rand den Aufdruck Nick und Lisa trug, weil ich es von unserer Wohnung aus abgeschickt hatte. Doch sie waren jetzt nicht mehr im Spiel. Frohgemut waren sie zu dem Schluß gelangt, daß Barings 7,78 Milliarden Yen reicher sein müsse, da ein Kontoauszug der Citibank eine Überweisung von 7,78 Milliarden Yen auswies – wenn auch nur von einem Barings-Konto auf ein anderes.

Anders verhielt es sich mit den Zeitungen. Heute stand ich gut da. Der Markt war fest, und ich hatte viel Geld verdient. Doch ich sah keine Möglichkeit, die Zeitungen hinters Licht zu führen, wie ich alle anderen genarrt hatte. Die Presse mußte ich also mit einem Fragezeichen versehen.

Wieder läutete das Telefon. Abermals ging ich im Geiste alle Möglichkeiten durch und nahm ab – es war Mary Walz.

»Hallo, wie geht's?«

»Wir sind ziemlich geschafft hier. Tony Hawes und Tony Railton sind gerade angekommen. Sie gehen die Bücher durch.«

»Ihr Armen.« Mary hatte offensichtlich nichts für die beiden übrig. Sie waren ihr zu alt und zu grämlich. »Hören Sie mal, Ron und ich machen uns Sorgen über die Größe Ihrer Position. Sie verschlingt zuviel Geld für Sicherheitsleistungen. Brenda Granger hat mir berichtet, daß Barings sich in ganz Japan Geld zusammenborgt, um Ihnen die nötigen Summen zukommen zu lassen. Das ist Scheiße. Die Leute fangen an zu reden.«

»Ich will's versuchen«, sagte ich.

»Hören Sie, Nick, Ron sagt, daß Sie es *wirklich* versuchen müssen. Wenigstens eine Zeitlang.«

»Okay, Mary.«

»Und um Himmels willen, lassen Sie sich keine OTC-Abschlüsse mehr einfallen! Das wirbelt hier noch immer Staub auf.«

»Okay, Mary.«

»Ich lass' morgen wieder von mir hören.«

Ich legte auf. Die Telefongespräche mit Mary nahmen immer den gleichen Verlauf. Sie versuchte, mir mit irgendeiner gestrengen Anweisung zu kommen, aber ich bog das immer so ab, daß sie am Ende einen weiteren Anruf für den folgenden Tag ankündigte. Damit konnte ich gut leben. So wie der Markt im Augenblick war, mußte ich auf Zeit spielen. Noch zehn Tage mit je 15 Millionen Pfund, dann wären es 150 Millionen. Damit wäre ich fast aus dem Schneider.

Wieder klingelte das Telefon. Ich war jetzt entspannt. Mary war ein Kinderspiel gewesen. Es war Lisa.

»Was denkst du, wann du kommst?«

»Ich bin fast fertig.«

»Und was möchtest du zum Dinner? Mexikanisch oder etwas aus dem Wok?«

»Laß uns was aus dem Wok essen.«

»Wunderbar. Ich habe etwas Hühnchen, Lemongrass und Kokosnußmilch. Wie war der Tag?«

»Ich freu' mich auf zu Hause.«

»Bis bald, Schatz.«

»Ich liebe dich«, sagte ich und legte auf.

Noch einmal blickte ich auf den Kreis, den ich zu Papier gebracht hatte und der das menschliche Umfeld meiner Machenschaften darstellte. Ich nahm ihn, knüllte ihn zusammen und warf ihn in Richtung Papierkorb. Lisa. Ich hatte Lisa nicht mit draufgeschrieben. Ich liebte sie, leichten Herzens wäre ich für sie gestorben, aber ihr von meinen Manipulationen zu erzählen, das brachte ich nicht über mich. Die Auseinandersetzung, die wir in Irland gehabt hatten, war nie wieder angesprochen worden. Manchmal muß sie sich gefragt haben, warum ich zu Hause so still war, warum ich so fett wurde und warum meine Finger abgekaute Stümpfe waren. Trotzdem kümmerte sie sich um mich und machte das Beste aus ihrem Leben. Himmel, ich muß ein hinreißender Ehemann gewesen sein: fett und ohne Fingernägel! Aber sie liebte mich. Trotzdem habe ich sie angelogen. Über alles, was ich tagsüber tat, habe ich sie belogen. Ich konnte ihr nicht sagen, daß ich den ganzen Tag damit beschäftigt war, meine Verluste vor Tony Railton zu verbergen. Ich tat einfach weiterhin so, als sei ich glücklich, als werde ich bis zum Frühjahr weiterarbeiten, um dann mit ihr fortzugehen und unser eigenes Leben zu führen. Aber irgendwas würde schiefgehen.

Wieder läutete das Telefon. Das war kein gutes Zeichen. Ich wartete ein paar Klingelzeichen ab und nahm dann, wider besseres Wissen, den Hörer auf. Es war Ron. Hatte man ihm die gefälschte Unterschrift gezeigt?

»Hallo, Nick, wie geht es Ihnen?« Er hörte sich ganz leutselig an.

»Ich bin kaputt, völlig erledigt.«

»Ich will nicht noch mal vom OTC-Geschäft anfangen, ich nehme an, das ist Schnee von gestern. Ich wollte Ihnen nur mitteilen, daß ich mich mit Peter Norris über Ihren Bonus geeinigt habe.«

»Und was ist dabei rausgekommen?« Ich versuchte, hoffnungsvoll zu klingen, fühlte mich aber hundeelend. Wenn es mir diesmal nicht gelang, aus den Verlusten herauszukommen, konnte ich den Bonus nicht annehmen. Ich mußte verschwinden.

»Vierhundertfünfzigtausend«, sagte Ron.

»Riesig«, sagte ich, »vielen Dank, Ron.«

Er machte eine kleine Pause.

»Jetzt müssen Sie aber Ihre Position reduzieren«, sagte er dann, »der Finanzierungsbedarf ist im Augenblick einfach zu hoch. Einige alte Säcke hier in London machen sich noch immer Sorgen.«

»Ich werd's versuchen, Ron, der Markt ist angespannt.«

»Sie sollten besser mehr tun, als es nur zu versuchen. Auch wenn es dabei einige Verluste gibt.«

»Verstanden!«

»In Ordnung, ich verlasse mich auf Sie. Bonustag ist der 24. Februar.«

»Wiedersehen, Ron.«

Ich verließ das Büro und fuhr wie betäubt nach Hause. Selbst der Umstand, daß Lisa mich an der Tür mit einer liebevollen Umarmung empfing, nach Lemongrass und Kokosnuß duftend, konnte mich nicht aufheitern. Statt mich zu erfreuen, entsetzte mich die Höhe des Bonus. Und die Festsetzung des Bonustages auf den 24. Februar hieß, daß mir weniger als drei Wochen blieben.

Dienstag, 7. Februar, bis Sonntag, 12. Februar

Ich hatte eine Long-Position bei Nikkei-Futures, war short bei JGB-Futures, und meine Optionen waren aus dem Geld, da der Index hartnäckig bei 18500 stehenblieb. Ich vergaß alle meine anderen Kunden, ich vergaß die Gelder, die ich von Brenda würde fordern müssen, ich konzentrierte mich nur auf den Markt. Gestern hatte ich fünfzehn Millionen Pfund gemacht, heute brauchte ich weitere fünfzehn Millionen. George und Maslan warteten am Maklerstand. Das Stimmengewirr war gedämpft. Der Markt wartete auf den Beginn. Osaka hatte ruhig eröffnet. Die SIMEX brauchte eine Orientierung. Die Glocke läutete, ich öffnete eine Packung Fruchtbonbons und hatte sie halb auf, bevor ich George den ersten Kauf signalisierte.

»Kauf 500 bis 510.«

Rasch kaufte er die 500 und signalisierte die Ausführung des Auftrags. Keine gute Nachrichten. Der Markt steckte den großen Kauf ohne Wimpernzucken weg. Nichts bewegte sich. Der Markt blieb bei 18510.

Risselle nahm ein paar Kundenaufträge entgegen. Ich verließ den Futures-Stand und ging zu Danny am JGB-Stand.

»Wie läuft's?«

»Gut. Großes Volumen, enge Handelsspanne, Tendenz abwärts, würde ich sagen. Wollen wir wetten?«

Ich lächelte und schüttelte den Kopf. Ich brauchte mehr als einen Wetteinsatz.

Der JGB-Markt bewegte sich wenig, zwischen 108,50 und

108,75. JGBs gehören zu den kostspieligsten Futures-Kontrakten der Welt: Der Wert von nur einem Tick eines SIMEX-JGB-Kontraktes entspricht 5000 Yen (50 US-Dollar) – dagegen sind es bei einem Nikkei-Futures-Kontrakt nur 2500 Yen für jeden Tick. Wenn der Index von 108,50 auf 108,60 steigt, hat ein einziger Kontrakt einen Wertzuwachs von 500 Dollar.

Ich hatte bereits eine Short-Position von 10 000 JGB-Kontrakten, folglich bewegte sich meine Position bei jedem Tick, den der Index nach oben oder unten ging, um einen Faktor von 500 000 Dollar auf die Gewinn- und Verlustseite. An einem Tag ging der Index in der Regel vierzig Ticks in die eine oder die andere Richtung, also hatte ich mit Schwankungen von zwanzig Millionen Dollar zu rechnen. Der Reiz des JGB-Futures-Marktes, für den genau die gleichen Finanzierungsmechanismen gelten wie für die Nikkei-Futures, lag für mich darin, daß er bedeutend liquider ist als der Nikkei-Futures-Markt – und der Markt war größeren Schwankungen unterworfen, daher waren höhere Gewinne möglich. Verluste natürlich auch. Meine Position im Nikkei war so groß, daß ich sie nicht mehr verheimlichen konnte. Die Händler gingen nicht auf meine Käufe ein, sondern verkauften dagegen, weil sie meinten, ich müsse meine Position bald reduzieren. Sie wollten nicht mit mir zusammen den Bach runtergehen.

»Ich verkaufe JGBs«, sagte ich zu Danny, »ich glaube, nach dem Erdbeben wenden sich die Leute eher dem Nikkei zu.«

»Wer weiß?« meinte Danny gleichgültig. »Vielleicht hast du recht.«

Am liebsten hätte ich ihn angeschrien und zu dem Eingeständnis gezwungen, daß ich recht haben mußte. Die Theorie war gut, und sie mußte einfach funktionieren. JGBs sahen teuer aus, der Nikkei billig. Die JGBs mußten fallen, der Nikkei mußte steigen. Ich drückte mich vor der Erkenntnis, daß ich unbedingt an dieses Szenario glauben wollte, weil es meine einzige Rettung war.

Ich verkaufte eine weitere Ladung JGB-Futures leer, doch der Markt rührte sich nicht. Um 14.15 Uhr, als die Glocke zum Börsenschluß läutete, war ich völlig erschöpft. Nichts hatte sich bewegt, und meine Position war unverändert: Der Markt wollte einfach nicht reagieren.

»Ich nehme Tiramisu«, sagte ich, als Danny und ich uns im Il Fiore auf die Stühle fallen ließen, »und eine große Kanne Kaffee.«

»Guter Tag?« fragte Danny.

»Kein Kommentar.«

»Was ist mit den Fußballergebnissen?«

»Keinen Schimmer. Ich hatte keine Zeit, mich drum zu kümmern.«

Ich war nicht sehr unterhaltsam bei diesem Mittagessen. Der einzige Ausweg, den ich für mich aus diesem Schlamassel sah, war die Spekulation.

Ich beschloß, im Laufe der nächsten drei Tage zu verdoppeln. Am Mittwoch, Donnerstag und Freitag – 10. Februar – ging ich mit weiteren 10000 JGB-Kontrakten short und erhöhte mein Engagement damit auf 20000 Stück. Und ich kaufte 25000 Nikkei-Futures dazu, so daß sich meine Position jetzt auf 55000 belief. Geschäfte solchen Ausmaßes hatte es an der SIMEX noch nie gegeben. Alle Abschlüsse landeten auf Konto 88888, da ich einen fallenden Nikkei-Markt stützte und in einen steigenden JGB-Markt verkaufte. Ich versteckte die Abschlüsse auf Konto 88888, und mich selbst versteckte ich vor dem gesamten Back-Office, indem ich den Nachmittag im Dämmerlicht des Il Fiore verbrachte – wo ich Kaffee trank, Tiramisu aß und alle Anrufe unbeantwortet ließ. Doch den Finanzierungsbedarf, den konnte ich nicht verstecken. Ich mußte Brenda Granger anrufen. 45 Millionen Dollar brauchte ich pro Tag. Am Freitag, dem 10. Februar, hatte ich die Marke von 100 Millionen Dollar überschritten – und ich brauchte weitere 45 Millionen Dollar, 30 Millionen Pfund.

»Fünfundvierzig Millionen Dollar?« wiederholte sie.

»Ja, wir haben eine Nachschußforderung von der SIMEX für alle unsere Kundenpositionen. Sie machen sich dort Sorgen um die Marktstabilität, weil die Schwankungen im Augenblick so heftig sind«, schwatzte ich daher, »und deshalb haben sie ausgerechnet, daß unsere Kunden eine zusätzliche Sicherheitsleistung von 45 Millionen Dollar stellen müssen. Die wird natürlich rückerstattet, sobald sich der Markt wieder beruhigt hat.«

»Das ist also eine Notmaßnahme.«

»Etwas in der Art«, sagte ich, »obwohl die SIMEX es wohl eher als Routineverfahren bezeichnen würde.«

»Gibt es denn da nicht bei euch ein fürchterliches Geschrei?«

»Nein, wir haben uns damit abgefunden, daß wir löhnen müssen.«

»Okay, Nick, schicken Sie die Anforderung, ich kümmere mich darum.«

»Danke, Brenda.«

Kaum hatte ich aufgelegt, klingelte das Telefon schon wieder. Mary Walz, tippte ich. Sie war es.

»Was soll diese Geldforderung? Fünfundvierzig Millionen Dollar?«

»Ich habe es Brenda schon erklärt. Es handelt sich um eine Nachschußforderung. Erinnern Sie sich daran, daß die SIMEX eine zu Beginn des Monats, kurz vor dem chinesischen Neujahrsfest, gestellt hat?«

»Ja«, sagte sie.

»Nun, das macht sie jetzt noch mal. Es ist eine reine Bilanzforderung. Das hat auf den Gewinn überhaupt keine Auswirkungen.«

»Okay«, sagte Mary einigermaßen besänftigt, »aber die Beträge nehmen ziemliche Dimensionen an. Sie haben diese Woche mehr als hundert Millionen Dollar an BFS überweisen lassen.«

»Ich bin schon dabei, die Position zu reduzieren. Das ist bei diesem Markt nicht leicht.«

»Klar, aber das läßt sich nicht ändern.«

Meine Käufe waren bei der Presse nicht unbemerkt geblieben.

»Was soll das Ganze?« wollte die Zeitung *Nihon Keizei* wissen.

»Nur eine große Position«, sagte ich, »nichts besonders Ungewöhnliches.«

»Die Größe ist ungewöhnlich«, erwiderte der Journalist. »Ich meine, Barings hat sich im Markt engagiert, und ich schätze, Sie verfügen über rund 50000 März-Kontrakte.«

»Wir sind ganz glücklich mit ihnen«, sagte ich und wimmelte ihn ab.

Ron Baker war alles andere als glücklich mit ihnen.

»Ich weiß, es ist eine abgesicherte Position«, sagte er, »aber die Leute fangen an zu reden. Verdammte Scheiße, Nick, wir hatten die Bank für Internationalen Zahlungsausgleich in Basel am Apparat. Sie hat angefragt, ob Barings seinen Einschußzahlungen nachkommen kann. Das ist nicht gut fürs Image.«

»Ich reduziere sie«, sagte ich. »Tony Railton ist hier, und er redet mit der Citibank über die Akkreditive und mit der SIMEX, wie es mit der Finanzierung aussieht.«

»Okay«, sagte Ron, »lassen wir es dabei, aber ich weiß, daß Peter Norris nächste Woche mit Ihnen sprechen will.«

Merkwürdig, daß alle diese Leute wußten, wie groß die Zahlen waren, ihnen die großen aber weniger angst machten, als es die kleinen Zahlen getan hätten. Es war wirklich merkwürdig, denn bis Mitte Februar hatte ich an die 300 Millionen Pfund erhalten – während sich das gesamte Aktienkapital der Barings-Bank selbst nur auf 470 Millionen Pfund belief.

Montag, 13. Februar 1995

Ich haßte Montage. An den Wochenenden hatte ich Ruhe vor den Niederlagen, die ich auf dem Börsenparkett erlitt, und vor der Gefahr, daß man mir im Back-Office auf die Schliche käme. Wochenende, das bedeutete zwei Tage, an denen sich niemand im Büro herumtrieb – und sich folglich niemand eine Bilanz oder die Sicherheitsleistungen an die SIMEX ansehen und mich fragen konnte, wo die fehlenden Beträge seien. Die SIMEX war geschlossen, also konnte ich keine Nachschußforderungen erhalten, und ich brauchte Brenda Granger nicht um noch mehr Geld zu bitten. Ich konnte zu Hause bei Lisa bleiben, oder wir besuchten eine der Inseln vor der Küste Singapurs, machten einen Einkaufsbummel oder liehen ein Video aus. An den Wochenenden waren wir ein ganz normales Paar, sprachen über Verwandtenbesuche, wo wir essen gehen wollten, was in der

Wohnung noch fehlte. Erst Sonntagabend war allmählich nicht mehr zu verdrängen, daß ich wieder ins Büro mußte, und am Montag fing eine endlose, neue Woche an. Ich dachte schon lange nicht mehr darüber nach, wann sie mich erwischen würden oder wie ich aus der Sache herauskommen könnte; es ging nur noch ums Überleben von Tag zu Tag.

Der Markt war geschlossen. Ich saß an meinem Schreibtisch und sah die Abschlüsse durch. Am Schreibtisch zu meiner Rechten saß Tony Railton und studierte ein paar Papiere. Ich haßte ihn. Ich hätte ihn würgen können, wenn er sich irgendwelche Papiere ansah, und ich wünschte, er hätte sich auf den Tennisplatz verzogen, wo er keinen größeren Schaden anrichten konnte, als eine Topspin-Rückhand die Linie entlang zu spielen. Als sein Telefon klingelte, blickte er über die Schulter zu mir herüber und preßte den Hörer fest ans Ohr, als wollte er verhindern, daß ich mithörte. Er fing meinen Blick auf, lächelte, wackelte mit dem Zeigefinger zwischen uns hin und her und artikulierte lautlos, daß er mit mir sprechen müsse. Ich lächelte zurück, entblößte meine Zähne und nickte.

»Nick«, sagte Tony langsam, nachdem er aufgelegt hatte, »Simon hat mir einen Brief der SIMEX gegeben und mich gebeten, einen Blick darauf zu werfen«, er wedelte mit dem Brief in der Luft herum, »aber mir ist nicht ganz klar, wie die zu den Schlüssen gekommen sind, zu denen sie gekommen sind ... wenn Sie wissen, was ich meine.«

Ich wußte, was er meinte. Angesichts des SIMEX-Briefs, den er in der Hand hielt, wußte ich nur zu genau, was er meinte. Gott sei Dank wußte er nicht, was er meinte.

»Lassen Sie den Brief mal sehen«, sagte ich mitfühlend. Er reichte ihn mir. Es war das Schreiben vom 11. Januar, über das ich bereits mit Simon gesprochen hatte und für das ich ihm eine völlig unsinnige Antwort aufgesetzt hatte. Das war lange gegessen. Aber natürlich war darin die Rede von Konto 88888 – schwarz auf weiß, in die Augen springend wie die Schlagzeile einer Boulevardzeitung. Das mußte das Ende sein. Selbst Tony Railton konnte einen Brief wie diesen nicht unbeantwortet lassen. Er mußte Tony Hawes davon berichten, der jemandem aus dem Kreditkomitee in London davon erzählen würde, und mein ganzes Kartenhaus würde einstürzen.

»Ja«, sagte ich und dämpfte meine Stimme, um so entspannt und gleichgültig zu klingen wie möglich. »Das haben wir erledigt.«

»Was ist das für ein Konto, das da erwähnt wird: 8 ... 8 ... 8 ... 8 ... 8?«

Allen Händlern und allen Mädchen im Back-Office gegenüber hatte ich es so lange als Fünfmal-acht-Konto bezeichnet, daß ich einen Augenblick brauchte, um zu begreifen, wovon er sprach. Dann fiel der Groschen – und ich sah förmlich die Millionen hinterherpurzeln. Allerdings wurde mir dann auch klar, daß Tony mir nicht Betrug und Urkundenfälschung vorwarf und mich auch nicht zur Polizei schleppen wollte. Wenn er mir eine Frage stellte, dann wußte er die Antwort vielleicht nicht.

»Es handelt sich um ein Konsolidierungskonto, das wir benutzen, so was wie die Bruttokontoverrechnung, die wir für Sie vornehmen«, sagte ich leichthin. Das war Müll, blödsinniges Gelaber. Er konnte das unmöglich schlucken. Unter dem Schreibtisch, so daß er es nicht sehen konnte, kniff ich mir in den Oberschenkel, um das idiotische Grinsen aus meinem Gesicht zu wischen. Meine Erklärung war blödsinnig, aber die beste, die mir im Moment einfiel. Dann wechselte ich die Taktik: Ich riß das Gespräch an mich, damit er mir keine Fragen mehr stellen konnte.

»Wie kommen Sie überhaupt zu dem Brief?« unterbrach ich ihn, so daß sich sein Mund öffnete und schloß wie der eines Goldfischs.

»Simon hat mich gebeten, einen Blick darauf zu werfen und die Zahlen umzuformatieren, wie die SIMEX es verlangt«, erklärte er brav.

»Machen Sie sich deshalb keine Sorgen.« Ich warf den Brief achtlos auf meinen Tisch, so daß er außerhalb seiner Reichweite lag und er ihn von mir hätte erbitten müssen, um ihn zurückzubekommen. »Das habe ich bereits erledigt. Die SIMEX ist vollauf zufrieden. Tut mir leid, ich habe das Simon gar nicht erzählt.«

»Wirklich?« Tony war sichtlich erleichtert.

»Ich ruf' Simon an und sag' ihm, daß alles geregelt ist. Kann ich noch irgend etwas für Sie tun? Haben Sie sich schon das automatische Buchungssystem angesehen?« Das war eine sinnlose Aufgabe, die ich nur ins Spiel brachte, um ihn abzulenken.

»Ja«, sagte er abwehrend, »ich kümmere mich darum. Ich habe den ganzen Tag an diesem SIMEX-Brief gearbeitet.«

Ich kniff mich noch mal, noch heftiger. Den ganzen Tag hatte Tony an diesem Brief gearbeitet. Also wußte er bereits, daß sich das Geld nicht rechtfertigen ließ, das London mir geschickt hatte, also wußte er, daß die Bilanz falsch war, und nun betrachtete er einen Brief, in dem ein neues und unerklärtes Konto – mit der Nummer 88888 – erwähnt wurde. Darauf gab es große Positionen, die Millionen Dollar verschlangen, und trotzdem erkannte er nicht, was das miteinander zu tun hatte. Er begriff nicht, daß er die Wurzel meines Problems vor Augen hatte. Ich nickte ihm zu, um ihm anzudeuten, daß das Gespräch vorbei und die Angelegenheit abgeschlossen sei, woraufhin er sich gehorsam erhob und sich zurück an seinen Schreibtisch trollte. Ich legte den SIMEX-Brief in meine Schublade, damit Tony keine Chance hatte, ihn sich einfach wiederzuholen. Eine weitere Kopie würde er von Simon bestimmt nicht erbitten – der würde ihm die Hölle heiß machen. Dann rief ich Simon an.

»Simon? Nick hier. Tony hat sich mit mir gerade den SIMEX-Brief angesehen. Da ist alles klar.«

»Und was ist mit der SIMEX? Ist da auch alles klar?«

»Die sind zufrieden«, sagte ich. »Ich habe gestern mit ihnen gesprochen.«

»In Ordnung. Bis bald.«

Bevor das Telefon wieder läuten konnte, rief ich Steve an und verabredete mich mit ihm zum Boxen. Ich stand auf und schlenderte zur Tür, als wollte ich nur mal schnell zur Toilette. Dann eilte ich zu den Fahrstühlen und drückte den Knopf ABWÄRTS. Der Fahrstuhl kam, ich trat ein, und die Türen schlossen sich lautlos.

Peter Norris, CEO von Barings, war am Donnerstag, dem 16. Februar, in Singapur.

»Nick«, sagte Norris am Telefon, »ich bin oben in Loh Siew Khangs altem Büro. Könnten Sie mal heraufkommen?«

»Natürlich, ich bin sofort bei Ihnen.«

Ich schob meinen Drehstuhl zurück und ging zum Fahrstuhl. Ich wußte nicht genau, was mich erwartete. Vielleicht hatten sie alles entdeckt, und Norris wollte jetzt den rituellen Rausschmiß zelebrieren. Vielleicht wollte er mir einen Ausdruck von Konto 88888 unter die Nase halten und mich auffordern, ihn zu erklären. Vielleicht hatte er eine Frage zur Bilanz. Vielleicht hatte er Rons gefälschte Aktennotiz vorliegen und Ron am Telefon, der mich auffordern würde, sie zu erklären. Vielleicht hatte er einen Anruf von Coopers & Lybrand bekommen – vielleicht hatte Simon Jones die Citibank wegen der 7,78 Milliarden Yen angerufen und erfahren, daß sie nicht existierten. Alles war möglich.

Ich trat aus dem Fahrstuhl, ging an all den glänzenden, goldenen Exportpreisen vorbei, die Barings Singapur gewonnen hatte, und begab mich auf die Toilette, um mir ein Glas Wasser zu holen. Bevor ich trinken konnte, hing ich über dem Waschbecken und würgte. Mein Magen war leer – wie üblich, hatte ich mir nur einen Orangensaft zum Frühstück geholt –, so würgte ich nur Luft und ein paar Tropfen Galle hoch. Nachdem ich mir das Gesicht mit Wasser befeuchtet und den Mund ausgespült hatte, begegnete ich meinem Blick im Spiegel.

»Siehst wie Scheiße aus, Nick«, sagte ich zu dem Gesicht, das mich anstarrte.

»Fühl' mich auch wie Scheiße«, antwortete ich dem Gesicht.

Ich erkannte mich kaum wieder, weiß und aufgedunsen, wie ich war. Ein Schweißfilm bedeckte meine Stirn. Ich betrachtete mich, aber ich hatte keine Ahnung, wen ich da vor mir hatte. Ich jedenfalls war es nicht: Das war nicht der Mann, der sich in Lisa verliebt und an einem windigen Frühlingstag in einer kleinen normannischen Felssteinkirche geheiratet hatte, als Lisa Freesien im Haar trug und alle Gäste vor der Kirche fröhlich lachten, während sie Hüte und Röcke im Wind festhielten. Das war nicht der Mann, der mit Lisa die Hochzeitsreise nach Venedig gemacht hatte und sie auf dem Weg zum Cipriani im Vaporetto fest in die Arme geschlossen hatte. Das war nicht der smarte junge Banker, den man gebeten hatte, das Büro von Baring Futures Singapore aufzubauen, und den man mit dem Auftrag, daraus ein Profitcenter zu machen, zum Geschäftsführer ernannt hatte. Ich hatte mich in ein vollkommen anderes Wesen verwandelt. Als hätte etwas von innen her von mir Besitz ergriffen: Es brauchte mich nur jemand mit dem Löffel anzuticken, und schon würde ich auseinanderbrechen wie ein dünnschaliges Ei und mein Geheimnis preisgeben.

Ich versuchte zu lächeln. Meine Haut fühlte sich trocken und rissig an, und meine Lippen wollten mir nicht recht gehorchen. Es sah aus, als fletschte ich die Zähne. Ich trat in die Küche, trank noch einen Schluck Wasser und ging dann den Flur hinunter, vorbei an der Forschungsabteilung. Zumindest blieben mir Simon Jones und James Bax erspart, deren Büros sich auf der anderen Seite des Gebäudes befanden.

Siew Khang war Forschungsdirektorin gewesen, und ihr Büro hatte Glaswände, so daß man von dort aus einen Blick auf die Forschungsabteilung hatte. Ich klopfte, und Peter Norris winkte mich herein. Er telefonierte. Ich trat ein und rang meinem Gesicht das erwartete Willkommenslächeln ab. Er zeigte auf einen Stuhl, und ich setzte mich, während er sein Telefongespräch beendete.

»Hallo, Nick«, sagte er, »haben Sie etwas dagegen, daß ich noch einen Anruf erledige?«

»Keineswegs«, lächelte ich. Und das stimmte. Mit Freuden hätte ich eine Stunde bei ihm herumgesessen, während er am Telefon hing. Mit ihm zu sprechen – und gesehen zu werden, wie ich mit ihm sprach – war ein perfektes Alibi für mich. Außerdem war mir klar, daß er mir nichts furchtbar Gravierendes mitzuteilen hatte, wenn er sich vorher die Zeit nahm, seine Anrufe nach London zu erledigen. So saß ich da und wartete. Zwanzig Minuten dauerte das Telefonat. Dabei blickte Peter Norris mich immer wieder an und gab mir mimisch zu verstehen, daß er gleich fertig sei, daß der Bursche, den er dran hatte, ein Langweiler sei und daß ich auf seiner Prioritätenliste ganz oben stünde. Doch das kratzte mich alles nicht. Red nur weiter, forderte ich ihn im stillen auf, quatsch weiter, und ich habe wieder eine Stunde überlebt. Schließlich legte er auf.

»Tut mir leid, Nick«, sagte er. »Na, wie geht's?«

Bevor ich antworten konnte, läutete das Telefon schon wieder. Diesmal dauerte es fünf Minuten. Wunderbar. Ich blickte auf die Uhr. Peter Norris sah das und beendete sein Gespräch.

»Ich weiß, daß Sie es eilig haben«, sagte er, »aber ich wollte Sie nach dem Markt fragen. Wie ist er?«

»Zwischen 18000 und 18300. Er schwankt ein bißchen«, sagte ich, »hat sich aber nach dem Erdbeben wieder beruhigt.«

»Merkwürdig, wie rasch sich solche Dinge regeln. Die Verluste vom Börsenkrach im Oktober 1987 waren am Jahresende fast vollständig wettgemacht.«

Ich wartete, wagte nichts zu sagen. Wenn das alles war, was er von mir wollte, war es zu schön, um wahr zu sein.

»Was ist mit Ihren Positionen? Sind Sie zufrieden mit ihnen?«

Ich überlegte, ob ich sagen sollte, daß ich gerade eben in der Herrentoilette gekotzt und den Gallengeschmack noch im Mund hatte. Ich überlegte, ob ich mich auf den Teppich werfen und ihm sagen sollte, daß meine Telefongespräche, wie dringend die seinen auch immer sein mochten, auf jeden Fall wichtiger seien. Doch ich nickte nur.

»Ich habe keine Probleme. Es sind jetzt überwiegend März-Kontrakte. Wenn sie in diesem Markt schwer zu verkaufen sind, lass' ich sie einfach auslaufen.«

»Das hör' ich gern«, sagte Peter Norris, »hat nämlich 'ne Menge Ärger gegeben wegen der Finanzierung.«

Wieder läutete das Telefon. Ich wartete.

»Einen Augenblick«, sagte Norris in den Apparat. Dann, an mich gewandt: »Okay, ich vermute, Sie haben es eilig. Wir reden später. Ich sehe Sie doch heute abend, oder?«

Das war eine Einladung zum Dinner im Polo Club. Simon Jones hatte mich nicht eingeladen, was mich einerseits gewurmt und andererseits gefreut hatte, da es ein höllisch langweiliger Abend zu werden versprach.

»Ja«, nickte ich, während ich mich erhob. »Ich werde dasein.«

»Wunderbar«, sagte er.

Frohlockend betrat ich den Fahrstuhl und drückte auf den Knopf vom 14. Stock. Wieder an meinem Schreibtisch, warf ich einen Blick auf die Nachrichten, die man mir auf den Bildschirm geklebt hatte: die üblichen Namen – Brenda Granger, Mary Walz, Fernando, Lisa.

»Wie hoch ist die Nachschußaufforderung von der SIMEX?« fragte ich Nisa.

»Achtundvierzig Millionen Dollar.«

»Faxen Sie das mit einer Fünfzig-fünfzig-Aufteilung an Brenda?«

»Klar.«

»Oder besser, nehmen Sie sechzig-vierzig, fünfzig-fünfzig hatten wir gestern.«

»In Ordnung.« Nisa begab sich an ihren Computer, um die Anforderung für die Geldüberweisung zu tippen.

»Dann rufen Sie bitte Mary Walz und Brenda Granger an, und sagen Sie ihnen, daß ich in einer Besprechung mit Peter Norris bin.«

Ich rief Lisa an und sagte ihr, daß ich an einem Dinner teilnehmen müsse und vorher noch mit Steve kurz in die Boxhalle wolle. Anschließend rief ich Steve an und machte mit ihm aus, wo ich ihn abholen sollte. Benommen von dem Irrsinn des Ganzen, ging ich fort, ohne Brendas oder Marys Anruf zu beantworten. Sollten sie doch zur Kenntnis nehmen, daß ich bei Peter Norris saß. Das würde sie davon überzeugen, daß alles in Ordnung war. Er war das perfekte Alibi.

Ich verpaßte ihm ein fürchterliches Ding – *wumm!* und Tony Railton sackte vor mir zusammen, den Schädel gespalten wie eine Melone; dann Ron Baker – Tritt, Haken, *wumm*, mausetot; Peter Norris – *wumm, wumm,* und er taumelte in die Seile, die Nase dick und Blut auf der grünen Seidenkrawatte; dann Tony Hawes – *wumm,* kurz und schmerzlos; Simon Jones – *patsch, patsch, patsch,* Tritt, linker Aufwärtshaken, rechter Haken, der Kiefer krachte, und die Zähne flogen wie Perlen durch die Gegend, als er nach hinten kippte. Keuchend und schwitzend hielt ich inne.

Verschwommen drehte sich der Sandsack vor meinen Augen, während meine Brust sich hastig hob und senkte. Als nächstes waren die Händler dran, diese Wichser, die mich aus dem Markt drücken wollten, eine ganze Armee von Chinesen, mit kurzem Haarschnitt, Brillen und roten Jacketts. Beidhändig schlagend, wütete ich unter ihnen. Zwischen den Faustschlägen traktierte ich den unteren Teil des Sandsacks mit wilden Hackentritten. Als sich alles vor mir drehte, hielt ich inne, rang heftig nach Atem und spürte, wie mir der Schweiß brennend in die Augen rann. Der Sandsack ließ keine Spur meiner wütenden Angriffe erkennen, glatt und glänzend drehte er sich langsam, bereit, die nächsten Attacken hinzunehmen. Ich war groggy, stehend k. o.

Der Sandsack war unerschütterlich. Und wenn der nächste kam und die Scheiße aus ihm herausprügelte, würde er es noch nicht einmal bemerken. Er steckte alles weg. Die Boxer kamen und gingen, und er hing einfach da, plump und herausfordernd. Ich konnte ihm nichts anhaben, ich konnte mich nur selbst zerstören.

Es war Zeit zum Dinner.

Ich fuhr die Mount Pleasant Lane entlang und kam an James Bax' Haus vorbei, einer großen Villa im Kolonialstil, die ein Stück von der Straße entfernt lag. Es nervte mich, daß ich zu diesem Dinner mußte. Ich wußte seit einiger Zeit davon, weil alle davon redeten, wer eingeladen war und wer nicht. Ich war verschnupft und erfreut zugleich gewesen, daß ich nicht auf der Liste gestanden hatte. Nun hatten sie mich als allerletzten eingeladen, und ich war wütend, weil sie mich so lange übergangen hatten, und wütend, weil ich mich an einer derartigen Zeitverschwendung beteiligen mußte – einer weiteren überflüssigen Belastung für Barings' Spesenkonto. Ich bog in die Thompson Road ein und fuhr durch das Tor des Polo Clubs, des exklusivsten Klubs in Singapur – wenn man auf so was steht. Offenbar kam ich als letzter und parkte ganz am Ende einer langen Reihe von Mercedes-Wagen und Jaguarn, die ihr Leben damit verbrachten, Unmengen Benzin in Abgase zu verwandeln.

Als ich die Eingangstreppe hinaufging, roch ich die Poloponys drüben in ihren Ställen. Ich gesellte mich zu den Barings-Leuten, die sich an der Bar versammelt hatten. Ein Kreis von Speichelleckern hatte sich um Peter Norris gebildet, die lachten, wenn er Witze machte, und nickten, wenn er sich über Asien und die Welt im allgemeinen verbreitete. Ein zweiter Kreis hatte sich um James Bax geschart. Das war die Baringsche Ruhmeshalle – jeder, der bei Barings Asia einen Namen hatte, war anwesend, auch Tom Hester, der neueste Star in James Bax' Truppe. Ich kippte ein paar Glas Bier hinunter. Gar zu gern hätte ich mich vollaufen lassen, aber ich mußte noch nach Hause fahren, und ich wußte, daß diese Typen nicht tranken wie ich. Ich blickte über die weite Fläche des Polofeldes und dachte, es müsse einer der größten Plätze in Singapur sein, die nicht künstlich beleuchtet wurden.

»Nick.«

Ich wandte mich um und sah Simon Jones neben mir stehen.

»Alles glatt gegangen mit den Prüfern?«

»Ich denke, ich hab' sie vom Hals, aber es war nicht einfach.«

Ich war nicht in der Stimmung für Konversation, deshalb nickte ich und ließ es dabei bewenden. Auf ein Zeichen von James Bax hin setzten wir uns alle in Richtung Restaurant in Bewegung, doch statt uns in den Speisesaal zu begeben, machten wir auf der Terrasse halt, wo man eine lange Tafel für uns gedeckt hatte. Kerzen brannten, und es hätte romantisch sein können – in der richtigen Gesellschaft. Ich trödelte hinter den anderen her, während alle um die besten Plätze rangelten. Schließlich landete ich auf einem Stuhl weit weg von Peter Norris und James Bax. Die Unterhaltung drehte sich um Poloponys und ihre Unterhaltskosten. Das Thema interessierte mich nicht gerade brennend, und so studierte ich die Speisekarte. Als der Kellner die Bestellungen entgegennahm, bemerkte ich, daß sie keine Vorspeisen verlangten, und folgte ihrem Beispiel. Um so schneller kam ich nach Hause.

Alles plauderte – neben mir, an mir vorbei, über meinen Kopf hinweg, während ich dasaß, in die flackernden Kerzen starrte und an meine 88888-Position dachte. Wenn sie gewußt hätten, was ich dachte, hätten sie ihre Steaks und Hummer sicherlich nicht runtergekriegt – sie wären ihnen im Halse steckengeblieben oder aus den Ohren gequollen. Während der letzten beiden Wochen waren meine Verluste explodiert. Ich konnte mich kaum überwinden, die 88 888-Auszüge in die Hand zu nehmen und zu lesen, weil ich nicht mit ihnen in Verbindung gebracht werden wollte. Ich wollte nicht, daß sie meine Fingerabdrücke trugen. Aus einem Verlust von einigen zehn Millionen war ein Verlust von ein paar hundert Millionen geworden.

Carl, der neben mir saß, versuchte, über den Markt zu reden, aber ich wimmelte ihn ab. Wenigstens war Ron Baker nicht da – er wäre bestimmt wieder aufgestanden und hätte mit irgendwelchen plumpen Bemerkungen unser aller Erfolg beweihräuchert. Peter Norris machte Small talk und blickte dabei auf die Uhr; jeder wußte, daß er noch am Abend nach London zurückflog. Als er endlich einen letzten Blick auf seine Uhr warf, James Bax etwas zuflüsterte und aufstand, hätte ich jubeln mögen. Er winkte uns zu, als sei er ein Mitglied des Königshauses, und dann geleitete James Bax ihn zum Ausgang des Klubs, wo sein Fahrer wartete. Er war fort. Ich war erleichtert, weil sein Besuch nicht nur nicht zu meiner Entdeckung geführt, sondern mir auch herrliche Ausreden beschert hatte. Solange er da war, konnte ich jedem sagen, er solle sich keine Sorgen machen, denn ich hätte alles mit Peter Norris abgesprochen, ich sei mit Peter Norris zusammengetroffen, Peter Norris sei über alles informiert. Nun, da er fort war, gab es eine Person weniger, hinter der ich mich verstecken konnte. Wir gingen wieder hinüber an die Bar, aber einen Schlummertrunk lehnten alle ab. Ich warf einen Blick zurück auf die Reste der Festtafel. Die Kellnerinnen räumten ab und bliesen die Kerzen aus. Die Party war vorbei.

Freitag, 17. Februar 1995

Knallwütend verließ ich die Barings-Kabine und ging hinüber zum Nikkei-Stand. George, dieser Arsch, war völlig nutzlos. Er turnte da draußen rum, und kein Schwein nahm ihn ernst. Wie denn auch, so beschissen, wie er mit seinem idiotischen Haarschnitt aussah? Der Markt fiel unter 18000 und brauchte eine Spritze. Jemand mußte kräftig kaufen. Ich zog die Orderzettel aus der Tasche und stellte mich neben George. Ich überragte ihn und blickte auf das Meer von Gesichtern um mich her, alles Verkäufer. Ich würde sie platt machen, diese Nullen. Wie nannte Mark sie? Teichgewimmel, nichts als Dreck und Algen, und sie waren mir im Weg.

»Neunfünfzig Geld für 100!« brüllte ich sie an, reckte die Arme und lockte sie. Zack, zack, zack, zack – schon hatte ich vier Posten von 25 Kontrakten gekauft und notiert. Der Markt fiel weiter.

»Neunfünfzig Geld für 100!« Ich röhrte noch lauter, und – zack, zack – noch mal zwei Partien von je fünfzig, ich kritzelte sie in mein Buch.

Der Markt fiel um weitere zehn Punkte; offenbar hatten die Händler vergessen, wer ich war, jedenfalls verkauften sie ohne Ende. Ich wußte, sie wußten, daß ich long war – sehr, sehr long. Irgendwann, das rechneten sie sich aus, mußte ich meine Position reduzieren, während ich sie glauben machen wollte, ich sei in Osaka abgesichert und kaufe hier nur eine Long-Position, um mein Buch glattzustellen.

»Neunvierzig Geld für 1000!« brüllte ich und hatte George völlig vergessen, der schweigend neben mir stand und beobachtete, wie ich den ganzen Markt aufkaufte. Aha! Es dauerte ein bißchen länger. Nun begann ich erste Zweifel in ihren Köpfen zu säen. Deutlich war die kleine Pause zu bemerken, die eintrat, als sie sich bemühten, das Geschehen zu verarbeiten. Ich kaufte ein paar lokale Händler auf und nahm mir dann die »Big Boys« vor, Morgan Stanley und Nomura.

»Neunvierzig Geld für 500!« schrie ich wieder; meine Stimme verwandelte sich allmählich in ein Reibeisen. »Neunfünfzig Geld für 500!« Ich veränderte mein Gebot, als der Markt einen Tick höher ging. Nomura verkaufte mir hundert. Ich sah mich am Stand um.

»Neunsechzig Geld für 500!«

Ich nahm weitere hundert von Nomura, aber Morgan Stanley war nicht interessiert.

»Los, George!« schrie ich, »mach diesem beschissenen Markt Beine!«

»Neunsiebzig Geld für 500!« röhrte George neben mir. Beide standen wir auf der Kaufseite, beide brüllten wir, was die Lungen hergaben. Alle Verkäufer krallten wir uns. Wir kauften so rasch, daß sie nicht wußten, wie ihnen geschah. Kaum hatten sie Zeit, uns anzublicken, um den Preis zu bestätigen, da hatten wir schon gekauft. Ich verlor den Überblick, war irrsinnig. Völlig weggetreten, taumelte ich auf dem Parkett umher, brüllte und gestikulierte und merkte kaum, daß George ganz still geworden war und daß Risselle von der Kabine aus Maslan zuwinkte. Hauptsächlich Verkaufsorders, die für George bestimmt waren, damit er sich nicht überkaufte.

»Fünf Geld für 500!« Ich brachte meine Lungen fast zum Platzen, um den Markt aus seiner Lethargie zu reißen. Langsam kroch er über 18000.

Ich verließ den Maklerstand und behielt die über den Köpfen angebrachten Bildschirme im Auge, während ich zur Barings-Kabine zurückging. Dort nahm ich eine Flasche Wasser, kippte den größten Teil in einem Zuge hinunter, schüttete mir den Rest über den Kopf und fuhr mit den Händen durchs Haar.

»Nick!« Wie ein Geist tauchte Tony Railton neben mir auf. Was zum Teufel hatte er auf dem Parkett zu suchen?

»Hallo!«

»Nick, ich muß da wirklich ein paar Zahlen mit Ihnen durchgehen.«

»Klar doch!« sagte ich und massierte mir den Kopf. Dann sah ich, daß der Markt wieder auf 18000 abrutschte.

»Bin gleich zurück!« rief ich und drängte mich wutschäumend zum Maklerstand durch.

»Neunsiebzig Geld für 500!« Meine Stimme überschlug sich. »Neunsiebzig für 500!«

Ich akzeptierte ein paar Angebote und trieb den Markt etwas höher. Kurzfristig erreichte er 18050 und fiel dann wieder zurück. Ich sah Tony drüben in der Barings-Kabine. Zum Teufel mit ihm! Sollte er doch. Ich begann völlig unsinniges Zeugs zu schreien, fuchtelte mit den Armen in der Luft herum und heulte:

»Fünfzig Geld für 500! Fünfzig Geld für 500!«

Tatsächlich boten jetzt andere Käufer mit, deshalb schmiß mich niemand raus; ich konnte den ganzen Tag dort bleiben, während Tony Railton in der Kabine stand wie bestellt und nicht abgeholt.

»Fünfzig Geld für 500!« brüllte ich, bis ich hörte, daß es noch ein paar Händler riefen. Bald war fünfzig der mittlere Preis, und alle Welt begann fünfzig zu schreien, zu gestikulieren, zu signalisieren. Überall sah man fünf Finger. Es war wie Magie. Sie taten zwar nicht, worum ich sie gebeten hatte, sondern was ich geboten hatte – aber es lief wohl auf das gleiche hinaus. Da standen sie, all die Rotjacken, über den ganzen Stand verstreut, und boten für mich. Überall in der Welt würden die Händler jetzt an ihre Kunden durchgeben lassen, daß es bei 18000 starke Unterstützung gebe und daß der Markt nicht unter diese Marke fallen würde. Wenn das genügend Vertrauen schuf, würde der Markt tatsächlich bei 18000 bleiben. Marktoptimismus zeugt sich selbst fort. Und das alles war mein Werk.

Als ich vom Maklerstand fortwankte, war Tony gegangen. In einer säuerlichen Notiz teilte er mir mit, er werde mich im Büro aufsuchen. Ich verließ die Börse und ging ins Il Fiore. Niemand kannte mein Versteck. Dort konnte ich bis 18 Uhr bleiben, bis ich ins Büro zurück- und meinen Finanzierungsbedarf nach London durchgeben mußte. Allerdings konnte heute einiges Geld zurückkommen. Der Markt war mir gefolgt. Ich zog die Orderzettel aus der Tasche und sah sie durch. Ich hatte etwa 15000 Nikkei-Futures-Kontrakte gekauft. Die Zahlen ließen sich im Kopf rechnen, aber der Markt hatte sich ein bißchen erholt, deshalb würde ich von der SIMEX für den Rest der Position etwas Geld erhalten. Allerdings mußte ich den Einschuß für die heutigen Käufe leisten. Wahrscheinlich würde ich fast glatt sein. Ich war erleichtert. Obwohl ich den Einsatz mit dem Kauf so vieler Futures abenteuerlich erhöht hatte, würde ich einen weiteren Tag überleben. Hätte ich nicht gekauft, wäre der Kurs auf 17500 gefallen. Dann hätte ich Brenda nicht mehr anrufen können – ich hätte 200 Millionen Dollar verlangen müssen, und alles wäre mit einem Riesenknall detoniert. Wie die Dinge jetzt lagen, brauchte ich ihr von den Käufen nichts zu erzählen, brauchte kein Geld von ihr zu erbitten und konnte ihr möglicherweise noch etwas zurückzahlen. Das Wochenende war gerettet. Kein Gespräch mit Mary Walz oder Ron Baker.

Ich schüttete den Rest des Kaffees hinunter und hob die Hand, um neuen zu bestellen. Dann aß ich ein bißchen Tiramisu und fühlte neue Kräfte in meine Adern strömen. Ich würde ungeschoren davonkommen. Nächste Woche war Bonustag und mein Geburtstag am Tag danach, am Sonnabend, dem 25. Februar. Eine Woche blieb mir noch.

9: Montag, 20., bis Donnerstag, 23. Februar

Ich träumte, ich läge mitten auf dem Parkett der SIMEX. Es herrschte das übliche Chaos: Alles lief aufgeregt durcheinander, schrie, gab Zeichen und handelte, während der Nikkei auf- und abtorkelte. Doch als ich in die Gesichter der Händler sah, bemerkte ich entsetzt, daß sie die Köpfe von Wölfen, Hyänen und streunenden Hunden besaßen. Alle trugen sie ihre leichten, grellfarbigen Händlerjacketts, aber darin steckten kräftige, fellbedeckte Hälse, und aus ihren aufgereckten Schnauzen drang ein zähnefletschendes Knurren.

Dann veränderte sich die Perspektive, und ich konnte auf meinen Leib hinabsehen, der ausgestreckt vor dem Nikkei-Stand lag. Ich lebte, blickte um mich. Plötzlich machte eine der Hyänen einen Satz nach vorn und schnappte nach meinem Rücken. Sie riß ein Stück Fleisch heraus und zog sich ins Gedränge zurück, wo sich die Bestien um dieses Fleisch balgten. Ein weiteres Tier sprang vor, und dann sah ich, wie das gesamte Börsenparkett auf mich zuströmte und meinen Leib in Stücke zu reißen begann. Noch immer lebte ich, wand mich unter ihrem Gewicht, doch ungerührt rissen sie mir das Fleisch fetzenweise vom Leib, bis ich die Knochen weiß im Licht der hellen Lampen schimmern sah.

»Ich bin nicht tot«, schrie ich. »Ihr dürft nur totes Fleisch fressen!«

Aber die Wölfe und Hyänen umdrängten mich weiter und schnappten nach mir. Dann bildeten sich plötzlich Sekundärmärkte, als sie versuchten, einen Futures-Preis für das Fleisch festzusetzen, bevor es schlecht wurde, und andere Händler kauften Optionen auf den Verzehr des Fleisches.

»Der Markt zieht an«, flüsterte mir jemand ins Ohr. Es war Ron Baker. »In der nächsten Woche brauchen wir weitere zwei Millionen Pfund Gewinn, ohne Wenn und Aber.«

»Eigentlich ist es gar nicht so entsetzlich schwer, Geld zu machen«, sagte ein anderer. Es war Peter Baring.

»Sieben Komma sieben acht Milliarden Yen!« rief Mui Mui.

»Es ist eine Panne! Es ist eine Panne«, schrie James Bax, aber während er rief, wurde daraus: »Es ist ein Mädchen! Es ist ein Mädchen!« Und ich sah Lisa, die unser Baby im Arm hielt, weinte und so stolz aussah. Aber ich war nicht an ihrer Seite. Ich sah mich um. Alles, was ich entdeckte, war mein blaugoldenes Jakkett, das auf dem leeren Börsenparkett lag.

»Es ist ein Mädchen!« weinte Lisa. »Es ist ein Mädchen!«

»Es ist eine Panne!« rief James Bax.

»Wo ist Nick?« schluchzte Lisa. »Sagt Nick, er soll kommen.«

George Seow lief zum blaugelben Jackett und hob es auf. Doch darunter fand er nur mein ausgebreitetes weißes Skelett. Dann blickte Lisa auf und schrie: Das Baby in ihren Armen war verschwunden. An seiner Stelle befand sich ein winziger Blutklumpen, der auf der weißen Musselindecke einen tiefreichenden roten Fleck hinterließ.

Am Montag und Dienstag war der Markt ruhig. Ich hatte in der letzten Woche so viele Nikkei-Futures aufgekauft, daß es einen Liquiditätsengpaß gab. Der Nikkei schwankte um 18 400. Ich beteiligte mich nicht weiter am Handel, sondern saß einfach auf Konto 88888 und sah zu, wie es sich mit dem Markt bewegte – 500 Punkte höher, und ich wäre aus dem Schneider gewesen. Aber er blieb hartnäckig an der 18 400-Marke kleben. Dagegen verloren meine JGBs Geld, als der Index von 109 auf 110 stieg. Vermutlich hatten sie mich schon rund dreißig Millionen Pfund gekostet, aber ich war viel zu entsetzt, um das zu überprüfen. Jedenfalls mußte ich augenblicklich etwas unternehmen, da wir schon Mitte des Monats hatten. Immerhin, bis zum 24. Februar, dem Prämientermin, sollte alles so oder so entschieden sein, da stand mir wenigstens kein weiteres Monatsende bevor, das ich irgendwie decken mußte. Den Dienstag nachmittag verbrachte ich im Il Fiore. Um fünf kehrte ich an meinen Schreibtisch zurück.

»Nick, hallo, Tony Railton hier. Kann ich einen Moment runterkommen?«

Mist, er hatte mich an meinem Schreibtisch erwischt. Es war mir gelungen, ihn für ein paar Tage in den 24. Stock zu verbannen, wo er sich mit einem Berichtssystem beschäftigen sollte, was pure Zeitverschwendung war – ich hielt ihn mir damit nur vom Leib und hinderte ihn, meine Telefongespräche mitzuhören.

»Klar, kommen Sie runter.«

Ich hätte gern gewußt, was er entdeckt hatte. Die Liste meiner Untaten war uferlos. Vom Kontoauszug der Citibank bis zum Konto 88888 konnte es alles sein. Ich wartete.

»Na, was macht die Kunst?«

»Bestens«, sagte er. Die Sonnenbräune, die er sich inzwischen zugelegt hatte, sprang ins Auge.

»Ist sicherlich angenehm, London jetzt zu entkommen?«

»Phantastisch«, nickte er.

Mit Erleichterung nahm ich zur Kenntnis, daß er keine Papiere in der Hand hielt. Jeder schriftliche Vorgang wäre eine Katastrophe gewesen.

»Ich wollte Ihnen nur mitteilen, daß ich die Kreditlinien mit der SIMEX geklärt habe«, sagte er. »Brenda Granger wird autorisiert, bis zu fünfzig Millionen Dollar bei der Citibank bereitzustellen, die die SIMEX dann abrufen kann.«

»Sehr schön.«

»Ja, das wird Brenda erheblich entlasten.«

»Sonst noch was?«

»Tja, ich brauche immer noch eine Aufstellung aller Kundenpositionen.«

Am liebsten hätte ich ihm gesagt, er solle sich einen Ausdruck unserer bei der SIMEX deklarierten Position besorgen. Da stand alles drauf. Die SIMEX wußte mehr über Barings' Position als Tony.

»Ich arbeite dran, Tony. Sobald ich was habe, bekommen Sie es. Versprochen.«

»Danke. Die andere Sache ist das OTC-Geschäft, das Sie im

Dezember abgeschlossen haben, die 7,78-Milliarden-Geschichte. Haben Sie irgendwelche Unterlagen? Ich muß es noch einmal prüfen und London einen Bericht schicken.«

»Coopers hat alle Belege«, sagte ich. »Ich habe sie Mui Mui gegeben.«

»Okay, dann werde ich sie scheuchen.«

»Noch was?« Vielsagend faßte ich die Nachrichten auf meinem Bildschirm ins Auge.

»Nein. Oh, wissen Sie, daß gerade eine Vorstandssitzung stattfindet?«

»Hier?«

»Nein, eine Hauptvorstandssitzung in London. Freitag ist Bonustag, und da werden sie endgültig beschlossen. Schätze, für Peter Baring fällt eine Million ab.«

»Glücklicher alter Knabe.«

»Reizender Mensch«, sagte Tony. »Wissen Sie, daß er mit der U-Bahn zur Arbeit fährt?«

»Alter Geizkragen!« scherzte ich.

»Tuckey und Norris dürften auch jeder für eine Million gut sein.«

Mir stand wahrlich nicht der Sinn danach, hier rumzusitzen und die Boni anderer Leute durchzuhecheln. Ich wünschte, das Telefon hätte geklingelt.

»Ziehen Sie auf Dauer hierher?« fragte ich.

»Ja, ich hoffe. Ich weiß allerdings nicht genau, welche Konditionen ich aushandeln soll. Da gibt es 'ne Menge steuerlicher Gesichtspunkte.«

»Ist ganz leicht«, sagte ich. »London kann Ihnen bestimmt helfen.«

»Und wie sieht es mit Wohngeld aus?« Tony blieb beharrlich bei dem Thema. »Ist es steuerpflichtig? Und was werden sie mir geben?«

Wieder starrte ich mein Telefon an. Armer alter Tony. Da schwatzte er mit mir über sein Gehalt. Gleich würde er mich wegen seiner Pension um Rat fragen. Endlich klingelte das Telefon. Es war Danny. Ich preßte den Hörer so fest gegen das Ohr, daß Tony nichts verstehen konnte.

»Wirklich?« sagte ich.

»Komm rüber und trink einen mit, Nick«, sagte er.

»Was? Auf der Stelle?«

»Klar, alles haut sich hier die Birne voll.«

»Ein Abrechnungsproblem?«

»Problem, Problem. Du Arsch! Sieh zu, daß du hier antanzt.«

»Sie sind in der SIMEX?«

»SIMEX? Was soll der Scheiß?«

»Ich bin sofort da.«

»Klar bist du das.«

Ich legte auf. »Tut mir leid, Tony. Da gibt es ein Problem mit den Orderzetteln, George ist in der SIMEX.«

»Nichts wie hin! Wir sehen uns morgen.«

Daraufhin eilte ich Richtung SIMEX und traf Danny im Il Fiore.

Mittwoch, 22. Februar 1995

Als die ersten Jets den Changi-Flughafen anflogen, war ich wach. Sie heulten und röhrten beim Abbremsen durch Umkehrschub. Es mußte halb fünf sein. Die ersten Maschinen zu hören war immer ein schlechtes Zeichen – besonders wenn man erst um zwei Uhr morgens eingeschlafen war. Dann schwoll der Verkehr an. Und doch hörte ich neben und über dem Lärm der Autos das Vogelgezwitscher in den Bäumen vor dem Fenster. Ich fand es immer verblüffend, daß die Vögel wußten, wann die Dämmerung anbrach, schliefen sie doch die ganze Nacht im taghellen Licht der Straßenbeleuchtung. Doch irgendwie entdeckten sie in dem Geflimmer die Dämmerung und begrüßten sie mit weit geöffneten Herzen und Kehlen. In meinem naturfernen Leben, das ich auf dem klimatisierten, halogenerleuchteten Börsenparkett verbrachte, dann in der dämmrigen, Zuflucht gewährenden Geborgenheit des Il Fiore, schließlich schlaflos im Bett, dem Klopfen in meinen Adern lauschend, war der Vogelgesang das einzige natürliche Geräusch, vom Händlergebrüll einmal abgesehen. So dünn und zart die Vogellaute auch waren, einen Augenblick lang erhoben sie sich triumphierend über der Stadt. Dann gingen sie unter im anschwellenden Grollen des Straßenverkehrs, verblaßten vor dem Glanz der Sonne.

Während ich mich rasierte, vermied ich geschickt, mir in die Augen zu sehen. Ich beneidete die Vögel. Für sie war jeder Tag neu. Sie hatten so winzige Gehirne, daß sie – ähnlich den Goldfischen, von denen es heißt, jede Runde im Aquarium sei wieder neu und interessant für sie – jeder Dämmerung überschwenglich entgegensangen; alle Morgen begann ihr Leben von neuem. Für mich bestand jeder Tag aus einer Reihe von Alpträumen, die sich Schicht um Schicht auftürmten und mich mittlerweile fast völlig erdrückt hatten. Ich kämpfte gegen die Verluste nun schon so lange an, daß mir keine Kraft mehr zum Weiterkämpfen blieb. Trotzdem mußte ich bis zum Wochenende durchhalten. Irgend etwas mußte passieren. Ich haßte jeden neuen Morgen.

Ich band mir den Schlips, ohne mich im Spiegel zur Kenntnis zu nehmen. Eine merkwürdige Art, sich anzukleiden – ohne die Person im Spiegel zu beachten, ohne ihr in die Augen zu sehen, ohne ihr zuzulächeln. Die Person im Spiegel steckte in Schwierigkeiten, und *ich* wollte damit nichts zu tun haben.

Die Börse eröffnete ruhig. Den ganzen Morgen saß ich da, hatte höllische Magenbeschwerden, stopfte Bonbons in mich hinein und beobachtete, wie der Markt sich um die Marke von 18400 bewegte. Verzweifelt hoffte ich, er werde auf 18800 klettern. Alles war möglich, wenn ich nur genügend Zeit hatte. Zur Zehn-Uhr-Pause verließ ich das Börsenparkett und labte mich an süßem, schwarzem Kaffee.

Ich merkte sofort, daß der Markt abgestürzt war. Der Lärm hatte sich zu einem hysterischen Geschrei gesteigert, die Händler brüllten, was ihre Lungen hergaben, ohne daß jemand Interesse zeigte. Wachsende Enttäuschung und Panik haben einen unverwechselbaren schrillen, schneidenden Klang, der kaum noch Ähnlichkeit mit der menschlichen Stimme hat. Auf dem Weg zur Barings-Kabine versuchte ich mich zu konzentrieren. Niemand hatte Zeit, mich mit einem Lächeln oder Winken zu begrüßen. Ich war etwas benommen, und irgendwie rückte alles in weite Ferne.

Der Markt war unter 18100 gefallen – weit darunter. Jetzt lag er bei 18000. Wenn er sich nicht erholte, brauchte ich mindestens dreißig Millionen Dollar, um die Sicherheitsleistung für 88888 zu stellen.

Am Mittwoch nachmittag beteiligte ich mich überhaupt nicht am Geschäft. Ich saß einfach da, beobachtete den Markt und versuchte, mir auszumalen, wie es wohl gewesen wäre, wenn ich beim Arbitrage-Geschäft geblieben wäre. An einem Tag wie diesem hätte ich Massen von Geld gemacht. Ich wäre rein- und rausgegangen, hätte die Händler angebrüllt, mit Fernando telefoniert und den ganzen Nachmittag über Geld verdient. Fernando war heiß aufs Geschäft, aber mir war nicht danach zumute. So lustlos gab ich ihm die Kurse durch, daß auch er bald das Interesse verlor.

Wieder im Büro, bat ich Linda, per Fax dreißig Millionen Dollar bei Brenda anzufordern. Dann rief ich Steve an und verabredete mich mit ihm zum Boxen. Ich hatte keine Lust abzuwarten, bis Brenda anrief und mich fragte, was es mit diesen dreißig Millionen Dollar auf sich hätte. Zumindest war Ron Baker im Urlaub, also konnte sie die Sache nicht mit ihm besprechen. An diesem Mittwoch verließ ich das Büro so früh, daß mir Simon Jones, Tony Railton und alle Zeitungen erspart blieben.

Donnerstag, 23. Februar

Lisa erzählte ich immer noch nichts von meinen Schwierigkeiten. Die Routine von Anziehen und Aufbruch absolvierte ich, als wäre es ein ganz normaler Tag. Ich hörte ihr zu und nickte, als sie mir erzählte, was sie für meinen Geburtstag am Samstag geplant hatte: Mit vier oder fünf Freunden würden wir in ein italienisches Restaurant gehen. Kaum ein Wort verstand ich von dem, was sie sagte. Ich betete, daß der Markt sich heute morgen endlich nach oben bewegen würde. Bei Delifrance setzte sie mich ab. Danny und ich tranken einen Orangensaft und kauften Überraschungseier. In meinem war ein Pinguin.

»He! Du bist 'n Glückspilz«, sagte Danny, »die sind echt selten.«

Wir besiegelten eine absurde Wette und begaben uns zu den SIMEX-Fahrstühlen.

Die Glocke läutete zur Eröffnung, und sofort trieben neue Verkäufe den Kurs weiter nach unten. Ich wartete, mochte nicht kaufen, hatte keine Chance zu verkaufen, und der Kurs fiel in einem Zug um 400 Punkte. Das schien niemanden weiter zu beunruhigen. Der Nikkei-Index erreichte 17 600, und ich stopfte mir wieder eine halbe Packung Fruchtbonbons auf einmal in den Mund. Widerlich süß waren sie auf der Zunge und ergaben ein ekliges Gemisch mit der Galle, die ich immer wieder runter-schlucken mußte.

Dann konnte ich die Untätigkeit nicht länger ertragen. Irgend etwas mußte ich für den Markt tun. Ich begab mich an den Rand des Maklerstands und löste George ab. Ich begann zu brüllen. Eine Menge hatte ich zu brüllen, und ich brüllte, bis mir der Kopf fast platzte. Dabei hielt ich mich an die großen Händler am Stand, die Locals, die sich an meine Rockzipfel hängten, beachtete ich nicht. Mir ging es um die wichtigen Mitspieler, damit sie ihren Bossen in Japan oder London eine Nachricht schickten, daß der Nikkei wieder steige und man auf den Zug aufspringen müsse, bevor er abgefahren sei.

Die Orders prasselten auf mich ein, und ich drehte mich und nickte, breitete die Arme aus und lud mir die ganze Last des Marktes auf die Schultern. Bei diesem Markt hätte ich nicht ei-nen einzigen Kontrakt verkaufen können. Natürlich verstieß ich gegen Ron Bakers und Mary Walz' ausdrückliche Anweisung, zu verkaufen und die Positionen zu verringern, aber es sah so aus, als würde der Kurs beim geringsten Anlaß ins Bodenlose fallen, und ich war seine einzige Stütze.

Nachdem ich rund 3000 Kontrakte gekauft hatte, ging ich hin-über zum JGB-Stand. Dort bot sich das umgekehrte Bild: Der Index kletterte unaufhaltsam. Um zwanzig Punkte schon. Mei-ne Short-Position war so gewaltig, daß ich bei jedem Anstieg um zehn Punkte acht Millionen Pfund verlor. Also hatte ich bereits sechzehn Millionen Pfund eingebüßt. Ich quetschte mich an den Leuten vorbei, zurück zum Nikkei-Stand und blickte zu den Schirmen hoch: Bei jeweils hundert Punkten, die der Nikkei verlor, gingen mir zwanzig Millionen Pfund flöten. Während ich dort noch stand und nach oben sah, zeigten sich schon wieder neue Zahlen auf dem Schirm: fünfzig Punkte nach unten, und weitere zehn Millionen Pfund gingen den Bach runter. Der Nikkei hatte fünfzig Punkte niedriger eröffnet – heute war der schlimmste Tag des Jahres, und es sah so aus, als sollte er um mehr als 400 Punkte fallen. Wenn ich die Verluste beim Nikkei und die Verluste bei den JGBs zusammenrechnete, waren es allein heute vierzig Millionen Pfund, und ich hatte noch nicht mal meine dritte Packung Drops angebrochen.

Ich ging zurück zum JGB-Stand. Auf dem SIMEX-Parkett fühlte ich mich sicher. Genauso wie damals, als Ash Lewis ihre Revision begann, hatte ich das Empfinden, daß mich niemand in der SIMEX erwischen könnte. Das Parkett war so hektisch und voll, daß ich jedem aus dem Weg gehen konnte, mit dem ich nicht sprechen wollte. Doch mehr noch: Hier war alles möglich. Bis zum Ertönen der Glocke konnte der Markt in die Höhe schießen oder zusammenbrechen. Noch konnte ich aus allen Schwierigkeiten herauskommen. Ich sah auf die Uhr: 12.15 Uhr.

Zurück zum Nikkei. Unterwegs griff ich mir eine Handvoll Bonbons von Connie. Der Nikkei ging weiter nach unten, und ich fragte mich, ob alle gemeinsame Sache gegen mich machten, um mich aus dem Markt zu drücken. Der Markt war um mehr als 300 Punkte gefallen. Ich stand da und beobachtete das wilde Treiben der roten Jacketts. Für mich war der Handel vorbei. Wie ein Geist stand ich am Rande des Stands. Langsam schien ich allem zu entrücken. Ich suchte die Toilette auf, beugte mich über das schmutzige Waschbecken. Mein Magen revoltierte, und mein Mund füllte sich mit einer schleimigen grünen Masse aus halbverdauten Fruchtdrops.

In 45 Minuten würde das Börsenparkett leergefegt sein; dann konnte ich nicht mehr im Gewühl untertauchen. Morgen war Freitag, Bonustag. Samstag mein Geburtstag. Ich mußte raus aus Singapur.

Ich lehnte mich über einen Tisch und blickte auf die Bildschirme. Äußerlich war ich noch immer Nick Leeson, der Börsensuperstar, der den Nikkei nach seiner Pfeife tanzen ließ, der coolste Typ auf dem Parkett. Wahrscheinlich beobachteten mich die anderen Händler und überlegten, was ich wieder auskochte: Irgendeine magische Teufelei, die noch aus der Preisdifferenz von nigerianischem Kupfer und Chicago-Tomaten Gewinne zog? Lachhaft! Ich kam noch nicht einmal mit dem einfachen Nikkei-Markt zurecht – er hatte mich erledigt. Jetzt saß ich vor dem Teletext, sah mir die Fußballpaarungen für Samstag an, versuchte zu vergessen, daß ich mehrere hundert Millionen Pfund verloren hatte und daß mir alle Felle davongeschwommen waren.

Doch als der Markt während der letzten halben Stunde über 300 Punkte fiel und 17 800 noch unterschritt, ging ich zurück an den Stand und kaufte weitere 1000 Futures zur Stützung des Marktes. Als die Glocke ertönte, war ich voll in Aktion – einer unter vielen, bei dem niemand auf den Gedanken gekommen wäre, er täte etwas anderes als all die andern. Doch dieser eine hatte sich gerade endgültig den Rest gegeben. Schwankend und schwitzend verließ ich das Parkett und grinste in die Gesichter, die vor meinen Augen tanzten. Mir war klar, daß ich verschwinden mußte. Ich hatte keinen blassen Schimmer, wie ich die nächsten Stunden überstehen sollte, aber eines wußte ich: In unserer Wohnung durfte ich keine Nacht mehr schlafen. Wir mußten raus aus Singapur.

Mir blieben nur noch wenige Stunden. Der Nikkei hatte 330 Punkte tiefer geschlossen. Ein- oder zweimal hatte ich seine Abwärtsbewegung kurz umkehren können, aber das war nicht von Dauer gewesen. Der Fall war unaufhaltsam. Jetzt überfiel mich schreckliche Angst. Ich mußte hier raus. Ohne die Zahlen genau zu kennen, wußte ich, daß sie jeden Rahmen sprengten. Ich biß mir auf die Lippen und dachte über die nächsten Schritte nach: Ich mußte damit rechnen, daß ich im Büro Simon Jones und wahrscheinlich auch Tony Railton begegnete. Brenda mußte ich für die Nachschußforderung um eine Überweisung von vielleicht vierzig Millionen Dollar bitten. Tony Hawes kam übers Wochenende nach Singapur zurück. Morgen war Bonustag und Samstag mein Geburtstag. Und der Himmel wußte, was die SIMEX tun würde: Angesichts der 300 Punkte, um die der Markt gefallen war, blieb mir kein Spielraum mehr. Aber kriegen sollten sie mich nicht, deshalb beschloß ich, auszugehen und meinen Geburtstag zu feiern.

»Nick, wir gehen ins Escape«, rief George mir zu. »Danny kommt auch. Was ist mit dir?«

Escape, die Flucht! Escape war gut, sehr gut.

»Ich komme«, sagte ich und lächelte, als mir der Doppelsinn aufging. Das Escape war eine Kneipe mit Fenstern aus getönten Scheiben. Da konnte man auf die Straße blicken, ohne gesehen zu werden. Ein idealer Ort, mich drei oder vier Stunden zu verbergen, während ich mir mein weiteres Vorgehen überlegte.

Wir saßen an einem Ecktisch, und ich bestellte ein Bier, stornierte dann aber und nahm lieber eine Cola. Ich brauchte einen klaren Kopf. London war noch offen, und ich wußte, wenn sie meine JGB-Positionen entdeckten, mußten sie sie reduzieren, und die Liquidität in den März-Kontrakten war zu gering. Sie würden furchtbar baden gehen, wenn sie JGBs gegen Cash und zur sofortigen Lieferung verkaufen mußten. Weit besser wäre es, wenn sie ein bißchen mehr Zeit hätten, die Short-Position zu reduzieren. Es würde einfacher für Barings sein, wenn ich die März-Position auf Juni verlängerte.

Ich holte das Handy heraus und rief Willow, den JGB-Händler von Tullets an der LIFFE in London, an.

»Willow? Nick hier. Wo stehen die JGB-Spreads heute?«

»Warte, ich hol' sie mir auf den Bildschirm. Du hast diese Woche gar nicht genug von ihnen kriegen können, nicht? Rund 5000 hast du gekauft, oder?«

»Erinner mich nicht daran. Ich sitz' auf einer schlechten März-Position und möchte sie auf Juni verlängern.«

»Der Geldkurs ist 92 und der Briefkurs 95.«

»Okay, hör zu, Willow, 93 Geld für alle, die du beschaffen kannst. Wenn genügend da sind, kauf, so viele du kannst.«

»Das nenn' ich Traute«, meinte Willow, offensichtlich bemüht, sich nicht die Freude über die in Aussicht stehende Kommission anmerken zu lassen. Ich hoffte, Barings würde bezahlen, aber das war eine andere Geschichte. Als ich das Klicken in der Leitung hörte, das mir anzeigte, daß Willow aufgelegt hatte, wußte ich, daß ich mich um den Rest nicht mehr würde kümmern müssen. Mit der Reduzierung dieser Position würde sich jemand anders herumzuschlagen haben, wahrscheinlich Fernando.

»Wie viele willst du genau?« Willow war noch einmal am Apparat.

»Kauf einfach, solange du kannst«, sagte ich, »und so viele du kannst. Du kannst meine Order überhaupt nicht erfüllen.«

Willow mußte mich für besoffen halten.

»Hör mal, Nick.«

»Ruf mich über mein Handy an, wenn du 2000 gekauft hast, und dann sehen wir weiter.« Ich schaltete ihn aus und nippte an der Cola.

»Was machst du in London?« fragte Danny.

»Ich gehe aus einigen März-Spreads raus.«

»Muß ich auch«, sagte Danny, »Roger tritt mich deswegen schon die ganze Woche. Aber der bepißte Markt ist die ganze Woche gestiegen. Ich hatte keine Chance.«

»Okay«, sagte ich, »ich muß zurück ins Büro.« Ich kippte die eisigen, wäßrigen Reste meiner Cola hinunter und schob das Glas zurück. Tony Railton und Simon Jones warteten. Der Himmel wußte, wie ich die Finanzierung für morgen beschaffen sollte. In diesem Augenblick war man bei der SIMEX wahrscheinlich damit beschäftigt, meine Tagesverluste zu berechnen und die Nachschußforderung vorzubereiten. Sie würde gewaltig sein.

Im Büro wirkte alles normal. Die Mädchen saßen vor ihren Bildschirmen, die Telefone läuteten, und von Tony Railton war nichts zu sehen. Ein gutes Zeichen. Ich warf einen Blick auf die Nachrichten auf meinem Bildschirm. Wieder die üblichen Verdächtigen: Mary Walz, Steve, Brenda Granger, Simon Jones. Es war wie ein Mantra. Wenn ich gestorben und zur Hölle gefahren wäre, hätten diese Namen auch dann noch meinen Kopf umkreist. Und dahinter die gewichtigeren Namen: James Bax, Ron Baker, Tony Hawes, Peter Norris – unausgesprochen, aber immer im Hintergrund mitschwingend. Kaum saß ich, da rief der *Nihon Keizei* an und wollte wissen, was ich mit meiner Position zu tun gedächte – dem »Barings-Überhang«, wie der Journalist das nannte. Kaum hatte ich ihn abgewimmelt und das Telefon auf die Mädchen umgestellt, da klingelten zwei weitere Telefone im Büro. Die Mädchen hielten die Hand über die Sprechmuschel und riefen:

»AP-Dow Jones?«

»Brenda Granger?«

Ich schüttelte den Kopf und öffnete die abgeschlossene Schublade in meinem Schreibtisch. Neben der Schere und dem Klebstift, die ich für die 7,78 Milliarden-Yen-Fälschung verwendet hatte, fand ich die Auszüge von 88888.

Ich notierte die Abschlüsse des Tages und sah mir die Zahlen an: Beim heutigen Schluß des Nikkei mit 17885 hatte ich eine Long-Position von 61039 Nikkei-Futures-Kontrakten, eine Short-Position von 26000 JGBs und eine Mischung aus Euroyen- und Nikkei-Optionen, die völlig den Bach runtergegangen waren. Den ganzen Monat hindurch waren die Verluste explodiert, doch ich hatte es verdrängt.

»Nick!«

Ich fuhr auf meinem Drehstuhl herum und raffte mit der gleichen Bewegung die Papiere zusammen. Es war Tony Railton. Ich lächelte und bat ihn mit einer Handbewegung, Platz zu nehmen. Zu meiner großen Freude stellte ich fest, daß er wieder keine Papiere in der Hand hielt. Augenscheinlich hatte er immer noch nichts entdeckt.

»Wie geht's Tony? Angenehmen Tag gehabt?«

»Großartig, Nick, großartig. Wie war der Markt?«

»Phantastisch«, wieder setzte ich mein getürktes Lächeln auf.

»Nick, ich habe mit Simon über dieses Loch in der Bilanz gesprochen – tut mir wirklich leid, daß ich Sie damit noch einmal belästigen muß –, aber wir wollten Sie fragen, ob Sie heute nachmittag Zeit für eine kurze Besprechung hätten? James wünscht ein Treffen am Samstag, wie Sie wissen.«

»Himmel! Der Samstag geht beim besten Willen nicht! Verstehen Sie, ich habe Geburtstag. Lisa und ich möchten feiern. Aber Sonntag würde mir passen. Und was heute nachmittag angeht, klar kann ich das einrichten. Allerdings etwas später. Lisa hat grade angerufen, daß es ihr nicht gutgeht. Ich muß auf einen Sprung nach Hause und nach ihr sehen. Um halb sechs bin ich zurück. Ist das recht?«

Dann erschien Simon Jones. Als er sich Tony zuwandte, warf ich einen raschen Blick auf die Uhr: fast vier. Mir blieben nur noch ein paar Minuten. Ich mußte zusehen, daß ich rauskam. Also schob ich meinen Stuhl zurück und setzte mich Richtung Tür in Bewegung.

»Bis dann!« sagte ich, ohne jemanden im Büro direkt anzusprechen. Im Aufzug rief ich Lisa an und teilte ihr mit, ich würde sie in fünf Minuten abholen. Kaum hatte ich das Telefon wieder in die Tasche gesteckt, klingelte es. Ich zog es heraus und betrachtete es nachdenklich. Dann stellte ich es ab.

Es wurde Zeit zu verschwinden.

10: Montag, 27. Februar, bis Donnerstag, 2. März

Aus dem Augenwinkel sah ich die fette schwarze Schlagzeile: BRITISCHE MERCHANTBANK ZUSAMMENGEBROCHEN.

»Lisa«, flüsterte ich, »kauf die Zeitung. Barings ist pleite.«

Während Lisa die Zeitung nahm und mit der Lektüre des Artikels begann, blickte ich hinüber zum Hotel. Wir befanden uns mitten im Nirgendwo, auf halbem Weg die Nordküste Borneos hinauf. Wir saßen in der Falle. Wie sollten wir hier rauskommen? Lisa ging zur Kasse und wollte für die Zeitung und die Kekse unterschreiben.

»Bezahle bar«, sagte ich. »Unterschreib nichts.«

Benommen stolperten wir zum Kiosk hinaus. In unserem Hotelzimmer setzte Lisa sich auf die Bettkante und las den Artikel vor. Währenddessen riß ich die Kekspackung auf und begann ihren Inhalt in mich hineinzustopfen. Dann ging ich ins Bad und ließ Wasser einlaufen. Ich selbst brachte es nicht über mich, die Zeitung zu lesen. Dreimal las Lisa den Artikel vor, und als wir uns dann anblickten, hatte ich das Gefühl, sie müsse einen Fremden vor Augen haben.

»Bist du dieser flüchtige Händler?« fragte sie.

»Ja. Das wollte ich dir die ganze Zeit erzählen. Ich hab' ihr Geld verloren. Ich wußte allerdings nicht, daß es so schlimm steht.«

»Was machen wir jetzt?« sagte Lisa. »Ich weiß, wir rufen Mum an – sie weiß bestimmt, was zu tun ist.«

Das Gespräch konnte ich beim besten Willen nicht mitanhören, also legte ich mich in die Wanne und versuchte zu entspannen. Wenn ich die Augen schloß, drehte sich alles.

»Uns geht es gut, Mum«, hörte ich Lisa sagen. »Wir versuchen, nach Hause zu kommen. Ich sag' dir lieber nicht, wo wir sind, dann brauchst du niemanden anzulügen, wenn man dich fragt.«

Dann schwieg sie, während Patsy ihr erzählte, was in England los war. Zu meiner Verblüffung begann Lisa zu lachen.

»Hat er wirklich?« rief sie unter schallendem Gelächter. »Mein Gott!«

Wieder folgte eine lange Pause.

»Okay, Mum«, Lisa nahm die Dinge in die Hand. »Wir rufen dich an, wenn wir können, aber ich mach' jetzt besser Schluß. Wir lieben dich.«

Dann kam Lisa ins Badezimmer und setzte sich auf den Fußboden.

»Es hat eine Unterhausdebatte gegeben«, sagte sie. »Der Schatzkanzler hat dich einen ›betrügerischen Händler‹ genannt, und Peter Baring war in den Nachrichten und hat gesagt, es sei eine Verschwörung gewesen. Barings ist pleite und hat mehr als 600 Millionen Pfund verloren.«

Ich grabschte auf dem Boden der Wanne nach der Seife und ärgerte mich darüber, daß die Seifenstücke in den Hotels immer so klein sein müssen.

»Mum sagt, wir haben Charles und Di von den Titelseiten der Boulevardblätter verdrängt. Alles sucht nach uns. Ganz Asien wird nach dir durchkämmt. Manche Leute glauben auch, wir machen auf unserer Jacht einen Segeltörn rund um Indonesien.«

Einen Moment lang verdaute ich das Gesagte. Von der Jacht abgesehen, konnte ich nichts sonderlich Komisches daran entdecken.

»Was war so komisch? Worüber hast du gelacht?«

»Mum hat deinen Dad angerufen, um sich zu erkundigen, wie es ihm geht. Während sie telefonierten, hat es bei ihm an der Tür geklopft. Er hat gesagt, er wolle schnell öffnen gehen. Durchs Telefon hörte sie Gerangel und Harry, der rief: ›Hau ab, du Scheißkerl!‹ Dann war alles still. Dein Dad hat einen Fotografen vom *Daily Mirror* k. o. geschlagen, vor der Haustür in das Reich der Träume geschickt.«

»Das hat gerade noch gefehlt«, sagte ich. »Mich kriegen sie wegen der Pleite von Barings dran und Dad wegen Körperverletzung.«

Ich blickte mich um in dem fensterlosen Bad mit seinen weißen Kacheln und dem Duschvorhang. Knapp zwei Meter breit und zwei Meter lang: eine Zelle. Ich stieg aus der Wanne. Lisa und ich setzten uns aufs Bett.

»Ich ruf Danny an und frag ihn, was in Singapur los ist.«

Ich erreichte Danny im First Continental. Es war Montag nachmittag, und der Markt war zusammengebrochen. Der Nikkei hatte 880 Punkte niedriger eröffnet und mit einem Verlust von 645 Punkten bei 16 960 geschlossen. Dagegen war der JGB-Markt nach dem Bekanntwerden meiner Short-Position um 50 Punkte gestiegen, weil jeder wußte, daß Barings kaufen mußte, um sie glattzustellen. Genau konnte ich nicht ausrechnen, wie hoch die Verluste meiner Position waren, aber wenn sie am Freitag nichts verkauft hatten, mochten sich die Verluste sogar verdoppelt haben.

Ich konnte einfach keine Ordnung in meine Gedanken bringen. Scheiß drauf, die Bank war pleite, und ich steckte bis zum Hals in Schwierigkeiten.

»Bubble«, sagte ich.

»Nick! Wo zum Teufel steckst du?«

»Malaysia.«

»Hör zu, wir dürfen nicht lange sprechen, falls jemand in der Leitung ist. Paß auf: Du hast hier ganz schlechte Karten. Und Freunde auch keine mehr. Sieh zu, daß du aus diesem beschissenen Asien rauskommst. Geh nach London oder von mir aus nach Australien. Wenn sie euch hier erwischen, landet ihr beide im Bangkok Hilton.«

»Wir wollen es versuchen.«

»Barings-Mitarbeiter haben SIMEX-Verbot. George Seow reißt das Maul natürlich am weitesten auf. Du hast so viel Messer im Rücken, daß man deine Schulterblätter nicht mehr sieht. Besorg dir einen guten Anwalt. Und hau ab, ganz gleich, wo du bist!«

»Ich ruf dich an, wenn ich kann.«

»Viel Glück, Kumpel«, sagte Danny, »du kannst es brauchen. Wenn ich dir helfen kann, ruf mich an. Jederzeit.«

Ich legte auf. Das Telefon war für uns eine lebenswichtige Verbindung mit der Außenwelt. Doch es konnte uns auch verraten. Die Bullen konnten Anrufe zurückverfolgen, wenn sie die richtigen Leitungen abhörten. Ich fragte mich, ob sie Dannys Apparat schon angezapft hatten. Vielleicht hatte ein Polizeibeamter neben ihm gesessen und ihn gedrängt, so lange wie möglich mit mir zu sprechen, damit die Fangschaltung zuschlagen konnte.

Wir blickten aus dem Fenster auf die windschiefen Palmen und das Meer dahinter. Warum war alles so kompliziert? Warum konnten wir uns nicht einfach in ein Ruderboot setzen und auf Nimmerwiedersehen verschwinden? Wir hatten uns bei der Anmeldung im Hotel mit richtigem Namen und richtiger Adresse eingetragen. Sicherlich überprüfte man im Hotel gerade die Gästeliste, fischte aufgeregt unser Anmeldeformular heraus und griff zum Telefon, um die Polizei zu verständigen.

Ich versuchte, mir die Landkarte vorzustellen. Wir befanden uns an der Nordküste Borneos. Ein entlegenerer und verlassenerer Flecken Erde ist kaum zu finden. Entweder setzten wir uns in die Wälder ab und versteckten uns flußaufwärts bei irgendeinem Eingeborenenstamm, oder wir versuchten, nach Brunei zu kommen. Ansonsten blieben nur noch Kuala Lumpur oder Singapur. Selbst Kuala Lumpur wäre Wahnsinn gewesen, weil sie uns dort mit Sicherheit geschnappt hätten. Außerdem lag es zu nah an Singapur.

Lisa rief ein Reisebüro an.

»Wir hätten gern einen Flug nach London«, sagte sie. »Zum frühestmöglichen Termin. Die Linie ist egal.«

Viel war nicht zu machen. Von Borneo aus lag Indonesien am nächsten, doch dorthin gab es keine Verbindung. Jakarta wäre ideal gewesen. Ich hätte alte Freunde anrufen und untertauchen können. Doch die einzigen internationalen Flüge ab Kota Kinabalu gingen nach Singapur oder Brunei.

Nach Brunei gab es einen Flug am nächsten Morgen – Dienstag – um acht. Er war ausgebucht, aber man sagte Lisa, vielleicht würden ja zwei Plätze frei. Am besten führen wir am nächsten Morgen früh zum Flughafen hinaus und hielten uns bereit.

Wir blieben in dem Hotel, bestellten uns das Abendessen aufs Zimmer, gingen zu Bett und hielten uns umschlungen. Ich vergrub mich regelrecht in Lisas Armen. Ich hatte das Gefühl, daß mir nichts zustoßen könnte, wenn ich nur bei ihr bleiben könnte. Der Gedanke, man könne uns trennen, machte mich verrückt. Solange sie bei mir war, war alles in Ordnung. Wir mochten verfolgt werden, in Schwierigkeiten stecken, ihr würde schon was einfallen. Doch wenn man uns auseinanderriß, wenn man mich in ein asiatisches Gefängnis steckte – die Vorstellung brachte mich um.

Am Dienstag waren wir früh auf den Beinen. Schweigend packten wir, wohl wissend, daß größte Eile angebracht war. An der Rezeption zahlte ich bar und sah zu, wie das Mädchen den American-Express-Beleg zerriß, der als Kaution gedient hatte.

»Heute gibt es so viele Betrüger«, sagte sie, »man kann gar nicht vorsichtig genug sein.«

Dann waren wir draußen. Wir nahmen ein Taxi zum Flughafen und begaben uns an die Schalter der Brunei and Malaysian Airlines. Beide Flüge nach Brunei waren noch immer ausgebucht. Es waren die Hari-Raya-Puasa-Ferien, und alle Welt war unterwegs, um das Fest bei der Familie zu verbringen. Beim Anblick der langen Schlangen vor den Ticketschaltern hätte ich am liebsten jedem 3000 Dollar geboten, der uns seinen Platz überließe. Aber ich hatte nicht genügend Kohle. Wir kriegten keinen Platz im Flieger.

»Gehen wir in ein anderes Hotel«, sagte Lisa.

Also nahmen wir ein Taxi zum Hyatt-Hotel, trugen uns unter Lisas Mädchennamen, Sims, ein und zahlten nur noch bar. Wir hielten es nicht auf unserem Zimmer aus. Um die Zeit totzuschlagen, beschlossen wir, das Büro der Royal Brunei Airlines aufzusuchen, das am anderen Ende der Stadt lag.

»Gehen wir zu Fuß«, schlug ich vor.

Wir schlenderten durch das kleine Städtchen, über dem die

Sonne hoch am Himmel stand. Mit der Gewißheit, daß die Polizisten in ganz Malaysia und überall in Asien nach mir Ausschau hielten, fühlte ich mich höchst merkwürdig in meiner Haut. Statt mich zu beeilen, fortzulaufen oder in Richtung Grenze zu fahren, saß ich in der Falle und wartete. Für die Malaysier am Ort sahen wir sicherlich aus wie ein ganz normales westliches Paar, jung und glücklich: Die junge Frau war blond, braun und schlank; ihr Typ setzte bereits Fett an, trug Shorts und eine Baseballmütze. Ein Anblick, an den sie gewöhnt waren: zwei Urlauber, die in nichts aus dem Rahmen fielen. Wir gingen auf der Straßenseite, die im Schatten lag. Wenn die Autos und Motorräder vorbeidonnerten, stieg der Straßenstaub wirbelnd im Sonnenlicht auf. Ein paar Hunde sonnten sich auf dem Betonpflaster. Es waren die räudigen Köter, die man überall in Malaysia antrifft – nicht aber in Singapur. In Singapur werden die Straßen ebenso von herrenlosen Hunden gesäubert wie von allem anderen Ungeziefer. Doch in Malaysia dürfen diese Köter mit ihren geringelten Schwänzen, dem schwarzbraun gefleckten Fell und den offenen Wunden überall herumstreunen. Im Vorbeischlendern nahm ich das vertraute Straßenbild auf: die Bars mit Coca-Cola- und Tiger-Bier-Reklametafeln und weißen Plastikstühlen. Boutiquen, in denen T-Shirts und Baseballmützen verkauft wurden. Es war ein staubiges Städtchen, in dem man den Touristen, die sich hierher verirrten, wertlosen Tand andrehte und ansonsten Hühnchenreis und Tiger-Bier anbot wie überall in Asien. Hier lebte man bescheiden – aber frei.

»Haben Sie Flüge nach London?« fragte Lisa die Angestellte am Schalter.

Die langen Fingernägel des Mädchens klapperten über die Tastatur. Das Geräusch hatte ich zuletzt gehört, als ich Linda gebeten hatte, den Kontostand von 88888 zu überprüfen. Ich ballte die Hände zu Fäusten. Es war mir peinlich, daß meine eigenen Fingernägel bis auf die Stümpfe abgekaut waren.

»Heute abend geht einer nach London«, sagte sie.

Ich jubilierte. Wir würden nach Hause fliegen. Wir würden dieses Flugzeug nehmen, und nichts würde uns aufhalten können.

»Können wir zwei Plätze haben?«

»Leider geht er von Brunei aus«, sagte sie, »und heute gibt es keinen Anschlußflug mehr nach Brunei. Der war heute morgen.«

»Und was ist mit anderen europäischen Flughäfen?« fragte Lisa ruhig.

»Morgen geht einer nach Frankfurt«, sagte das Mädchen, »über Brunei, Bangkok und Abu Dhabi.«

Ich stieß Lisa an.

»Den nehmen wir«, sagte ich. »Was kostet der Hinflug?«

»1500 Ringgit«, sagte sie. »Sie haben allerdings einen Aufenthalt von acht Stunden in Brunei.«

»Können Sie uns vormerken? Wir gehen ins Hotel zurück und wechseln etwas Geld.«

Aus dem klimatisierten Büro der Royal Brunei traten wir in die glühende Mittagshitze.

»Möchtest du wieder gehen?«

»Warum nicht? Wir haben jede Menge Zeit.«

»Auf alle Fälle sollten wir auch mal an der Fähre nach Labuan fragen«, sagte ich.

»Die nützt uns bestimmt nichts«, meinte Lisa. »Die läuft zu spät in Brunei ein. Da kriegen wir den Abendflug nach London nicht.«

»Aber vielleicht werden unsere Pässe da nicht so gründlich überprüft.«

»Und wenn doch, dann beschließen sie, uns da festzuhalten oder weiß der Teufel was. Du weißt nie, was dir auf einem Schiff mitten in Malaysia passieren kann.«

Die winzige hölzerne Anlegestelle lag wie ausgestorben. Auf der einen Seite standen ein paar Kisten mit Trockenfisch, von Fliegen umschwirrt. In einer Bude saß ein Mann mit schmutziger Weste und blätterte in einem Pornoheft.

»Wann gehen die Fähren nach Labuan?«

»Um acht Uhr morgens und ein Uhr mittags«, sagte er und sah kaum hoch.

»Wie lange dauert die Fahrt?«

»Vier Stunden.«

Langsam gingen wir über die ausgetrockneten Holzbohlen zurück. Ich hielt inne und berührte das rissige, versalzene Holz. Da war ich der meistgesuchte Mann der Erde und hatte nun die Wahl zwischen einer langsamen Fähre nach Labuan oder einem Flug nach Brunei mit achtstündigem Zwischenstopp.

»Dann müssen wir eben den Flug morgen früh nach Brunei nehmen.«

Wir gingen zurück ins Hotel, wechselten die Dollar in Ringgit und machten uns wieder auf dem Weg zum Royal-Brunei-Büro. Das Mädchen zählte das Geld ab und gab alle Einzelheiten in den Rechner ein. Als die Tickets aus dem Drucker kamen, bemerkte ich, daß sie Lesson statt Leeson geschrieben hatte.

»Tut mir leid«, lachte sie. »Mein Fehler, aber es macht nichts.«

Ich steckte die Tickets in die Seitentasche meiner Shorts, und wir traten auf die Straße. Daß »Lesson« auf den Flugscheinen stand, mochte sich als günstig erweisen. Wenn die Passagierlisten gecheckt wurden, würde ein Computer kaum über den Namen stolpern.

Unser Flug ging am nächsten Morgen, Mittwoch. Wir mußten die Zeit irgendwie rumkriegen. Also gingen wir wieder zu Fuß ins Hotel zurück – das vierte Mal, daß wir quer durch die Stadt latschten. Dann setzten wir uns auf den Dachgarten des Hyatt, wo es einen völlig verchlorten Pool gab und der Lärm von Motoren und Hupen aus der Hauptstraße unten heraufdrang. Wir versuchten beide zu lesen, doch mit der Konzentration haperte es.

»Ich habe Hunger«, sagte ich. »Ich hol' mir ein Brötchen. Möchtest du auch eins?«

»Ja, bitte«, sagte Lisa.

Ich ging zum kleinen Kiosk in der Hotelhalle und kaufte zwei Brötchen. Auf dem Ladentisch lag die *Borneo Post*. Ich hatte nicht erwartet, auf der Titelseite zu sein – aber da stand es: »Noch immer keine Spur von Nick Leeson, dem Geschäftsführer von Baring Futures Singapore …«

Wenigstens hatten sie kein Foto gebracht.

»Ich habe noch immer Hunger«, sagte ich, unfähig stillzusitzen. »Hast du Lust, ein bißchen spazierenzugehen?«

Wieder liefen wir in Kota Kinabalu umher. Diesmal vertrieben wir uns die Zeit damit, daß wir am Strand der Stadt entlanggingen. Wir stießen auf einen Wochenmarkt und schlenderten zwischen den Ständen umher, betrachteten die getrockneten Polypen und Fischköpfe, die zum Verkauf angeboten wurden, wehrten lächelnd das Angebot einer Frau ab, die uns Zibetfrüchte verkaufen wollte – die so widerlich riechen, daß ihr Verzehr in Restaurants und Hotels verboten ist –, und feilschten um ein paar Mangofrüchte. Während wir sie aßen und die Kerne in den Müll am Straßenrand spuckten, durchquerten wir ein einfaches Viertel mit Bars, die so aussahen, als würden sie voll werden, sobald ein Schiff einlief. Es wurde allmählich dunkel – fast fünf Uhr –, und die Scheinwerfer der Autos bohrten sich durch die Abgase. Da merkten wir erst, wie schlecht die Luft war. Im Sonnenschein war es uns nicht aufgefallen. Im Untergeschoß eines Einkaufszentrums stießen wir auf ein McDonald's-Lokal und tranken einen Kaffee. Das Essen aber rührten wir nicht an. Dann kamen wir an einem Kampong vorbei, einer Ansammlung von Pfahlbauten, unter denen sich der Müll häufte. Hühner und Katzen, Hunde und Ratten wühlten in den Bergen von Kokosnußschalen. Kinder versammelten sich in den offenen Türen und starrten uns an.

»Gehen wir zurück«, sagte ich. »Es reicht. Es ist sieben.«

Durch Dunkelheit und Abgase gingen wir zum Hyatt zurück. Ich hatte mir gründlich die Beine vertreten.

In dieser Nacht lagen wir uns in den Armen, und ich wußte, daß es das letzte Mal war. Zwar wußte ich nicht, wann man mich verhaften würde – ständig rechnete ich damit, daß die Polizei an unsere Tür klopfte –, aber ich wußte, daß es irgendwann vor Ende unserer Flucht sein würde. Wie standen unsere Chancen? Bis Kuala Lumpur hatten wir eine deutliche Spur hinterlassen. Aus dem Hotel hatte ich sogar noch an Barings gefaxt. Die Polizei wußte, daß wir in Malaysia waren. Malaysia ist ein kleines Land, das nur einen internationalen Flughafen hat – Kuala Lumpur – und ein paar Flüge von Kota Kinabalu nach Brunei oder Singapur. Das Land war leicht abzusperren. Und sämtliche Zollbeamten hatten nichts Wichtigeres zu tun, als nach Nick

Leeson Ausschau zu halten. Wir mußten einfach geschnappt werden! Seit Freitag hatten sie Zeit gehabt, verschärfte Kontrollen in allen Häfen und Flughäfen einzuführen. Ich lag im Bett und schloß die Augen. Drei Uhr nachts vorbei. Ich verlangsamte meine Atemzüge, so daß sie sich Lisas Rhythmus anglichen. Ich wußte nicht, ob sie wirklich schlief oder ebenfalls nur so tat, damit sie mich nicht weckte. Ich mochte sie nicht ansprechen, falls sie schlief. So lag ich im Dunkeln, zerbrach mir den Kopf über diese doppelte Täuschung und rätselte, ob sie schlief oder nicht.

Ich versuchte mir vorzustellen, was in London passierte und was sich hinter der Meldung von der Barings-Pleite tatsächlich verbarg. Ich fragte mich, was Ron Baker und Peter Norris vorhatten und ob Simon Jones sich schon eine gute Entschuldigung zurechtgelegt hatte. Dann fiel mir ein, daß Freitag Bonustag war. Ob sie die Boni noch ausgezahlt hatten? In der ganzen Welt suchte man nach mir. Während ich hier neben Lisa lag, durchkämmte ein Heer unbekannter Polizisten ganz Asien nach mir, prüfte Ausweise, Hotelanmeldungen, Fluglisten und Schiffskarten. Sie waren wie Wirtschaftsprüfer – nur daß sie am Ende etwas entdecken würden: mich. Mochte es mir auch gelungen sein, die Zahlen zu verstecken, mich selbst konnte ich nicht verstecken. Bis zu diesem Hotel ließ sich unsere Spur nicht verfolgen, da wir bar bezahlt hatten, aber die Anmeldung im Shangri-La konnten sie finden und auch das Flugticket aus dem Computer der Royal Brunei. Folglich würden sie wissen, wann ich zu fliegen beabsichtigte, und mich auf dem Flughafen erwarten. Solange ich hier bei Lisa lag, war ich in Sicherheit. Ganz fest schloß ich die Augen, um die Außenwelt auszublenden. Sobald ich mich regte, würden sie mich fassen.

»Warum ziehst du die denn an?« fragte ich Lisa, die eine dicke Jeans überstreifte.

»In Frankfurt ist es kalt«, sagte sie. »Wir haben Februar. Da friert es.«

»Man darf sein Schicksal nicht herausfordern.« Ich zog Shorts

und ein T-Shirt an. Auf dem Flughafen zeigten wir unsere Tik-
kets vor und erhielten Bordkarten. Unser Gepäck wurde gleich
bis Frankfurt abgefertigt. Ich blickte den Koffern auf dem För-
derband nach und beneidete sie um ihre simple Reise. Sie torkelten auf dem Band entlang, wurde hochgehoben, fallen gelassen, ein bißchen herumgeschubst und landeten irgendwann
sicher in Frankfurt. Am nächsten Schalter stand die Schlange
für den Flug nach Singapur. Fröhliche Europäer und vermutlich
Banker und Börsenhändler, von denen mich einige möglicherweise kannten. Ausdauernd blickte ich in die andere Richtung.
Dann näherten wir uns dem Zoll. Da würde man uns schnap-
pen.

Der Beamte, der für die Paßkontrolle zuständig war, trug
eine braune Uniform mit gelben Schulterstücken und einem
Namensschild auf der Brusttasche seines Hemds. Ich beobachtete ihn, wie er die Pässe der Reisenden vor uns in der
Schlange abstempelte und wußte: Er würde mich kriegen. Bestimmt lagen mein Name und mein Foto vor ihm auf dem
Schalter. Er würde den Namen sehen, mich ansehen, meinen
Paß betrachten und wissen, daß er den großen Fang gemacht
hatte. Eine Berühmtheit würde er unter seinen Kollegen sein.
Wahrscheinlich bekam er auch eine Sonderzulage. Zumindest
seine Frau würde stolz auf ihn sein. Lisa war zuerst an der Reihe. Ohne ihren Paß genauer anzusehen, stempelte er ihn ab.
Ich reichte ihm meinen. Er blickte mir in die Augen. Ich hatte
so entsetzliche Angst, daß ich unwillkürlich einen Schritt zu-
rücktrat. Was würde er tun? Per Trillerpfeife Kollegen alarmie-
ren? Auf einen Knopf unter dem Tisch drücken? Schließlich
begnügte er sich damit, meinen Paß abzustempeln, ihn zuzu-
klappen und mir zurückzugeben. Meine Beine wollten mir
noch immer nicht recht gehorchen, als ich hinter der Schleuse
zur Durchleuchtung des Handgepäcks wieder mit Lisa zusam-
mentraf.

»Himmel, warum haben wir nicht die Fähre genommen?«
sagte ich. »Dann hätten wir wenigstens über Bord springen und
davonschwimmen können.«

»Und die Haie?«

»Wir hätten ihnen ein paar Burger vorwerfen können«, lächelte ich. »Aber jetzt sind wir im Transitbereich. Da kommen wir nicht mehr raus.«

»Uns passiert schon nichts«, lächelte Lisa zuversichtlich.

Wir stiegen in die kleine Fokker, und erst als sich die Türen schlossen, glaubte ich, daß wir Malaysia tatsächlich verlassen würden. Das Flugzeug hob ab und stieg empor. Ich blickte hinab und sah unter uns ausgebreitet eine Flotte von Fischerbooten. Eine Zeitlang konnte ich kilometerweit übers offene Meer blicken, das wie getriebenes Silber unter der Morgensonne lag, doch als wir weiterstiegen, schlossen sich die Wolken um uns.

Über alle Fernsehbildschirme auf dem Brunei Airport flimmerten Nachrichten über den Barings-Bankrott. Bilder von mir, Ron Baker, Peter Norris und Peter Baring erschienen, vor allem aber von mir – dem »betrügerischen Händler«, zuletzt gesehen am Donnerstag, erwiesenermaßen nach Kuala Lumpur geflüchtet, jetzt untergetaucht. Ich saß in einer Ecke der Transit-Lounge und lauschte den Journalisten, die in ihre Mikrofone sprachen und die aktuellste Lagebeurteilung von sich gaben: Wie sich die Situation in den fünf Minuten seit ihrem letzten Kommentar verändert hatte. Ich versteckte mich hinter meiner Zeitung. Die Polizei hatte unsere Spur offenbar nicht bis zum Shangri-La verfolgt. Obwohl wir die Anmeldeformulare im Hotel ausgefüllt hatten, waren sie in keinem Computer aufgetaucht.

»Lisa, der Typ da glotzt mich an«, flüsterte ich.

»Tut er nicht.«

»Ganz bestimmt!«

»Das liegt an der Baseballkappe, die du aufhast. Er versucht, die Inschrift zu entziffern.«

»Wir bleiben acht Stunden hier, oder?«

»Ja.«

»Dann laß uns eins von diesen Zimmern mieten. Da findet uns niemand.«

Lisa ging davon, um festzustellen, ob man Zimmer für Kurzaufenthalte vermietete, und kam mit dem Schlüssel zurück.

»Da drüben ist es.«

Eine Wendeltreppe aus Beton führte in einen winzigen, quadratischen Raum. Er enthielt ein kleines Doppelbett und ein Badezimmer. Keine Fenster, kein Telefon, kein Fernsehen. Noch gestern war ich in Kota Kinabalu umhergeschlendert. Es war nicht gerade London oder Paris gewesen, aber immerhin hatte ich mich als freier Mann unter freiem Himmel bewegt. Ich konnte mich frei entscheiden, ob ich rechts oder links in eine der schmalen, staubigen Straßen voller Lastwagen und Motorräder einbiegen wollte. Ich konnte mich frei entscheiden, ob ich eine Zibetfrucht kaufen wollte oder nicht. Jetzt befand ich mich in einer Zelle. Seit wir durch den Zoll in Kota Kinabalu gegangen waren, befanden wir uns in einem geschlossenen System. Ich wußte, man würde mich fassen. Und dann würde man uns trennen.

Lisa und ich lagen auf dem Bett, hielten uns in den Armen und weinten. Sie stellte mir keine Fragen, sie schluchzte nur in meinen Armen, und ich weinte mit. Verzweifelt umklammerte ich sie, denn ich wußte, unser gemeinsames Leben war vorbei. Dieser ganze Wahnsinn auf dem Börsenparkett, der so unwirklich erschien – und auch schon damals unwirklich erschienen war –, schickte sich nun an, die einzige Wirklichkeit zu zerstören, die ich hatte, meine Liebe zu Lisa. Mir war es egal, ob Barings pleite ging; mir war das Konto 88888 egal und all die Fehler, die ich dort versteckt hatte, und all die Versuche, die ich unternommen hatte, die Verluste wettzumachen; Brenda Granger, die mir all das Geld überwiesen hatte, Simon Jones und die 7,78 Milliarden Yen waren mir scheißegal. Sollten sie mir doch alles wegnehmen – aber mich packte das blanke Entsetzen bei dem Gedanken, was aus mir würde, wenn man mir Lisa wegnahm.

»Wir hätten mit der Fähre fahren sollen«, weinte ich. »Auf Fähren gibt es keine Nachrichtensendungen an jeder Ecke und keine Zeitungsständer. Da wären wir frei gewesen.«

»Nein«, sagte Lisa. »Sie wissen nicht, daß wir hier sind. Und es gibt keinen Grund zu der Annahme, daß sie es noch herausfinden.«

»Aber wir müssen acht Stunden hier verbringen. Das ist ein ganzer Arbeitstag. Wenn wir in Frankfurt landen, ist es schon Donnerstag.«

»Hör mal, wir müssen zusehen, daß wir aus Asien rauskommen«, sagte Lisa. »Wenn wir eine Fähre genommen hätten, säßen wir noch immer irgendwo in Indonesien. Und wenn man uns da geschnappt hätte, weiß Gott, was dann mit uns passiert wäre.«

»Magst du ein paar Kekse holen«, fragte ich, »und gucken, was die Zeitungen jetzt bringen?«

Lisa kam mit dem *Herald Tribune* zurück. Auf der Titelseite prangte mein Foto. Den Artikel vermochte ich nicht zu lesen. Ich sah nur »Nick Leeson« und 600 Millionen Pfund Verlust. Am liebsten hätte ich mit jemandem telefoniert, um in Erfahrung zu bringen, was wirklich los war. Einen Augenblick verspürte ich den irrsinnigen Wunsch, Brenda Granger anzurufen und sie zu bitten, noch ein bißchen Geld zu überweisen. Und ich hatte den Wunsch nach ein paar Bonbons. Ich konnte Lisa nicht schon wieder bitten. Wenn wir es nicht bis Frankfurt oder London schafften, wenn ich vorher verhaftet wurde, dann gewöhnte ich mich besser daran, daß ich nicht immer telefonieren konnte, wann ich Lust dazu hatte, und daß ich nicht ständig Bonbons kauen konnte.

Sieben Stunden später ging Lisa hinaus und warf einen Blick auf die Anzeigetafel, die den Flug nach Frankfurt ankündigte. Sie sah, daß keine besonderen Sicherheitsvorkehrungen getroffen worden waren: keine Polizisten, die die Pässe prüften, nur die normalen Hostessen. Als der letzte Aufruf ertönte, kam sie mich holen.

»Okay, ich denke, wir müssen an Bord.«

Wir verließen das Zimmer und reichten der Hosteß unsere Bordkarten. Sie warf kaum einen Blick darauf. Wir quetschten uns durch den engen Gang in den hinteren Teil der Kabine. Ich saß am Fenster. Alle Passagiere lasen Zeitung, und auf allen Titelseiten prangte mein Bild.

»Eine Zeitung der Herr?«

»Nein, danke«, murmelte ich, drehte mich fort und zog mir die Baseballkappe über die Augen.

»Nimm das Ding ab!« zischte Lisa. »Von wegen unauffällig. Du fällst auf wie ein verdammter Eisbär in der Wüste.«

Ich zog mir eine Decke bis zum Kinn und wandte den Kopf fort, so daß mein Gesicht zur Hälfte in den Kissen verborgen war. In Bangkok hockte ich in einer Ecke der Halle, bis der Aufruf durchkam. Ich war wild entschlossen, nicht ins Bangkok Hilton zu gehen. Die Polizisten hätten mich mit Gewalt fortschleppen müssen. Wir waren als erste wieder in der Maschine, und kein Polizist ließ sich an Bord blicken. Schließlich trudelten auch die anderen Passagiere ein, in der Hand die Bordkarte und mit den Augen auf Platznummern starrend. Lisa drückte mir die Hand, als die Motoren aufheulten und das Flugzeug in den Nachthimmel hoben. Bangkok lag hinter uns. Ostasien lag hinter uns.

»Nur noch eine Zwischenstation.«

»Ja, aber das ist Abu Dhabi. Hacken sie dort Dieben nicht die Hände ab?«

»Mach dich nicht lächerlich«, sagte Lisa. »Da steinigen sie dich bloß.«

Wir versuchten zu schlafen. Sprachen nicht mehr. Ich war zu müde und hatte zuviel Angst, Lisa Einzelheiten meines Verbrechens zu beichten. Sie hat mich nicht danach gefragt. Zuletzt hatte ich mit Lisa in einem Flugzeug gesessen, als wir von London nach Singapur zurückkehrten.

»Freust du dich nicht doch, daß wir wieder hier sind?« hatte Lisa gefragt.

In Abu Dhabi mußten wir das Flugzeug verlassen. Wir hatten keine Ahnung, wie spät es war. Seit zehn Stunden flogen wir Richtung Westen, und es war tiefe Nacht. Bleich und erschöpft gingen wir in dem Duty-free-Shop von Abu Dhabi umher und tranken Wasser. Sicher waren auch die arabischen Zeitungen voll mit der Barings-Story, aber ich konnte sie nicht lesen, und vor allem: Es gab keine Fotos. Von dem *Herald Tribune* lag noch die gleiche Nummer aus, die wir schon aus Brunei kannten. Als unser Flug aufgerufen wurde, wurde gleich nebenan eine Maschine nach Singapur abgefertigt.

»Himmel, sieh dir das an!« juxte ich. »Vielleicht sind das lauter Barings-Leute, die nun die Schweinerei beseitigen müssen.«

Wir wichen zurück und warteten im Hintergrund der Halle, bis der letzte Aufruf kam. Dann hasteten wir an der Singapur-Schlange vorbei und gingen durch die Röhre ins Flugzeug. Als es zum letzten Mal abhob und sich durch den Nachthimmel auf den Weg nach Frankfurt machte, konnte ich mir nicht darüber klarwerden, ob es nun Pech oder Glück war, daß ich in diesem Flugzeug saß.

»In Frankfurt fassen sie uns doch bestimmt, oder?« flüsterte ich Lisa zu.

»Vielleicht -- vielleicht fliegen sie uns auch direkt nach London.«

»Aber sie schicken uns nicht postwendend nach Singapur zurück?«

»Nein, das dürfen sie nicht.«

»Sollen wir uns in Frankfurt einen Rechtsanwalt nehmen? Oder sollen wir uns in Heathrow von einem Anwalt abholen lassen?«

»Nein, wenn wir so weit kommen, bitten wir besser Mum und Dad, daß sie uns abholen. Sie können alles Weitere regeln.«

»Die Polizei müßte eigentlich wissen, daß wir mit diesem Flug ankommen«, sagte ich. »Sie hatte einen ganzen Tag Zeit, sich schlau zu machen. Sie weiß, daß wir in Malaysia waren, also braucht sie nur nachzusehen, welche Flüge aus Malaysia ankommen.«

»Vielleicht hat uns der Druckfehler gerettet.«

Weiter bohrte sich das Flugzeug durch die Dunkelheit. Lisa schlief ein, und ihr blondes Haar fiel mir auf die Schulter. Ich saß wach und versuchte, mein Buch in einem hellen Lichtkegel zu lesen, die einzige wache Seele in einem vollbesetzten Flugzeug, das durch den Nachthimmel schaukelte. Die ganze Welt suchte nach mir. Ich allein kannte das Geheimnis der Barings-Pleite, und ich saß auf Platz 43A, verborgen und unsichtbar für alle Welt, außer für irgendeinen still arbeitenden Computer, der alle Namen und Zielorte der aus Malaysia ausreisenden Passagiere sichtete.

»Wie üblich bei Flügen, die in den frühen Morgenstunden eintreffen, wird die Paßkontrolle unmittelbar außerhalb des Flugzeugs stattfinden«, erklärte der Flugkapitän über Bordlautsprecher.

Wir waren in nebelgrauer Morgendämmerung gelandet, und es sah kalt aus dort draußen. Lisa hatte warme Jeans an, ich wickelte mir die Decke um die Beine. Seit wir Kota Kinabalu in der winzigen Fokker verlassen hatten, waren wir ununterbrochen unterwegs, und nun stand meine Verhaftung unmittelbar bevor. Ich war einmal zu einem Fußballspiel nach Frankfurt geflogen und erinnerte mich, daß da überall in den Gängen des Flughafens Steckbriefe hingen. Es war ein gut funktionierender grauer Flughafen, aus dem es bestimmt kein Entkommen gab.

»Ich liebe dich, Lisa«, sagte ich, »ganz gleich, was passiert, ich liebe dich.«

Ich hatte keine Ahnung, wann wir wieder in der Lage sein würden, uns irgendwelche privaten Dinge zu sagen.

»Du mußt jetzt stark sein«, sagte sie.

Eigentlich wollten wir warten, bis alle draußen waren, aber ein paar Leute brauchten endlos, bis sie fertig waren, deshalb bildete sich doch eine Schlange von zehn Leuten hinter uns, als wir die Stufen zum nassen schwarzen Asphalt hinabstiegen. Lisa ging vor mir her. Der Polizist trug eine Uniform und eine Pistole am Gürtel. Er schaute in Lisas Paß, musterte sie und bat sie dann, beiseite zu treten. Mein Blick fiel auf einen Flughafenbus, vollgestopft mit Reisenden. Ihre weißen Gesichter waren gegen die Fenster gepreßt. Sie beobachteten den Polizisten. Mit grimmigem Vergnügen stellte ich mir vor, daß der Bus umschlug wie ein Boot. Dann sagte der Polizist zu Lisa:

»Wo ist Ihr Mann?«

»Hier«, sagte ich und trat einen Schritt vor, so daß ich direkt unter seiner spitz zulaufenden Dienstmütze stand, »ich bin ihr Mann.«

Man brachte uns in einen grünen Polizeiwagen. Hinter uns schlossen sich die Türen. Wenigstens waren wir den Blicken der anderen Passagiere entzogen. Ich fror in meinen Shorts und kreuzte die Arme, um mich warm zu halten. Wir warteten in einem Raum, wo wir Kaffee tranken und zusahen, wie sie unsere Koffer durchsuchten. Als man mich fragte, ob ich mich umziehen wollte, ging ich dankbar auf das Angebot ein. Ein Polizist holte ein T-Shirt heraus mit einem Bild von Geoff Hurst, wie er beim WM-Endspiel 1966 das Tor gegen Deutschland erzielt; die Anzeigentafel im Hintergrund zeigt den Spielstand an: 2:2.

»Gazza?« fragte er; er meinte den Star der neunziger Jahre, Paul Gascoigne.

»Geoff Hurst!«

Für die Polizeifotos brachte man mich nach unten, und dann wurden wir hinüber zum Grenzschutz geführt. Bis dahin war alles sehr gelassen vonstatten gegangen. Wahrscheinlich hatten sie mich aus dem Computer gefischt und eine unauffällige Verhaftung im Morgengrauen arrangiert. Ich achtete kaum darauf, wohin wir gingen, aber plötzlich hörte ich Lärm, und unsere Begleiter zogen schneller vorwärts. Durch einen Flur ging es an einer Reihe von Fotografen vorbei, die alle die Hälse reckten, um einen Blick auf uns zu erhaschen und Fotos zu schießen. Blitzlichter flammten auf, und ich vernahm schrille Stimmen. Es war wie auf dem Börsenparkett. Ich war versucht zu rufen »Zweifünfzig Geld für 100! Zweifünfzig Geld für 100!« und entsprechende Handsignale zu machen, aber sie hätten den Witz nicht verstanden, und die Fotos wären grauenhaft geworden.

»Wollen Sie was sagen? Irgendein Kommentar?« schrie ein Amerikaner, dessen Stimme sich heulend und schrill über das Stimmengewirr erhob.

Ich wollte ihm schon sagen, er solle sich verpissen, und ihm eins auf die Schnauze geben, da fiel mir ein, daß es genau das war, was Dad getan hatte. Ich verstand ihn jetzt. Auf unseren Anruf hin erschien der englische Konsul mit einer Liste, auf der Rechtsanwälte verzeichnet waren.

»Offiziell darf ich Ihnen keinen empfehlen«, sagte er und tippte dabei mit dem Finger auf einen Namen, »aber manche sind besser als andere.«

So kam ich zu Kingsley Napley.

Der englische Konsul holte uns aus dem Flughafen einen Hamburger zum Mittagessen. Allmählich begann sich die Situation zu klären. Den ganzen Tag hatten wir im Polizeiraum des Flughafens verbracht. Wir hatten kein Tageslicht gesehen. Als deutschen Rechtsanwalt hatten wir Eberhard Kempf gewählt, der uns in einem Anzug aus grünem Tuch aufgesucht hatte. Außerdem hatten wir einen englischen Rechtsanwalt genommen, der versprach, uns so rasch wie möglich zu besuchen. Wir erfuhren, daß wir aufgrund eines Haftbefehls der singapurischen Regierung festgenommen worden waren und daß eine Kaution nicht in Frage kam. In mehr als zwanzig Faxen boten uns englische Zeitungen an, meine Geschichte zu kaufen.

Gegen drei Uhr nachmittags änderte sich die Stimmung. Statt über mich zu sprechen, ging es jetzt darum, was mit Lisa geschehen sollte. Von der Polizei hatten wir erfahren, daß die Presse Plätze für jeden Flug gebucht hatte, der von Frankfurt aus startete, um sie zu erwischen, wann immer sie abflog. Wieder sprachen wir mit Patsy und Alec, die uns erzählten, sie würden ebenfalls von der Presse belagert, und der *Daily Mirror* hätte angeboten, sie in einem Privatjet herzufliegen, damit sie Lisa abholen könnten. Das werde mit dem Preis für meine Geschichte verrechnet. Angesichts der Heerscharen von Presseleuten, die draußen warteten, beschlossen wir, einer Zeitung die Exklusivrechte zu überlassen und dafür Lisa sicher nach Hause zu bringen.

Um acht Uhr abends war alles geklärt. Lisa mußte aufbrechen und mich verlassen. Ich würde in Polizeigewahrsam bleiben, bis die singapurischen Anklagepunkte vorlagen.

»Kann ich noch was für dich tun?« fragte Lisa.

»Ich glaube, du solltest jetzt gehen«, sagte ich.

Wir standen auf und hielten uns in den Armen. Ich brachte kein Wort heraus. Es war vorbei. Sie würde gehen, und ich würde bleiben.

»Ich liebe dich«, sagte sie.

»Ich liebe dich auch.«

Damit wurde sie von einem Polizisten aus dem Raum geführt. Ich wußte, daß ich nun für lange Zeit mit meiner eigenen Gesellschaft vorliebnehmen mußte. Ich konnte nicht weinen – ich hatte keine Schulter mehr, an der ich mich ausweinen konnte. Um mich herum wurde jetzt deutsch gesprochen, und dann führte man mich eine versteckte Treppe hinunter zu einem Polizeiauto, das an den Rollfeldern vorbei zum amerikanischen Militärflugplatz fuhr. Ich konnte nur ein paar verschwommene gelbe Neonlichter erkennen, als wir durch die Sperre fuhren und auf die Autobahn bogen. Auf dem Schoß hielt ich eine kleine Reisetasche, in der sich Zahnpasta, Zahnbürste, Shampoo, ein Sweatshirt und meine Reiselektüre befanden. Seit sechs Uhr morgens, als das Flugzeug in Frankfurt gelandet war und ich festgenommen worden war, befand ich mich in Polizeigewahrsam. Das war vor vierzehn Stunden. Auf dem Flug hatte ich kein Auge zugetan, und ich wußte nicht, wie spät es jetzt in Singapur sein mochte. Von dem Polizisten erfuhr ich, daß wir auf dem Weg zu einer Polizeiwache waren. Bei meiner Ankunft erhielt ich einen Pappteller mit etwas Brot und Schinken, die ich mir zum Frühstück aufheben sollte, und dann wurde ich in eine eiskalte Zelle gebracht.

Von dem Augenblick an, da ich durch die Röntgensperre in Kota Kinabalu gegangen war, hatte ich eine vollkommen andere Welt betreten – eine Welt der Schlösser und Türen, der Röntgengeräte, eine Welt ohne Ausgang, ohne frische Luft und ohne freie Entscheidungen. Es würde viel Zeit vergehen, bevor ich wieder auf einem Wochenmarkt um den Preis von Früchten würde feilschen können.

Ich setzte mich auf die Liege in meiner Zelle. Viel zu sehen gab es nicht. Da war ein kleiner Tisch mit einer schwarzen Plastikplatte, ein lackierter Holzstuhl, ein offenes Regal, ein Fenster aus undurchsichtigem Glas, das mit einem Drahtgitter durchsetzt war und aussah, als sei es mindestens dreißig Zentimeter dick, und natürlich die Tür – aus Metall und mit einem Guckloch. Ich hatte keine Ahnung, wo Lisa war, keine Ahnung, was der Nikkei machte – meine beiden größten Obsessionen. Seit wir aufgebrochen waren, war ich nicht mehr in die Nähe eines Telefons gekommen. Ich wußte nicht, wer zu Besuch kommen würde. Ich wußte noch nicht einmal, was für Besuchsrechte ich hatte.

Als mir allmählich dämmerte, in was für einem Gespinst aus

Nichtwissen ich steckte, stand ich auf und zog mein T-Shirt aus der Reisetasche. Lisa hatte es am Pool im Hyatt-Hotel getragen. Ich preßte es ans Gesicht. Tief atmete ich den schwachen Duft von Lisa ein, einen Duft von grünen Äpfeln. Ich lehnte mich im Bett zurück und vergrub den Kopf im T-Shirt, ihren Duft in der Nase. Mehr war mir von ihr nicht geblieben.

Ich versuchte, mir ins Gedächtnis zu rufen, wie sie aussah. Zu meinem Entsetzen konnte ich mich nur bruchstückhaft erinnern, nicht an das ganze Bild. Ich erinnerte mich an ihre Augen, ihr Haar und natürlich an ihre Stimme oder etwas, das ich für ihre Stimme hielt. Aber ich entsann mich nicht, was sie getragen hatte – und ich wußte nicht, was sie in diesem Augenblick trug. Ich wußte nicht, was sie tat oder mit wem sie zusammen war. Ich hoffte, es waren Alec und Patsy. Vielleicht flog sie bereits nach Heathrow. Ich erinnerte mich an die Neigung ihrer Nase, an ihren Mund und ihre Lippen, an ihre Zähne, und ich versuchte, mir ins Gedächtnis zu rufen, wann ich sie zum letzten Mal geküßt hatte und wie das war. Ich versuchte, mir ins Gedächtnis zu rufen, wann ich zum letzten Mal mit ihr geschlafen hatte und wie das war. Ich versuchte, mir ins Gedächtnis zu rufen, wann wir zum letzten Mal zusammen gegessen hatten. Vor allem versuchte ich mir ins Gedächtnis zu rufen, wann wir zum letzten Mal in Freiheit zusammengewesen waren, und es gelang mir, ein fotografisches Bild von Lisa zusammenzusetzen oder was ich dafür hielt: Wie sie die heißen, staubigen Straßen von Kota Kinabalu entlangschritt, in weißen Shorts und einem T-Shirt; das blonde Haar in der Sonne schimmernd und die Hände lässig in den Taschen. So sah sie sich die Schaufenster an, dann wandte sie sich zu mir um und lächelte. Was hatte sie gesagt? Sie hatte gescherzt und gemeint, wir müßten uns ein Buch mit deutschen Redewendungen kaufen.

Auf der Liege in meiner Zelle versuchte ich, diese Erinnerung festzuhalten und am Verblassen zu hindern, doch Lisas Bild schwankte und verschwamm – ich vermochte es nicht zum Bleiben zu bewegen. Als ich mir eingestehen mußte, daß mir im Grunde nur eine diffuse Ahnung von ihr geblieben war, brach ich in Tränen aus.

11: Auslieferungshaft

Am Freitag morgen tauchte der Wärter pausenlos vor meiner Zelle auf. Mit lautem Schlüsselgeklirr und -geklapper öffnete sich die weiße Stahltür, und er verkündete: »Noch ein Anwalt.«

In Deutschland hat jeder Anwalt das Recht, jeden Gefangenen, der ihn mit einem Mandat beauftragen könnte, aufzusuchen, deshalb ergoß sich ein nicht abreißender Strom von Frankfurter Anwälten in meine Zelle. Zwar hatte ich Eberhard Kempf längst mit meiner Vertretung beauftragt, doch ermöglichten mir diese juristischen Glücksritter immerhin, meine Zelle zu verlassen und im Besuchsraum zu sitzen. Bei einem dieser Treffen bekam ich sogar eine Tasse Kaffee. Den Rest des Morgens verbrachte ich allerdings allein in meiner Zelle und kämpfte um eine möglichst positive Gemütsverfassung. Um den Blick in die Zukunft ertragen zu können, versuchte ich, mir das Gefühl von Schuld und Reue aus dem Sinn zu schlagen. Ich bemühte mich, nicht an die Dinge zu denken, die sich jetzt in der SIMEX und bei Barings abspielten. Von solchen Gedanken mußte ich mich befreien. Jetzt war ich auf mich selbst zurückgeworfen und mußte lernen, mit mir als einziger Gesellschaft in einer winzigen Zelle zu leben. Nie zuvor hatte ich mir Gedanken darüber gemacht, wieviel Raum ich eigentlich brauchte. Ich war an das geräumige SIMEX-Parkett gewöhnt und an die Menschenmengen, die da herumwimmelten. Außerdem hatte ich stets ein Telefon in Reichweite gehabt. Während der letzten beiden Jahre hatte ich ein Leben voller Hektik geführt – und daneben ein zweites, randvoll mit Betrug und Täuschung. Jetzt mußte ich mich auf mich selbst konzentrieren und darauf, daß mein Leben völlig leer war. Ich brauchte den goldenen Buddha in meiner Hand.

Unschlüssigkeit ist für mich das schlimmste. Solange ich weiß, was ich zu tun habe, gibt es keine Probleme. Solange ich beispielsweise wußte, wie hoch meine 88888-Verluste waren, konnte ich sie verkraften und mir was einfallen lassen, um sie zu verstecken. Jetzt, allein und in der Stille, mußte ich irgendeine Einstellung zu meinem Leben im Gefängnis finden. Vor allem mußte ich Klarheit darüber gewinnen, was mich mittelfristig erwartete. Das begann mit dem verzweifelten Wunsch zu wissen, wann es Mittag- und Abendessen gab, ob und wann ich verlegt würde, wann ich mit den Anwälten von Kingsley Napley und Eberhard Kempf zusammenkommen würde. Doch rasch wurde dieser Wunsch zur Obsession, in Erfahrung zu bringen, was mit mir geschehen würde und was ich zu meiner Verteidigung unternehmen könnte. Natürlich wußte ich, daß ich schuldig war, aber ich kannte die Anklagepunkte nicht und wußte nicht, wo ich mich ihnen würde stellen müssen.

Gegen zwölf brachte der Wärter das Mittagessen – einen Pappteller mit etwas Fisch (es war Freitag) und Kartoffelsalat. Den Fisch warf ich weg, den Kartoffelsalat aß ich. Dann hörte ich wieder das Schlüsselgeklirr: Man führte mich in einen grünen Polizeibus. Vor dem Fahrzeug hörte ich Fotografen schreien, sah Blitzlichter aufflammen, aber ich saß unter das Fenster geduckt, außer Sicht. Jeder kleine Sieg war wichtig. Man brachte mich in das Gerichtsgebäude und führte mich in eine winzige weiße Zelle, völlig weiß, mit einem Tisch und einem Stuhl, der auf dem Fußboden festgeschraubt war. Es war bitterkalt. Stuhl und Tisch waren denkbar unbequem, und ich fror in der Zelle. Etwa eine Stunde später wurde ich dem Richter vorgeführt, bei dem ich Eberhard Kempf traf. Das Büro des Richters lag im Erdgeschoß. Auf dem Rasen vor dem Gebäudetrakt schubsten sich Fotografen im Kampf um die beste »Schuß«-Position. Sie sahen aus wie militante Tierschützer. Der Richter zog ein Rouleau herunter, damit sie nicht durchs Fenster fotografieren konnten. Er fragte mich, ob ich mich mit der Auslieferung nach Singapur einverstanden erkläre, und zwar aufgrund des einzigen Anklagepunktes, den die dortigen Behörden bislang genannt hatten – der Fälschung von Richard Hogans Unterschrift –, mit der Aus-

sicht, daß eine unbestimmte Zahl von Anklagepunkten hinzu-
kommen könnte, nachdem ich dort eingetroffen sei. Eine
schwierige Entscheidung. Ich schüttelte den Kopf und sagte
nein. Das war's. Es war später Freitag nachmittag, und Eberhard
berichtete, er habe am Dienstag ein Treffen mit dem Anwalt von
Kingsley Napley. Gemeinsam würden sie mich aufsuchen. In
der Zwischenzeit sollte ich ins Höchster Gefängnis verlegt werden, wo ich ein ganzes Wochenende zu überstehen hatte.

Ich blickte auf den Gefängnishof. Die meisten Fenster bestan-
den aus dickem, undurchsichtigem Glas – diesen Glasbaustei-
nen, die man manchmal in Mauern sieht. Nur ein dünner Fen-
sterstreifen ließ sich öffnen. Ich stand im kühlen Luftzug und
beobachtete die Gefangenen beim Hofgang. Es gab nicht viel
sportliche Aktivität zu sehen – sie gingen einfach umher. Wenigstens schien ein Tischtennisspiel in Gang zu kommen, und ein
oder zwei der Gefangenen streckten die Arme beim Umher-
schlendern. Dann blickte ich empor und versuchte die Sonne
zu sehen, aber ich befand mich auf der falschen Seite des Gebäudes. Alles, was ich sehen konnte, war der ziegelgepflasterte
Gefängnishof und ein Stück grauer Winterhimmel, der nach
Schnee aussah. Deprimiert von diesem Ausblick, schloß ich das
Fenster.

Die ganze verflossene Nacht hindurch hatten die Wärter das
Zellenlicht von draußen eingeschaltet gelassen und durch das
Guckloch gestarrt. Es war schon schwierig genug zu schlafen,
aber unter diesen Bedingungen war es völlig unmöglich, und
ich hatte geschrien, ich werde weder fliehen noch Selbstmord
begehen, also sollten sie mich gefälligst schlafen lassen. Doch
sie machten ungerührt weiter. Ich war erschöpft, hatte aber
noch den ganzen Samstag vor mir. Normalerweise war Samstag
mein Lieblingstag – ich blieb lange im Bett, schmuste mit Lisa,
sah zu, daß ich in Sachen Sport auf dem laufenden blieb, und
freute mich auf einen Stadtbummel und das fröhliche Zusam-
mensein mit Freunden. Doch dieser Samstag war ein höllischer
Samstag. Eine Stunde am Nachmittag hatte ich, so hatte man
mir gesagt, Hofgang, ansonsten saß ich allein in der Zelle und

hatte nichts zu tun. Immerhin hatte ich noch meinen Krimi, der mich seit Kota Kinabalu begleitete. Ich las ihn in einem Zug durch und begann gleich wieder von vorn.

Am Nachmittag brachte man mich eilig auf die gegenüberliegende Seite des Gefängnishofs. Offenbar hatte die Presse Zimmer gemietet, von denen sie den Hof einsehen konnte. Deshalb mußte ich mich im Schutz der gegenüberliegenden Mauer aufhalten. Zum Glück stand dort die Tischtennisplatte. Ich griff mir einen Schläger und fragte einen Farbigen, ob er Lust habe, mit mir zu spielen. Es war sehr kalt, und der Boden war mit Schnee bedeckt. Lustlos schlugen wir den weißen Ball hin und her, und wenn er zu Boden fiel, hatten wir Schwierigkeiten, ihn im Schnee wiederzufinden. Ernest kam aus Nigeria. Ich fragte ihm Löcher in den Bauch: Wie lange er schon in diesem Gefängnisteil, dem sogenannten Neubau, eingesperrt sei und wann er damit rechne, daß wir in das größere Gefängnis verlegt würden. Die Stunde war rasch vorüber, und ich saß wieder in der Zelle. Ernest hatte mir geraten, ich solle mich in die Bücherei bringen lassen. Das tat ich, und die Wärter führten mich auf dem Rückweg vom Hof dorthin. Es gab kaum Bücher. Ich nahm Thomas Hardys »Tess of the d'Urbervilles« (deutsch: Tess von d'Urbervilles, 1891).

Zurück in der Zelle, nahm mich das traurige Schicksal der Tess völlig gefangen, in deren endloser Leidensgeschichte als Kuhmagd und Kartoffelsammlerin ich mein eigenes Schicksal als Futures-Händler wiederzuerkennen glaubte. Ohne das Buch aus der Hand zu legen, las ich es bis weit in die Nacht hinein. Doch kurz nachdem Tess den Schurken umgebracht hatte und mit ihrem Liebhaber geflohen war, endete das Buch, weil jemand die letzten vier Seiten herausgerissen hatte. Tief betroffen lag ich da: Kam sie ungeschoren davon? Wurde sie gefaßt? Richtete man sie als Mörderin, oder warf man ihr ein Verbrechen aus Leidenschaft vor? Wieviel Jahre bekam sie dafür?

Der Sonntag war genauso lang. Wieder las ich meinen Krimi und dachte, daß ich doch einen stattlichen Gegenwert für den Kaufpreis von 5,99 Dollar bekommen hatte. Viele Stunden hatte er mich beschäftigt und mir Ruhe verschafft. Ich hatte das Buch, als wir nach Kota Kinabalu kamen, ich hatte es eingesteckt, als wir ins Flugzeug stiegen, und ich hatte es in all den Zellen, in denen ich inzwischen eingesessen hatte, bei mir behalten.«The Cardinal of the Kremlin« hieß der Roman von Tom Clancy, und jetzt erst begann ich die Geschichte zu verstehen. Allerdings mußte ich die Lektüre immer wieder unterbrechen, weil ich wiederholt in Tränen ausbrach und schluchzend auf meinem Bett lag. Ich war so allein und hatte schreckliche Angst. Ich hatte keine Ahnung, wie es weitergehen würde. Weder konnte ich den Ablauf der Zeit beschleunigen noch ihre Richtung umkehren. Ich konnte nicht noch einmal von vorn anfangen. Ich konnte Lisa nicht zurückholen. Ich konnte mit niemandem telefonieren. Ich konnte nicht fernsehen. Ich war allein – in einer weißen Gefängniszelle und von absoluter Stille umgeben, und ich wußte nicht, wann das alles endlich aufhörte.

Am Sonntag entdeckte ich, daß der Apparat an der Wand, den ich für eine Art Alarmsystem gehalten hatte, in Wirklichkeit ein Radio war. Zwei Sender konnte er empfangen, einen deutschen und einen amerikanischen, der sein Programm fortsetzte, obwohl die meisten amerikanischen Truppen Deutschland längst verlassen hatten. Offenbar war er in Frankfurt zu einem Kultsender geworden. Ich stellte den deutschen an und fiel aus allen Wolken, als ich den Discjockey »Nick Leeson« sagen hörte. Es war wohl so eine Art Widmung. Ich hörte ein deutsches Stück – »Geld, Geld, Geld«, so gesungen, wie Monty Python einst ihr »Spam« [Markenname eines Dosenschinkens von angeblich scheußlichem Geschmack, dessen Loblied die englischen Komiker sangen. A. d. Ü.] schmetterte. Zuerst war ich wütend, weil ich hier in meiner Zelle eine so wehrlose Zielscheibe für ihren Spott abgab, doch dann gefiel mir das Lied ganz gut.

Das Wochenende war vorbei, und ich hatte das T-Shirt zurückbekommen, das nach Lisa geduftet hatte. Jetzt roch es nach Desinfektionsmittel. Trotzdem zog ich es an. Am Montag traf ich wieder mit Eberhard zusammen. Bei dieser Gelegenheit gab er mir einige Zeitungen, und am Dienstag kam er mit meinem englischen Anwalt Stephen Pollard. Meine erste Frage an Stephen:

»Wer zum Teufel ist dieser Max Clifford, den ich angeblich eingestellt haben soll?« In den Presseberichten tauchte diese ominöse Figur immer wieder auf.

Und dann erzählte ich ihm meine Geschichte von Anfang an. Als ich fertig war, stellte er mir ein paar Fragen:

»Also gab es keine Jacht?«

»Nein.«

»Und keinen Porsche?«

»Nein.«

»Hatten Sie zwei Pässe?«

»Nein.«

»Dann sollte ich wohl besser eine Pressekonferenz abhalten, damit diese Gerüchte aufhören.«

Und damit begann das langwierige Unterfangen, der Presse zu erklären, wer ich wirklich war.

Am Freitag erwartete ich Lisas Besuch. Ich lag auf meinem Bett und versuchte, mir das Weinen zu verkneifen. Ich wußte, die Begegnung mit ihr würde die schlimmste Belastungsprobe meines bisherigen Gefängnisaufenthaltes sein. Verzweifelt sehnte ich mich danach, sie zu sehen, aber ich wußte auch, wie schrecklich es sein würde, ihr wieder Lebewohl sagen zu müssen. Wir würden nur eine Stunde haben. Und wir würden uns in demselben Raum sehen, in dem ich auch mit Eberhard Kempf und Stephen Pollard zusammenkam, einem kleinen, weiß getünchten Raum mit einem Zinnaschenbecher auf dem Tisch und unbequemen Metallstühlen, die Kratzer auf dem Fußboden hinterließen. Seit einer Woche hatte ich Lisa nun nicht mehr gesehen. Ich erinnerte mich an unsere Hochzeit, als ich sie am Tage vorher nicht sehen durfte und plötzlich daran zweifelte, daß sie kommen würde. In der Kirche war ich erstaunt, daß sie mich wirklich heiraten wollte. Auf meinem Bett in der Zelle war ich erstaunt, daß sie wirklich kommen und mich sehen wollte. Ich war noch nicht einmal ihre Verachtung wert. Gewiß hatte sie die Gelegenheit benutzt und in aller Öffentlichkeit erklärt, daß sie nie gewußt habe, was ich trieb, und daß ich bestimmt der Mann war, den sie zu lieben geglaubt hatte. Sie mußte die Nase voll haben von mir. Was konnte ich ihr noch bedeuten? Mir fiel nichts ein. Ich hatte Angst, sie zu sehen, und ich hatte Angst, sie nicht zu sehen. Mit einem Blick konnte sie mich vernichten.

Wie üblich klirrten die Schlüssel, als die Tür sich öffnete, aber dann hieß es: »Ihre Besucher sind da.« Durch das bis zur Decke reichende Gittertor, das den Flur zu unseren Zellen absperrte, folgte ich dem Wärter durch den Kontrollraum mit den diversen Monitoren und eine Treppe hinunter. Dann warteten wir in einem Käfig mit Zeitschloß, bis ich endlich in den Besuchsraum geführt wurde. Draußen hörte ich Lisa sprechen und erkannte, daß sie von meinem Dad begleitet wurde. Die Tür öffnete sich, sie flog herein und fiel mir um den Hals. Beide brachen wir in Tränen aus und umklammerten uns. Über ihr dichtes blondes Haar auf meiner Schulter sah ich meinen Vater und meinen Bruder Richard. Alle weinten wir.

»Nun guck sich einer das an!« sagte mein Vater, und unter Tränen mußten wir lachen.

»Vergeuden wir keine Zeit damit«, sagte Lisa, »über Barings zu reden. Die haben ihre Probleme, wir haben unsere. Du hast uns vielleicht was eingebrockt! Ich könnte dich umbringen, Nick Leeson. Warte nur, bis du hier rauskommst und ich dich in die Finger kriege. Dann steckst du erst wirklich in der Scheiße, das kann ich dir sagen!«

Wir setzten uns. Lisa und ich hielten uns an den Händen, und sie erzählte mir, wie es ihr in dieser Woche ergangen war. Auf einem Parkplatz in Sainsbury war sie von der Presse gestellt worden, so daß sie nicht zu Alec und Patsy zurückfahren konnte.

»Hier wärest du besser aufgehoben«, ulkte ich, »hübsch und ruhig hat man es.«

Als ich Lisa so betrachtete, wußte ich, daß sie es überleben würde. Es war nur eine Frage der Zeit. Beide mußten wir nach vorn schauen. Wieder in meiner Zelle, setzte ich mich aufs Bett und ließ jede Sekunde der Begegnung Revue passieren. Nächste Woche wollte sie wiederkommen. Sie hatte versprochen, mich jede Woche zu besuchen. Um die Flüge bezahlen zu können, hatte sie einen Halbtagsjob angenommen. Sie liebte mich noch immer. Ich schloß die Augen und stellte mir vor, wie es wäre, wenn sie neben mir säße – in der Privatheit eines eigenen Zimmers. Fast gelang es mir, sie heraufzubeschwören, doch dann hörte ich einen Wärter auf dem Gefängnishof rufen und öffnete die Augen. Auf meinem Ärmel entdeckte ich eines ihrer Haare. Ich nahm es auf und betrachtete es. Zwischen Daumen und Zeigefinger drehte ich es im Licht vor dem Fenster. Wie ein Goldfaden glänzte es in meiner Zelle.

Irritierend war die Art und Weise, wie das Serious Fraud Office (SFO, Amt für schwere Wirtschaftsverbrechen) meinen Fall behandelte. Während des langen, heißen Sommers, als ich versuchte, die juristischen Argumente zu begreifen, die für eine Auslieferung an Singapur oder für eine Auslieferung an London sprachen, wurde mir immer deutlicher bewußt, daß das SFO gar nicht wirklich an mir interessiert war. Augenscheinlich war man dort höchst zufrieden damit, daß ich es nicht bis London geschafft hatte und man nun mit meinem Problem nicht in England konfrontiert war.

Wie Stephen Pollard mir den Fall erläuterte, hatte es den Anschein, als wolle Singapur mir nur Straftaten zur Last legen, die ich während der letzten drei Monate dort begangen hatte. Die zwölf Anklagepunkte umfaßten viermal Urkundenfälschung, zweimal falsche Preisangaben und sechsmal Kompensationsgeschäfte zur Verringerung meiner Nachschußzahlungen an die SIMEX. Man legte mir nichts zur Last, was ich vor Weihnachten 1994 getan hatte. Auch warfen mir die Singapurer nicht die falsche Buchführung vor, die zu den immensen Überweisungen von Barings nach Singapur geführt hatte.

Den Zusammenbruch von Barings hatte ich durch eine Reihe von Betrugsmanövern herbeigeführt, aber entscheidend waren meine ständigen Geldforderungen an London. Bis Ende Februar hatte Barings rund 600 Millionen Pfund nach Singapur überwiesen, um die auf meine Kappe gehenden Nachschußforderungen der SIMEX zu finanzieren, von denen mindestens Dreiviertel zur Deckung der 88888-Verluste dienten. Jeden Tag hatte ich London irreführende Angaben durchgegeben. Die falschen Buchungen, die ich zur Reduzierung meiner Position bei der SIMEX vorgenommen hatte – und die die Hälfte der singapurischen Anklagepunkte ausmachten, sechs von zwölf –, waren unerhebliche Vergehen im Vergleich zu den erschlichenen Beträgen, die ich von Brenda Granger angefordert hatte.

Ich war bereit, mich in einer Vielzahl der vom SFO erhobenen Anklagepunkte schuldig zu bekennen, aber man wollte mich nicht einmal anhören. Ohne Vorbedingungen bot ich den Vertretern der SFO an, über alle Einzelheiten rückhaltlos Auskunft zu geben, doch sie behaupteten der Presse gegenüber immer wieder, ich sei nur bereit, mit ihnen zu sprechen, wenn ich an London ausgeliefert werde. Das war falsch. Allerdings nahm ich an, daß sie meine Auslieferung verlangen mußten, sobald ich ihnen meine Geschichte erzählt hatte, weil meine Hauptstraftaten in ihre Zuständigkeit fielen.

Stephen Pollard schickte mir die Korrespondenz mit dem SFO, und ich befürchtete schon, er trete nicht energisch genug auf. Vielleicht war er selbst Teil des Establishments, das alle Anstrengungen unternahm, mich von London fernzuhalten? Doch als Stephen immer erbitterter versuchte, der SFO klarzumachen, worum es ging, erkannte ich, daß ich mich geirrt hatte. Im Juni riet er mir zu einem nie dagewesenen Schritt: Ich sollte dem SFO ein Schuldanerkenntnis liefern – einen schriftlichen Bericht über die Ereignisse in Singapur –, damit man in London begreife, was ich getan hatte.

»Die sind da sehr pedantisch und bürokratisch geworden«, erklärte er mir. »Das SFO hat so viele Prozesse verloren, daß es sich ziemlich bedeckt hält. Es hat die Untersuchung eingestellt.«

Stephen trat dem SFO allmählich immer kräftiger auf die Zehen. Schließlich fragte man aus London bei ihm an, ob er von irgendwelchen medizinischen oder psychiatrischen Problemen wisse, unter denen ich litt. Hatte man Angst, ich könnte auf Unzurechnungsfähigkeit plädieren oder irgend etwas unternehmen, um die Beweislage zu verschleiern? Obwohl die Behörde angeblich eine unabhängige Untersuchung zum Barings-

Zusammenbruch durchführte, ließ sie erstaunliche Ahnungslosigkeit erkennen. Wiederholt erklärte James Kellock, die Informationen, die dem Kronanwalt vorlägen, hätten diesen zu der Auffassung gebracht, daß die Straftaten, die mir zur Last gelegt würden, in erster Linie Singapur angingen und deshalb auch dort verhandelt werden müßten.

Am 29. Juni legte Stephen in einem Schreiben an das SFO dar, welche der von mir verübten Straftaten unter englische Rechtsprechung fielen. Seine Liste umfaßte die folgenden Punkte:

1. Die Übermittlung falscher Informationen durch Mr. Leeson an die Wirtschaftsprüfer der BFS hinsichtlich des Betrags von 7,7 Milliarden Yen ... Diese falschen Informationen wurden von den Wirtschaftsprüfern akzeptiert und führten dazu, daß Barings in London über die finanzielle Situation unzutreffend unterrichtet wurde.

2. Die Auslassung von Konto Nummer 88888 aus dem täglich nach London übersandten konsolidierten Kontenstand durch Mr. Leeson. Auf diese Weise konnte Mr. Leeson die Monatsabschlußbilanzen manipulieren, so daß die in diesem Konto auftauchenden Verluste verborgen blieben und dadurch für Barings in London der falsche Eindruck von Rentabilität entstand.

3. Die wiederholten Aufforderungen von Mr. Leeson an Barings London, weitere Beträge für Nachschußzahlungen an die SIMEX zu überweisen. Auf diese falschen Anforderungen hin wurden Beträge überwiesen, die Barings in London nur zu einem einzigen Zweck zur Verfügung stellte (Sicherheitsleistungen für autorisierte Transaktionen), während das Geld tatsächlich auch einem anderen Zweck diente (Sicherheitsleistungen für nichtautorisierte Transaktionen auf dem Konto 88888).

4. Die falsche Angabe, die Mr. Leeson gegenüber seinen Vorgesetzten in London machte, daß er nämlich in Übereinstimmung mit der Auflage handle, keine Overnight-Positionen zu halten.

5. Die falsche Angabe, die Mr. Leeson gegenüber seinen Vorgesetzten in London machte, daß er auf der Grundlage

eines ausgeglichenen Buches nur Arbitrage-Geschäfte zwischen Singapur und Osaka betrieb. Wiederholt und regelmäßig hat Barings in London Berichte erhalten, aus denen hervorging, daß seine Geschäfte insgesamt gewinnbringend seien, während sie in Wirklichkeit Verlust machten.

6. Die Verbuchung falscher Preise auf Konto Nummer 92 000 durch Mr. Leeson oder in seinem Auftrag.

7. Die Übermittlung manipulierter Monatsabschlußbilanzen für Konto 88888 an Barings in London durch Mr. Leeson.

Als ich Stephens Brief las, wurde mir klar, daß die singapurischen Anklagepunkte weit weniger ins Gewicht fielen als die englischen. Während man mir in vier Fällen Urkundenfälschung im Zusammenhang mit der SLK-Forderung über 7,78 Milliarden Yen vorwarf, was die Konzernbereiche in London wie in Singapur gleichermaßen betraf, waren die anderen Anschuldigungen kleine Fische im Vergleich zu den Anklagepunkten, deren ich mich in London anklagen wollte. Das war der vollständige Katalog meiner Straftaten. Schwarz auf weiß sahen sie entsetzlich aus. Ich dachte an den Leistungsdruck, unter den man mich gesetzt hatte, den Zwang, Gewinne zu erzielen, doch dann gestand ich mir ein, daß ich nur nach Entschuldigungen suchte. Das waren meine Vergehen, ich mußte zu ihnen stehen, mich schuldig bekennen, sie dann abhaken und ein neues Leben anfangen.

Ich wollte nicht, daß von Barings außer mir noch jemand vor Gericht gestellt wurde, aber ich wußte, daß niemand die Pleite unbeschadet überstehen würde. Es gab eine ganze Reihe von Personen – angefangen bei Peter Baring und seiner Feststellung, daß es »gar nicht so schrecklich schwer war, Geld zu machen«, über Peter Norris, Ron Baker, James Bax, die beiden Tonys – Hawes und Railton –, Mary Walz, Brenda Granger bis hin zu Simon Jones und Mike Killian –, sie alle hätten mir auf die Schliche kommen und mich stoppen können. Ich wußte nicht, wo ihre Nachlässigkeit zur Fahrlässigkeit wurde oder inwieweit diese Leute für mich verantwortlich waren, aber ich wußte, daß ich in keiner anderen Bank diese Straftaten auch nur ansatzweise hätte verüben können. Und da die meisten Geldüberweisungen von London nach Singapur erst vorgenommen worden waren, nachdem der SIMEX-Brief vom 11. Januar, in dem Konto 88888 erwähnt wurde, längst eingegangen war und nachdem sogar die Bank für Internationalen Zahlungsausgleich angerufen hatte, hätte Barings nicht pleite gehen müssen, denn es hätte noch genügt, wenn man mich Mitte Januar aus dem Verkehr und zur Verantwortung gezogen hätte.

Ich offerierte dem SFO meinen Kopf auf einem Tablett, aber man verschmähte ihn. In einem Brief vom 6. Juli unterrichtete James Kellock Stephen Pollard, daß die von mir vorgelegten Informationen nichts an der Auffassung des Kronanwalts geändert hätten, meine Angelegenheit falle überwiegend in die Zuständigkeit Singapurs. Ganz im Gegenteil, der Kronanwalt sei jetzt mehr denn je der Meinung, daß Singapur der Vorrang gebühre.

Angesichts des mangelnden Interesses der SFO verfaßte ich eine Pressemitteilung, die Lisa am 12. Juli auf einer Pressekonferenz verlas. Darin führte ich aus, ich sei bereit, eine englische Gefängnisstrafe für die Straftaten zu verbüßen, die eine englische Bank in den Ruin getrieben und viele englische Anleger um ihr Geld gebracht hätten. Weiterhin sei ich bereit, mich schuldig zu bekennen und die ganze Angelegenheit offenzulegen. Im übrigen hätte ich nicht vor, mich durch juristische Tricks – etwa den Verweis auf Altersschwachsinn – meiner Verantwortung zu entziehen. In ein englisches Gefängnis wolle ich, um in der Nähe meiner Angehörigen zu sein. Zum Schluß erinnerte ich daran, daß mir in Singapur nach damaliger Rechtsprechung eine Höchststrafe von 84 Jahren drohte.

Obwohl Lisa den Brief nur unter Tränen vorzulesen vermochte, zeigte sich das SFO ungerührt. Noch am selben Tage gab es eine Pressemeldung folgenden Inhalts heraus:

»Die Untersuchungen des SFO haben keine Anhaltspunkte für die Annahme erbracht, daß in London ansässige Personen in die betrügerischen Aktivitäten verwickelt gewesen sind. So ist nach wie vor festzustellen, daß dem SFO keine Beweise vorliegen, die einen Auslieferungsantrag für Mr. Leeson rechtfertigen würden.«

In seiner Erwiderung schrieb Stephen: »Offenbar ist das SFO nicht daran interessiert, Beweise zu finden. Es ist nicht auf das Angebot eingegangen, Mr. Leeson, den Hauptbeteiligten, zu befragen. Ferner bevorzugt es eine sehr enge Interpretation der Ereignisse, die zu dem Zusammenbruch von Barings geführt haben, das heißt, es ignoriert den Informationsaustausch zwischen London und Singapur und die Geldüberweisungen von London nach Singapur, die das alles erst möglich gemacht haben.«

Am 18. Juli veröffentlichte die Bank von England ihren Bericht über den Barings-Zusammenbruch. Von Eberhard Kempf erhielt ich ein Exemplar und las es während des Wochenendes in meiner Zelle. Mit den Zahlen dieser Darstellung war ich nicht einverstanden, weil dort Konto 88888 und seine Abschlüsse als mein vordringliches Anliegen geschildert wurden und man ausschließlich die dabei erzielten Verluste berücksichtigte, ohne die echten Gewinne gegenzurechnen, die ich für andere japanische Bücher gemacht hatte. Doch abgesehen davon bewunderte ich die Gelenkigkeit, mit der die vernommenen Barings-Mitarbeiter die Schuld anderen – vorzugsweise mir – in die Schuhe geschoben und bei sich selbst nicht die geringste hatten entdecken können. Man fragte sich, wozu sie überhaupt eingestellt worden waren. Wenn eine Finanzabteilung Zahlungen nicht überwacht, ist sie so überflüssig wie ein Kropf.

Auf Seite 154 stand mein Lieblingszitat, bei dem ich in schallendes Gelächter ausbrach. Am Donnerstag, dem 23. Februar, um zwei Uhr mittags – dem Tag, an dem ich aus Singapur flüchtete – kamen die Wirtschaftsprüfer von Coopers & Lybrand mit Peter Norris in London zusammen. Wenn es in London zwei Uhr mittags ist, ist es in Singapur zehn Uhr abends, also schliefen Lisa und ich wahrscheinlich schon im Regent Hotel in Kuala Lumpur. Das besagte Treffen wurde wie folgt beschrieben:

Davies [der Londoner Partner von Coopers & Lybrand] hatte uns mitgeteilt, er werde Norris am Donnerstag, dem 23.

Februar, um zwei Uhr mittags treffen, um Fragen der Buchprüfung zu erörtern. Bei diesem Treffen habe er, Davies, gefragt: »Sind Ihnen [Norris] irgendwelche Umstände bekannt, die für die Prüfung von Bedeutung sind und die wir bei diesem Treffen nicht erörtert haben?« Laut Davies hat Norris geantwortet: »Nein, nichts.«

Im nächsten Absatz des Berichtes hieß es dann:

In seinen Ausführungen über dieses Treffen hat Norris geäußert: »Im Zusammenhang mit der Prüfung von 1994 bin ich mit den Wirtschaftsprüfern nur einmal zusammengetroffen, und zwar – welche Ironie des Schicksals – am 23. Februar, als Gareth Davies (der Partner der Wirtschaftsprüfungsgesellschaft) sich mit mir verabredet hatte, um mir Bericht zu erstatten.« Wir fragten Norris, ob die SLK-Forderung gesondert zur Sprache gekommen sei. Norris erwiderte: »Nein, eigentlich kam sehr wenig zur Sprache. Ich dachte noch, daß wir im Jahr davor zweieinhalb Stunden gebraucht hatten, um verschiedene Fragen durchzugehen, und daß es in diesem Jahr eigentlich nur eine halbe Stunde Tee und Kekse gewesen sind.«

Angesichts der Kette von außergewöhnlichen Ereignissen, die diese Forderung von 7,78 Milliarden Yen umgab, fand ich es erstaunlich, daß Peter Norris Coopers & Lybrand sein Okay für die Prüfung gab. Diese Kekse müssen ihm vorzüglich gemundet haben. Ich fragte mich, ob es wohl Rich Tea oder Chocolate Hobnobs waren [bekannte englische Keksmarken].

Die Bank von England kam in ihrem Bericht zu folgenden Ergebnissen:

a) die Verluste wurden verursacht durch nichtautorisierte und geheimgehaltene Handelsaktivitäten innerhalb der BFS;

b) die wahre Position wurde erst so spät entdeckt, weil es gravierende Aufsichtsmängel und Unstimmigkeiten im Management von Barings gab;

c) vor dem Zusammenbruch ist die wahre Position weder von den externen Wirtschaftsprüfern noch von den Revisoren und Risikobeauftragten bei Barings entdeckt worden.

»Was halten Sie davon?« fragte ich Stephen. »Verbessert das meine Auslieferungschancen?«

»Schwer zu sagen«, meinte er, »die Presse glaubt es.«

Er schob mir einen Leitartikel des *Daily Telegraph* über den Tisch:

> Der Bericht wirft ein wenig schmeichelhaftes Licht auf die Bank von England, auf Mr. Leeson, aber vor allem auf das Topmanagement von Barings. Für den Außenstehenden ist es unverständlich, daß ein einzelner drei Jahre lang solchen Schaden anrichten konnte, ohne entdeckt zu werden. Mr. Leeson ist weder Opfer noch Held, sondern nur der letzte in einer langen Reihe von jungen Männern, denen man eine Verantwortung aufbürdete, die zu groß für sie war. Eine wahrhaft übermenschliche Inkompetenz indes ist den Mitgliedern des Barings-Vorstands zu bescheinigen, die auf dem Promenadendeck fröhlich ihre Beute sichteten, ohne zu bemerken, daß sich unterhalb der Wasserlinie schon Sturzbäche in ihr Schiff ergossen ... Wenn Mr. Leeson ins Gefängnis geht, während die einstigen Vorstandsmitglieder von Barings weiterhin nach Glyndebourne [Schauplatz von Opernfestspielen in Sussex. A.d.Ü.] fahren, dann wird diese Geschichte doch einen höchst unangenehmen Nachgeschmack hinterlassen.

»Das hätte ich dem *Telegraph* gar nicht zugetraut«, sagte ich beeindruckt zu Stephen. »Ich werde ihn abonnieren, sobald ich draußen bin.«

»Aber das SFO rührt sich nicht«, sagte Stephen. »Es ist nicht bereit, Sie nach London zu holen. Vielleicht wird es auch unter politischen Druck gesetzt. Juristisch ist die Sache eindeutig: Ihr Fall gehört dort verhandelt. Natürlich kann Ihnen in Singapur wie in England der Prozeß gemacht werden, aber die Anklagepunkte in Singapur stehen in keinerlei Beziehung zur Rolle des Managements, insofern handelt es sich um isolierte Tatbestände.«

»Dann werden sie wohl ihre Logen in Glyndebourne behalten«, sagte ich. »Wenigstens können sie dort in der Gewißheit hinfahren, daß man sie nicht berauben wird.«

Noch einmal klappte ich den Bericht der Bank von England auf. Auf der Innenseite des Umschlags sah ich einen Brief und starrte ihn verblüfft an. Offenbar war er von der Bank von England an die Bank von England gerichtet.

»Hören Sie«, sagte ich zu Stephen, »das ist doch absurd. Auf dem Briefkopf steht: ›Bank of England, Threadneedle Street, London EC2R 8AH‹, und gerichtet ist der Brief an ›Bank of England, Threadneedle Street, London EC2R 8AH‹. In dem Brief heißt es ›Sehr geehrte Herren‹ und unterzeichnet ist er von Eddie George, Vorstandsvorsitzender. Man kann doch nicht an sich selbst schreiben, oder?«

»Da kann wohl kaum von Unabhängigkeit die Rede sein, nicht wahr?« lächelte Stephen.

»Das ist eine verdammte Frechheit«, sagte ich. »Das ist so, als wenn man gleichzeitig das Front-Office und das Back-Office leitet. Diese Burschen sind keinen Deut besser als ich. Sie frisieren die Bücher!«

»Sie werden sich kaum selbst zum Rücktritt zwingen«, meinte Stephen.

Fassungslos betrachtete ich den Bericht der Bank von England. Er war das Papier nicht wert, auf dem er gedruckt war. Daß die obersten Banker hier an sich selbst schrieben und nur Christopher Thompson, ein verhältnismäßig kleines Licht aus dem mittleren Management, zurücktreten ließen, war ein Skandal.

Guter alter Peter Norris – ich wünschte ihm viel Freude mit seinem Eine-Million-Pfund-Bonus. Er hatte ihn sich mit der unglaublichen Chuzpe verdient, die er am 23. Februar im Umgang mit den Wirtschaftsprüfern bewiesen hatte. Wenn ich imstande gewesen wäre, es ihm gleichzutun und den Prüfern munter zu erklären, es bestehe nicht der geringste Anlaß zur Sorge, während ich mir einen weiteren Keks genehmigte, dann hätte ich vielleicht ein bißchen länger durchgehalten und erheblich größere Reichtümer erworben.

An dem Tag, als der Bericht veröffentlicht wurde, wies Stephen das SFO in einem Schreiben darauf hin, daß es seine Zuständigkeit für mutmaßliche Straftaten erklärt habe und daß ein Gespräch mit mir Gewißheit in bezug auf diese Anklagepunkte bringen würde. Beim besten Willen könne er nicht verstehen, warum der Kronanwalt nach wie vor auf der Auffassung beharre, der angemessenste Ort für meinen Prozeß sei Singapur.

Anfang August erklärte sich das SFO endlich zu einem Gespräch mit mir bereit, doch bestand für die Behörde kein Anlaß zur Besorgnis. Meine Befragung wurde von zwei an das SFO abgeordneten Polizeibeamten und einem stellvertretenden Abteilungsleiter des SFO durchgeführt. Offenkundig wußten sie sehr wenig über den Zusammenbruch von Barings, und ich hatte auch nicht den Eindruck, daß sie viel recherchiert hatten. Aus ihren Fragen ging hervor, daß sie nicht die geringste Ahnung von dem ganzen Komplex der Futures und Optionen hatten.

Für uns alle waren diese Gespräche überaus anstrengend. Sie mußten auf Band aufgenommen und für einen deutschen Stenographen ins Deutsche übersetzt werden. Daß das Ganze reine Zeitverschwendung war, wurde mir endgültig klar, als wir auf meine handgeschriebene Aktennotiz für Simon Jones zu sprechen kamen, in der ich ihm eine höchst verschwommene Erklärung für das OTC-Geschäft zwischen BNP und SLK geliefert hatte. Die Vernehmungsbeamten fragten mich, von wem die Randnotizen darauf stammten, und lasen ein paar davon vor. Sie hatten sich nicht einmal die Mühe gemacht, sie richtig zu entziffern, wie haarsträubende Lesefehler bewiesen. Es deprimierte mich doch sehr, daß sie sich diese Aktennotiz nicht ein bißchen genauer angesehen hatten, belegten doch die handschriftlichen Randnotizen von Simon Jones und James Bax eindeutig, daß sie sie gesehen und mein OTC-Geschäft kritiklos zur Kenntnis genommen hatten.

Nur ein einziges Mal hatte ich das Gefühl, daß sich die Chance auf einen englischen Auslieferungsantrag eröffnete: als mir einer der beiden Kriminalbeamten einige meiner Geldanforderungen für Nachschußzahlungen vorlegte – für die Dollarbeträge, die ich nach Singapur hatte überweisen lassen.

»Ich möchte nur absolut sichergehen«, sagte er, »daß diese Unterlagen wirklich entscheidend für die Art und Weise waren, wie Sie von Konto 88888 Gebrauch gemacht haben, und daß sie tatsächlich falsch und irreführend waren. Sie sind bereits gekennzeichnet mit CS 4, 5, 6, 7, 8, 9 und 10, wobei CS für Christopher Steane steht, der Direktor von Barings in London war oder ist und die Unterlagen dem SFO übergeben hat. Man hatte die Bank aufgefordert, von Ihnen aufgesetzte oder zumindest auf Ihre Veranlassung angefertigte Dokumente vorzulegen, die nachweisbar falsch waren. Bei der Übergabe der Dokumente fiel eine herrliche Formulierung. Steane überreichte sie mit den Worten: ›Bitte schön, hier ist der Kack.‹«

Nach meinem Verständnis konnte mit »Kack« nur gemeint sein, daß es sich um gefälschte und strafwürdige Urkunden handelte. Als ich mich umblickte, lachten alle, als hätten sie einen guten Witz gehört. Was war daran so komisch? Wenn es Kack war, was ich zugab, und irgendein Typ in London hatte sie einem Beamten des SFO ausgehändigt, dann hieß das doch wohl, daß in London Beweise für eine von mir begangene Straftat vorlagen, die in die Zuständigkeit der englischen Gerichtsbarkeit fielen. Aber ich hatte das wohl falsch verstanden. Der Witz ging auf meine Kosten. Gewiß doch, ja, es hieß, daß man Beweise für eine von mir verübte Straftat hatte, die in die Zuständigkeit des SFO fiel. Aber es hieß nicht, daß man einen Auslieferungsantrag stellen würde. Es hieß einfach, daß man die Beweise lieber nicht zur Kenntnis nahm.

In einem letzten verzweifelten Brief versuchte Stephen, das SFO daran zu hindern, sich aus der Verantwortung zu stehlen. Er führte aus, meine ausführlichen Geständnisse hätten immer deutlicher gezeigt, daß die in die Zuständigkeit des SFO fallenden Straftaten entscheidend für den Zusammenbruch von Barings verantwortlich gewesen seien. Gleiches, so unterstrich er, lasse sich von den singapurischen Anklagepunkten nicht behaupten.

Doch am folgenden Tag, dem 13. September, zeigte das SFO endgültig, daß es nichts mit mir zu tun haben wollte. Offiziell erklärte es, daß mein Fall vor ein singapurisches Gericht gehöre, ohne je zu erklären, warum. Ihm lagen alle meine Geständnisse vor, unter Eid abgelegt und gerichtlich zugelassen, die darüber

Auskunft gaben, wie ich das Londoner Büro von Barings betrogen hatte. Dort bekannte ich mich weit schwerwiegenderer Anklagepunkte für schuldig. Aus irgendeinem Grund lag den englischen Behörden sehr daran, daß ich nach Singapur kam. Stephen Pollard erklärte in Reaktion auf die SFO-Entscheidung auf einer Pressekonferenz:

»Sie ist unverständlich, es sei denn, es gibt eine nichtjuristische Erklärung. Wir müssen annehmen, daß die Verantwortlichen politischem Druck ausgesetzt sind, der sie veranlaßt, sich gegen Leesons Auslieferung zu sperren.«

Wieder ein Wochenende. Lisa ist am Donnerstag zu Besuch gekommen und hat ihr Bettzeug dagelassen, so daß ich darin schlafen kann. Es duftet nach ihr, und ich bewahre diesen kostbaren Duft, indem ich es morgens vom Bett nehme, zu einer Kugel zusammenwickle und in den Schrank lege. Allerdings bekommt die Zelle durch die nackte Matratze mit ihrem schwarzbraun gestreiften Bezug ein völlig anderes Aussehen. Heute habe ich eine Stunde Hofgang und morgen eine weitere. Freitagabend bis Montagmorgen ist ein einziger langer Abstieg in die Depression. Ich schalte Fernseher und Radio gleichzeitig ein, um die Stille zu vertreiben. Bald muß ich damit anfangen, mich auf Singapur vorzubereiten. Mit der körperlichen Fitneß habe ich schon begonnen: jeden Abend 500 *step-ups* auf einer Kiste. Doch die Stille flößt mir Schrecken ein. In Singapur wird es kein Fernsehen und kein Radio geben, das weiß ich.

Der einstündige Hofgang ist ein tristes Zwischenspiel. Wir bewegen uns langsam im Kreis. Die meisten Gefangenen tragen die offizielle blaue Anstaltskleidung, doch ich mache mir die Mühe und ziehe jeden Tag Zivilklamotten an. Heute hat sich Christophe der Italiener in seinen Sonntagsstaat geworfen. Er trägt einen Wildledermantel, eine Zigarre qualmt zwischen seinen Zähnen. Wir nicken einander zu und ziehen unsere Kreise. In jede Richtung sind es nur knapp zehn Meter, da kann man keine Achten gehen. Gern würde ich das Muster der langsamen Kreise durchbrechen, aber es ist zu schwierig – ich würde den anderen nur in die Quere kommen. So trotten wir in langsamen, immer gleichen Kreisen dahin wie Esel, die einen Ziehbrunnen antreiben. Sport ist das kaum zu nennen.

Zurück in der Zelle, versuche ich, die Zeit totzuschlagen. Ich überlege, ob ich schlafen gehen soll. Dann schalte ich das Fernsehen ein und versuche, Deutsch zu verstehen. Ich bemühe mich, ein Buch zu lesen. Ich setze mich an den Tisch und schreibe an Lisa. Wieder fange ich an zu weinen, und kreisrund fallen die Tränen auf das Papier. Auf dem Börsenparkett habe ich nie geweint. Als meine Mutter starb, habe ich nicht geweint. Immer hat Lisa mir vorgeworfen, ich sei emotional blockiert, nicht fähig, meine Gefühle zu zeigen. Das würde sie sicherlich nicht mehr behaupten, wenn sie mich jetzt sähe. Aber niemand kann mich jetzt sehen. Die Leute finden, daß sie nun genug von mir gesehen haben, denn die Zeitungen waren voll von mir, und der Barings-Bankrott ist durch alle Medien gegangen. Allerdings sehe ich die Zeitungen immer erst drei Tage später. Und mich sieht jetzt niemand mehr.

Am Montag, dem 25. September, suchte Stephen mich unangemeldet auf. Er berichtete, daß die Besitzer der Barings-Anleihen, jene externen Anleger, die 9,25 Prozent der unkündbaren Anleihen (im Wert von neunzig Millionen Pfund) bei Barings hielten und die alles verloren hatten, eine Zivilklage gegen mich anstrengen wollten. Damit wollten sie erreichen, daß ich vor dem Magistrates' Court der City of London zu erscheinen hatte.

»Das ist unsere letzte Hoffnung«, sagte Stephen, »denn damit verlangt zum ersten Mal jemand anders, daß Sie in London vor Gericht gestellt werden. Dabei vertreten die Anleger genau die gleiche Auffassung wie wir – daß über den Zusammenbruch von Barings und die Schuldfrage nur vor einem englischen Gericht befunden werden kann. Die wollen Sie verklagen und Ihren Prozeß sowie das Interesse der Öffentlichkeit dazu benutzen, andere Beklagte vorzuladen, zum Beispiel die Direktoren und die Wirtschaftsprüfer. Außer der gemeinnützigen Stiftung von Barings sind sie die einzigen, die Geld verloren haben.«

»Vergessen wir Peter Baring nicht«, sagte ich. »Schließlich hat er seinen Eine-Million-Pfund-Bonus nicht eingefordert.«

»Sie müssen allerdings versichern, daß Sie aussagen wollen.«

»Das will ich, aber nur wenn es meinen Prozeß in Singapur nicht gefährdet«, sagte ich.

Stephen verließ das Gefängnis und versuchte, John Koh, meinen singapurischen Anwalt, telefonisch zu erreichen. Vom Flughafen rief er ihn an und erwischte ihn schließlich in Islamabad. John Koh versicherte ihm, daß es keinerlei Auswirkungen auf meinen Prozeß in Singapur haben würde. Am folgenden Tag kam ein Anwalt der Anleger und holte sich meine Unterschrift.

»Hallo«, sagte ich und bot ihm die Hand, als er eintrat.

»Tut mir leid«, sagte der Anwalt, »ich darf nicht mit Ihnen sprechen.« Ich unterschrieb das Papier, woraufhin er augenblicklich den Raum verließ. Ich ging in meine Zelle zurück.

Zum Unglück der Anleger, die mich wohl wegen Betrugs und einige andere Leute wegen Fahrlässigkeit vor Gericht hätten stellen können, verwies das Innenministerium, an das sie sich wegen meiner Auslieferung gewandt hatten, den Fall wieder ans SFO. Das SFO darf jede Zivilklage niederschlagen, die seiner Meinung nach dem öffentlichen Interesse schadet. Also zog das SFO den Auslieferungsantrag der Anleger an sich und warf ihn in den Papierkorb. Es stellte das Verfahren ein.

»Erstaunlich, daß das SFO so gehandelt hat. Bislang hat es seine Macht nie dazu mißbraucht, einen berechtigten Prozeß niederzuschlagen«, sagte Stephen. Er sah völlig fertig aus. »Das war eine echte Hoffnung – echte Menschen haben echtes Geld verloren. Das gibt ihnen das Recht, eine Klage anzustrengen. Aber das SFO hat die Sache abgewürgt.«

»Es konnte nicht klappen, Stephen«, sagte ich. »Die wollen mich dort nicht haben. Das würde zu vielen Leuten schlaflose Nächte bereiten.«

In der folgenden Woche, am Mittwoch, dem 4. Oktober, verkündete das deutsche Gericht, es habe elf der ursprünglich zwölf von der singapurischen Regierung erhobenen Anklagepunkte anerkannt und die Auslieferung angeordnet. Einen Monat hatte ich Zeit, gegen diese Entscheidung Beschwerde einzulegen – andernfalls würde ich zurückgeschickt.

»Eine unsinnige Entscheidung«, sagte Eberhard Kempf, mein

deutscher Anwalt, »von der Sache her und logisch falsch. Die Ausführungen des Gerichts sind offenkundig widersprüchlich und juristisch nicht stichhaltig. Warum wird nur eine Anklage wegen Urkundenfälschung verworfen? Es gibt gute Gründe, noch gegen mindestens acht andere Anklagepunkte vorzugehen.«

Doch das lehnte ich ab. Ich wollte meine Gefängnisstrafe antreten. Ich wußte, man würde mich trotz aller juristischen Bedenken – die gewiß berechtigt waren – zurückschicken. Warum sollten die Deutschen ihre Handelsbeziehungen zu Singapur meinetwegen gefährden? Warum sollte das SFO riskieren, noch einen Betrugsprozeß aus dem Finanzmilieu zu verlieren? Alle wollten sie mich loswerden, und dafür gab es keinen geeigneteren Ort als Singapur.

Als die Türen geöffnet wurden, kam Lord Starkie wutentbrannt aus seiner Zelle gestürmt. Ich lehnte an der Wand und schnackte mit Keith. Beide sahen wir ihn fragend an.

»Wenn dieser Lärm nicht aufhört, haben die hier bald einen Gast weniger, und das Trinkgeld können sie sich auch an den Hut stecken!« brüllte er und schmiß sein Buch auf den Boden. »Dieser verdammte Türke hat letzte Nacht wieder gegen die Tür getreten.«

Das hatten wir alle gehört. Um vier Uhr morgens war ein wildes Dröhnen durchs Gebäude gegangen, als der Türke, ein gewaltiger Muskelmann, gebaut wie der Dschinn aus »Aladin und die Wunderlampe«, versucht hatte, seine Tür einzutreten. Das passierte fast jede Nacht und jagte mir jedesmal einen Höllenschiß ein. Danach war an Schlaf nicht mehr zu denken.

Lord Starkie hieß mit bürgerlichem Namen Allan Starkie und war einst Partner von John Bryant gewesen, dem ehemaligen Finanzberater und Zehenlutscher von Fergie. Allan schien nicht zur Kenntnis zu nehmen, daß er sich im Knast und nicht in einem Fünf-Sterne-Hotel befand. Heute trug er einen seidenen Morgenrock und Samtpantoffeln, die mit einem Fuchskopf bestickt waren.

»Noch ein paar Sittenstrolche zusammengeschlagen?« fragte er Keith.

Das war Keith ein bißchen peinlich. Der hatte nämlich eine tiefe Abneigung gegen einen Gefangenen gefaßt, den er für einen Kinderschänder hielt. Da er selbst drei Kinder hatte und sie sehr vermißte, waren ihm solche Sittenstrolche zutiefst verhaßt. Am Tag zuvor hatte Keith mit dem Mann Streit angefangen und ihn übel zugerichtet. Am Abend hatte ihm ein eher belustigter Wärter erzählt, der Mann sei kein Sittenstrolch, sondern säße wegen Steuerhinterziehung. Doch Keith glaubte das nicht.

Lord Starkie hatte eine Mordswut auf den Türken. Heute war einer der vier Tage in der Woche, an denen wir zusammen duschten, und Starkie wartete, bis der riesenhafte Türke aus dem Duschraum kam. Starkie war keine einsfünfundsechzig groß, der Türke mehr als einsneunzig. Daher sah der Türke ihn auch nicht kommen – Starkie rutschte unter seinem Radar durch.

»Halt mal, Nick!« sagte er und gab mir seine Uhr.

Beeindruckt sah ich zu, wie Starkie sich auf den Türken warf und ihn zu Boden schlug. Dann saß er auf seiner Brust und prügelte auf ihn ein, bis die Wärter kamen und ihn fortzerrten. Stöhnend lag der Türke da, blutete aus der Nase und sah erstaunt aus der Wäsche.

»Tritt nie wieder gegen die Tür!« rief Starkie, als er von den Wärtern fortgeschafft wurde. Seine kurzen Beine zappelten in der Luft. Ich konnte ihm noch rasch seine Uhr geben, dann wurde er in seine Zelle verfrachtet. Die Seidenpantoffeln saßen noch immer makellos an seinen Füßen.

Am folgenden Tag kamen wir wieder zusammen. In dieser Nacht hatte der Türke nicht gegen die Tür getreten.

Lord Starkie glaubte fest an meine Sache, das machte mir Mut.

»Barings trifft genausoviel Schuld wie dich«, sagte er. »Das war ein beschissener Dinosaurier, und du hast ihn alle gemacht. Na und? Das war wenigstens kurz und schmerzlos. Wenn du es nicht gewesen wärst, dann hätte es jemand anders getan.«

Wir hatten noch einen anderen Freund im Block: Manny das Messer, einen ziemlich weibischen Mörder, der einen Liebhaber erstochen hatte. Ständig jammerte er über seine Alpträume, in denen der Erstochene aus seinem Kleiderschrank fiel.

»Armseliger Amateur«, sagte ich. »In der Zeitung hab' ich gelesen, daß eine sechzehnjährige Filipina ihren Arbeitgeber mit vierunddreißig Stichen ins Jenseits befördert hat. Dagegen bist du doch ein Waisenknabe.«

Wenn ich Manny so was erzählte, fiel er in tiefe Depression.

In der Werkstatt fertigte er Schnitzereien an. Starkie schenkte er ein Holzei. Der malte sogleich das Gesicht seiner Freundin drauf, und die Ähnlichkeit war so groß, daß er anfing, mit dem Ei zu sprechen. Irgendwann war er davon überzeugt, das Ei lächle und blinzle ihm zu. Um zu verhindern, daß die Farbe abblätterte, wollte Manny es lackieren, aber Starkie hatte Angst, daß das Gesicht dann nicht mehr lächeln würde. Schließlich wurde es doch lackiert, und Starkie war so glücklich, daß er sich den Rest des Tages damit beschäftigte, eine Wollmütze für das Ei zu stricken.

In der Bücherei arbeitete Starkie mit einem Bangladescher zusammen, der bei uns nur der Inder hieß. Der Inder rauchte über hundert Zigaretten pro Tag und geriet dabei in regelrechte Trancezustände, in denen er sich einbildete, von seinen Rechtsanwälten und einmal sogar dem Richter besucht zu werden – stets mit der freudigen Nachricht, daß seine Entlassung unmittelbar bevorstehe. Wenn er nicht gerade von solchen Halluzinationen berichtete, las er anderen Gefangenen und auch Wärtern aus der Hand. Manchmal bildete sich vor der Bücherei eine regelrechte Schlange von Strafvollzugsbeamten, die alle darauf warteten, daß er ihnen aus der Hand las. Sein Gefängnisaufenthalt hatte irgend etwas mit Gulaschsuppe zu tun. Keiner von uns konnte sich vorstellen, was so schlimm an einer Gulaschsuppe sein sollte. Schließlich gelangte ich zu dem Schluß, daß er in großen Mengen gehandelt haben mußte, in so riesigen Mengen, daß die Polizei ihn für einen Großdealer in Sachen Gulaschsuppe hielt.

Als der Inder mir aus der Hand las, prophezeite er mir, daß ich dort bald rauskomme.

»Das weiß ich«, sagte ich, »aber wie lange sitze ich noch im Gefängnis?«

Wieder studierte er die Linien meiner Hand.

»Nicht mehr allzu lange.« Mehr wollte er nicht sagen.

Am Dienstag, dem 17. Oktober, wurde der singapurische Bericht über den Barings-Zusammenbruch veröffentlicht. Ich hatte erwartet, daß man mich auch da zum Sündenbock machen würde, so wie es im Bericht der Bank von England geschehen war. Gründlicher hätte ich mich nicht irren können. Ich blätterte die ersten Seiten durch, eine Zeittafel der Ereignisse, die Liste der Abkürzugen und saß plötzlich in gespannter Aufmerksamkeit da, als ich auf Seite fünf las:

> Das Management der Barings Group hat viele Entschuldigungen genannt, um zu erklären, warum Konto 88888 angeblich nicht entdeckt wurde. Doch wir können die Behauptung nicht akzeptieren, Konto 88888 sei ein nichtautorisiertes Konto, von dem das Management keine Kenntnis gehabt hätte. Nach unserer Auffassung hat es von der Existenz dieses Kontos und den Verlusten, die durch die auf diesem Konto verbuchten Transaktionen entstanden sind, gewußt oder hätte von ihnen wissen müssen.

Mit wachsendem Vergnügen las ich weiter:

> Die Abrechnungsabteilung von Barings London wußte oder hätte wissen müssen, daß die Einschußbestätigung eine vollständige Aufschlüsselung der Nachschußforderungen darstellte, die BFS an seine Kunden ergehen ließ. Dennoch behauptet Barings London Settlements, es habe die Einschußbestätigung, ein einfaches einseitiges Dokument, nie zur Aufstellung einer nichtkonsolidierten Bilanz verwendet.

Das hätte von mir stammen können – zwei Jahre lang war genau dieser Punkt Gegenstand meiner größten Sorge gewesen. Ich habe nie begriffen, warum diese einfache Abstimmung nicht vorgenommen wurde.

Tadelnswert fand Singapur auch die innere Revision von Barings: »Der Bericht der inneren Revision brachte im Grunde nichts Neues. Der Barings Group war die Doppelfunktion, die Mr. Leeson als Leiter des Front- und des Back-Office ausübte, von Anfang an bekannt. Der Bericht der inneren Revision bemühte sich in erster Linie, die Aufmerksamkeit auf diesen Punkt zu lenken. Indes, die Barings Group setzte ihr leichtfertiges Verhalten fort.«

Der singapurische Bericht beschäftigte sich dann immer eindringlicher mit der Rolle des Topmanagements, besonders was die fehlenden 7,78 Milliarden Yen anging.

»In keiner Phase fragte irgend jemand aus der Führungsspitze der Barings Group, wie und woher Mr. Leeson in den Besitz der 7,7 Milliarden Yen gekommen sei, mit denen er derartige nichtautorisierte Zahlungen habe vornehmen können.« Zwar gab es eine merkwürdige Fußnote, in der es hieß, ich hätte bereits 1992 eine Urkundenfälschung begangen, doch in erster Linie bekam Barings sein Fett ab. Und dann wandte sich der Bericht den beteiligten Personen im einzelnen zu: »Sowohl Mr. Norris als auch Mr. Bax haben bestritten, vorsätzlich die Bedeutung der Unstimmigkeiten heruntergespielt oder unabhängige Untersuchungen der Angelegenheit hintertrieben zu haben. Uns jedoch erscheint das wenig glaubhaft.«

Ein schöneres »Jedoch« hatte ich selten gelesen. Der Bericht schloß mit den Worten:

Rückblickend ist mit einiger Wahrscheinlichkeit davon auszugehen, daß die Barings Group bis Februar 1995 den Zusammenbruch durch rechtzeitiges Handeln hätte abwenden können. Ende Januar 1995 hatten sich zwar schon erhebliche Verluste angehäuft, dennoch beliefen sie sich erst auf ein Viertel der späteren Einbußen.

Der Aufmerksamkeit des Barings-Managements konnte die Existenz von Konto 88888 nur verborgen bleiben, wenn es sich hartnäckig gegen die Wahrheit abschottete. Mr. Norris' Erklärung nach dem Zusammenbruch – die Führungsspitze der Barings Group sei der Auffassung gewesen, Mr. Leesons Börsenaktivitäten hätten für die Barings Group ein geringes (oder gar kein) Risiko dargestellt, dafür aber sehr gute Erträge abgeworfen – ist unplausibel und beweist nach unserer Auffassung ein Maß an Unwissenheit hinsichtlich der Marktrealität, das jeglicher Glaubwürdigkeit entbehrt.

Auf dem Bett in meiner Zelle sitzend, lehnte ich mich gegen die Wand. Zum ersten Mal während meiner sechsmonatigen Haft beneidete ich die Barings-Manager nicht um ihre Freiheit. Wie erbärmlich mußten sie sich vorkommen! Wahrscheinlich beneideten sie mich – ich konnte mit der Sache ins reine kommen. Ich hatte die Straftaten begangen, war gefaßt worden und würde nun eine Gefängnisstrafe verbüßen. Das würde in Singapur geschehen, weil das SFO kein Rückgrat bewiesen hatte. Na und? Das würde ich auch überstehen. Und wenn ich es hinter mir hatte, konnte ich die ganze Sache guten Gewissens abhaken.

Doch diese Barings-Manager waren öffentlich als Schlampen und Ignoranten gebrandmarkt worden, und damit mußten sie jetzt leben. Der einzige Vorteil eines Gefängnisaufenthaltes besteht darin, daß er eine Strafe ist. Hat man sie abgebüßt, darf man wieder zurück ins Reich der Lebenden. Lebten diese Barings-Manager jedoch weiter wie bisher, fuhren jedes Jahr nach Glyndebourne und verkehrten mit den alten Freunden – dann waren sie ins Reich der lebenden Toten verbannt. Ich mußte für meine Vergehen einstehen und büßen, aber dann durfte ich sie vergessen. Sie hingegen mußten sich von den singapurischen Beamten vorwerfen lassen, »sich hartnäckig gegen die Wahrheit abgeschottet« und leichtfertiger als blutige Anfänger gehandelt zu haben.

Von Peter Norris hieß es in dem Bericht: »Wir können Mr. Norris seine Darstellung der Ereignisse nicht abnehmen. Daraus folgt, daß Mr. Norris die Unwahrheit gesagt hat.«

Von James Bax: »Nach unserer Auffassung war Mr. Bax' Aussage, obwohl beeidet, in entscheidenden Punkten falsch, und auch das wirft ein negatives Licht auf ihn.«

Von Simon Jones': »Mr. Jones' Reaktion auf die beiden SIMEX-Briefe zeugt von sträflicher Trägheit. Für uns ist unfaßbar, wie Mr. Jones als Finanzleiter der BFS von Mr. Leeson verfaßte Antworten auf Briefe unterzeichnen konnte, in denen die SIMEX ihre Besorgnis über die Aktivitäten eben dieses Mr. Leeson zum Ausdruck brachte, ohne daß er, Mr. Jones, sich selbst eingehend um die Angelegenheit kümmerte.«

Zum ersten Mal seit meiner Verhaftung war ich froh, meine Rolle in diesem Fiasko und nicht die ihre gespielt zu haben. Ich war glücklicher in meiner Gefängniszelle als sie zu Hause, bemüht, ihre Glaubwürdigkeit wieder zusammenzuflicken, während sie genau wußten, was ihre Freunde hinter ihrem Rücken redeten. Zum Teufel mit ihnen! dachte ich. Ich konnte allen Angehörigen und Freunden ins Gesicht sehen. Ich hatte nichts mehr zu verbergen. Ich würde aus dem Gefängnis kommen und mein Leben wiederaufnehmen. Sie dagegen würden keine Cocktailparty mehr besuchen können, ohne daß jemand hinter ihrem Rücken flüsterte: »Das ist Peter Norris ... Das ist James Bax ...« Und sie würden wissen, daß man sie mindestens für Trottel, wenn nicht für Schlimmeres hielt. Ich konnte meine Straftaten abbüßen – und ganz gewiß würde ich nie wieder etwas Ähnliches anstellen. Doch sie konnten nicht einen Buchstaben der Kritik verändern, die der singapurische Bericht an ihnen geübt hatte. Am Sonntag, dem 29. Oktober, kurz bevor die Frist für die Beschwerde beim Bundesverfassungsgericht ablief, die eine Aufschiebung meiner Auslieferung bewirkt hätte, erklärte ich, daß ich freiwillig nach Singapur zurückkehren würde. Am Montag, dem 20. November, teilte man mir mit, daß ich Deutschland binnen achtundvierzig Stunden verlassen würde.

Postskriptum

Am Mittwoch, dem 22. November 1995, wurde Nick Leeson in singapurischen Gewahrsam überstellt und flog in den Fernen Osten zurück.

Am Freitag, dem 1. Dezember, bekannte er sich in zwei Anklagepunkten schuldig, die ihm vorwarfen, die Wirtschaftsprüfer von Barings in einer »ihrem Ruf abträglichen Weise« getäuscht und die SIMEX hintergangen zu haben.

Am folgenden Tag, Samstag, dem 2. Dezember 1995, wurde Nick Leeson zu sechseinhalb Jahren Gefängnis verurteilt. Gegenwärtig verbüßt er diese Strafe in der Strafanstalt Tanah Merah in Changi, Singapur.

Abkürzungsverzeichnis

ALCO   Asset and Liability Committee (Barings)
BFS   Baring Futures Singapore
BNP   Banque Nationale de Paris
BSL   Baring Securities Limited
CEO   Chief Executive Officer (höchste Führungskraft
        eines Unternehmens, Vorstandsvorsitzender)
C&L   Coopers & Lybrand
ETB   European Trust and Banking Co.
FCT   First Continental Trading
FPG   Financial Products Group (Barings)
JGB   Japanese Government Bonds (Japanische
        Regierungsanleihen)
LIFFE   London International Financial Futures Exchange
        (Londoner Terminbörse)
MANCO   Management Committee (Barings)
OSE   Osaka Securities Exchange (Wertpapierbörse Osaka)
OTC   *Over-the-counter* (Freiverkehr)
OUB   Overseas Union Bank
SBC   Swiss Bank Corporation (Schweizerischer
        Bankverein)
SFA   Securities and Futures Authority (Börsenaufsichts-
        behörde)
SFO   Serious Fraud Office (Amt für schwere
        Wirtschaftsverbrechen)
SIMEX   Singapore International Monetary Exchange
        (Börse Singapur)
SLK   Spear, Leeds & Kellogg
TSE   Tokyo Stock Exchange (Tokioter Aktienbörse)

Glossar

Abrechnung (Settlement): Die Verbuchung eines Abschlusses in den Büchern aller beteiligten Parteien mit der gleichzeitigen Begleichung aller Außenstände.

Arbitrage: Die Nutzung vorübergehender Preis- oder Kursunterschiede zwischen zwei Märkten für das gleiche Wertpapier oder Finanzprodukt. Der Arbitrageur kauft das Produkt im billigeren Markt und verkauft es fast gleichzeitig im teureren Markt zu einem höheren Preis.

Back-Office (Abrechnungsstelle): Interne Abteilung eines Finanzinstituts (z. B. Baring Futures Singapore, BFS), die für die Abrechnung der Transaktionen verantwortlich ist.

Basispreis (Strike Price): Der Preis, zu dem der Käufer einer Option nach den Bedingungen des Optionsvertrages das Wertpapier oder Handelsobjekt kaufen oder verkaufen kann. Der Basispreis wird beim Abschluß eines Kontraktes festgesetzt.

Bloomberg: Internationaler amerikanischer Finanznachrichten- und -informationsdienst, der über Online-Computer arbeitet.

Börse: Eine Einrichtung, die die Voraussetzungen für den Handel mit Futures-Kontrakten und Optionen schafft (z. B. SIMEX).

Call (Kaufoption): Kontrakt, durch den der Käufer das Recht – aber nicht die Verpflichtung – erwirbt, vom Verkäufer des Kontraktes innerhalb eines vereinbarten Zeitraums eine bestimmte Anzahl Wertpapiere oder Produkte zu einem vereinbarten Preis kaufen zu können. Der Call-Käufer setzt darauf, daß der Preis des Produkts steigt.

Clearingmitglied: Mitglied einer Terminbörse (z. B. BFS), das berechtigt ist, Abschlüsse über die Clearingstelle zu verrechnen.

Clearingstelle (Clearing House): Abteilung einer Termin- oder Optionsbörse (z. B. die Singapore International Monetary Exchange, SIMEX), die sich mit der Verrechnung der Abschlüsse beschäftigt. Die Clearingstelle tritt bei jedem Abschluß als Kontraktpartner zwischen Käufer und Verkäufer ein. Die Liefer- und Abnahmeverpflichtungen bestehen also gegenüber der Clearingstelle. Die Clearingstelle kontrolliert auch die Einschußverpflichtungen der Clearingmitglieder.

Derivat: Finanzinstrument (z. B. Futures-Kontrakt, Option), dessen (meist schwankender) Preis aus dem Preis – oder der erwarteten Veränderung des Preises – eines Basisproduktes (z. B. Devisen, Edelmetalle, Rohstoffe, Aktien und Anleihen) *abgeleitet* wird. Weil Derivate (von lat. derivare = ableiten) weit billiger sind als das Basisprodukt, sorgt eine kleine Veränderung des Preises des Basisprodukts für eine sehr viel größere Veränderung des Derivatpreises (Hebelwirkung).

Eigenhandel: Abschlüsse, die ein Börsenmitglied auf eigene Rechnung und nicht für einen Kunden durchführt. Diese Geschäfte werden auf dem Firmenkonto verbucht.

Einschuß (Initial Margin): Die Mindestzahlung, die ein Börsenmitglied von seinen Kunden für jeden Kontrakt verlangt. Sie dient als Sicherheitsleistung für eine eingegangene Verpflichtung.

Einschuß (Margin): Die Zahlung, die von einem Mitglied der Clearingstelle oder von einem Kunden an ein Mitglied geleistet wird, damit im Falle von Verlusten eine Sicherheit vorliegt. Wenn sich der Kurs des gekauften Handels- oder Anlageobjekts verändert, sind unter Umständen bei Unterschreitung des Mindesteinschusses (maintenance margin) weitere Zahlungen erforderlich (Nachschuß oder additional margin).

Euroyen-Kontrakt: Ein japanischer Futures-Kontrakt, der auf dem Dreimonatszins für Euroyen beruht. Euroyen sind Guthaben, die in Yen bei Banken außerhalb Japans gehalten werden.

Fehler-Konto (Error Account): Ein Konto, auf dem bestimmte Abschlüsse »festgehalten« werden, während man auf ihre Genehmigung oder Prüfung wartet. Normalerweise sind solche Abschlüsse selten, und sie verschwinden rasch wieder vom Konto.

Fimat: Die Brokerabteilung der französischen Bank Société Générale in Singapur.

Firmenkonto (House Account): Konto, das von einem Börsenmitglied zur Verbuchung der Abschlüsse auf eigene Rechnung geführt wird. Es soll Vermischungen mit Abschlüssen auf Kundenrechnung vermeiden.

Freiverkehr (Over-the-counter, OTC): Außerbörslicher Handel. Der Abschluß wird direkt zwischen zwei Parteien per Telefon oder Computer vereinbart, ohne daß eine Börse zwischengeschaltet ist.

Front-Office (Handelsabteilung): Abteilung eines Finanzinstituts (z.B. der BFS), die sich um den Kundenkontakt kümmert und den Handel durchführt.

Futures-Kontrakt (Terminkontrakt): Vereinbarung, eine festgelegte Menge eines Gutes (Ware oder Finanzprodukt) zu einem vorab vereinbarten Preis zu kaufen oder verkaufen. Die Einzelheiten des Geschäfts und das Datum der Transaktion werden zwischen Käufer und Verkäufer auf dem Börsenparkett oder am Handelsbildschirm vereinbart. Im Gegensatz zu einem Optionsgeschäft, bei dem dem Optionskäufer ein Wahlrecht bleibt, müssen Futures-Kontrakte ausgeführt (»erfüllt«) werden.

Gematchte (gegeneinandergestellte) Positionen (Matched Positions): Long- und Short-Positionen, die den gleichen Wert haben und sich daher gegenseitig aufheben.

Hedging: Die Absicherung einer offenen Position zur Verringerung des Risikos (z. B., indem man darauf setzt, daß die Preise der Derivate sich in die andere Richtung bewegen, und so versucht, mögliche Verluste abzudecken). Eine offene Position wird also durch Gegengeschäfte gesichert. Eine Position, die nicht so gesichert ist, wird UNGEHEDGED (engl. to hedge = eingrenzen, einschränken) genannt. Sie bedeutet ein größeres Risiko.

Journal: Ein Verzeichnis der von einem Mitglied ausgeführten Geschäfte.

Kompensationsgeschäft (Cross Trade): Transaktion, bei der ein Händler identische Futures-Kontrakte (Terminkontrakte) kauft und verkauft. Dies geschieht entweder durch die Ausführung zweier entgegengesetzter Kundenaufträge oder durch einen Handel zwischen dem Kunden- und dem firmeneigenen Konto. Häufig müssen diese Kompensationsgeschäfte über den Markt laufen, damit der Preis transparent ist.

Kundenkonto: Ein Konto, auf dem ein Börsenmitglied die im Namen der Kunden getätigten Abschlüsse verbucht.

Long-Position: Diese offene Position entsteht dadurch, daß ein Händler einen Futures-Kontrakt oder eine Option in Erwartung steigender Preise kauft.

Market-to-Market: Die tägliche Anpassung des Wertes von Positionen in Optionen- und Futures-Kontrakten an die aktuellen Marktpreise. Wer mit seiner Position Gewinn gemacht hat, bekommt ihn am Ende des Handelstag auf einem Konto für Ein- und Nachschüsse (margin account) gutgeschrieben. Bei Verlusten wird der Betrag von diesem Konto abgebucht.

Nachschußforderung (Margin Call): Aufforderung durch eine Clearingstelle oder ein Börsenmitglied zur Zahlung einer Sicherheitsleistung. Sie wird durch Veränderung des Marktpreises der Handels- oder Anlageobjekte oder den Aufbau neuer Positionen veranlaßt.

Nikkei-Index: Wichtigster japanischer Aktienindex, der auf den 225 führenden Aktien der Tokioter Wertpapierbörse beruht.

Offene Position: Eine Position von Futures oder Optionen, long oder short, die nicht durch entgegengesetzte Transaktionen abgesichert ist.

Option: Das gegen eine vereinbarte Zahlung (Optionsprämie) erworbene Recht, Wertpapiere oder andere Handels- oder Anlageobjekte bis zu einem festgelegten Zeitpunkt zu kaufen oder zu verkaufen. Wird das Recht bis zum vereinbarten Zeitpunkt nicht ausgeübt, so verfällt die Option. Optionskäufer gehen nur ein geringes Risiko ein, können aber große Gewinne erzielen. Optionsverkäufer (Stillhalter) dagegen können nur mit begrenzten Gewinnen rechnen und müssen unter Umständen enorme Verluste in Kauf nehmen. Vgl. auch Call und Put.

Optionsprämie: Zahlung eines Optionskäufers an den Optionsverkäufer.

Position: Saldo aus Forderungen und Verbindlichkeiten (Engagement) in einem bestimmten Markt. Vgl. auch Long-Position, Short-Position, offene Position.

Put (Verkaufsoption): Ein Kontrakt, durch den der Käufer das Recht – aber nicht die Verpflichtung – erwirbt, innerhalb einer bestimmten Frist zu einem bestimmten Preis zu verkaufen. Put-Käufer gehen davon aus, daß der Preis des Produktes fällt. Vgl. auch Option, Call.

Short-Position: Eine Position, bei der ein Händler einen Futures-Kontrakt oder eine Option ohne entsprechende Gegenposition verkauft. Der Kontrakt wird also »leer«-verkauft, der Händler schuldet den Kontrakt. Er rechnet im allgemeinen mit fallenden Preisen.

Straddle: Eine Optionsposition, bei der die gleiche Zahl von Puts und Calls des gleichen Anlageobjektes zum gleichen Basispreis kombiniert wird. Diese riskante Strategie funktioniert nur, wenn sich der Markt nicht zu weit vom Basispreis entfernt.

Tagesnachschuß (Intra-Day Advance Margin): Die Extrazahlung, die die Clearingstelle während eines Handelstages unter Umständen von einem Clearingmitglied verlangt.

Tick: Kleinste mögliche Preisveränderung eines Finanzinstrumentes, meistens eine Einheit von 0,01.

Zuruf (Open Outcry): Die Kontraktpreise werden durch Handzeichen oder Zurufe auf dem Börsenparkett (Präsenz- oder Rufbörse) ermittelt. Diese Form des Handels wird an einem »pit« (Maklerstand) abgewickelt, der Platz an der Börse, an dem die Offerten abgegeben werden. Auf der Suche nach Kauf- oder Verkaufswilligen rufen die Händler ihre Kauf- oder Verkaufsangebote aus und vereinbaren eine Transaktion. Die Abschlüsse werden auf Handelskarten oder -zetteln (trading cards) festgehalten.

Michael Ridpath

Der Spekulant

Die Londoner City, die Wall Street in New York, die Börsen von Tokio und Singapur sind Schauplätze aberwitziger Spekulationen, bei denen ständig Milliarden verschoben, gewonnen oder verloren werden. Der dramatische Zusammenbruch von Barings und anderen großen Banken hat unlängst den spezifischen Irrsinn dieser hochriskanten Finanzwelt offenbart.

Paul Murray ist einer der jungen Trader, die tagtäglich Summen bewegen, von denen Normalsterbliche nicht einmal zu träumen wagen. Gewagte Entscheidungen müssen in Sekundenschnelle getroffen werden, nur der Profit zählt, und Paul hat Erfolg. Aber als die attraktive Debbie, die mit ihm in der City Geschäfte macht, aus der Themse gefischt wird, merkt er, daß Geldgier auch zu weit gehen kann. Urplötzlich steht er im Mittelpunkt eines mörderischen Komplotts.

Roman, 480 Seiten, gebunden

Tödliche Aktien

Als Trader bei Harrison Brothers schwimmt Mark Fairfax ganz oben in der Londoner City. Jetzt winkt noch größerer Erfolg, denn er arbeitet mit Bondscape, einer neuen Software, die dem Trader die Börse virtuell vermittelt, ihm das Gefühl gibt, sich innerhalb des Marktes tatsächlich zu bewegen.

Entwickelt wurde diese Technik von Marks Bruder Richard, dessen Firma FairSystems unter Kennern schon als Microsoft des nächsten Jahrhunderts gefeiert wird. Aber Richard hat Probleme. In Panik bittet er seinen Bruder, sofort zu ihm nach Schottland zu kommen, weil jemand die Aktienkurse seiner Company manipuliert. Als Mark ankommt, findet er Richard ermordet. Will er FairSystems retten, Intrigen und Mord aufklären, muß er seine Karriere aufgeben. Bald spürt er jene skrupellose Macht, der es um die neue Technologie geht. Er spielt nicht mehr mit Börsenkursen, sondern um sein Leben.

Roman, 480 Seiten, gebunden

HOFFMANN
UND CAMPE

GOLDMANN

Das Gesamtverzeichnis aller lieferbaren Titel erhalten Sie im Buchhandel oder direkt beim Verlag.

Taschenbuch-Bestseller zu Taschenbuchpreisen
– Monat für Monat interessante und fesselnde Titel –
✳
Literatur deutschsprachiger und internationaler Autoren
✳
Unterhaltung, Thriller, Historische Romane
und Anthologien
✳
Aktuelle Sachbücher, Ratgeber, Handbücher
und Nachschlagewerke
✳
Esoterik, Persönliches Wachstum und
Ganzheitliches Heilen
✳
Krimis, Science-Fiction und Fantasy-Literatur
✳
Klassiker mit Anmerkungen, Autoreneditionen
und Werkausgaben
✳
Kalender, Kriminalhörspielkassetten und
Popbiographien

Die ganze Welt des Taschenbuchs

Goldmann Verlag · Neumarkter Str. 18 · 81673 München

Bitte senden Sie mir das neue kostenlose Gesamtverzeichnis

Name: _____

Straße: _____

PLZ / Ort: _____

»Natürlich, Ron, kein Problem«, wiederholte ich widerstrebend.

Und dann nahm ich mein Sandwich, fuhr mit dem Taxi zur Victoria Station und dann mit dem Zug zurück nach Swanley.

Mittwoch, der 7. Dezember, war ein schöner Wintertag, der Weihnachtsschmuck der Läden leuchtete; die Schaufenster in der Innenstadt waren bunt dekoriert. Ich ging in das Büro von Barings. Zum ersten Mal, seit ich wieder in London war, bekam ich es in der normalen Arbeitszeit zu Gesicht. Es war ein verrücktes Gefühl, das Gebäude voller Menschen zu erleben. Noch verrückter war es jedoch, daß so viele Leute auf mich zukamen und mir gratulierten – selbst ein Mann wie Richard Katz, der Chef der Abteilung Aktienhandel, der mir früher nicht einmal die Uhrzeit gesagt hätte.

»Hallo, Nick«, sagte er freundlich. »Sie scheinen ja wirklich gute Arbeit zu leisten.«

»Es läuft nicht schlecht«, sagte ich bescheiden.

»Und Sie handeln sogar die ganze Nacht hier!« Er schüttelte bewundernd den Kopf.

»Ich bin froh, wenn es vorüber ist«, sagte ich.

»Schlagen Sie zu!« sagte er und boxte mich leicht gegen die Schulter.

Ich hätte ihm am liebsten wirklich eine gescheuert, dem arroganten Bastard. Früher war er sich zu gut gewesen, auch nur ein Wort mit mir zu wechseln, und jetzt wollte er, daß ein wenig von meinem Glanz auf ihn fiel, weil Ron Baker ihm seine Version meiner Erfolgsgeschichte aufgetischt hatte.

Ich war unterwegs zu Rons Büro, als plötzlich Brenda Granger auftauchte.

»Nick! Mein Junge!« Sie war eine matronenhafte Amerikanerin und spielte gern die Mutter bei Leuten, die sie als ihre besonderen Schützlinge betrachtete.

»Ich muß Sie unbedingt sprechen«, setzte sie an. »Also, wann schicken Sie mir die bewußten Zahlen?«

»Einen Augenblick, Brenda«, sagte ich und trat einen Schritt zurück. »Ich habe in drei Minuten ein Gespräch mit Peter Nor-

ris. Kann ich mich danach bei Ihnen melden? Wir können zusammen was trinken gehen.«

»Na gut, aber Sie dürfen mich nicht versetzen. Wir müssen
wirklich miteinander reden. Niemand in Singapur kann ohne
Sie irgendwelche Fragen beantworten, und dort haben Ihre
Leute gerade einen Riesenhaufen Geld angefordert.«

»Das muß an meinen nächtlichen Geschäften liegen.«

»Ich habe gehört, daß Sie die ganze Nacht hier waren. Sie Armer. Sie müssen ja völlig erledigt sein.«

Ich lächelte sie an und setzte meinen Weg zu Ron Bakers Büro
fort. Er winkte mich herein und hielt den Telefonhörer mit der
Schulter fest, damit er mit der freien Hand nach seinen Zigarren
greifen konnte.

»Nur herein, Nick.«

Ich wartete, bis er sein Gespräch beendet hatte. Dann warf er
einen Blick auf seine Armbanduhr.

»Scheiße, wir müssen los«, sagte er. »Ich habe Tarek gebeten,
mitzukommen.«

Wir stiegen über eine große Wendeltreppe aus Mahagoni
hinauf in die Chefetage, und Ron führte uns in einen kleinen
Konferenzraum mit einem runden Tisch und plüschbezogenen Stühlen. An den Wänden hingen Drucke mit Jagdszenen.
Das Bild neben mir zeigte einen rotberockten Reiter, der über
eine Hecke stürzte, und trug den sinnigen Titel »Kurz vor dem
Fall«.

Peter Norris tänzelte herein. Der Barings-Chef sah prächtig
aus in seinem grünen Hemd mit den goldenen Manschettenknöpfen, der grünen Seidenkrawatte und dem eleganten Zweireiher.

»Hallo, Ron, hallo, Tarek«, sagte er zu den beiden anderen.
Dann wandte er sich mir zu, als ob er mir damit eine besondere
Gunst erweise: »Und Sie müssen Nick sein.«

»Ich wollte Sie mit Nick bekannt machen, weil er bei unserer
Umstrukturierung eine so bedeutende Rolle spielt«, warf Ron
ein. »Er ist so ein superheißer Trader, daß ich dafür gesorgt
habe, daß er hier in London über Nacht weiter mit Nikkei-Futures in Singapur handeln kann.«